图

琼中黎族苗族自治县在海南省的位置图
海口市
临高县
澄迈县
文昌市
儋州市
定安县
屯昌县
昌江黎族自治县
白沙黎族自治县
琼海市
琼中黎族苗族自治县
东方市
五指山市
万宁市
乐东黎族自治县
保亭黎族苗族自治县
陵水黎族自治县
三亚市
N
儋
县
龙河镇
定
安
县
岭口镇
翰林镇
东升
中建
海榛岭
打安镇
中瑞
九架岭
白沙黎族自治县
牙叉镇
陨石坑
白
沙
黎
族
自
松乡
元门乡
南俸
石壁镇
龙江镇
南美岭
什
母
东太
阳江镇
东太互通
琼
海
市
南开乡
会山镇
会山互通
东平
红坎瀑布
鹦
岭
1264
高峰岭
东岭
东岭互通
坡尖岭
1008
毛阳互通
毛阳
牛路岭水库
东兴
北大镇
乐
东
黎
族
自
治
县
海
榆
中
线
南村岭
尖岭温泉
番阳镇
三更罗镇
新中
五
指
宁
市
毛道镇
兴隆华侨农场
兴隆亚洲风情园
畅好镇
制：自然资源部海南测绘资料信息中心
图号：琼S（2020）008号
图例
县级政府驻地
乡、镇级政府驻地
国营农、林场
居委会
村委会
自然村、连队
山峰
旅游景点
高速公路及出入口
国道
省道
县道
乡道
市、县级界
乡、镇级界
水库、河流
比例尺1：305 000
本图地界不作划界依据

琼中年鉴2022

中共琼中黎族苗族自治县委党史县志研究室　编

方志出版社
Publishing House of Local Records

图书在版编目（CIP）数据

琼中年鉴. 2022 / 中共琼中黎族苗族自治县委党史县志研究室编. —北京 ： 方志出版社， 2022.12
ISBN 978-7-5144-5578-6

Ⅰ. ①琼… Ⅱ. ①中… Ⅲ. ①琼中黎族苗族自治县－2022－年鉴 Ⅳ. ①Z526.64

中国版本图书馆CIP数据核字(2022)第252638号

责任编辑：顾　洁
责任校对：刘玉霞
责任印制：梅中英
出 版 者：方志出版社
地　　址：北京市朝阳区潘家园东里9号（国家方志馆4层）
邮　　编：100021
网　　址：http://www.zgfzcb.cn
发　　行：方志出版社图书营销中心（010-67110500）
印　　刷：海南嘉豪椰城画册印刷有限公司
开　　本：889毫米×1194毫米　1/16
印　　张：17.31
字　　数：365千字
版　　次：2022年12月第1版
印　　次：2022年12月第1次印刷
定　　价：460.00元

编辑说明

一、《琼中年鉴（2022）》以马克思列宁主义、毛泽东思想、邓小平理论、“三个代表”重要思想、科学发展观、习近平新时代中国特色社会主义思想为指导，坚持辩证唯物主义和历史唯物主义的立场、观点和方法，坚持存真求实，全面、客观、系统地记述年度发展情况。

二、《琼中年鉴》是由中共琼中黎族苗族自治县委领导、县人民政府主持，县委党史县志研究室编纂出版的年度资料性文献。年鉴记载琼中黎族苗族自治县经济社会发展情况，收录年度主要文献及重要材料，反映新成果、新经验与新问题，为各级党政机关、研究部门、经济社会各界人士及中外投资者了解、认识、研究琼中提供最丰富、最权威、最新鲜的信息资料，并为续修琼中黎族苗族自治县志积累材料。

三、《琼中年鉴（2022）》主要记载2021年度琼中黎族苗族自治县各领域、各部门、各行业、各乡镇、各农林场的基本情况及重要事件和主要发展变化，个别资料为保持完整性，时间上可适当上溯。

四、本卷年鉴采用分类编辑法，设专记、大事记、琼中县概况、政治与军事、法治、经济、社会事业、乡镇·农场、统计资料、人物和附录等。内容以综合反映为主，形式以条目为主。全书“部类”冠页首并统一用浅灰抹标；“分目”标题统一用灰抹；“条目”为记述的基本单位，其标题统一黑体字加【 】表示。

五、本卷年鉴收录2021年琼中黎族苗族自治县县委、县人大、县政府、县政协四套班子领导及其工作部门领导，县检察院、法院、各民主党派、企事业单位和群众团体领导，各乡镇、农场领导名单。此外，还收录琼中黎族苗族自治县2021年度受到省部级以上表彰的先进集体及个人。

六、本卷年鉴稿件由各行业主管部门和各乡镇、农场编撰人员提供，并经撰稿单位领导审核，主要数据一律以县统计局提供的统计资料数字为准，由于统计口径不同等原因，有关部门和乡镇所用数据与“统计资料”中的数据有不尽一致的地方。

七、本卷年鉴的符号和计量单位均按规定采用，县属各单位和有关单位名称根据有关文件规定使用规范化简称。

《琼中年鉴（2022）》编纂委员会

《琼中年鉴（2022）》编辑部

《琼中年鉴（2022）》撰稿人名单

丁奇峰（海胶阳江分公司）
王　妃（县信访局）
王　洪（县畜牧兽医服务中心）
王　盈（长征镇）
王　莹（中国人寿保险琼中县支公司）
王　浩（县应急局）
王　蕾（县科工信服务中心）
王小芬（县科学技术协会）
王川武（县综合行政执法局）
王长彤（什运乡）
王世锦（县人社局）
王甲宾（县松涛林场）
王发议（国营海南省白马岭林场）
王丽娇（县行政审批服务局）
王丽霞（县生态环境局）
王秀云（关心下一代工作委员会）
王妙红（县委党史县志研究室）
王杰仪（县商务局）
王贤才（县教育局）
王国宁（中平镇）
王虹人（琼中烟草专卖局）
王俊泉（琼中气象局）
王艳婷（县司法局）
王晓谭（县民政局）
王翠灵（和平镇）
王飘雪（县水务局）
艾俊龙（县自然资源和规划局）
申邦玺（县委组织部）
冯汉云（县乡村振兴局）
邢增益（县农业机械服务中心）
刘学林、葛雨林（县武警中队）
祁新荧（县人民检察院）
许小荣（海汽琼中分公司）
孙　娇（县乡村振兴公司）
孙　雪（县农业农村局）
李　慧（县机关事务服务中心）
李玉乾（县退役军人事务局）
李宝辉（工商银行琼中支行）
李星球（县档案局）
李莹颖（县人民法院）
李雪莹（县委宣传部）
李琳璘（湾岭镇）
杨　希（县委机构编制委员会办公室）
肖　皓（县政府办公室）
吴小婵（琼中住房公积金管理局）
邱乐乐（县融媒体中心）
何国泰（县政协办公室）
何振高（县渔业服务中心）
何雁虹（县委巡察办）
宋　龙（县总工会）
张子恒（中国农业发展银行琼中县支行）
张立魏（海胶长征分公司）
张洪意（县公安局）
张曼雅（县归国华侨联合会）
陆　琴（新市农场）
陆荣华（县委党校）
陆蕾蕾（县住房和城乡建设局）
陈　颖（县残疾人联合会）
陈月冲（海南农垦乌石农场有限公司）
陈世勇（营根镇）

陈　芬（琼中县农村信用合作社联社））
陈欣叶（海南银行股份有限公司分行）
陈玲玲（红毛镇）
陈贵乾（邮政储蓄银行琼中县支行）
陈铭轩(加钗投资控股发展有限责任公司）
陈绪梅（上安乡）
陈维胜（县交通运输局）
陈腊梅（县纪委监委）
林千钰（海南湾岭农产品加工物流园管理委员会）
林天带（县自来水公司）
林仕川（电信琼中分公司）
林冬梅（邮政琼中分公司）
林海琪（农工党）
林慧霄（县旅游和文化广电体育局）
欧开帆（共青团琼中县委）
卓妮菊（县妇女联合会）
易秋平（县社会保险服务中心）
周　玲（琼中地震监测中心）
周小丽（县财政局）
周孝仁、王升杰（县委政法委）
周春玉（县人大办）
周徽俊（县人民武装部）
郑　鹏（县就业服务中心）
郑健巍（建设银行琼中支行）
胡劲松（国家统计局琼中调查队）
钟勇翔（县医疗保障局）
侯衍波（32553 部队）
姜垂弘（县住房和城乡建设局）
桂　晓（琼中税务局）
徐小曼（黎母山镇）
翁羽育（县接待服务中心）
黄博阳（消防救援大队）
黄仙仙（海南中部菜篮子发展有限责任公司）
黄永惠（县卫生健康委员会）
黄金莉（县供销合作联社）
黄育爱（吊罗山乡）
黄胜茂（海胶加钗分公司）
黄奕财（县统计局）
崔　静（县委统战部）
符　雲（县市场监督管理局）
符　蓓（县林业局）
梁　云（中国农业银行琼中县支行）
梁春雨、高承君（县委直属机关工作委员会）
彭盛祥（县审计局）
蒋晓雨（粮食局）
韩雪雅（县农业技术研究推广中心）
覃宇宇（劳动人事争议仲裁院）
程　琳（海南农垦烨运宏实业有限公司）
程崇宇（联通琼中分公司）
曾　彤（县招商事务中心）
曾德伟（金石橡胶加工分公司）
谢振华（海南热带雨林国家公园管理局黎母山分局）
蓝永才（琼中公路分局）
廖力玮（中国人民银行琼中县支行）
谭孝扬（海胶乌石分公司）
谭晓琴、陈珍(海南电网公司琼中供电局）
翟文蓉（移动琼中分公司）
翟国先（县工商业联合会（总商会））
魏　强（县发展和改革委员会）

琼中荣誉

序号	受表彰对象	受表彰称号	受表彰时间	授予机关	备注
1	琼中黎族苗族自治县	琼中县获评2017—2020年全国群众体育先进单位	2021.9	国家体育总局	国家级
2	县发展与改革委员会	入选第三批国家新型城镇化综合试点地区经验	2021.8	国家发展和改革委员会办公厅	国家级
3	县发展与改革委员会	入选整县（市、区）屋顶分布式光伏开发试点	2021.9	国家能源局	国家级
4	黎母山司法所	全国模范司法所	2021.10	中华人民共和国司法部	国家级
5	县农业技术研究推广中心	全国星级基层农技推广机构和星级农业科技社会化服务组织	2021.11	中华人民共和国农业农村部	国家级
6	县旅游和文化广电体育局	获全国第十四届全运会健身气功项目农村乡镇组健身气功五禽戏三等奖	2021.8	国家体育总局	国家级
7	县行政审批局（县人民政府政务服务中心12345琼中分平台）	全国巾帼文明岗	2021.3	中华全国妇女联合会	国家级
8	湾岭镇	国家卫生镇（2020—2022）	2021.9	全国爱国卫生运动委员会	国家级
9	琼中黎族苗族自治县	“中国天然氧吧”	2021.12	中国气象局	国家级

数字琼中

总面积：2704.18平方公里

年平均气温：23.5℃

年平均降雨量：2151.3毫米

年平均日照数：1945.2小时

森林覆盖率：85%

年末常住人口：18.12万人

地区生产总值：663226万元

三次产业构成：33.2∶17.2∶49.6

人均地区生产总值：36693元

农业总产值：422494万元

热带特色高效农业增加值：151258万元

工业总产值：81780万元

服务业增加值：328949万元

社会消费品零售总额：199128万元

货物进出口总额：2268万元

现代服务业增加值：85125万元

高新技术企业：2家

货物运输量：40.63万吨

城镇常住居民人均可支配收入：36109元

农村常住居民人均可支配收入：15951元

居民消费价格总指数：0.3%

城镇登记失业率：2.2%

专任教师人数：425人

卫生机构总数：147个

卫生机构床位数：1086个

庆祝中国共产党成立100周年活动集锦

2021年，是中国共产党成立100周年，按照中央决策部署，琼中县兴起党史学习教育热潮，开展“传承红色基因、坚定理想信念”“七一”主题系列活动，庆祝中国共产党成立100周年

2021年6月25日，琼中县举办“永远跟党走”——庆祝中国共产党成立100周年诗词朗诵比赛。图为决赛现场
徐世国 摄

2021年7月1日，县委直工委党委书记到县政协党支部为王打兴（左二）、李兴连（左三）两位老党员颁发“光荣在党50周年纪念章”
李伟霞 摄影

2021年7月1日，红毛镇番响村委会党员和驻点帮扶单位县政协办党员干部一起举行庆“七一”升旗仪式　罗文琪 摄

2021年9月17日，新进小学组织开展“学党史暨红色故事我来讲”演讲比赛　徐小鹏 供图

2021年6月24日，琼中县林业局组织党员到五指山革命根据地开展庆祝“七一”建党节活动 陆经木 供图

2021年6月28日至7月5日，乌石学校举办庆祝中国共产党成立100周年书法比赛获奖作品展 乌石学校 供图

2021年6月11日，红毛希望小学举行《做新时代好少年，红心向党》诵读比赛。图为比赛现场 王蕾蕾 供图

2021年8月17至19日，县总工会组织劳动模范宣讲队深入基层为群众宣讲习近平总书记“七一”重要讲话精神。图为“全国先进工作者”王日（中）在琼中百家商贸有限公司宣讲

县总工会 供图

2021年11月10日，琼中县举办“学习总书记重要讲话·党史学习教育百姓理论宣讲团全省巡回宣讲活动走进琼中县”活动。图为宣讲活动现场

县融媒体中心 供图

2021年4月21日，琼中黎族苗族自治县人民检察院举办“坚定跟党走”庆祝建党100周年主题演讲比赛。图为比赛现场　　马少杰 摄

2021年6月28日，琼中县举行庆祝中国共产党成立100周年大合唱比赛。图为比赛现场　　徐世国 摄

小康印记

2021年，琼中县高水平全面建成小康社会。人民生活更加美好，农村、城镇居民可支配收入增速均高于全县生产总值增速。大力推动巩固拓展脱贫攻坚成果同乡村振兴有效衔接。统筹推进产业振兴、人才振兴、生态振兴、文化振兴。社会保障不断提升，义务教育阶段入学率100%、基本医疗保险参保率基本实现全覆盖，危房改造率、农村饮水安全率均达100%，实现“零”致贫、“零”返贫

2021年12月16日，2021年冬交会在海南国际会展中心拉开帷幕，琼中展馆展示有琼中绿橙、琼中山兰稻等富有琼中特色的“土特产”。图为冬交会现场　　琼中融媒体中心 供图

2021年，海南省丽百瑞生态农业科技有限公司通过“村集体+公司+基地”的发展模式，在共享农庄休闲产业什寒村发展蓝莓产业种植项目。图为游客在采摘草莓

琼中融媒体中心 供图

2021年，琼中将财政补贴资金向偏远乡村教师倾斜，形成一支留得住的优质教师队伍，吸引大量学生回流。图为琼中红毛希望小学学生在朗读课文　　李天平 摄

2021年，琼中县为提高农村富余劳动力创业技能，举办“建筑类别工种、特色种养业和农村实用技术”等培训班，增强农民就业技能　　琼中融媒体中心 供图

2021年，琼中县发展瓜菜种植产业，图为什运乡什统村瓜菜基地里农民在采摘瓜菜
琼中融媒体中心 供图

2021年，无土栽培菜篮子基地，图为黎母山镇村民谢兆干向无土栽培的盆栽蔬菜里添加营养液
琼中融媒体中心 供图

“琼中绿橙”早在2008年就已成为中国国家地理标志产品。图为南斗山绿橙示范基地
图片来源于琼中政府网

猫尾村，因当地的一种树叶形似猫尾而得名。该村地处琼中黎族苗族自治县营根镇西南方向，距离县城约14公里，隶属新朗村委会管辖，主要以黎族聚居为主。通过精准扶贫和美丽乡村建设，牢牢抓住建设富美乡村的契机，进行危房改造及环村道路、排水沟、绿化美化等基础设施建设，村面貌焕然一新，不仅通了燃气，还有百兆光纤入网，村民过上了幸福的生活。图为村庄全貌 琼中融媒体中心 供图

堑对村，2019年被评为全国生态文化村。堑对村位于和平镇，万泉河上游，五指山北麓，是牛路岭水库边上的黎族移民村。每年10月至来年2月，村前约2000亩的库湾内会蓄满水，犹如一片大海壮阔；每到3月至8月，当大水退去，万绿复苏，又以一副世外桃源景致呈现给世人，呈现了“春夏的草原，秋冬的海”一年两景的优良生态环境景象 图片来源于琼中政府网

什寨村，坐落在海南省琼中黎族苗族自治县黎母山和鹦哥岭之间的高山盆地中，森林茂密，溪流缠绕，在云雾中若隐若现，有着“天上什寨”的美誉。这里居住着苗族、黎族同胞，曾经是琼中最偏远、贫困的村庄之一。2017年11月，获评第五届全国文明村镇。2018年12月29日，被国家民委命名为第六批全国民族团结进步创建示范区（单位）

黄骏 供图

湾岭镇鸭坡村的盒子书房为村民和游客提供阅读空间　　琼中融媒体中心　供图

湾岭镇鸭坡村盒子书房的店长冯莉兰指导村里孩子阅读
琼中融媒体中心　供图

和平镇表彰“最美割胶工”“最美农民”。图为获得表彰的农民　　和平镇 供图

和平镇聘任网络红人“琼中槟榔哥”为和平镇旅游形象大使　　和平镇 供图

2020年12月21日，琼中黎族苗族自治县人民政府与海口市滨海第九小学合作办学签约并揭牌

陈欢欢 摄

2021年3月13日，琼中县人民政府与郑州大学医学院签署托管协议和举行揭牌仪式。托管期间县人民医院更名为郑州大学琼中医院

琼中融媒体中心 供图

2021年4月23日，郑州大学“优质生源基地”授牌仪式在华中师范大学琼中附属中学举行。图为授牌仪式现场

琼中融媒体中心 供

2021年11月21日，海南琼中绿橙全国布点销售首发暨仙草堂合作签约仪式在琼中绿橙加工厂举行　　王丽娟　王小霏 摄

2021年，什运乡方板村村民在新居留影。琼中县什运乡方板村地质灾害移民重点项目从2018年开始动工，现已完工，村内道路、排水管道等基础设施更加完善　　陈元才　林学健　黄详缨 摄

绿水青山 康养琼中

2021年，琼中县获得“中国天然氧吧”称号。琼中县位于海南岛中心腹地，是万泉河、昌化江、南渡江发源地，全县林地面积348.5万亩，森林覆盖率达85%，居海南之冠，是全省生态保护核心区。全县拥有我国面积最大、保存最完整的热带原始森林，是中国首批国家级生态保护与建设示范区，海南省首批省级森林城市，素有“绿色宝库、海南绿肺”之美誉。全年水质均优于或等于Ⅱ类，年平均气温23.4℃。空气属于一级优质空气，森林中蕴含高达28%的负氧离子，空气清新程度属于特别清新等级，全年平均属于森林、瀑布级别，具有治疗和康复功效，对身体极为有利，是天然的“大氧吧”。先后获得全国生态文明建设典范城市、中国生态魅力县等称号，是一座宜居宜游宜业、养眼养生养心的康养福地

黎母山国家森林公园是海南三大江河———南渡江、万泉河、昌化江的发源地。公园自然风光奇特，是中国热带生物资源最丰富的地区之一。图为黎母山风光　图片来源于：琼中宣传

鹦哥岭位于海南岛中南部，地跨白沙、琼中、五指山、乐东、昌江5个市县，最高海拔1812米。是华南地区面积最大且连片的以热带雨林为主体的天然林分布区，物种多样性丰富、珍稀濒危物种较多。图为琼中境内的鹦哥岭（鹦哥咀）

县融媒体中心　供图

琼中通过不断完善政策法规体系，为青山绿水树立法治屏障。图为百花岭水库风景
琼中宣传 供图

海南琼中抽水蓄能电站被授予“2021年度国家水土保持示范工程”称号，图为风光旖旎的琼中抽水蓄能电站 琼中融媒体中心 供图

琼中县万泉河上游乘坡河石臼群，是典型的石臼地质遗迹，是我国乃至全世界都罕见的地质奇观
琼中县融媒体中心 供图

百花岭“百花瀑布” 石祖波 摄

百花岭热带雨林文化旅游区。图为百花岭雨林奇景“琴树” 石祖波 摄

最美乡村什寒村是第一批全国乡村旅游重点村，是琼中县“奔格内”乡村旅游模式典范。图为什寒村廊桥风光　　显煌 摄

学而山房位于琼中县黎母山森林公园内，经营着特色民宿、躬耕清净美食、艺术教育基地、亲子教育基地、科学研究基地、自然教育生态文化研学、人文艺术生活空间、艺术采风创作基地、黎母山人文生态博物馆、获评第五批全国林草科普基地　　图片来源于椰岛城事

东五指山仕阶旅游区。在仕阶村旁尚有一片清代摩崖石刻群，有清代冯子材及幕僚所书“手辟南荒”、“百越锁钥”等十多处摩崖石刻人文景观。在万泉水河源头—南流河边有水温为70℃左右的温泉，在此可体验温泉、享受雨林美景，又唤醒身体的活力

琼中县融媒体中心 供图

琼中万寿山文化康养小镇，是一座把文化赋能乡村振兴建设、对当地进行全域乡村规划，打造共享农庄研学示范基地、共享康养文化产业园 黄骏 摄

琼中女足
——大山深处走出的铿锵玫瑰

为了贯彻落实国务院副总理孙春兰3月25日到海南调研时，对琼中女足的可持续健康发展做出的重要批示指示精神，琼中女足在国家体育总局、教育部、中国足协以及海南省委、省政府、琼中县委、县政府等有关部门的大力支持下，于7月筹备组建琼中女足俱乐部。琼中女足于2006年2月正式组建，先后问鼎2015年“哥德堡杯”世界青少年足球锦标赛冠军和2016——2017年哥德杯(中国)世界青少年足球赛冠军；2019年，经第23届“中国青年五四奖章”评审会议评审，琼中女足被授予“中国青年五四奖章集体”。从名不见经传、毫无基础的草根球队，到冲出国门走向世界、成为海南乃至全国的靓丽名片，被誉为从大山深处走出的铿锵玫瑰。“琼中女足”让我们看到了一种顽强拼搏、坚持不懈、永不言弃的精神

2021年，琼中女足商标在国家商标局申请注册成功，标志着琼中女足拥有了自己的身份证

琼中女足 提供

图为琼中体教融合产业发展（琼中女足）示范区项目　　李天平　摄

2019年10月1日琼中女足主教练肖山（前中）受邀观看中华人民共和国成立70周年阅兵典礼　　琼中女足训练中心　供图

2021年12月23日，海南省女子足球队成立暨中国足球协会青少年女足训练中心（琼中）揭牌仪式在琼中县举行　　县融媒体中心提供

2021年12月23日，海南省女子足球队成立暨中国足球协会青少年女足训练中心（琼中）揭牌仪式于下午在琼中县举行。图为中国足协副主席孙雯（左）向肖山（右）教练授海南女子足球队队旗　　县融媒体中心提供

荣誉篇

RONG YU PIAN

2018年3月30日晚，“世界因你而美丽——2017—2018影响世界华人盛典”颁奖礼在清华大学新清华学堂举行，琼中女足凭借顽强的拼搏精神和傲人的足球成绩，获2017—2018年世界因你而美丽——影响世界华人希望之星大奖

琼中女足训练中心 供图

2019年，琼中女足获得“全国民族团结进步模范集体”称号。图为获得的奖牌

琼中女足训练中心 供图

2021年中国中学生足球协会杯（初中女子组）决赛最佳射手黄薇薇（左一）、最佳运动员王小妹（右一）

县融媒体中心 供图

2021年中国中学生足球协会杯（初中女子组）决赛最佳阵容（左起：黄晶晶、黄薇薇、王小妹、吴优）

县融媒体中心提供

2021年4月27日，琼中女足队员黄薇薇入选全国U-14女足精英训练营"希望之星"

县融媒体中心 供图

黄薇薇获2021年中国中学生足球协会杯初中女子组最佳射手。图为获奖金靴　　县融媒体中心 供图

在2021年中国足球协会女子乙级联赛暨全国青少年校园足球大学生女足联赛获得最佳射手”称号的7号队员黄巧祥

琼中女足提供

图为2015年女足获得的哥德堡荣誉奖杯　　琼中女足训练中心 供图

赛事篇

SAI SHI PIAN

2015年，琼中女足获得“哥德堡杯”世界青少年足球锦标赛冠军现场　　陈元才 摄

2019年4月14日，琼中县首届在“三月三”活动日期间举办的足球2019全省青少年邀请赛，在华中师范大学琼中附属中学思源实验学校圆满闭幕。琼中男足斩获冠军，琼中女足获亚军

陈欢欢 摄

2019年1月23日下午，琼中女足夺得2019海南琼中国际青少年足球邀请赛女子16岁组冠军。图为颁奖现场　　林学健 摄

2018年，队员吴优（前中）作为世界杯牵手球童被邀俄罗斯世界杯开幕仪式　　琼中女足训练中心 供图

2019年中国际青少年足球邀请赛，琼中女足2：1力克瑞典AIK夺得16岁组冠军　　海南日报记者 陈元才 摄

2021年6月16日，华中师范大学琼中附属中学出战2021年中国中学生足球协会杯（初中女子组）决赛的琼中女足夺得冠军　　县融媒体中心 供图

12月17日下午，在2021年中国足球协会女子乙级联赛暨全国青少年校园足球大学生女足联赛决赛中，海南琼中女足队获得亚军，同时顺利完成“冲甲”目标。图为海南琼中女足（红）对阵云南农业大学女足的比赛　　县融媒体中心 供图

2021年12月15日，海南琼中女足在2021年中国足球协会女子乙级联赛半决赛中，上演惊天逆转，牢牢抓住比赛补时最后一分钟，连续创造2次点球机会将比分顽强扳平，将比赛拖进了点球大战，最终以6:5总比分打赢了武汉体院女足队，晋级决赛，并拿下中甲联赛资格

县融媒体中心 供图

2021年7月14日，琼中女足在第十四届运动会群众比赛足球五人制（女子组）比赛获得铜牌

琼中女足训练中心 供图

训练、生活篇
XUN LIAN SHENG HUO PIAN

肖山教练指导球员训练　　　　　　琼中女足训练中心 供图

雨中训练　　　　　　琼中女足训练中心 供图

女足训练用过的足球
琼中女足训练中心 供图

艰苦的成功之路——女足训练穿过的旧球鞋
琼中女足训练中心 供图

女足训练中的足球足鞋
琼中女足训练中心 供图

王靖怡在海南红塔训练基地练习头球，她2018年正式入选国家女子足球集训队
琼中女足训练中心 供图

夕阳西下琼中女足第一梯队的队员们摸黑训练场景　　琼中女足训练中心 供图

训练之余球员自己研磨草药
琼中女足训练中心 供图

图为球员在整理训练场地拔除球场的杂草
琼中女足训练中心 供图

1 黎风苗韵

琼中县民风淳朴，黎苗风情浓郁，是黎族苗族的主要聚居地，2021年黎族人口11.34万人，苗族人口1.56万人。每年农历三月初三，是黎族苗族纪念祖先、歌颂爱情的传统节日。黎族是海南岛最早入驻定居的居民。在漫长的发展历史中，他们形成自己独特的语言、服饰、信仰和习俗。黎族传统纺织绣技艺是收入第一批国家级非物质文化遗产名录的民族传统手工技艺。苗族是海南省世居民族之一，在漫长的发展进程中，他们创造了光辉灿烂的文化，为整个中华民族乃至世界的文明和进步事业做出了巨大贡献。苗族的挑花、刺绣、织锦、蜡染、剪纸、首饰制作等传统工艺瑰丽多彩、驰名中外

2020年10月30日，“黎风苗韵·绣梦中国”2021 EVE CINA主题时装秀在北京园博园阳光剧场精彩亮相。此次时装秀以“黎风苗韵”为主题，融入琼中黎族、苗族传统民族服饰风格，把黎锦、苗绣蜡染等手工艺完美地体现在时尚的服装上，用一套套服装讲述动人的琼中故事。图为表演现场　　陈美霞　君婉妮　摄

2021年12月24日，黎锦主题时装秀亮相2021海南岛国际时装周。图为“布黎布舍”黎锦主题时装秀现场　　武威　摄

图为传统黎族服饰　　琼中县融媒体中心　供图

黎锦作为黎族文化遗产中必不可少的一部分，2009年10月被联合国教科文组织列入首批非物质文化遗产名录。图为织锦技艺表演　　琼中县融媒体中心 供图

海南苗族传统刺绣蜡染技艺于2009年入选海南省第三批非物质文化遗产保护项目。图为苗绣技艺表演　　琼中县融媒体中心 供图

黎族民歌指的是海南黎族人民传统民族曲调的歌谣，2007年入选海南省第二批非物质文化遗产名录，2008年入选第二批国家级非物质文化遗产名录。图为黎族民歌传承人王取荣（左）、林玉英（右）夫妇在演唱黎歌　　琼中县融媒体中心供图

海南苗族民歌指的是海南苗族人民所唱的民歌。海南苗族民歌主要流传于环五指山苗族聚居地区，于2011年入选第四批海南省级非物质文化遗产名录，2014年入选第四批国家级非物质文化遗产名录。图为苗族妇女在演唱苗歌

琼中县融媒体中心供图

黎族传统婚礼指的是海南黎族人民以黎族传统方式举行婚礼的人生礼俗，于2007年入选第二批海南省级非物质文化遗产名录。黎族是海南的先民，约在3000年前古越族的一支骆越人迁入海南岛，繁衍生息，后称为黎族，黎族长期保持着较为传统的婚礼　　琼中县融媒体中心 供图

图为黎族婚俗，打火把接新娘　　何立 摄

长桌宴是黎族宴席中规模较大和仪式感较隆重的待客礼仪。长桌宴的桌子一般都是用当地的竹子制作而成，将长方形的桌子拼摆成长长一列，桌上简单地铺上一层绿油油的芭蕉叶，叶上盛放着各种各样、原汁原味的黎味美食—三色饭、竹筒饭、山兰酒、五脚猪、芒果鸡、水果等等，以古老的饮食文化、诚挚的感情招待远道而来的客人。图为红毛镇什寒村”黎族长桌宴婚礼婚俗表演　　陈元才　摄

竹竿舞是黎族苗族传统舞蹈，又称打柴舞、跳柴舞，竹竿舞的持竿者有坐、蹲、站三种姿势，变化多样，跳舞者要在竹竿有节奏、有规律的分合瞬间，敏捷地进退跳跃，并且潇洒自然地完成各种优美的动作。图为什寒村文艺队竹竿舞表演

黄雪平　摄

“咚铃伽”指的是海南黎族人民创造的一种模仿比武场面，一人使钱铃，一人使双刀在簸箕上对打的舞蹈，主要流传于海南省五指山周边地区，于2005年入选第一批海南省非物质文化遗产名录。
琼中县融媒体中心 供图

舂米舞是黎族合亩制地区妇女在舂米时助乐的舞蹈活动，是黎族妇女在长期的劳动生活中演变形成的，具有独特的艺术风格。图为舂米表演 黄雪平 摄

biang酒是黎族人运用居住地区的旱糯稻，同时使用当地独有的植物，采取自然发酵的形式酿制而成。biang酒是黎家人常饮用的“滋补、健身”酒，用biang酒与鸡蛋蒸，对产妇来说是很好的补品。对黎族人而言，biang酒就如同外国的香槟那般，通常在重要节日或者贵客登门时才会痛饮biang酒。图为黎族妇女在蒸煮糯米，制作酒biang　　县旅文委 供图

山兰酒与黎族人民诸多民俗礼仪活动息息相关，婚嫁祭礼、待客都离不开山兰酒，醇香浓厚，味美甘甜的山兰酒已成为黎族特色的文化符号和文化记忆。图为制作好的山兰酒　　县文化馆 供图

竹筒饭——砍一节较粗的嫩竹，装入黎家的香糯米和适量的水，再拌入一些瘦肉以及盐，架于火堆上熏烤。水煮开后，再用树叶或木塞封住顶口，转动竹筒，使其受热均匀，待饭香飘溢，以刀破竹　　　　琼中县融媒体中心供图

黎、苗族的竹筒饭是用新鲜竹筒装着大米及味料烤熟的饭食。黎族多于山区野外制作或在家里用木炭烤制，是海南著名风味美食。图为制作好的竹筒饭　　　　琼中县融媒体中心供图

湾岭电饭煲鸡，是琼中的名菜之一　　　　琼中县融媒体中心 供图

琼中的三色饭有红、黑、黄三种颜色，是取色于天然新鲜植物红蓝藤、黄姜和三角枫的汁液，采用黎族、苗族独产的山兰米，三种颜色相映成趣，形态美观，饭团甜滑，药味儿中还带着甘香，极具民族风情　　琼中县融媒体中心 供图

“五脚猪”原产于海南岛中部山区，是小型猪种之一。琼中五脚猪具有体型小，体态匀称紧凑，腰背平直，四肢细而长，反应灵敏，善于奔跑,天性较野，喜欢在野外到处拱土及觅食。琼中五脚猪采用“自然资源+青绿饲料+配合果蔬+适度放牧”的养殖模式，具有皮薄、膘少、背肌厚、瘦肉率高、肌内脂肪少，肉质香味浓、鲜嫩可口，氨基酸、脂肪酸、赖氨酸等含量丰富　　琼中县五脚猪产业协会 供图

目 录

专 记

大事记

县情概览

中共琼中黎族苗族自治县委员会

琼中黎族苗族自治县人民代表大会

琼中黎族苗族自治县人民政府

政协琼中黎族苗族自治县委员会

中共琼中黎族苗族自治县纪律检查委员会 琼中黎族苗族自治县监察委员会

民主党派·工商联

群众团体

法　治

军事

经济管理

区域发展

热带经济

农 业

工业·建筑业

商贸服务业

旅游业

房地产业

交通运输·邮政

金融业

城市建设与管理

应急管理

教 育

文 化

体　育

卫生健康

社会生活

生态环境

乡 镇

农场·林场·海垦企业

统计资料

人物

附录

琼中县推进海南自由贸易港建设纪实

自海南自贸港建设以来，琼中坚持稳中求进工作总基调，不断贯彻新发展理念，构建新发展格局，推动海南自由贸易港建设，取得了显著成效。

推动自贸港早起政策安排评价指标落地见效

推动两个15%所得税优惠政策落实。全年有3家企业享受企业所得税15%优惠政策，免征税款2647万元；11人享受个人所得税15%优惠政策，免征税款24万元。累计引进各类人才1672人，认定高层次人才58人。

推动贸易自由便利政策落实。2021年，2家免税企业完成开业准备。全年货物进出口贸易额、服务进口额累计人民币 2267.95万元。

推动投资自由便利政策落实。2021年注册登记外商投资企业2家。

制度创新案例。2021年琼中县共申报案例4篇，均未被采纳，制度创新案例推广还未实现零突破。

自贸港建设全面铺展

主要经济指标稳中向好 2021年，琼中县实现地区生产总值66.32亿元，比上年同期增长10.1%；固定资产投资总额同比增长4.8%；社会消费品零售总额19.92亿元，比上年同期增长16.1%；旅游接待过夜人数60.24万人次，同比增长40.39%，增速全省排名第七；居民人均可支配收入23243元，同比增长10.3%，增速排名全省第三。其中城镇常住居民人均可支配收入36109元，同比增长8.1%，增速全省排名第十；农村居民人均可支配收入15951元，同比增长13.0%，增速全省排名第一。

产业结构持续优化层层推进 高新技术产业实现零突破，2021年，琼中县新增高新技术企业2家、科技型中小企业6家，完成槟榔采摘机器人、槟榔园多功能维护一体机等科研项目6项，新增有效发明专利4项，被列为2022年省级创新型县。

AAAA森林康养产业建设蹄疾步稳 2020年琼中县境内的海南百花岭热带雨林文化旅游区成为海南中部首家国家AAAA级景区，委托海南大学旅游学院专业团队，对标国家AAAA、AAAAA景区创建标准，制定重点旅游项目前期规划设计，与广东鼎元双合企业管理有责任公司、安徽大舜资产管理有限公司签订海南琼中抽水蓄能电站旅游合作开发协议，对标国家AAAAA级景区，打造工业旅游示范区建设；发展以旅游业为龙头的现代服务经济，引进鼎隆琼中五星酒店综合体项目、海鼎百花天地酒店、海航庭院、三永凤凰汇等6家5星级酒店，预计2022年底新增5-6家5星级酒店；利用“琼中女足”金字招牌，加快推进体育旅游项目，琼中足球训练服务中心项目、琼中青少年足球训练中心项目均已开工建设；加快黎苗民族文化博物馆建设，多次会同艾特公司到项目现场进行调研，艾特公司已提交设计博物馆项目概念设计。2021年琼中县申报国家级全域森林康养试点县建设已完成公示，《琼中县全域森林康养产业发展总体规划》《琼中县全域森林康养产业实施行动规划》初稿已编制完成。森林康养特色小镇、什寒旅游康养旅游示范项目、蓄能电站、科创民宿、水央乡村综合体（一期）旅游驿站、天香峒康养庄园、百花岭创建国家AAAAA级景区、白沙起义纪念园创建国家AAAA级旅游景区等一批旅游重点项目建设正在加快推进。新增三椰级乡村旅游点2个，什寒民宿、学而山房民宿分别获评为“银宿级”和“铜宿级”民宿。琼中县顺利举办乡村旅游文化节、“画里屯昌·锦绣琼中”“亲自然，探琼中”热带雨林徒步露营大会等特色旅游宣传推荐活动，《琼中三色饭》《遇见什寒》等微视频被翻译成多国语言传播，琼中黎苗文化和生态旅游首次推出国门。

全面实施做大做强琼中女足三年行动计划 2021年正式启动海南省琼中“体教融合”产业发展（琼中女足）示范区项目建设，力争打造集国际体育竞技、运动康复、足球教育、健身休闲、旅游度假为一体的国际足球产业集聚区,海南省琼中县足球训练服务中心建设项目、海南省琼中县青少年足球训练中心改造工程已竣工。中国足球协会女足青训中心已挂牌，同时，成立海南女子足球队和海南琼中女足俱乐部，并出征2021年中国足球协会女子乙级联赛暨全国青少年校园足球大学生女足联赛，以“五连胜”战绩挺进决赛并获得亚军，实现当年组建俱乐部当年冲甲成功的目标，“琼中女足”品牌影响力进一步提升。

园区集聚效应凸显

2020年琼中县积极推进园区高新技术项目建设，与琼中中海龙高新技术研究院联合成立“琼中中药农业科技园”，在农业、环保、康养、金融、新能源以及智慧城市等方面进行全方位的合作交流；加快建设海南湾岭农产品加工物流园，与海口海关签订《合作共建高标准海南湾岭农产品加工物流园战略框架合作协议》，对接海口海关、洋浦海关，研究在园区申请设立保税仓库事宜，海南陆侨集团、湖南皇爷、湘潭湘左记、海南正生堂集团等企业分别于2020年年底和2021年年初开工建设，积极对接省发改委推进海南中部应急项目规划设计。2021年琼中县推行“特别极简审批”，组建服务专班，建立“联企秘书”服务机制，设立海口海关技术中心湾岭工作站，成立中部科技协同创新中心、园区法治服务中心，湾岭金林通用机场、省应急物资储备中心等项目征地工作基本完成。“1+4+X”产业规划布局逐步构建，2021年引进企业27家，2021年在园企业50家，完成园区总产值5.06亿元，同比增长130%。园区正在与国机集团、热科院椰子所、海南大学等企业单位合作建设相关研究试验室，为琼中产业发展提供科技支撑。

稳步推进现代农业

2020年，琼中县建成槟榔管理示范园区1200公顷，新增常年蔬菜基地8个。2021年，琼中与海口海关热带植物隔离检疫中心合作，推进13.3公顷热带农业种质资源成果转化基地育种中心、研究设施等基础平台建设，燕窝果新品种引进试种及配套栽培技术项目已通过省科学技术厅初审，并在琼中三个基地开展试验种植。琼中县引进并成功试种特色水果无花果4公顷、蓝莓1.52公顷，开展槟榔水肥一体化项目试点2个，建立槟榔病虫害防控试点1266.67公顷，新增常年蔬菜基地19块，建成高标准农田760公顷，推广防统治等农业技术1800公顷，湾岭镇2866.67公顷土地入选全国首批天然富硒土地，获评“2021年全国县域农业农村信息化发展先进县”。

持续创新优化营商环境

2020年，琼中县推进政务诚信体系建设，将各行政职能单位行政许可、行政处罚信息报送到海南信用信息平台，推进各行政职能单位行政处罚后告知给各相应领域联合奖惩备忘录单位，制定优化营商环境行动计划（2020–2021年），继续落实好县级领导干部联系重点企业制度，推进2020年县重点项目59个，年度投资原计划为21.1亿元，完成投资19.7亿元，占年度计划的94%；公平竞争的营商环境初现成效，截至2020年12月底，在琼中县注册的外资企业共有23家。2021年不断提升企业登记注册服务质量推出周末“不打烊”+24小时自助服务,实现626项事项“24小时”可办。在全省率先设立未办成事协调服务窗口,创新推出“视频委托书”改革,推行新开办企业“一站式”“零成本”服务，解决企业难题。企业开办市场准入综合窗口推行容缺受理、绿色通道服务，开办企业时限由原来5个工作日压缩到0.5个工作日内完成，2021年新增企业注册登记2494家，较2020年增长678家。

2020年审批流程持续优化，琼中县“一枚印章管审批”正式启动，219项审批事项划转至行政审批局集中审批以来，在全省率先推出涵盖娱乐业、教育业等14个业态的45个“一件事”主题套餐，建立“四个一批”审批服务制度，成立工程建设项目服务专班并制定工作规程，为企业量身定制“一企一策”服务套餐，全面实施“五大服务”“三张表单”，为企业开通加速审批绿色通道，对公园壹号等项目实行并联审批，压缩审批时限达12个工作日以上；推进“极简审批”改革，印发实施园区“极简审批”实施办法，设立“极简审批”综合服务窗口，并组建专业化审批服务队伍；深化“证照分离”改革，在国家和省级层面制定的528个事项中，收集汇总该县“证照分离”改革事项共85个。2021年，琼中县相继推出“三减”事项289项，其中62项审批事项实现30分钟内办结，将社会投资类项目全流程审批时限由80个工作日压缩至50个工作日，较全省平均缩减20个工作日，政府投资类项目全流程审批时限由110个工作日压缩至50个工作日，较全省平均缩减36个工作日，进一步激发市场活力。梳理1020项政务服务事项实施“零跑动”审批，提前超额完成省级任务，实现群众办事“零跑腿”。创新为民服务“12345+N”工作机制。推出“强化制度保障、强化宣传培训、强化问责”、审批服务特邀监督、“民声+政务”服务体验员等制度机制组合拳，推动工单受理、预警、督办（三级提醒督办模式）、回访等链条式管理，实现综合满意度每月全省排名前三，长期保持零逾期、全办结，受到省政务中心连续书面通报表扬3次，并在全省“12345”工作会议上推广琼中经验。

创新“督考合一”工作机制

琼中县在实行“督查专员制”“微视频承诺制”“台账销号”“积分制”等督查新模式的基础之上，创新“督考合一”工作机制，通过构建“九督合一”督查工作机制、实行“一张督考清单”、建立“137”督考工作制度、实行“红黄绿”灯考核机制等举措，2021年共跟踪督查县领导批示指示事项754项，已落实679项，完成率90.1%；跟踪省交办事项16项，已落实16项，完成率100%。建立健全营商环境工作联席会议制度，县领导联系服务企业2小时问题解决机制和服务企业“三个清单”管理机制，打出审批服务代办等组合拳，2021年累计签约37个项目，协议投资总额为34.9亿元，2021年投资额达1.48亿元，已完成年度投资额4.2%，琼中优化营商环境作为正面典型在全省通报表扬。出台《琼中急需紧缺人才需求目录》《琼中“南海系列”人才激励保障待遇实施意见（试行）》等制度文件，2021年共办理人才落户50人，安置8名引进人才配偶就业，发放人才住房补贴55人，共计58万元；分配33套人才公租房；开展职称评审139人、职称认定87人。

生态环境质量持续保持全省前列

2020年完成县空间生态环境评价暨“三线一单”研究报告初步成果编制工作。“两违”工作按时完成省下达的年度工作任务；各乡镇（农场）生活垃圾清扫保洁实现全覆盖，县城区日常清扫保洁率达98%以上；制定河（湖）治理保护和管控方案，完成5条省级河流“一河一策”实施方案编制；实施“两减两施”计划，推广高效低毒农药，完成水稻田间肥效3414—试验、水稻田间肥料利用率试验等项目，中平镇厚皮□村土壤污染治理项目已入选省土壤污染防治项目储备库；空气质量在全省排名靠前；超额完成林区生态修复和湿地保护工作任务。全面完成百日大督察整改工作，全面开展禁塑工作。倡导绿色消费模式，完善充电基础设施建设，累计建设充电基础设施共计171个，推广应用清洁能源汽车保有量为147辆。2021年，琼中县获国家重点生态功能区财政转移支付资金居全省首位，完成县空间生态环境评价暨“三线一单”研究报告初步成果编制工作。生态文明体制进一步完善。推行环评豁免、环评备案和环评告知承诺等制度改革，告知承诺制项目审批时限缩减到3个工作日以内。控制温室气体排放评价考核获评优秀等级，全省唯一获评“农村生活垃圾分类和资源化利用示范县”，创建“省级森林城市”，森林资源保护和发展目标责任工作被省政府评为优秀，环境空气质量优良率达100%。琼中县在第二次全国污染源普查工作中，获评省先进集体1个、省先进个人2名、国家级先进个人2名，《琼中县在第二次全国污染源普查技术报告》被评为优秀报告二等奖。环保基础建设加快完善。环境监测预警信息化综合管理平台通过验收，实现水环境数字化监控。2021年累计建设充电基础设施共计279桩286枪，推广应用清洁能源汽车保有量为1054辆，推广任务完成进度的737.06%，全省排名第二。

增进民生福祉提升幸福感

琼中县开展海南自贸港建设以来，社会保障取得实效，企业职工基本养老保险、职工基本医疗保险、城乡居民基本医疗保险实现应保尽保。建立城乡低收入家庭专项救助制度，推动形成优抚对象、低保、城镇困难职工和低收入家庭梯度救助格局。优质教育提标扩面，深入与华中师范大学开展合作办学，将原琼中中学与琼中思源实验学校委托华中师范大学合作办学平台管理，打造省内一所优质高中和一所优质初中，与海口市滨海第九小学合办海口市滨海九小琼中附属实验小学。积极提升医疗服务“软实力”，与郑州大学签订县校战略合作协议，与海南医学院建立县校全面战略合作关系，郑州大学已安排第一批正高级职称的9名医疗专家到琼中县开展医疗卫生人才培养、医疗健康等领域的交流与合作。健全养老服务体系，重视解决“一老一小”问题，2020年查出37名农村留守老人、240名困境儿童、16名孤儿、18名事实无人抚养儿童，并发放生活补贴，发放困境儿童生活补贴49.985万元，孤儿生活补贴17.33万元；事实无人抚养儿童生活补贴8.9772万元，积极开展关爱保护农村留守儿童和困境儿童“政策宣讲进村(居)”活动，通过电话问候、上门访问、定期走访慰问等方式，做好关爱保护老人和儿童的工作。2020年琼中福成通用航空项目建设计划已经省交通运输厅同意。县城污水处理厂提标改造工程已通水试运行，营盘溪改造与综合治理工程已完成总进度59%，湾岭污水处理厂（厂区部分）总进度92%。4个乡镇镇墟、2个农场及272个村庄实现“气代柴薪”点火通气，建成使用5G基站55个。

全面把控好自贸港建设风险

2020年，琼中县加快推进社会管理信息化平台建设，可行性研究报告于2021年1月报海南社管平台规划设计指导组织专家内审；开展整治酒驾醉驾违法犯罪行为百日安全行动，摩托车、电动车违法查处总数全省排名第五；驾乘人员不带安全头盔查处总数全省排名第三；成立县打击和处置非法集资工作领导小组，协调人行琼中支行等相关部门做好琼中县金融风险防范工作；对各乡镇、各单位开展一次网络信息安全专项检查，并形成检查报告及整治方案；加大防范化解公共卫生风险力度，继续实行“海南健康一码通”管理，加强对农产品和冰鲜冷链食品、海产品及药品定期或不定期检疫检测，共为8024名发热病人进行病毒核酸检测，共采样检测进口冷冻食品1147份，全县医疗机构670名医护人员已具备核酸检测采样能力，11名医务人员获得核酸检测资质，印发秋冬季新型冠状病毒肺炎疫情防控工作方案和应急预案，加快防控物品、药品和医疗器械等应急物资采购，县人民医院、县疾病预防控制中心核酸检测PCR实验室建成启用，投入1258.85万元建设县公共卫生防控救治能力建设项目；制订“一城一策”方案，组织开展2020年房地产专项整治、打击房地产领域非法集资宣传排查等工作，立案查处违法租赁商品房房地产企业1家，将房地产企业列入行业“黑名单”1家。2021年琼中县继续把风险防控作为事关自由贸易港成败得失的最关键变量，牢牢把握“管得住”才能“放的开”这一原则，把控好各类风险。科学构建风险防控工作机制，成立15个风险防控专项工作组，进一步强化风险防控工作部署、部门联动、信息共享、协调处置等工作机制，累计召开县委风险防控研究部署会议40次，各类专项工作组会议88次。公共安全视频监控建设互联网应用（暨立体化治安防控）三期项目建设通过验收，雪亮工程暨网格化三期项目完成总进度的90%。社会管理信息化分平台项目已完成可研编制报告，已按照省委政法委的要求停止该项目推进工作，避免反复调整，造成浪费。严格落实风险防控各项工作举措。制定出台思想作风懈怠、意识形态、反走私、房地产领域等多个风险领域防控政策，积极预防各类风险发生。把风险防控工作与党史学习教育、作风整顿建设年和“查堵点、破难题、促发展”活动结合起来，梳理堵点317个，截至2022年1月6日，已完成整改289个，整改率达91.17%。摸排国家安全风险隐患9项，并制定有效防控措施，确保风险隐患不向政治领域渗透传导。严厉打击“三非”外国人员和偷渡违法行为3起，深入开展反走私综合治理工作，打击逃税漏税行为，累计追缴偷税、漏税15.36万元；强化网络舆情监控处置力度，通过第三方监测平台对涉及琼中的负面舆情进行24小时监测，对重大敏感信息即时发布预警通知；将全县2696家商事主体纳入统一监管平台进行管理，21家失信企业被纳入失信被执行人，42家企业被限制高消费，市场投资环境得到净化；对24家房地产企业的27个房地产开发项目开展风险隐患排查，强化对阳光紫荆项目等4个项目风险点的管控，实时掌握并妥善解决房地产风险隐患；加大公共卫生风险防控体系建设，严格落实疫情防控要求，加快构建全民免疫体系；组织开展欠薪专项整治，受理各类涉薪案件385件，已协调解决364件，农民工工资问题得到妥善处理；对被提拔和重用干部开展集体廉政谈话130人次，受理政法队伍教育整顿问题线索43件，立案19件16人，诫勉3人，责令检查2人，提醒谈话6人。

根据《琼中黎族苗族自治县2020和2021年自贸港建设情况报告》整理）

琼中县巩固拓展脱贫攻坚成果与乡村振兴有效衔接实录

琼中县地处海南岛中部，五指山北麓，是集山区、革命老区、民族自治地区、生态保护核心区的国家扶贫开发工作重点县，土地面积2704.18平方公里，辖10个乡镇、2个县属农场、2个县属林场和10个居，2021年总人口212797人。由于地处山区，基础条件差，且属于全省生态环境保护核心区，经济社会总体发展水平相对滞后。2002年琼中县被确定为国家级扶贫开发重点县，全县建档立卡贫困人口5952户23943人。经过九年努力，琼中县脱贫攻坚取得良好成效，琼中县战贫困、奔小康，全县44个贫困村提前三年全部脱贫出列，5938户23797名贫困人口全部脱贫退出，贫困发生率从2016年的10.79%降至0，群众认可度达98.15%，成为全省第一批脱贫摘帽县，产业、健康、教育、就业等扶贫经验在全国全省会议上交流，获“中国全面小康扶贫十佳县市”“十佳精准扶贫创新县”等称号，实现脱贫攻坚，如期全面建成小康社会。农村基础设施和基本公共服务不断完善，农村常住居民人均可支配收入不断提高，从2016年9713元，提升至2021年15951元。脱贫人口的人均纯收入从2016年2806元，提升至2021年17657元。生活质量水平不断提升，扶贫开发连续五年超额完成省下达任务，2016年扶贫成效考核全省第一，荣获“十佳精准扶贫创新县”等多项殊荣。2019年4月，经县级申请、省级行业部门和专项评估组审核、第三方机构实地评估、省扶贫开发领导小组审议、省人民政府公告批复等程序，琼中退出贫困县序列。2019年6月，顺利通过国扶办贫困县脱贫退出专项评估验收工作。琼中县先后荣获“中国全面小康扶贫十佳县市”“十佳精准扶贫创新县”等称号，42人被评为国家级、省级脱贫攻坚先进个人。2016年以来，琼中县连续5年接受并顺利通过国家脱贫攻坚考核评估7次（其中国家脱贫攻坚普查综合试点1次、贫困县退出抽查试点1次）。

2016年至2021年共投入扶贫资金19.63亿元，共实施建设1848个扶贫项目。重点聚焦基础设施、产业发展、生态环保、民生保障等领域，建立2018年至2021年脱贫攻坚项目库，储备生成扶贫项目4721个。建立2021年财政衔接推进乡村振兴补助资金项目库，项目总数1944个，资金规模11.45亿元，其中产业扶贫项目762个，资金规模7.2亿元，基础设施及其他项目1182个，资金规模4.25亿元。

推进全面脱贫与乡村振兴无缝对接、有机融合

实现全域脱贫后，琼中县为做好巩固脱贫攻坚成果与发展乡村振兴有效衔接，深入学习贯彻中共十九届五中全会和中央农村工作会议精神，针对主要矛盾的变化，坚持从政策、产业、规划等方面入手，努力推进全面脱贫与乡村振兴无缝对接、有机融合，推动“五年过渡期”政策有效落实。

注重工作衔接。2016年至2020年共选派1649名干部深入开展“联心富民”“四联三问”“联村帮扶”“第一书记”等工作，实现结对帮扶全覆盖。2021年将县扶贫办重组为县乡村振兴局，原帮扶队伍整合为乡村振兴工作队，选派乡村振兴工作队110支324人，帮扶单位111个1626人，实现工作无缝衔接。

注重特色产业推进。2016年至2020年琼中县重点围绕发展桑蚕、养山鸡、养蜂等9大特色产业，采取“龙头企业(或合作社、村集体经济、种养大户)+基地+贫困户”等4种产业扶贫模式，引导贫困户以帮扶资金或种苗折算入股到经营主体合作，累计建成特色产业项目落地402个，实现贫困人口全覆盖。着力推进产业项目规范化运营，出台加强规范扶贫对象产业扶贫项目利益联结管理实施方案，按照“多劳多得、先进多得、少劳少得、不劳不得”的原则，结合“六治”专项活动，对贫困户入股分红实行量化考核，以鲜明的导向奖励先进表率、激励后进奋发，杜绝简单发钱发物、“一股了之”“一发了之”式帮扶。着力抓好惠农政策落实，引导贫困户参与橡胶“保险+期货”“橡胶价格保险”等保险，打造传统产业精准扶贫新“增长极”。2021年开展全面脱贫与乡村振兴的有效衔接，更加注重特色产业转型升级。2021年琼中县橡胶、槟榔种植规模达11.4万公顷，发展琼中绿橙等优势产业0.44万公顷，引进推广蓝莓等高附加值特色产业1900亩。发展合作社549家、共享农庄8家，创建省级现代农业示范园3个，成功申报“三品一标”16个，琼中绿橙被国家市监总局列入地理标志运用促进工程项目，琼中山鸡等农特产品被列为国家极地科考专供食品。建成高标准农田760公顷，推广统防统治等农业新技术1.8万公顷，湾岭镇4.3万亩土入选

全国首批天然富硒土地，获评“2021年全国县域农业农村信息化发展先进县”。琼中县聚力打造产业集群，将原有16家县属企业分类整合成县乡村振兴控股发展有限责任公司、海南加钗投资控股发展有限责任公司、海南中部菜篮子发展有限责任公司3家公司平台，坚持公司项目集结点及项目连片做大做强产业项目原则，结合资源情况、区位优势等条件，按照“政府+国有企业+社会企业+村集体”的合作模式，将全县10个乡镇、1个县属农场、10个居划分为3大片区，由三大公司各负责1个片区每年谋划一批产业示范点项目，争取3至5年培育一批特色优质产业集群。例如，在湾岭镇水央村，依托县乡村振兴控股公司引入知名实力企业和海南大学科研技术力量，投入6600万元打造机器人+现代化农业技术To B端和高效果蔬农业体验+康养休闲To C端相结合的创新型田园综合体项目。实施“企业进村”战略，推广什寒旅游扶贫模式，采取一企一村、一企多村或联企共建等方式，利用资源禀赋优势，因地制宜谋划扩大种植业和养殖业，重点发展康养观光休闲农业、乡村旅游、民宿等生态友好型产业，打造“一镇一业、一村一品”发展格局。产业发展有效促进农户增收。以湾岭农产品加工物流园为载体，通过仓储配送、精深加工、电子商务、农业科技四轮驱动，引入14家农业龙头企业投资建设特色保健品生产、南药（胆木）提取、椰子食品原料加工、热带果蔬加工、茶叶精深加工、槟榔精深加工等农业产业化项目，打造农业全产业链，推进供给侧和需求侧有效对接，确保各类农产品得到稳定销售，增加农户收入。在全县槟榔减产的情况下，受农户与企业供需关系影响，槟榔鲜果市场价格最高达到14元/公斤，农户槟榔收入不降反升，人均收入增加2000多元。同时完善利益链接机制，按照乡镇、村的巩固脱贫成果实际统筹资金分配，由乡镇组织村集体以资金入股方式参与公司项目建设，项目收益按照固定收益或固定收益+浮动分红的方式，带动壮大全县100个村集体经济发展，村集体经济大幅度提升。产业的发展为农民提供更多就业机会。通过利润分红、土地租金、公益岗位设置及技能培训带动就业务工等多渠道稳定增加农户收入。琼中县创新“劳务专班”就近就地就业模式。成立县乡投人力资源公司，分片区组织脱贫户、监测户等困难群体组建劳务队伍，采取“政府单位+人力资源+产业项目+农民”的就业模式，将本地闲散劳动力组织起来，参与民生工程建设，确保有务工意愿的脱贫劳动力实现务工、有劳动能力的脱贫户家庭至少有一名劳动力实现务工。2021年已组织8批393名劳动专班人员务工；举办线上线下招聘会20期，达成就业意向729人；创建就业扶贫基地（车间）13个，组织贫困群众返岗复工130人；专车专人全程跟踪服务输送82名劳动力到省内外务工。2021年全国防返贫监测信息系统外出务工人员录入9530人，外出务工人数较去年增加142人，录入率101.52%。

狠抓政策落地 确保过渡期内主要政策总体保持稳定

琼中县坚持实事求是、因地制宜，加强顶层设计，加快建设生态宜居乡村，推动脱贫攻坚与乡村振兴有效衔接。全县脱贫户“两不愁三保障”持续巩固提升，教育、健康和保障兜底实现“应享尽享、应补尽补、应保尽保”，危房改造率、农村饮水安全率均达100%，实现“零”致贫、“零”返贫。

义务教育保障。2020年，琼中县率先在全省建立贫困家庭学生“全程资助”和“一对一”关爱体系，对建档立卡贫困户和低保户贫困生实行特惠性补贴，2016—2021年累计发放生活补贴和国家助学金11856.152万元，惠及贫困学生36152人次。狠抓控辍保学，在义务教育阶段没有适龄学生辍学现象。完善“一对一”和“一对多”关爱体系，继续落实“四免四补”“四免两补”“雨露计划”等各项资助政策。

基本医疗保障。2020年，琼中县建立健康扶贫“五道防线”，经验做法在全国健康扶贫动态管理研讨会上推广，被推荐参评国家健康扶贫示范县。农村贫困人口城乡居民基本医疗保险实现应保尽保，对贫困人口个人缴费部分给予全额免费代缴，贫困人口参合率达100%，家庭医生签约服务实现全覆盖。实施综合医疗保障，农村贫困人口住院费用实际报销达90%以上，慢性病门诊医疗报销比例达到80%以上，2016年至2021年累计补偿10776.98万元，受益群众达23965人次。对贫困患者实行分级诊疗，全面落实“先诊疗后付费”医疗帮扶，县域内外的定点医疗机构均实现“一站式”结算服务。2021年继续落实分类资助参保、医疗救助限额等政策，投入607.53万元对脱贫人口和监测户基本医疗保险个人缴费部分进行代缴（其中单纯农村脱贫人口实行90%定额代缴，费用为549.08万元；档内低保、档内特困实行100%全额代缴，费用为57.22万元），脱贫人口、监测户参保和家庭医生签约实现全覆盖。

住房安全保障。2020年，琼中县将富美乡村建设与贫困村整村推进相结合，对农村危房改造不限指标、不限名额，应改尽改，针对四类人员CD级危房，按照每户补助不超过6万元的标准进行修缮加固或重建。2016年至2020年省下达琼中县农村危房改造任务为4704户，琼中县共完成危房改造10265户，帮助四类人群危房改造5766户（其中建档立卡贫困户4944户），4类重点对象危房改造已全部竣工并搬迁入住，共发放农村危房改造补助资金65547.8万元。2021年制定出台《琼中2021年农村危房改造实施方案》，过渡期内持续推进落实农村危房改造，进一步明确危改补助对象、补助标准和奖励标准，建立“七类人员”住房安全保障台账并加强动态监测，做到应改尽改，确保全县农户住房安全100%保障。

安全饮水保障。推行“专业的事由专业的人做”模式，委托第三方公司日常管理，每月对农村居民饮用水进行水质安全抽检，2021年10月，根据省水务厅指导，委托第三方专业检测机构对全县农村集中供水工程水质进行检测，570份样本检测结果全部达标。对全县农村饮水管理员一对一集中培训596人次，对全县10个乡镇528个供水池、供水塔按时清洗1056宗次，运行检修饮水工程问题290处，建成扶贫水井29口，出动应急供水车155车次，确保农村饮用水安全。

社会兜底保障。琼中县为确保过渡期内社会救助兜底政策保持总体稳定，重点加大对脱贫不稳定户、边缘易致贫户、突发严重困难户等防止返贫监测对象的救助力度，综合运用低保、特困、临时救助等多种救助措施综合施救，继续执行低保边缘家庭（低收入家庭）单人纳保政策，发挥好临时救助的急难救助功能，坚决防止规模性返贫。2021年，发放最低生活保障金2492.42万元，特困供养金374.19万元，照料护理费48.8万元，临时救助金535.01万元，残疾人两项补贴738.12万元。

防止返贫监测和帮扶工作。琼中县成立防止返贫动态监测帮扶专班，在已出台《琼中关于建立防止返贫致贫监测和帮扶机制实施方案》基础上，细化制定印发《琼中防止返贫致贫监测和帮扶机制实施细则》，按照“发现监测对象—村级民主评议—乡镇审核汇总—县级确定名单—实施帮扶及动态管理”五步工作法，坚持事前预防与事后帮扶相结合、基层组织常态化监测与行业部门突发应急响应监测相结合的原则，对全县农村常住居民开展防止返贫致贫监测和帮扶集中排查，做到应纳尽纳、应帮尽帮，确保对易返贫和致贫人口做到早发现、早干预、早帮扶。截至2021年底，琼中县组织开展入户排查3轮，经过县、镇、村三级审核研判，现存未消除风险监测户473户1506人，已消除风险64户243人，均已安排帮扶联系人入户开展帮扶。投入109.62万元，按照140元/户的标准，为全县建档立卡脱贫户、档外低保户、特困户、残疾户购买家庭人身意外以及财产保险，2021年已完成符合条件农户保险理赔26人53.56万元。投入110.42万元为全县10.04万农村居民提供防致贫返贫保险保障，确保农村居民年人均纯收入不低于6500元，2021年已理赔32户45.31万元。

注重乡村建设全面推动农村综合治理向纵深推进

琼中县坚持实事求是、因地制宜，加强顶层设计，加快建设生态宜居乡村。深入实施农村人居环境整治行动，积极推动积分化运作管理环境卫生。

深入推进农村“五网”设施建设 实施农村基础设施脱贫工程，县、镇、村、组、户道路实现全硬化，农村公路畅通率达100%，2020年琼中县荣获全国“四好农村路”示范县称号；率先在全省推行富美乡村水环境PPP治理，2021年累计建成农村分散式污水处理站303个，水污染防治考核连续四年优秀。光网千兆到镇（区）、百兆入村覆盖率100%。燃气“气网”进村试点工作全面铺开，2021年累计已进场建设372个自然村，覆盖农户20924户；全县饮水安全保障到位，村庄均正常供水，取水距离、供水量、水质全部达标，解决5938户23797名脱贫人口饮水安全问题，农村安全饮水率100%。

深入推进农村人居环境提升工程。2021年琼中县率先在全省建立“户分类、村收集、镇转运、县处理”垃圾处理模式，农村垃圾清扫收运覆盖率达100%；出台生活垃圾分类工作实施方案，实行投放管理责任人制度、“属地原则”“管行业必须管分类原则”，完善村规民约、“门前三包”责任制、保洁员和分类收集员管理制度、农户初分奖励法等各项规章制度，引导村民积极主动参与环境卫生整治工作。出台富美乡村全面推进暨农村人居环境改善提升方案，紧扣“三清三改三化一建”，实施环村道、户户通、排水沟、绿化美化亮化等工程，加强建新拆旧工作，农村人居环境进一步改善。深入推进农村“厕所革命”，对全县3605座农村厕所进行全面改造，累计建成卫生厕所3.38万座，普及率达100%。

深入推进乡村法治建设。2021年，琼中县不断完善村民自治制度，加强社会主义核心价值观，红白理事等村规民约建设，实现村民自我管理、自我教育、自我约束。县、镇、村三级网格化实现全覆盖，公共法律服务网络延伸至村居，聘请一村一居法律顾问49名，为村居居民提供法律咨询服务470次，努力将矛盾纠纷化解在基层。

深入推进乡村文化建设。注重文明培育，着力培育文明乡风、良好家风、淳朴民风，提高乡村社会文明程度，让农民不仅摆脱贫困，腰包鼓起来，过上好日子，更让农民精神生活充实起来，活出好面貌。深入开展群众性精神文明创建活动，持续抓好农村“六治”整治，推进文明村镇、文明家庭创建活动，2021年琼中县评选表彰各乡镇文明家庭34户、五星级卫生户22户、最美家庭5户。琼中县创建农村书屋示范点4家，10个乡镇综合文化站建成并投入使用，累计组织送图书、送电影、送文艺下乡1190场次。

深入推进基层党组织建设。2020年，琼中县大力整顿农村软弱涣散党组织11个，创建和巩固农村示范党支部26个，不断巩固和加强农村基层党组织打赢脱贫攻坚战的战斗堡垒作用。2021年创建省级农村基层党建示范点2个，巩固创建农村示范党支部55个，高质量高标准完成10个乡镇领导班子、123个村（社区）“两委”换届工作任务，村（社区）书记、主任全部实现“一肩挑”，总体达到“一降六升一提高”目标。

坚持精准帮扶有力提高中央定点帮扶工作成效

2020年协调国家自然资源部、省委办公厅等19家国家、省级定点帮扶单位结对帮扶贫困村21个，2016年至2020年共投入资金1.76亿元，实施扶贫项目316个。开展“百企帮百村”精准扶贫提质增效行动，8家企业与8个村委会签订帮扶协议，2016年至2020年投入1834.88万元，实施帮扶项目65个，带动贫困户1706户7088人。自然资源部（原国家海洋局）从2013年一直在琼中县帮扶，从帮扶政策、项目建设、消费帮扶、发展教育、产业帮扶等方面给予琼中县大力扶持，不断深化帮扶工作，补齐乡村振兴工作短板，有力推动琼中县乡村振兴事业发展。领导高度重视。2021年以中央纪委国家监委驻自然资源部纪检监察组长、自然资源部党组成员罗志军作为总牵头的调研组，先后13次深入琼中县调研，通过入户走访及组织座谈的方式，了解琼中县乡村振兴工作及群众的所急、所需、所盼、所求，确保各项帮扶措施落实到位。国家自然资源部累计投入定点帮扶资金874.86万元，其中安排150万元专项帮扶资金，在长征镇新平村、红毛镇番响村、琼中县各中小学校、琼中女足管理中心实施2021年度“自然资源部定点帮扶乡村振兴项目”，完成全域土地综合整治国家级试点（营根镇）、全域土地综合整治省级试点（湾岭镇、黎母山镇）申报，提高土地利用效率；安排624.86万元，开展2021年度“海南岛热带特色农业区生态地质调查”、自然资源与双评价图集编制、矿泉水资源监测与评估、测绘测量等工作，湾岭镇2867公顷土地成为全国首批30个天然富硒土地地块之一，也是海南省唯一获得认证地块；安排100万元，对新伟茶厂厂房设备进行改造，修建大师茶加工坊、茶文化体验品鉴及展示区，打造茶旅融合示范点。同时，邀请国内知名茶企、茶道文化传承人、茶叶加工技师和茶叶种植专家到新伟茶厂举办“茶产业技术培训班”，提升茶厂技术水平。大力引进帮扶项目。主导通过县属国企+社会资本方式开展开垦耕地、旱改水项目，新增耕地指标在省内统一交易流转，按投入比例进行收益分配。2021年底，海南中部菜篮子公司正在向社会公开遴选资本方。引进中能建（海南）有限公司，参与琼中县耕地开垦、全域土地综合整治等项目的投资开发和建设；引进国家电力投资集团海南分公司参与光伏建设；引进国机海南发展有限公司，参与琼中县国际足球产业小镇的设计、建设。

巩固拓展成效不断提高群众的获得感和认可度

琼中县始终把巩固拓展脱贫攻坚成果摆在头等重要位置，研究出台义务教育、基本医疗、住房安全、安全饮水等相关衔接政策，强化对脱贫户和监测对象政策落实，并建立帮扶台账，确保巩固脱贫成果与乡村振兴有效衔接期内总体政策保持稳定。2021年，琼中县农村常住居民人均可支配收入为15951元，同比增长13%。

加大政策宣传宣讲力度。结合开展“不忘初心，牢记使命”主题教育活动，多渠道、多举措深入宣传习总书记扶贫工作重要论述，宣传党中央和省委关于精准扶贫、精准脱贫的重大决策部署。积极利用广播电视、报刊、网站、微信、移动客户端、抖音、LED电子显示屏等平台，积极展示琼中县经济社会腾飞、城乡旧貌换新颜、百姓富足笑开怀的靓丽蝶变，琼中“扶贫”“致富”“增收”等脱贫攻坚路上的故事也被各级媒体报刊频频刊登报道。琼中县累计在个大媒体报道共计57161条，其中报纸726条、网站32083条、客户端24352条。其中《光明日报》头版刊发《保蕊十二时辰—来自海南中部山区的故事》，《新华每日电讯》头版刊发《黎苗山乡种养“老行当”擦亮“绿色牌”》，央视新闻频道刊播《海南春耕正当时农户种桑养蚕忙》等多方报道琼中脱贫攻坚先进经验和发展成果，成为见证琼中经济发展的主阵地。2017年在全省首创脱贫致富宣讲团，25名脱贫之星讲述自身脱贫致富事迹44场次，经验材料被选送省委宣传部；2020年推选35名脱贫之星，举办脱贫之星表彰大会暨“我的脱贫致富故事”宣讲活动，共有11名脱贫之星登上讲台，结合亲身经历、用农民自己的语言，讲述自己的脱贫故事，活动通过融媒体手机客户端全程直播，覆盖全县各乡镇共4655人同时在线观看。“10·17”扶贫日等重要时间节点，根据实际情况策划推出爱心消费扶贫、专场招聘会、脱贫攻坚专场文艺会演等活动，引导广大党员干部和群众同心协力奏响脱贫攻坚最强音。2021年紧抓党史学习教育和庆祝建党100周年契机，深入开展“听党话、感党恩、跟党走”宣讲、干群一家亲“五个一”等活动，大力宣扬伟大的脱贫攻坚精神，激励干部群众巩固脱贫成果，推动脱贫攻坚与乡村振兴有效衔接。在镇村换届以后，立即对第一书记、乡村振兴工作队员、123个村（社区）两委干部、村组干部等进行全员轮训，举办乡村振兴能力提升培训班7期1440人次，提升干部政策水平及带动群众致富能力。全省首创脱贫致富宣讲团，举办“党史学习教育致富带头人”宣讲活动，16名致富带头人讲述自身脱贫致富故事，通过用身边人、身边事，引导调动群众致富的积极性和主动性。委托海南卫视为琼中县打造了17集扶贫人物纪录片—《小康路上的奋进者》，以17位乡镇干部、驻村第一书记、村党支部书记等扶贫干部和脱贫户在小康路上追寻、奋斗的故事为缩影，充分展现我县脱贫攻坚的光辉历程。开展乡村振兴电视夜校24期，利用夜校讨论环节开展政策问答、畅谈学习体会、种养知识传授等活动，进一步提升脱贫户劳动技能水平、拓宽发展思路。

多措并举防范化解因灾返贫致贫。2021年，琼中县制定印发《琼中县应对突发自然灾害防止规模性返贫工作方案》，建立健全应对突发自然灾害救助应急体系和运行机制，规范应急救助行为，最大程度减少人民群众生命财产损失，防止发生规模性返贫。强化气象、资规等部门灾害信息收集，信息接报后第一时间会商研判，通过灾害预警中心第一时间发布灾害预警信息和防范措施。通过视频会议系统实现县、乡、村三级联防联动，县、乡、村三级安排人员24小时值班，对地质灾害点、危旧房、漫水桥等地点区域安排专人值守，及时转移群众，确保灾时少损失、零死亡。2021年10月，全县平均降雨量达1176.5毫米，累计转移群众1946人，全县无人员伤亡。认真做好冬春和受灾群众救助工作，通过受灾人员救助政策与相关救助政策的有效衔接，拓宽救助渠道，丰富救助形式，切实保障全县受灾群众基本生活。例如，寒潮期间，向已脱贫户、低保户、孤寡老人等困难群众发放棉被910张、防寒服760件，确保困难群众温暖安全过冬。第18号台风“圆规”期间，及时妥善安置转移的受灾群众，并发放被子100张、凉席100张。

持续开展消费帮扶活动。2021年，消费各类扶贫产品达876.56万元，其中开展琼中三月三民族特色商品美食展销会暨消费帮扶活动、举办琼中县2021年国庆消费狂欢节暨消费助农集市活动、工会普惠活动以及乡镇爱心帮扶等方式，举办各类消费帮扶活动41场，销售农产品96.34万元；引导机关、企事业单位干部职工以及社会爱心人士采取线上、线下方式参与消费帮扶，全县各单位干部职工购买消费扶贫产品88.83万元；上架45种扶贫产品到海南爱心扶贫网、国家扶贫832平台进行销售，线上销售扶贫产品288.64万元；推动消费扶贫“三专一平台”建设完成认定县级消费扶贫专馆2个，消费扶贫专区11个、专柜23个，促进农副产品就近及时销售，专馆专区累计销售402.75万元。组织各乡镇发动带贫主体申报扶贫产品认定，严格把握认定标准，已认定扶贫产品110个。

加快补齐短板弱项 不断增进民生福祉

琼中县在推进巩固拓展脱贫攻坚同乡村振兴有效衔接工作方面取得一定的成绩，但仍存在一些短板弱项：政策衔接方面需进一步调整优化；农业产业增收能力有待提高；脱贫户产业帮扶多为种养业，有待多样化。补短板是全面建成小康社会的硬任务。在脱贫奔小康过程中，琼中县下一步将保持现有帮扶工作体制机制不变、政策不断、力度不减，加强动态监测，巩固拓展脱贫攻坚成果，加快推进乡村产业、人才、文化、生态、组织等全面振兴方面抓好补短板工作。

常态化开展防止返贫致贫监测和重点帮扶工作。坚持常态化开展入户核查，掌握重点人群收入、生产生活条件等变化情况，符合纳入监测对象的第一时间启动纳入程序，安排帮扶联系人进村入户，对照返贫致贫风险点，以农户为主体，制定有针对性的帮扶措施，建立帮扶台账，同步做好监测对象的基本信息数据采集、录入系统，确保帮扶联系不间断、监测对象不出现返贫致贫。

持续推动巩固脱贫攻坚成果同乡村振兴有效衔接。落实三保障政策和农村安全饮水工作，保持过渡期内主要帮扶政策总体稳定，建立农村常住人口“两不愁三保障”问题排查工作机制，对排查发现的问题建立工作台账，有针对性地落实产业、就业、住房、医疗、教育等各项政策保障措施，确保义务教育、基本医疗以及住房和饮水安全持续有保障。

持续加大就业扶持力度。继续实施“企业入园、企业进村”战略，按照“一村一企”发展思路，引进一批优质企业进驻农村，通过产业帮扶、吸纳就业、促进商贸等村企共建方式，带动农村经济高质量发展。加强与入园企业对接沟通，结合企业用工需求，提前加大劳动力就业培训力度，引导脱贫户、监测户等收入较低群体入园务工就业，拓宽农户收入来源。继续出台新一轮就业帮扶政策，持续加大就业帮扶工作力度，进一步完善农村公益岗位政策，引导有劳动能力的农户通过就业增收。

继续抓好脱贫户增收工作。重点做好产业发展工作，加强带贫益贫企业、合作社的规范管理，引进优质农业龙头企业，打造农业特色产业品牌和全产业链条，提升产业振兴质量，积极开展消费帮扶推动农产品产销对接持续增加农民收入。

进一步强化财政衔接资金项目管理。在保障财政专项衔接资金投入的基础上，合理编制2022年财政衔接项目计划，落实财政衔接项目资金公告公示制度，进一步细化财政衔接资金使用管理台账，确保资金支出和项目进度同步推进、有效衔接。加强财政衔接资金项目常态化监管，强化主管部门监管责任，确保财政衔接资金尤其是到户到人的资金落到实处。

持续改善农村人居环境。以“三清三改三化一建”村庄清洁行动为抓手，深入推进农村厕所防渗漏改造，完成修缮改造率95%、农村污水处理设施修复达80%，稳步推进农村厕所粪污资源化利用示范村建设，加快完成农村“厕所革命”，创新长效管理机制，确保农村人居环境提升三年行动圆满收官。（资料来源：县乡村振兴局）

1月

2日，省卫生健康委员会调研组到琼中黎族苗族自治县调研新冠肺炎疫情防控、新冠病毒疫苗接种等相关工作。

6日上午，中国共产党琼中黎族苗族自治县第十三届代表大会第五次会议在琼中大礼堂隆重开幕。

7日，琼中黎族苗族自治县人民政府与自然资源部第三海洋研究所签订科技扶贫协议。

8日，琼中黎族苗族自治县公安局森林分局举行揭牌仪式。

12日，中共琼中黎族苗族自治县委书记徐斌与中交集团在县四套班子综合办公楼四楼会议室举行座谈，交流探讨足球小镇规划建设有关事宜。

13日上午，中国人民政治协商会议第十届琼中黎族苗族自治县委员会第六次会议在琼中大礼堂隆重开幕。此次会议应到会委员131人，实到112人，符合规定人数。王川芳代表政协第十届琼中县委员会常务委员会，向大会报告政协十届五次会议以来的提案工作情况。2020年，共征集政协提案91件，经审查立案90件，作为来信来访1件。在立案的90件提案中，涉及“三农”方面的19件；有关文教、卫生、医疗保障方面的18件；专注经济、金融、旅游方面的17件；聚焦城建、城管、交通方面的13件；反映人事福利、社会保障、社会福利方面的12件；关注生态环境保护的9件；其他提案2件。根据职责分工、归口管理原则，提案分别送交29家单位研究办理。截至2020年12月底，提案答复率100%，委员满意率达98%以上。

14日上午，琼中黎族苗族自治县第十五届人民代表大会第七次会议在琼中黎族苗族自治县大礼堂内隆重开幕。会上，王琼龙代表县人民政府向大会作政府工作报告，报告回顾2020年和“十三五”工作，并安排部署2021年和“十四五”工作。

15日，琼中黎族苗族自治县疫情防控工作指挥部（扩大）会议在琼中大礼堂召开。

19日，琼中黎族苗族自治县村（社区）“两委”换届工作动员会暨骨干培训班在琼中大礼堂举行，会议全面部署琼中县村（社区）“两委”换届工作。

22日，琼中黎族苗族自治县人民政府与亚洲财富会展有限公司签订战略合作框架协议。

22日，琼中黎族苗族自治县扶贫开发工作领导小组暨县打赢脱贫攻坚战指挥部2021年第一次会议召开。

2月

3日，中共琼中黎族苗族自治县第十三届纪律检查委员会第六次全体会议在琼中大礼堂召开。

7日上午，中共琼中黎族苗族自治县委全面深化改革委员会2021年度第一次会议在县四套班子综合办公楼六楼会议室召开，传达学习省委深改委暨自贸港工委会议精神，通报《琼中县贯彻落实〈海南自由贸易港建设总体方案〉的任务清单和责任分工》进展情况等。

10日，琼中黎族苗族自治县在县四套班子综合办公楼三楼会议室召开2021年春运和疫情防控工作会议。

同日，琼中黎族苗族自治县招商引资项目推介座谈会在县四套班子综合办公楼四楼会议室召开，琼中与有关机构、企业就合作事宜进行座谈交流。

18日上午，琼中黎族苗族自治县四套班子领导、法检“两长”座谈会在县四套班子综合办公楼六楼会议室召开，通报春节期间琼中各项工作有关情况，并安排部署下一步工作。

20日下午，南国集团琼中黎族苗族自治县座谈会在县四套班子综合办公楼四楼会议室召开。

24日，海口海关副关长敖必强带领海口海关调研组到琼中黎族苗族自治县调研，双方就如何加快推动琼中地方经济发展等相关事宜在海南湾岭农产品加工物流园管委会三楼报告厅进行座谈交流。

25日，“心系琼中·情注家乡”琼中籍高校毕业生就业指导规划暨岗位推介会在琼中大礼堂召开。

3月

1日，县委书记徐斌主持召开申报国际农产品加工产业园动员大会暨海南湾岭农产品加工物流园建设发展领导小组2021年第1次会议。

6日，县委副书记、县长王琼龙率全县10个乡镇的党委书记、镇长及相关部门负责人到海口参观海南省村庄规划优秀成果展。

10日，琼中黎族苗族自治县在琼中大礼堂召开全县党史学习教育动员大会。

11日，琼中黎族苗族自治县作为全省首批行政审批改革“快办”事项试点县，正式上线老年人优待证刷脸即办业务，实现老年人优待证随时随地刷脸即办。

12日，省委宣传部副部长吕鸿率队到营根镇、湾岭镇就新时代文明实践中心（所、站）建设和文明生态村创建补助专项资金使用以及志愿服务情况进行调研。

13日，海南自由贸易港建设项目2021年度第二批集中开工仪式琼中黎族苗族自治县分会场活动在琼中足球训练基地举行。

18日，中国银行琼中支行在营根镇三月三广场对面开业，县委常委、常务副县长王大周出席开业仪式并揭牌。

19日，琼中黎族苗族自治县召开全县农村工作暨巩固拓展脱贫攻坚成果同乡村振兴有效衔接会议，深入贯彻落实中央农村工作会议和省委农村工作会议精神，安排部署“十四五”“三农”重点工作。

24日，中国工程院副院长、院士、中国医学科学院院长王辰一行12人到琼中调研，并召开座谈交流会。调研组主要围绕郑州大学琼中医院和琼中世界生态南药园等重点项目建设情况进行考察调研。

29日，国家能源集团海南电力有限公司总经理李富军率队到琼中黎族苗族自治县洽谈红岭水库后期发展。

30日，省高级人民法院党组书记、院长陈凤超率队到琼中黎族苗族自治县调研指导政法队伍教育整顿工作。

4月

14日，2021年海南黎族苗族传统节日“三月三”琼中分会场以“阳春三月黎苗情共绣美好新琼中”为主题的黎苗服饰技艺展暨走秀活动在县城三月三小广场举行。

17日，琼中“三月三”旅游推广月首期活动正式启动。

19日，县政府与国机海南发展有限公司签订战略合作框架协议。

21日，由国家体育总局副局长、中国足协党委书记杜兆才，中国足协副主席孙雯等组成的国家体育总局、中国足协调研组赴琼中黎族苗族自治县调研体教融合工作开展情况。

23日，由国际旅游联合会主办的第四届国际旅游年会在山西省长治市举办，会议期间，举行2021“艾里缇斯”奖颁奖盛典。琼中黎族苗族自治县荣获“最美中国旅游县”称号。

5月

9日，自然资源部总工程师、国际合作司（海洋权益司）党支部书记、司长张占海率调研组到琼中黎族苗族自治县。

13日，海南自由贸易港建设项目2021年度第三批集中开工项目的海南省琼中县红色教育基地项目,琼中正大商业广场,实施精品农业品牌椰子、沉香、木瓜、甜笋、香蕉等种植项目,新进29队绿橙基地种植项目等在琼中黎族苗族自治县集中开工。

17日，琼中黎族苗族自治县新冠病毒疫苗接种工作部署会在县四套班子综合大楼六楼会议室召开。

19日，琼中县庆祝中国共产党成立100周年，暨2021年中国旅游日骑行活动在琼中举行。

27日，全国政协经济委员会副主任、商务部原部长钟山率调研组赴琼中黎族苗族自治县就“推进海南自由贸易港建设”开展调研。

6月

2日，琼中黎族苗族自治县扶贫工作办公室正式重组挂牌为琼中黎族苗族自治县乡村振兴局。

3日，副省长王路赴琼中黎族苗族自治县养老服务中心和百花岭热带雨林文化旅游区调研。

3日，以“全域旅游 乡美乡兴”为主题的2021年（第九届）海南乡村旅游文化节在琼中黎族苗族自治县三月三广场举行。副省长王路出席并宣布开幕。

10日，琼中黎族苗族自治县红毛镇乡村振兴青年联盟在红毛镇政府会议室揭牌成立，这也是琼中首个乡村振兴青年联盟。

22日，琼中黎族苗族自治县首届青少年创意编程与智能设计比赛在华中师范大学琼中附属中学顺得举行。

23日，省委常委、统战部部长、省政协党组副书记苻彩香到琼中黎族苗族自治县走访慰问生活困难党员和老党员，并参加“光荣在党50年”纪念章颁发仪式。

25日，琼中黎族苗族自治县第十五届人民代表大会第八次会议第二次全体会议举行大会选举，蒋莉萍当选琼中黎族苗族自治县人民政府县长。

28日，琼中黎族苗族自治县在琼中黎族苗族展演馆大舞台举办“永远跟党走”庆祝中国共产党成立100周年大合唱比赛决赛。

29日，省政协副主席李国梁率队到琼中黎族苗族自治县对长兴河段进行巡河调研。

同日，“数字人民币·走进琼中”启动仪式在海南百花岭热带雨林文化旅游区举行。

7月

1日，在中国共产党成立100周年之际，县委书记徐斌，县人大常委会主任王光业，县政协主席王哲斌等四套班子领导、法检“两长”和县直属单位新发展党员在县政府小广场，开展“传承红色基因、坚定理想信念”“七一”主题活动。

6日，上海交通大学新农村发展研究院和琼中黎族苗族自治县人民政府在县四套班子综合办公楼四楼会议室举行战略合作签约仪式。

13日，海南自由贸易港建设项目2021年度第四批集中开工仪式琼中黎族苗族自治县分会场活动在琼中汽车站商业配套用房项目现场举行。

8月

5日，琼中黎族苗族自治县召开作风整顿建设年暨“查堵点、破难题、促发展”活动推进会。

12日，省疫情防控工作督导组第十八组组长杨成明率督导组在琼中黎族苗族自治县疾病预防控制中心五楼会议室开展疫情防控知识培训。

16日下午，县委理论宣讲团前往长征镇开展深入学习习近平总书记“七一”重要讲话精神专题宣讲。

同日，海南举行新冠疫情防控知识测试，琼中黎族苗族自治县在琼中大礼堂设立分会场考点。

17日，琼中乡控人力资源开发有限公司挂牌成立。

18日，琼中黎族苗族自治县党史学习教育“我为群众办实事”实践活动推进会在宣传文化中心一楼县文联会议室召开。

20日，海南百花岭热带雨林文化旅游区门票与观车票价格听证会在琼中黎族苗族自治县发改委会议室召开。

同日，省工信厅党组书记王静率调研组到琼中黎族苗族自治县调研，分别前往海南湾岭农产品加工物流园和县城三月三广场调研。

24日，省人民检察院党组书记、检察长张毅就学习贯彻习近平总书记“七一”重要讲话精神和习近平法治思想，深化政法队伍教育整顿活动效果，到琼中黎族苗族自治县人民检察院调研指导并召开座谈会。

31日，县公立幼儿园海汽校车运营服务启动仪式在琼中汽车站站前广场举行。

同日，县生态环境局、县农业农村局、湾岭镇等多部门联合到位于湾岭镇的金石橡胶加工厂，就该厂生产情况和生态环保工作进行监督检查。

9月

1日，海南外国语职业学院和琼中黎族苗族自治县人民政府在县四套班子综合办公楼六楼会议室签署战略合作协议。

同日19时，琼中黎族苗族自治县在长征镇云湖乡村旅游度假区乡村大舞台举办“听党话、感党恩、跟党走”宣讲文艺活动。

7日，琼中黎族苗族自治县在县人力资源和社会保障局二楼会议室举办全县劳务专班带头人能力提升培训班。

8日，琼中黎族苗族自治县第24届全国推广普通话宣传周活动启动仪式在华中师范大学琼中附属中学思源实验学校举行。

16日上午，琼中黎族苗族自治县2021年“全国科普日宣传活动”在县政府小广场拉开帷幕。

17日，县总工会、团县委、县妇联联合在陵水香水湾开展“工会佳缘幸福相约”联谊交友活动。

24日，琼中黎族苗族自治县开展2021年党政领导干部“军事日”活动。

同日，中共琼中黎族苗族自治县委书记徐斌深入到琼中汽车站、“琼中·兆南城”项目、营根河、百花岭水库等地，就交通运输业、建筑施工、饮用水水源地等重点行业领域进行安全生产隐患排查。

27日，贯彻落实《海南省人民政府关于深入开展爱国卫生运动的实施意见》推进会暨国家（省）卫生城镇授牌仪式在海口召开，三沙、儋州、文昌、万宁、五指山、陵水、昌江、屯昌、琼中9个市县被全国爱卫会新命名为国家卫生城市（县城）。

29日，琼中在琼中三月三小广场举办以“山城有礼国庆狂欢”为主题的2021琼中国庆消费狂欢节活动。

10月

8日下午，琼中黎族苗族自治县召开全县作风整顿建设年暨“查堵点、破难题、促发展”活动第二次推进会。

9日，琼中黎族苗族自治县在海口市滨海第九小学琼中附属实验小学多功能报告厅举办首届全县中小学班主任基本功技能大赛暨展示交流活动。

10日，县委书记徐斌率考察团赴北京开展招商引资活动。

20日，琼中黎族苗族自治县2021年审批服务工作人员业务能力提升培训班在琼中宾馆迎宾楼三楼会议室开班。

21日，2021年琼中黎族苗族自治县中小学生首届游泳比赛在海口市滨海第九小学琼中附属实验小学举行。

22日上午，海南省政协“弘扬伟大建党精神?争取更大光荣”暨党史学习教育推进会在琼中黎族苗族自治县乐园酒店召开。

23日上午，琼中黎族苗族自治县“一把手”纪律教育暨“廉内助”家风教育专题班在琼中大礼堂举行。

27日上午，琼中黎族苗族自治县在琼中大礼堂召开2021年三季度全县经济形势分析会。

28日，2021年“为了明天——海南省法治文艺进校园”巡演活动分别走进琼中民族思源实验学校和新进中学。

30日上午，太平洋建设集团有限公司琼中座谈会在县四套班子综合办公楼四楼会议室召开。

31日，琼中黎族苗族自治县与上海复星高科技（集团）有限公司海南分公司签署战略合作协议仪式在县四套班子综合办公楼四楼会议室举行。

31日，琼中黎族苗族自治县举行琼中绿橙统购统销签约仪式。

11月

2日，省人大常委会副主任康耀红率调研组到琼中黎族苗族自治县红毛镇、湾岭镇等地开展学前教育深化改革规范发展情况专项报告审议意见落实情况调研。

3日，琼中黎族苗族自治县人民法院发起第一例诉讼费主动退费事项。

4日下午，琼中法院举行了法院开放日邀请了县第一小学的70名学生走进法院进行深度体验。

6日，县总工会在琼中黎族苗族自治县思源实验学校足球场开展全县职工趣味运动会。

8日下午，琼中黎族苗族自治县在县四套班子综合办公楼六楼会议室召开“比学赶超”誓师大会。

8日，国机海南/中国成套临时党委书记、董事长张炜一行与中共琼中黎族苗族自治县县委书记徐斌等县领导在县四套班子综合办公楼四楼会议室，就琼中打造世界一流足球聚集区在顶层设计与合作模式等方面进行深入交流。

10日，学习总书记重要讲话·党史学习教育百姓理论宣讲团全省巡回宣讲活动走进琼中黎族苗族自治县。

11日，海口海关关长、党委书记施宗伟率调研组到琼中黎族苗族自治县召开座谈会并到湾岭镇调研。

12日，为琼中黎族苗族自治县县、乡（镇）两级人大代表选举日。

14日，琼中黎族苗族自治县在长征镇云湖乡村旅游区举办警容风纪专项训练第一期培训班。

16日，郑州大学琼中医院联合海口市人民医院到什运乡开展主题为“关注健康，创文明城市”的义诊活动，共同为文明城市建设工作助力。

17日下午，共青团海南省委副书记许昌斌，海南省青年企业家协会会长张阳率考察团到琼中黎族苗族自治县考察座谈。

17日，琼中黎族苗族自治县2021年打击侵权假冒违法犯罪工作新闻发布会在县融媒体中心召开。

19日，琼中县新时代文明实践中心志愿服务总队联合红毛镇政府在红毛镇组织开展“推动移风易俗?促进乡风文明”主题宣传志愿服务活动。

21日上午，海南琼中绿橙全国布点销售首发暨仙草堂合作签约仪式在琼中绿橙加工厂举行。

23日，琼中黎族苗族自治县在琼中宾馆迎宾楼三楼大会议室召开2021年创建全国文明城市测评工作部署会。

24日，县食品厂棚户区改造安置房公开选房仪式在营根河北路举行，选房仪式为期2天，共有227名群众参与选房。

26日下午，琼中县委在琼中大礼堂举办新提拔和进一步使用干部“家庭式”廉政谈话会，138名新提拔和进一步使用县管干部、80名干部家属参加。

28日，县委书记徐斌深入上安乡对安全生产工作进行调研并在县四套班子综合办公楼六楼会议室召开专题研究推进会，会议以视频形式在各乡镇政府设立分会场。

12月

3日，2021年海南热带雨林国家公园社区协调琼中委员会第二次工作推进会在琼中乐园酒店二楼会议室召开。

8日，琼中女足在2021年中国足球协会女子乙级联赛第二轮小组赛中，对战内蒙古大学的比赛，提前闯进8强。

9日，民政部政策研究中心研究一室主任徐亚敏率调研组前往琼中黎族苗族自治县调研社会救助工作。

15日，2021年中国足球协会女子乙级联赛半决赛，琼中女足获得中国足协甲级联赛资格，顺利晋级闯入决赛。

13 日，中共琼中黎族苗族自治县县委书记徐斌在县四套班子综合办公楼四楼会议室主持召开工作推进会，推进百花岭热带雨林文化旅游区创建国家AAAAA 级景区工作。

14 日，首届“中科院老科学家科普演讲海南行”走进琼中黎族苗族自治县。

16日，2021年冬交会在海南国际会展中心拉开帷幕，琼中黎族苗族自治县展馆现场十分火爆，琼中绿橙、琼中山兰稻等富有琼中特色的“土特产”集中亮相本届冬交会。

17日，琼中女足在“2021年中国足球协会女子乙级联赛暨全国青少年校园足球大学生女足联赛”夺得亚军，黄巧祥获得“最佳射手”称号。

23日，海南省女子足球队成立暨中国足球协会青少年女足训练中心（琼中）揭牌仪式在琼中黎族苗族自治县举行。

23日，海南琼中抽水蓄能电站被授予“2021年度国家水土保持示范工程”称号。

29日，琼中黎族苗族自治县获得“中国天然氧吧”称号。

县情概览

地 理

【位置疆域】琼中黎族苗族自治县位于海南岛的中部，东连琼海市、万宁市，西接白沙黎族自治县，南与五指山市、保亭黎族苗族自治县、陵水黎族自治县毗邻，北和屯昌县、澄迈县、儋州市交界，北纬18°43′ 19°25′20″，东经109°31′ 110°09′08″。境内东西宽66.7千米，南北长76.75千米，总面积2704.1581平方千米，占海南岛总面积的8.36%。县人民政府驻地为营根镇，北距省会海口137千米，南至三亚165千米，东达万宁90千米，西抵儋州市84千米。

【行政区划】琼中县设有营根镇、湾岭镇、黎母山镇、中平镇、和平镇、长征镇、红毛镇、什运乡、上安乡、吊罗山乡等10个乡镇，管辖加钗农场、新市农场。境内还有阳江、乌石、长征共3个海南农垦农场有限公司和海南天然橡胶产业集团股份有限公司阳江分公司、乌石分公司、加钗分公司、长征分公司共4个分公司。2021年，全县有100个建制村、13个社区、10个居、532个自然村，635个村民小组、293个居民小组。

【地形与地貌】琼中县地貌呈穹隆山地状，地势自西南向东北倾斜，最高点为西南部的五指山峰，海拔1867.1米；最低为白马岭林场旧址，海拔仅25米。境内地形复杂，重峦叠嶂，群峰峻峭，连绵不断。海拔千米以上的山峰大部分蜿蜒于南部和西部边界之上。中部多为低山高丘，北部为丘陵、台地，河流阶地穿插于崇山谷地之间，西部的什运河沿岸和东部的长兴河中段为冲积平原。琼中县在其地质历史进程中，曾经受过各种地质作用和多次强烈的构造变动，构成了现存的错综复杂的地质地貌迹象。岩浆岩占据了全县面积的60%以上，次为沉积质岩。

【山脉】琼中县境内群山环抱,高山林立,开门见山。全县海拔1000米以上的山有52座，500~1000米的山有100多座。海南岛的三大山脉中，有两大山脉的主峰位于该县境内。著名的海南最高峰五指山（海拔1867.1米）就位于该县境内西南部的上安乡和五指山市五指山乡的交界线上；海南省第二高峰鹦哥岭（海拔1811米）位于该县境内西部与白沙县交界线上；黎母山山脉（海拔1411.7米）主要位于该县西北部的湾岭镇和黎母山镇的交界线上。按其山脉的绵亘走向，全县分为三大山脉。第一支山脉五指山山脉。该山脉屹立于本县西南部，自西向东沿县南边界延伸，经上安乡，至吊罗山连成一脉。沿线有水贤岭、碍市定岭、香蕉岭、打禾岭、吊罗仔、牛上岭、吊罗山、大吊罗、大理岭、崖献岭、牛上岭和斩岭。五指山的东北面还有高湾岭、白石岭、铁耳岭、仲冲什岭、东瓦岭、托统岭、田头岭、那罗岭、大针岭、并扬坡岭、奇人岭、操弄岭、亲出岭、摇耳岭、墨纱岭。由于奇峰列垣，构成屏障，阻截了东西海风。第二支山脉为黎母山山脉。该山脉从鹦哥岭发脉，自南向北，沿县西边界蜿蜒伸展，经什运乡、红毛镇至黎母山镇的黎母岭绵延相接。沿线有白水岭、红布岭、中树岭、鹦哥嘴、黄家岭、托赤岭、水长山、冲向岭、毛秀岭、割菜岭、二尖岭、头尖岭、三清林岭、鹦哥傲和三曲岭。第三支山脉为踏器岭山脉。该山脉由东南部的踏器岭、南茂岭和白马岭延绵连接构成，横跨和平、中平和营根三个镇。沿线有蒙天岭、黎看岭、三角岭、火岭、黄竹岭、南茂岭和白马岭。海拔均在500米以上，余脉成网状，地势逐渐平缓，自低山、高丘、中丘而成丘陵、台地。

【河流水系】琼中县的山涧溪多，境内共有大小河溪241条，水能蕴藏量为10.83万瓦，是海南省三大河流——南渡江（干流在白沙县境内，支流在琼中县境内）、万泉河、昌化江的发源地，支流密如蛛网，呈放射状向四周奔流，河网密度系数1.32平方公里。主要支流有乘坡河、大边河、什运河、腰子河。乘坡河发源于五指山山脉，流经长征镇的什仍、南什，上安乡的黑赤、招咱，吊罗山乡的太平、长田、大美，和平镇的什介、林田、乘坡等地，在乘坡注入牛路岭水库后，经万宁折向琼中、万宁两地交界处，接纳中平河注入，再沿着两市县边界向北流，至合口南茂河汇入，最后在琼中、琼海、万宁三市县交界处出境，乘坡河是万泉河的干流，在琼中县境内长62千米，集雨面积947平方千米，流域平均宽度15.3千米，年平均流量每秒66.9立方米，主河道天然落差点1251米，河床平均宽度80米，流域内多属山地。大边河发源于黎母山和割菜岭，流经红毛镇的罗担，营根镇的加钗、高田，湾岭镇的大墩、大边、中朗，长征镇的营盘、营株，营根镇境域的新市农场、国营岭头茶场，中平镇的合口、大坡至白马岭采伐场旧址出县境，是万泉河的一级支流。在琼中县境内河长34千米，集雨面积874.9平方千米，流域平均宽度10.53千米，多年平均流量每秒45.4立方米，主河道天然落差828米，河床平均宽度63米，流域内多属丘陵。什运河发源于五指山西北部，流经红毛镇的罗解、番响，什运乡的什运、南平、什统黑等地，抵海榆中线公路183千米处出县境，是昌化江干流。在琼中县境内河长58千米，集雨面积367.7平方千米，流域平均宽度9.35千米，多年平均流量每秒15.8立方米，主河道天然落差1470米，河床平均宽度42米，流域内多属山地。腰子河发源于黎母山和鸡嘴岭，流经黎母山镇的腰子圩、国营阳江农场、国营大丰农场，至黎母山镇的亲足口注入南渡江。在琼中县境内主河长34千米，集雨面积415平方千米，流域平均宽度11.05千米，多年平均流量每秒12.1立方米,主河道天然落差753米,河床平均宽度45米，上游河床很陡,中、下游是丘陵地，河床比较平缓。

气候

【概况】2021年，琼中县年平均气温23.5℃，与累年同期值相比偏高0.1℃；年极端最高气温38.9℃，出现在6月3日；年极端最低气温3.6℃，出现在1月13日。本年总雨量2151.3毫米，与累年同期值相比偏少7%；日最大降水量187.9毫米，出现在10月18日。雨季开始于4月中旬，属偏早年份，10月下旬结束，属偏早年份。2021年，琼中县主要气象灾害有大雾、雷雨大风、暴雨、台风、高温、干旱等灾害性天气，对交通、生活、生产造成一定的影响。总体而言，2021年琼中县气温偏高，降水量和日照正常，本年度属于偏旱年景。

【台风影响】2021年，琼中县共受8次台风影响。分别是6月12日第4号台风“小熊”，7月19日第7号台风“查帕卡”，8月2日第9号台风“卢碧”，9月10日、23日第13、15号台风“康森”，“电母”，10月4日、8日第17、18号台风“狮子山”，“圆规”，12月13日第22号台风“雷伊”。

【天气影响】2021年，除受8次台风影响外，还出现3次干旱天气过程。分别为2020年12月8日至2021年2月9日出现64天冬旱天气，2月17日至4月17日出现60天春旱天气，5月8日至6月4日出现28天的春夏连旱天气，6月2日至8月15日共出现53天夏旱天气达到中旱等级，11月10日至12月7日出现28天秋冬连旱天气。

自然资源

【土地资源】琼中县的土壤主要由花岗岩和少量紫色砂岩、砂页岩、安山岩风化而成。土壤类型多样，土地深厚肥沃。按成土母质的不同，全县共分为南方山地灌丛草甸土、黄壤、赤红壤、砖红壤、红色石灰土、紫色土和水稻土7个土类，14个亚类，37个土属，103个土种。南方山地灌丛草甸土类分布于海拔1600米以上的高山顶部，成土母质为砂页岩风化物，面积257.33公顷，占自然土壤的0.12%，土层厚40厘米；黄壤土类分布于海拔750~1600米的山地，成土母质为花岗岩或砂质岩的风化物，面积15471.4公顷，占自然土壤的7%，土层厚24~85厘米；赤红壤土类分布于海拔400~750米的山地，成土母质为花岗岩及砂质岩风化物，面积63349.8公顷，占自然土壤的28.7%，土层厚110厘米；砖红壤土类分布于海拔400米以下的低丘和台地缓坡，面积133002.8万公顷，占自然土壤的60.4%，土层厚约100厘米；红色石灰土类分布于什运乡西部一带山丘，成土母质为石灰岩风化物，面积118.7公顷，占自然土壤的0.05%，土层厚度为54厘米；紫色土类分布于北部黎母山镇的松涛至大保村一带的低矮山丘，成土母质为紫色砂岩风化物，面积2824公顷，占自然土壤的1.3%，土层厚度62厘米；水稻土类零星分布在各乡镇的丘陵、台地，成土母质为山地或丘陵峡谷的洪积物，面积5369.7公顷，占自然土壤的2.43%，占全县总面积2%，占耕地面积57.4%，土层厚度66厘米。

【作物资源】琼中县作物资源种类繁多，主要有粮食作物、经济作物。其中粮食作物包括水稻、旱粮（玉米、山兰稻、坡稻）、番薯等；经济作物包括橡胶、槟榔和绿橙等，其中热带经济作物橡胶更在琼中占有特殊地位，槟榔由于其药用价值，被列为南药的重要资源。2021年，全县早稻播种面积2533.3公顷，晚稻1066.7公顷，豆类666.7公顷，番薯513.3公顷；橡胶种植面积约5万公顷，开割面积3.6万公顷，产量约2.72万吨；槟榔种植面积1.7万公顷，收获面积9026.7公顷；琼中绿橙种植果园310个，种植面积1733公顷。

【植物资源】琼中县地理位置独特，域内植物种类众多，分布有海南岛最典型、最齐全的热带山地森林，具有常绿、复层、混交、异龄、多树种组成等特点。全县植被属热带雨林、季雨林，林型多样，以热带常绿阔叶林为主，并具有明显的垂直分布带谱：1000～1300米为山地常绿阔叶林带，750～1000米为山地雨林或沟谷雨林带，500～750米为常绿季雨林带，500米以下为落叶季雨林和灌丛以及人工植被。主要珍贵植物有：红花天料木（母生）、苦梓、八角、胭脂、菠萝蜜、海南木莲（绿楠）、油丹、花榈木（花梨）、紫丹、坡垒、红壳松、陆均松、竹叶松、青梅、胆木、沉香、砂仁、白藤、益智等。

【动物资源】琼中县动物资源十分丰富，种类繁多。稀有珍贵野生动物主要有黑熊、长臂猿、猕猴、金钱豹、金钱龟、山鹿、孔雀雉、穿山甲、蟒蛇、毛鸡、原鸡、鹦鹉等。其中金钱龟是食用滋补品，产量为全省之首。鸟类有300多种，主要有留鸟和候鸟，其中留鸟有鹭、鸠、啄木鸟、啄花鸟、鹬鸟、鹃鸟、鹰、莺鸟、燕、鹊鸟、画眉、鹏鸟等，候鸟有莺、鹂、鸫、鹟鸟、鸥、鸲、野鸭、隼、鹞、沙锥、鸻鸟、鹳、鹨、杜鹃等。鱼类有竹鲍鱼、石鲮鱼、白鲢鱼、君鱼、梅鱼和鳗鱼等。溪鳗有的重达20千克左右，鱼肉鲜嫩，味道甜美，营养丰富。淡水中还有珍贵的水獭、水龟、鳖等。节肢动物主要有虾、蟹、蜘蛛、蜈蚣、蝎子、蚰蜒等。两栖动物有37种，主要是青蛙、蟾蜍等。爬行动物主要有大头龟、眼斑水龟、蟒蛇、大眼镜蛇、金环蛇、坡甲、蜥蜴、壁虎等。软体动物主要有田螺、福寿螺、河蚌、蜗牛等。环节动物主要有蚯蚓、水蚂蟥、山蚂蟥。

【南药资源】南药是促进琼中县农民增收的传统支柱产业之一，主要包括槟榔和益智等。2021年底，全县槟榔种植面积16880公顷，同比增长21.1%，收获面积9026.7公顷，同比增长3.0%，产量2.34万吨，同比下降5.7%；益智种植面积4640公顷，总产量2214吨，其中在红毛镇黎凑村种植约667公顷，主要采取自产自销方式。

【水产资源】琼中县水资源充足，农民充分利用这一优势，大力兴建淡水鱼塘，发展鱼类养殖业。截至2021年底，全县淡水水产养殖面积达到1016公顷，2021年水产品总产量1.42万吨，总产值2.84亿元，同比产量增加23%，产值增长54%，完成渔业增加值0.99亿元。

【矿业资源】琼中县矿产资源的种类较为丰富，已初步勘明金属矿产、非金属矿产和水气矿产三大类共23种，其中金属矿产13种，包括金、银、铜、铁、钛、锡—钨、钼、铅—锌等；非金属矿10种,包括萤石、硫铁矿、高岭土、大理岩（石灰石）、饰面用闪长岩、建筑用花岗岩、砖瓦用黏土、河沙、石墨、水晶等；水气矿产包括矿泉水、热矿水、地下水。其中具有优势和资源潜力的矿产资源主要有萤石矿、铅锌矿、金矿、水泥用大理岩、建筑用花岗岩石材、砖瓦用千枚岩和饮用天然矿泉水。

【旅游资源】琼中地处海南岛中部生态核心保护区，境内有五指山、黎母山、吊罗山、鹦哥岭等国家级和省级林区、保护区，森林覆盖率达85%，生态环境综合指数位居全国第四、海南之首，有“宝岛绿钻”“天然氧吧”“康养胜地”之美称。境内有丰富的森林、水、矿产资源，盛产灵芝、槟榔、益智、沉香等特色南药，是著名的“南药之乡”，琼中蜂蜜、琼中小黄牛等独具特色，“琼中绿橙”作为海南省第一个农产品地理标志产品，更是享誉全国。

琼中主要景点有海南热带雨林国家公园黎母山景区、百花岭热带雨林文化旅游区、上安仕阶温泉旅游度假区、长兴飞水岭热带旅游度假区、鹦哥岭森林旅游区、红岭水库环湖旅游度假区、乘坡河谷生态旅游区、红毛—什运红色文化旅游区八大旅游景区。“奔格内”（黎语：来这里）乡村休闲旅游深受省内外游客青睐，是旅游、休闲、观光的佳景胜地。先后荣获“全国生态文明建设典范城市”“全国魅力十佳市县——生态建设县”“中国候鸟旅居小城”等称号，什寒村荣获2013年最美中国乡村、2014年中国最美乡愁旅游村寨、第二批中国少数民族特色村寨等称号。

琼中黎苗风情浓郁，黎锦苗绣、民歌民舞等文化产业发展较快，尤其作为琼中文体教育品牌的琼中女足，是海南的一张亮丽名片，连续3年荣膺“哥德堡杯”足球锦标赛冠军，先后荣获“全国优秀少先队集体”“影响世界华人希望之星大奖”“中国青年五四奖章集体”等称号，琼中女足队员王靖怡登上70周年庆典“体育强军”方阵，累计有6名琼中女足队员入选国家队。总书记习近平、副总理孙春兰等党和国家领导人也非常关心琼中女足发展，习近平总书记曾两次接见琼中女足教练和队员代表，琼中女足“体教融合”新模式获得副总理孙春兰高度认可和批示，并先后在全国体育局长会议、全国青少年体育工作会议上作经验交流。

人口民族宗教

【人口】2021年，全县总户数72478户，总人口212797人。其中，男性112504人，女性100293人。在总人口中，城镇人口58022人，乡村人口154775人。

【民族】2021年，全县少数民族人口136994人，占64.4 %。境内居住有汉族、黎族、苗族、回族、壮族等24个民族。

【语言】琼中县居民日常使用的语言主要有：海南话、黎话、苗话、普通话等。普通话推广较普遍。

海南话：又称琼语，为海南方言，属汉藏语系汉语语族闽语支闽南语雷琼片。主要分布在各城镇及其附近村庄等。全县约有10万人使用海南话。

黎话：黎族群众使用的语言。黎话为汉藏语系壮侗语族藏语支。黎话在琼中主要分布在离城镇较远的黎族村庄里，如什运乡的便文、伯保、什太阶、冲公保、南流、什统、什贡、方板等村，上安乡的行干、什台、什况、什袋、什味、什礼、什联、招咱、什暗、什坡、南托等村，湾岭镇的大墩上、下村、高湾、高田、搭择、深水、南片、荔枝头等村，红毛镇的番响、毛西、罗虾、上托、什卓、什冲、罗担、罗坎、什响、罗眉等村。全县有6万人使用黎话。

苗话：苗族群众使用的语言，属汉藏语系苗瑶语族。在琼中，苗话主要分布在苗族村寨里，如长征镇的烟园村，黎母山镇的荔枝头、新村、尚总湾、大朗等村，中平镇的新安、新民、南茂、路平、加福等村，和平镇的新兴、长兴等村，湾岭镇的山诗头、录南、枫树坪、南毛等村。全县约有1.5万人使用苗话。

普通话：主要分布于城镇及各个国营农场内。全县约有10万人使用普通话。

【宗教】2021年，琼中县部分群众信仰佛教、道教、基督教等宗教，有小范围群众信仰拜“盘皇”。

佛教主要在民间流行，没有寺庙等宗教活动点。道教主要在民间流行。有道士约320人，散居乡下，为信民设坛“查鬼”“作醮”。基督教全县有教堂14间，传教点14个。经海南省宗教部门备案的基督教教职人员共有17人，其中长老7人，传道员10人;男性13名，女性4名，大专学历1人。普通信教群众男性440人，女性748人。信教群众学历多为初中以下，以农民为主。信仰拜“盘皇”者范围小、人数少，仅在和平镇新安村有部分苗族村民参加。

综　述

【党的建设】2021年，中共琼中县委持续深化和加强党的政治建设，坚持把党史学习教育与作风整顿建设年、“查堵点、破难题、促发展”活动结合起来，依托县委理论中心组、县委党校等载体，深学细悟党的十九届六中全会、习近平总书记“七一”重要讲话、习近平总书记关于海南的系列重要讲话和重要指示批示、省委七届十次、十一次全会精神和海南自贸港建设系列政策文件，推动全县67个党委（党组）理论中心组开展学习研讨700余场次，专题宣讲600余场次，完成“我为群众办实事”承诺事项322项，党史学习教育先后2次在省级会议上交流经验。严格落实意识形态工作责任制，利用各类网络宣传阵地讲好琼中故事，在中央、省级媒体累计刊播报道1455篇。全年无重大舆情事件发生。县委宣传部被评为“全省舆情信息工作先进单位”。加强基层党组织战斗堡垒建设。集中整顿4个换届重点难点村，高质量高标准完成10个乡镇领导班子、123个村（社区）“两委”换届工作任务，村（社区）书记、主任全部实现“一肩挑”，总体达到“一降六升一提高”目标。创新建立“机关党建+五服务”工作模式，设立园区党委和党群服务中心，打造省级农村党建示范点2个。加强干部队伍建设，先后调整干部19批339人，从急难险重任务中选任干部67人。强化“内培外引”，举办各类培训班126期9600多人次，选派优秀干部外出跟班学习15人次，引进各类人才604人。

【推动经济高质量发展和自贸港建设实现“零”突破】2021年，中共琼中县委围绕海南“三区一中心”战略定位和自贸港“6+1+4”建设内容，以建设“一县三城五地”为总抓手，依托海南岛中部核心交通枢纽、琼中女足上升为国家战略、湾岭国际农产品加工物流园、以百花岭热带雨林为代表的国家级全域森林康养试点建设县等优势，全面落实“六稳”“六保”工作任务，统筹推进疫情防控和经济社会高质量发展取得明显成效。全年完成地区生产总值66.32亿元，同比增长10.1%；地方一般公共预算收入2.57亿元；固定资产投资同比增长4.8%；社会消费品零售总额19.92亿元，同比增长16.1%；全体居民人均可支配收入23243元，同比增长10.3%，增速全省排名第三，城乡常住居民人均可支配收入分别达36109元和15951元，同比增长8.1%和13%，农村居民人均可支配收入增速全省排名第一。

2021年，中共琼中县委加大制度创新推进力度，自贸港早期政策安排部分核心指标实现零突破。注册登记外商投资企业3家，货物进出口贸易额、服务进口额累计实现2281.3万元。11个纳税人享受海南自贸港税收优惠政策，免征税款2647万元。

【生态环境实现优中更优】2021年，琼中县委加快推进生态文明体制改革，高标准编制《琼中“三线一单”生态环境分区管控实施意见》，划定环境管控单元118个，实施分类管控。深化环评审批监管，全县取得排污许可证企业29家，其中5家列入省重点排污单位名录。创新建立“河湖长+区域行政综合执法长、河湖长+检察长”等机制，加大对涉河违法行为的整治力度，不断提升水环境治理保护水平。空气质量达到国家一级标准，集中式饮用水水源地水质合格率达100%，土壤环境质量总体保持优良。“两违”图斑完成销号长期保持全省前三。农村垃圾无害化处理率、农村无害化卫生厕所普及率均达到100%。全省唯一获评“农村生活垃圾分类和资源化利用示范县”。琼中县被评为“中国天然氧吧”，琼中抽水蓄能电站全省首个获得“国家水土保持示范工程”称号。2021年，市县高质量发展综合考核生态各项指标全省排名前列。

【脱贫攻坚与乡村振兴有效衔接】2021年，琼中统筹推动产业、住房、教育、医疗、安全饮水、就业、社会兜底保障等政策全面落实，全县建档立卡贫困户5938户23797人、贫困村44个全部如期实现脱贫退出，脱贫人口人均纯收入从2016年2806元提升至17657元。推进组织振兴。成立县委实施乡村振兴战略领导小组，设立五个专项组，将原帮扶队伍整合为乡村振兴工作队，选派乡村振兴工作队110个、队员324人，帮扶单位111

个、帮扶联系人1626人，实现工作无缝衔接。和平镇堑对村获评“全国乡村治理示范村”。推进产业振兴。将16家县属国企分类整合成琼中县乡村振兴控股有限公司、琼中县加钗投资控股有限公司、中部菜篮子公司等三大平台公司，开工建设水央村田园综合体等产业示范项目9个，培育一批特色优质产业集群。实施“企业进村”战略，推广什寒旅游扶贫模式，推动17个企业与17个行政村合作共建。湾岭镇2867公顷土地入选全国首批天然富硒土地，琼中县被评为“全国县域农业农村信息化发展先进县”。推进人才振兴。建立村级人才库，召集5656名致富带头人、企业家等乡土人才打造500支“五大振兴”团队，实现100个行政村全覆盖，堑对村产业振兴团队通过成立公司承接市政工程等业务，营业收入超30万元。创新“政府+人力资源公司+农村劳动力”工作模式，推进农村剩余劳动力转移就业13684人。推进生态振兴。编制完成100个行政村村庄发展规划且都通过专家评审，创建国家级生态文明村7个，建成农村分散式污水处理站303个，“气代柴薪”实现372个自然村点火通气，农村公路畅通率、垃圾无害化处理率、无害化卫生厕所普及率均达100%，获评“四好农村路”全国示范县、“农村生活垃圾分类和资源化利用示范县”。推进文化振兴，创建“中国少数民族特色村寨”6个、“全国文明村镇”7个、“全国民族团结进步模范集体”4个、省级美丽乡村示范村72个、“椰级”乡村旅游点2个。

【改善民生力度加大】2021年，琼中县委投入民生资金30.79亿元，占财政支出的81.13%，11个为民办实事事项全部完成。社会保障取得实效。实现城镇新增就业1157人，帮扶残疾人、零就业家庭成员等就业困难群体就业4815人。城镇职工基本养老保险参保59910人，城乡居民社会养老保险基础养老金已调整至194元。基层教育、医疗等工作得到孙春兰副总理高度肯定。成功与郑州大学、海南医学院等高等院校合作办医，全面完成省下达的22家基层医疗卫生机构标准建设任务，投入使用率达100%。成功与海口滨海九小合作办学，华中师大琼中附中通过创省一级（乙等）学校审核，“教育回流”现象成为全省义务教育均衡发展新亮点，先后3次在全省教育大会作经验交流。琼中县首个残疾儿童康复机构建成使用，3名琼中籍残疾运动员在全国第十一届残运会暨第八届特奥会再创佳绩，其中王超阳勇夺4金。“菜篮子”工程顺利推进。建设175.5公顷常年蔬菜基地，实行订单式生产，设立4个“平价菜”直营店和2个“平价菜”直营点，确保各类蔬菜价格稳定。平价蔬菜保供惠民行动三项重要指标排名全省前列，蔬菜价格降至全省平均价格以下。

【“督考合一”制度实施】2021年，琼中县委创新“督考合一”工作方法，狠抓各项工作落实。新方法实行“一张督考清单”“137”督办工作制度和“红黄绿”灯监督处理机制，成立12个工作专班，推行执行力第三方评估考核，有力推动上级各项决策部署落地见效。全年共对19家单位亮“黄灯”、1家单位亮“红灯”并全县通报批评，按权重扣除年底绩效奖金。

【全面从严治党】2021年，琼中县委统筹推进“作风整顿建设年”和“查堵点、破难题、促发展”活动，推动各级各部门查摆整改作风问题369个，解决堵点问题292个，周末“不打烊”等多个亮点做法和成效得到省活动办肯定。启动2轮巡察，整改问题328个，立案71件，给予党纪政务处分81人，巡察上下联动做法得到中纪委表扬。持续保持惩治腐败高压态势，全县纪检监察机关运用“四种形态”处理242人次，分别占比66.94%、26.03%、3.31%、3.72%。政法队伍教育整顿工作得到中央第十一督导组充分肯定，学习教育环节评估全省排名第二。

【党史学习教育】2021年，琼中县委深入贯彻中央和省委的要求，特别是习近平总书记关于党史学习教育的重要指示精神，制定印发《琼中黎族苗族自治县党史学习教育活动方案》。加强组织领导。成立县委书记和县长任双组长的县委党史学习教育领导小组，下设5个工作小组和9个指导组，负责督促指导全县各级党组织开展好党史学习教育。各乡镇和各单位也都参照县级做法，成立本级党史学习教育领导小组和指导组，领导和指导下辖党支部党史学习教育。为抓实全县党史学习教育，先后出台《琼中黎族苗族自治县党史学习教育实施方案》和10个子方案，为党史学习教育顺利开展提供依据。此外，还安排100万元专项工作经费保障党史学习教育重大活动顺利实施。从全县各单位抽调27名精干人员成立9个党史学习教育巡回指导组，负责对接指导全县67个党委（党组），从方案制定、动员部署、学习研讨等方面强化跟踪指导。强化理论学习，“关键少数”带头学。县委理论学习中心组采取“指定讨论发言+随机点评”的方式开展专题学习研讨8次，围绕党史学习教育、“十四五”规划、海南自贸港政策解读、学习“七一”重要讲话精神、学习中共十九届六中全会精神等相关专题，邀请国内省内专家学者现场开展理论报告会12场。全体党员普遍学。全县各单位累计征订《论中国共产党历史》《中国共产党简史》《习近平新时代中国特色社会主义思想学习问答》等中央指定四本书籍9795套，超额完成征订任务，完成任务率达105%。全县67个党委（组）理论学习中心组累计开展集中学习研讨700场，副科级以上党员领导干部参加县委理论学习中心组扩大集中学习会5次；组织开展党史学习教育理论测试200场，基本覆盖全体党员，平均得分在90分以上，通过以考促学，不断推动党史学习入脑入心。针对行动不便的离退休党员干部，开展“送教上门”服务，为离退休党员干部订购中央指定教材1100套，方便离退休党员干部在家自学。利用“三会一课”，组织农村党员集中学习党史知识，组织观看电视夜校24场次，使农村党员的学习教育实现全覆盖。“青少年群体”带动学。组织全县各中小学校开展以“党旗接力、代代传承”为主题的党史知识进校园活动，累计开展党史知识进校园活动50场次，各中小学校均开展升国旗微演讲、党史学习教育主题班会、播放爱国歌曲等活动，在广大青少年学生心中播下知史爱国、知党爱党的种子。现场体验学。利用白沙起义纪念园、定安母瑞山革命纪念园等红色教育资源，广泛组织发动党员群众实地开展丰富多样的现场体验学习。县委书记徐斌带领县四套班子领导赴白沙起义纪念园，开展现场体验学习活动2场；各级党组织累计赴白沙起义、定安母瑞山革命根据地、五指山革命根据地等纪念园开展现场体验学习活动达400多场次，党员近1万人次受到思想洗礼，达到了弘扬伟大建党精神、赓续红色血脉的良好效果。强化理论宣讲，领导干部带头讲。制定宣讲活动方案，县四套班子领导每人安排3场宣讲任务。县四套班子领导累计开展专题宣讲活动90余场次，县委理论宣讲团开展宣讲100场次，县“五老”宣讲团开展宣讲70场次，各级党组织开展党史学习教育专题宣讲200场次。第一书记下村讲。充分发挥驻村第一书记的作用，组织驻村第一书记在所驻村党员活动室以及红色革命教育基地等场所开展党史宣讲活动，累计宣讲200场次。身边典型贴身讲。制定百姓宣讲活动方案，建立乡村振兴、志愿服务、致富带头人、劳动模范、道德模范、文艺、励志青少年、巾帼模范、科技、候鸟老人等10支101人由各行各业杰出代表参与的百姓宣讲队，深入基层一线，与群众面对面开展党史宣讲。10支队伍累计开展宣讲400场次，覆盖群众6万人次。开展“我为群众办实事”实践活动。县委书记带头，深入开展联系群众“大走访”、民生难题“大排查”、人居环境“大整治”等活动，下功夫解决就业、社保、教育、医疗、住房、养老等涉及群众利益的问题，梳理确定县级“我为群众办实事”任务事项3批共26项，全县党委（党组）、党支部共确定322项任务事项，均已全部完成，直接受益群众达5万人。营造浓厚宣传氛围。全县统一制作党史学习教育宣传栏，每月更新党史学习教育开展情况内容，在街道和农村采取悬挂横幅、LED显示屏播放宣传标语等方式，向群众宣传党史学习教育相关内容。累计制作更换宣传栏600个，悬挂党史学习教育横幅1500条，制作宣传道旗500块、大型广告牌20块。在县内各媒体平台开设“奋斗百年路，启航新征程”“四史”学习等党史学习教育专栏，轮播党史知识、党课微视频等内容，不断满足全县党员干部群众学习需求。累计发布新闻报道414篇，其中1篇理论文章《党史学习教育要做到“四真”》被省级新媒体“学党史·悟思想”主题评论征文栏目采用。

重要会议

【2021年企业投资项目推进暨优化营商环境服务民营经济发展座谈会】 2021年2月5日，琼中黎族苗族自治县2021年企业投资项目推进暨优化营商环境服务民营经济发展座谈会在县四套班子综合办公楼六楼会议室召开。会议通报琼中2020年经济运行总体情况及2021年的展望计划；县自然资源和规划局、县行政审批服务局、海南湾岭农产品加工物流园管委会等单位相关负责人就如何做好优化营商环境工作和更好为企业做好服务作表态发言。会上县委书记徐斌要求，要积极谋划和储备一批高质量项目，依托国家重大项目库和三年滚动投资计划，分级储备、逐级审核、逐步推进，形成接续不断、滚动实施的储备机制和良性循环。要倒排工期、压实责任、创造条件推进度，继续高标准谋划好增量项目的签约和开工，确保一批前期手续全、资金供给足、建设条件齐、年内能动工的高质量重点项目加快落地、尽快开工。要加强“不见面审批”、“一枚印章管审批”、县领导联系服务企业制度、服务企业“三个清单”管理机制等政策的宣传推广工作，充分利用各类媒体和渠道宣传琼中民营经济发展工作和营商环境，不断提高企业知晓率。

【党史学习教育动员大会】 2021年3月10日，琼中县在琼中大礼堂召开全县党史学习教育动员大会，县委书记、县委党史学习教育领导小组组长徐斌作动员讲话，强调全县广大党员干部要深入学习贯彻习近平总书记在党史学习教育动员大会上的重要讲话精神，以及中央和省委关于党史学习教育的有关要求，以更加奋发有为的姿态推动琼中“十四五”规划和“一县三城五地”奋斗目标开好局、起好步，服务和保障海南自贸港建设大局，以优异成绩迎接中国共产党成立100周年。省委党史学习教育第一巡回指导组成员，县四套班子成员、法检“两长”，乡镇党委书记及乡镇长，新市农场负责人，县委各部门、县级国家机关各部门、各人民团体、县属企事业各单位、省驻琼中各单位副科级（含）以上领导干部，县委党史学习教育9个指导组全体成员等参加会议。

【农村工作暨巩固拓展脱贫攻坚成果同乡村振兴有效衔接会议】 2021年3月19日，全县农村工作暨巩固拓展脱贫攻坚成果同乡村振兴有效衔接会议召开。会议以琼中台电视频道直播的形式进行，在琼中大礼堂设主会场，各乡镇、各行政村（居）设分会场。各乡镇党委书记、新市农场负责人，县委各有关部门、县级国家机关各有关部门、各有关人民团体、各有关县属企事业单位、各有关省驻琼中单位等主要负责人参加主会场会议。内容主要是贯彻落实中央农村工作会议和省委农村工作会议精神，安排部署“十四五”“三农”重点工作。会上传达2021年中央农村工作会议和省委农村工作会议精神，并安排部署巩固脱贫攻坚同乡村振兴有效衔接相关工作。会议强调，各乡镇各单位要深刻理解“三农”工作在党的历史全局的基础性作用，深刻认识“三农”工作是自贸港建设中的重要保障，深刻把握现阶段“三农”工作的重点任务和重要抓手；全面巩固拓展脱贫攻坚成果同乡村振兴有效衔接，积极谋划开展乡村产业振兴行动，大力实施乡村建设行动，深入推进农村重点领域改革，以基层党建为引领加强改进乡村治理，千方百计提高农民收入；强化五级书记抓乡村振兴的工作机制，加强党委农村工作领导小组和工作机构建设，健全乡村振兴考核落实机制，加强乡村振兴宣传工作，在全社会营造共同推进乡村振兴的浓厚氛围。

【政法队伍教育整顿总结大会】2021年7月26日，琼中县政法队伍教育整顿总结大会召开。省政法队伍教育整顿第六驻点指导组成员，县政法队伍教育整顿领导小组全体成员，各乡镇政法委员或分管领导，全县政法干警参加会议。会议总结琼中县政法队伍教育整顿工作，宣读琼中县政法队伍教育整顿先进个人表彰决定。会议要求要抓牢政治引领，强化组织领导；要抓牢学习教育，做好“三个结合”，即结合党史学习教育，开展整治理论学习，结合作风整顿建设年，开展警示教育学习，结合中国共产党成立100周年活动，开展英模教育学习；要突出关键环节，抓实查纠整改，层层发动自查自纠，突出重点抓组织查处，靶向发力抓专项整治；要坚持多措并举，集中推出一批便民利民措施，例如，开展摩托车电动车交通安全百日专项整治行动，成立首个乡镇法治服务中心，为群众、企业等提供优质法律服务和法治保障，开展结对帮扶，维护青少年合法权益，开展法律进校园、进机关、进企业活动等，要持续深入开展“我为群众办实事”。要主动接受人大、政协、媒体渠道的监督，自觉接受群众监督，通过实实在在的整治成果和公开发布，切实增强群众的获得感和满意度。

【贯彻落实《中共海南省委关于坚持以党建引领自由贸易港建设的意见》工作推进会】2021年11月19日，琼中县贯彻落实《中共海南省委关于坚持以党建引领自由贸易港建设的意见》工作推进会在琼中大礼堂召开。会议要求，各单位各部门之间要加强沟通协作，合力推动任务落实，要全面落实信用管理制度，形成人人讲信用、事事守信用机制，为琼中经济发展创造良好的信用环境，用好容错纠错机制，建立健全鼓励干部干事创业、敢挑重任、能挑大梁的制度，真正为想干事、能干事、干成事的干部和人才搭建发光发热的平台。会议强调，要坚持政治站位、深化思想认识，确保党对各项工作的全面领导，深刻认识党建引领是自由贸易港建设的核心保障和迫切需要，必须将思想觉悟向高处提领，以强烈的政治责任感抓好落实，必须大胆创新探索路子，不断完善工作机制体制；要坚持重点突破、注重常态长效，推进落实以党建引领自由贸易港建设工作，夯实琼中高质量发展基层基础，筑牢战斗堡垒，科学配置组织资源；要坚持党的领导、压实工作责任，推动党建引领自贸港建设再上新台阶，在海南自由贸易港建设的大潮里向省委、县委交上一份满意的答卷。

组织工作

【概况】2021年，琼中县高质量高标准完成10个乡镇领导班子、123个村（社区）“两委”换届工作任务，村（社区）书记、主任全部实现“一肩挑”，总体达到“一降六升一提高”目标。创建省级农村基层党建示范点2个，巩固创建农村示范党支部55个，整顿软弱涣散基层党组织92个，设立园区党委和党群服务中心，全省首创“机关党建+五服务”工作模式，筑牢基层“战斗堡垒”。抓好干部队伍建设关键，注重从急难险重工作一线选任干部，先后调整干部44批819人，批准公务员职级晋升354人、嘉奖653人、记三等功158人。强化“内培外引”，举办各类培训班753期5.7万人次，选派挂职干部39人，选派到自贸港跟班学习14人，引进卫生、金融等领域高层次急需人才1672人。

【县乡村三级换届工作】2021年，琼中县推动换届各项工作稳步进行。坚持“三级书记”齐抓，将县乡换届工作作为“一把手”工程，成立以县委书记徐斌任组长的县乡换届工作领导小组，下设“一办六组”。成立由镇委书记牵头负总责、班子齐上阵的领导小组，各村（社区）党组织书记亲自抓、亲自管，充分发挥驻村第一书记、乡村振兴工作队“尖兵”力量，严把政治关、素质关、结构关、程序关，用好乡镇初审、县级联审、组织考察“三道关口”，由县委组织部牵头建立联审机制，会同21家县级单位对“两代表一委员”候选人初步人选拉网过筛，统筹全县资源做好组织考察工作，全程指导、全程把关、全程跟进“两代表一委员”推选。成立以县委常委、组织部部长任组长的县加强换届风气监督工作领导小组，建立“县+乡镇+村”督查三级联动机制，抽调20名精锐干部组成5个县换届风气巡回督查组，每周围绕“四个查验”，对10个乡镇进行实时跟踪式督导检查。各乡镇抽调409名干部组建105支乡镇级督查组，对本辖区换届工作进行督导。发挥乡村振兴工作队、村（居）务监督委员会“村情熟、村务熟、村民熟”优势，将督查工作的“触角”延伸至村一级，进一步扩大督查范围。坚持教育在先、警示在先、预防在先，设置换届监督举报信箱133个，公开举报电话，畅通举报渠道，接受群众监督，印制换届纪律小扇子、小卡片等进行发放，形成“横到边、纵到底”的督查网络。全县10个乡镇共推选产生871名乡镇党代表。推动县村（社区）“两委”换届工作顺利完成。共选出743名村（社区）“两委”干部，全县123个村（社区）书记、主任全部实现“一肩挑”，全部配备至少一名妇女干部及35岁以下年轻干部，退役军人比例大幅提升，整体学历显著提高，年龄明显下降，村（社区）“两委”新任班子总体达到了“一降六升一提高”的目标要求。

【“查堵点、破难题、促发展”活动】2021年6月，县委办制定印发《琼中县“查堵点、破难题、促发展”活动实施计划》，县处级以上领导干部率先垂范，共30名县处级以上领导、75家单位参与。共查找涉及推动经济发展、政策落地、改善民生、人居环境、优化营商环境等问题110个，推动解决问题103个，完成率93.6%。召开县“查破促”领导小组会议3次，将党史学习教育活动办、作风整顿建设活动办、“查堵点、破难题、促发展”活动办和优化营商环境专班工作进行统筹，制定“三办一专”联席工作制度，编印县级活动简报23期，梳理86条体现开展活动成效、有代表性的问题上报省活动办，在省活动办16批公示清单中采用了14条。琼中县设置的“未办成事”协调服务窗口、“督考合一”工作体系等亮点做法在全省作风整顿建设年暨“查堵点、破难题、促发展”活动推进会上和省督查组到琼中县实地督查中得到充分肯定。

【基层党建工作】2021年，琼中县坚持“重心下移”，着力把党的政治优势和组织优势转化为基层治理优势。选派驻村干部助力乡村振兴一线。选派110支乡村振兴工作队、100名驻村第一书记和324名乡村振兴工作队员实现10个乡镇和100个行政村全覆盖。注重从脱贫攻坚和乡村振兴一线选树典型和评选表彰先进，激发驻村干部队伍动力。2021年推荐表彰驻村干部12人，获得省级表彰9人、先进工作队集体4个，其中4名第一书记被评为“海南省脱贫攻坚优秀共产党员”。出台《琼中县关爱激励驻村第一书记、乡村振兴工作队员十条措施（试行）》，进一步激发队伍活力，激励驻村干部在乡村振兴工作中担当作为、干事创业。共提拔重用、晋升职级驻村干部64人，其中第一书记33人、工作队员31人。夯基垒台，着力提升基层党组织战斗力。创新开展“农村党支部书记每月一讲”“农村党员每月一课”活动，加强农村党支部书记能力素质。采取“走出去”和“请进来”等方式，依托县委党校分3期举办乡村振兴能力提升班，对743名村（社区）“两委”干部进行集中轮训。选派100名驻村第一书记到琼海、海口、澄迈等地进行调研学习，重点学习村集体经济项目、乡村治理等内容。举办新农村建设指导员培训班，重点培训计算机基础应用技术，提高新任村干部信息化能力水平。定期召开党建工作例会，研究推动全县基层党建工作。打造省级农村基层党建示范点2个，实施“预审制”“备案制”，规范发展党员工作。探索村干部职业化，考核招录9名大学生村干部，入编后任村党支部副书记，服务期5年。出台村级后备干部选拔培养方案，“1对1”结对培养746名后备干部。县委组织部联合县民政局对4个换届重点难点村进行调研，制订相关预案，逐一进行整顿销号。印发《村（社区）“两委”干部履职践诺十条》，充分调动“两委”干部工作积极性和主动性，营造良好的干事创业环境。投入下沉，为夯实基层组织事业提供有力保障。提高“两委”干部补贴。着力解决农村干部薪酬待遇偏低等问题，提高“两委”干部补贴，每人每月提高500元。落实常态化基层基础保障。投入1000万元扶持20个村集体经济，落实机关单位党建工作经费、各村（社区）（除3个城市社区外）服务群众工作经费5万元。2021年，城市社区服务群众专项经费预算提高到10万元。做好2020年度村（社区）“两委”干部、村组干部绩效发放工作。结合各乡镇党委对460名“两委”干部和1852名村组干部进行工作实绩考核结果，经汇总复核并公示，共发放8358440元绩效补贴。做好离任干部的补贴发放工作。2021年1—6月村（社区）“两委”离任干部符合生活补贴发放条件588名，发放补贴金额1120680元。做好村（社区）“两委”干部、村组干部养老保险缴交工作。对624名村（社区）“两委”干部及1950名村组干部摸排统计并缴交养老保险。开展农村老党员补贴发放工作。为加强党内激励关怀帮扶，对10个乡镇填报的满80周岁及以上的农村老党员逐一审核排查，“七一”前，按每人每月200元标准，发放2020年7月至2021年6月老党员生活定额补助，共发放411600元，惠及187人。

【企业、学校和“两新组织”党建工作】2021年，琼中县加强国有企业党建工作，13家国有企业党建工作写入公司章程，5家国有企业设有党组织；加强城市党建工作，建立党员到社区报到、直接联系服务群众机制，积极为社区群众提供医疗、教育、家政指导及各类修理等服务。建立社区（居委会）、物业公司、小区居民等多方联动的“党建+物业”模式，成立物业党支部，在物业办公区域建设“党员之家”，全面提升物业党支部的组织力和战斗力。对全县38所中小学校党组织设置情况进行排查，理顺党组织管理体制，28个设党组织的学校书记、校长“一肩挑”比率达

96%。强化机关党务工作培训，加强“两新党组织”党建工作，巩固提升“两个覆盖”，非公企业70家，社会组织71个，通过组建联建，党的组织和党的工作覆盖率均达100%。实施“园区党旗红、企业发展强”党建工程，成立园区党委1个，打造“两新组织”党建示范点2个。

【干部和公务员管理】2021年，琼中县坚持党管干部原则，高质量推动全县干部队伍建设。优化领导班子结构。以乡镇领导班子换届工作为契机，突出政治标准，按照“德才兼备、以德为先，人岗相适、人事相宜”的原则，加强干部队伍结构分析，在专业结构、任职经历搭配方面，按照“学什么干什么，缺什么补什么”的原则，通过内部培养、外部引进等方式进行补充，形成领导班子成员之间经历互补、专长匹配、气质相宜的合理搭配；在年龄搭配方面，注重“老、中、青”梯次搭配，做好女干部、少数民族干部、党外干部的配备工作，共调整干部19批次339人，其中提拔重用干部172人，交流167人；提拔重用的干部中35岁以下年轻干部77人占44.8%，女干部45人占26.2%，少数民族干部91人占52.9%，党外干部15人占8.7%。坚持正确选人用人导向。认真贯彻落实新时期好干部标准和省委“认识好干部，培养好干部，用好好干部”十条及“五个大力提拔”要求。2021年提拔重用的172名干部中脱贫攻坚及乡村振兴一线150人（其中驻村第一书记22人占12.8%，乡村振兴工作队员34人占19.8%，帮扶责任人94人占54.7%），疫情防控一线3人占1.7%，乡镇干部55人占32%。大力培养高素质干部。突出政治、党性、廉洁教育，线上依托“学习强国”、公务员在线学习等网络平台，线下围绕脱贫攻坚、乡村振兴、自贸港建设等中心工作，推动领导干部加强学习，补齐能力短板、填补知识弱项、消除经验盲区。强化干部挂职跟班等实践锻炼，积极搭建干部实践锻炼的平台，结合琼中服务自贸港建设的需要，选派6名领导干部组团到四川自贸区挂职，9名干部到省直相关单位挂职。全方位激励干部担当作为。严格执行省委《海南自由贸易港公职人员容错纠错办法（试行）》《关于进一步规范受处理处分干部使用工作的通知》，结合工作实际和受处理处分干部工作实效重新使用受处理处分干部7人次。上报案例2例，其中湾岭镇周魁龙案例作为典型案例在全省范围内进行通报，进一步彰显琼中县对受处理处分干部的关爱。完善干部考核评价机制，严格落实公务员奖励制度、职务与职级并行等激励机制。共完成公务员职级晋升203人，其中晋升三级调研员2人，晋升四级调研员20人，晋升一级主任科员21人，晋升二级主任科员5人。晋升三级主任科员105人，晋升四级主任科员50人。公务员（参公人员）记三等功29名，参照给予事业单位科级领导干部记功2名，嘉奖公务员（参公人员）252名，参照给予13名事业单位科级领导干部嘉奖。扎实开展公务员队伍建设。坚持把考录作为进入主渠道，完成2021年35名公务员（参公人员）招录工作。顺利完成2020年度非领导成员公务员考核，不断创新非领导成员公务员年度考核制度，以量化计分方式对领导干部进行综合评价。认真落实新修订后的《公务员调任规定》，完成3名事业编干部调任备案工作。认真组织开展第四届海南省“人民满意的公务员”和“人民满意的公务员集体”推荐工作，琼中县1名公务员和县委办公室分获第四届海南省“人民满意的公务员”和“人民满意的公务员集体”称号。

【干部监督】2021年，琼中县做好2021年度“一报告两评议”工作，协助省委组织部完成2021年度领导干部报告个人有关事项工作，累计完成27位省管干部个人有关事项报告表的报送工作。累计完成257名领导干部实施应用“干部选拔任用工作记实监督系统”，对干部选拔任用工作建立记实档案，为实施党政领导干部选拔任用工作追究提供依据。2021年共收到信访举报件25件，受理22件(其中3件为重复件)，已办结23件。严格落实干部选拔任用工作“十不准”及“凡提四必”要求，前移干部监督关口。对146名领导干部进行提醒函询，对23名领导干部开展经济责任审计，督促141名领导干部办理离任交接，核查选人用人信访件1件，开展县管干部任前档案审核41卷，收集整理干部人事档案材料1620份。

【干部教育培训】2021年，琼中县投入412.7万元，举办“两代表一委员”能力提升培训班、中青年干部培训班、琼中大讲堂、乡村振兴专题培训班、农村党员干部党性教育流动课堂等培训班126期，培训9600人次。县委理论中心组（扩大）集中学习32次，组织读书班7次。举办2020年新录用公务员（参公人员）初任培训，培训学员50人，不断提升新入职公务员履职能力和专业素质。根据《琼中黎族苗族自治县2020年公务员实用英语培训实施方案》要求，从全县公务员中筛选具有一定英语水平的40周岁以下年轻干部，举办公务员实用英语培训班，培训人数100人。举办2021年中青年干部培训班，培训学员40人。

【干部信息管理】2021年，琼中县组织部门全力推进全县干部人事档案专项审核全覆盖工作。纳入审核范围的干部人事档案共计1069卷，其中县委组织部82卷，县人社局246卷，县教育局495卷，县卫健委172卷，县国有资产服务中心74卷。至年底专项审核工作已全部完成，审结率100%。与县委编委办共同完成全县各单位机构编制核查工作，核定全县副科级以上领导在职及配备情况588名。把好档案关，防止“五方面人员”带病提拔进班子队伍。对各乡镇符合资格条件的事业编人员的“三龄两历一身份”等进行全面审核。经审核有18名人员因干部身份、学历、年龄等不符合条件，取消“择优比选”资格，选拔使用“五方面人员”14名。加强干部档案日常管理。共收集档案材料6302份，制作干部任免审批表存档848份，移出调动干部档案58卷，接收新招录公务员及调入县内干部档案97卷，受理干部档案查借阅318次，2021年共审核人事调整干部档案383卷，职级晋升干部档案212卷。档案数字化建设工作，2021年共完成新卷整理212卷，插件整理124卷。完成全县2021年公务员年度统计工作，统计公务员人数共计1354人。

【人才工作】2021年，健全工作机制，组织召开县委人才工作委员会会议、人才工作专题会议26次，研究部署人才工作。将重点人才工作纳入县委督查事项，制定督考清单，实行按月分解、季度评价、年终考核，确保各项人才政策落实落细。印发《琼中黎族苗族自治县关于“南海系列”人才激励保障待遇的实施意见（试行）》《琼中黎族苗族自治县优化人才服务工作实施方案》《琼中黎族苗族自治县养老服务行业人才培养实施方案》优化人才发展环境。围绕乡村振兴、旅游、科技人才队伍现状开展调研，找准人才工作着力点。深入查摆人才工作“堵点”“难点”，推动全县人才工作高质量发展。组织“候鸟”人才加入党员干部教育培训师资库和党史学习教育群众宣讲团，走进园区和线上参与建言献策活动，充分发挥“候鸟”人才智力优势。坚持多渠道引才，不断优化壮大人才队伍。推进海南自贸港招才引智活动，通过电话征集、上门走访等方式开展活动宣传、精准邀约，共征集岗位需求1076个。县领导带队赴武汉、郑州开展招才引智宣讲活动，推介琼中优越的自然人文环境。举办琼中籍高校毕业生岗位推介会，吸引优秀学子助力家乡建设。引进亚洲足协A级教练陈婉婷及其团队执教琼中女足俱乐部，面向全国选拔优秀女足运动员。全年引进各类人才604人。拓宽柔性引才渠道，与郑州大学、上海交通大学、海南大学等高校在科技攻关、人才引育方面开展合作。通过合作办学办医，柔性引进56名优秀校长、骨干教师和医疗专家到琼中县服务。与上海中海龙高新技术研究院共建“琼中中海龙高新技术研究院”，45名专家到琼中县开展科研工作。依托“海南农业生物多样性参与式原生境保护和可持续利用项目”，邀请3名专家指导开展山兰稻项目建设。鼓励优秀人才下沉基层，深入推进基层教育卫生专业技术人才激励机制改革，突出抓好平台建设、人才培养、工资待遇等要素保障，解决基层人才紧缺问题。选派驻村第一书记、驻村工作队员、县直机关干部等421名优秀人才助力乡村振兴。坚持特色靶向育才，筑牢人才发展根基。研究制定旅游、卫生、科技、电子商务等行业人才发展规划，构建全方位人才培养体系。实施“人才对口培养”工程，与4名琼中籍大学生签订定向培养协议。入编安置10名国家订单培养医学生。支持南海工匠转行设立黎锦传习所。加大人才培训交流力度，举办黎锦苗绣技艺、黎苗民歌培训班。重点培训农业技术推广人员、新型职业农民、返乡青年、致富带头人等，全年培训专业技术人才、党政人才9630人次。选派3名优秀党政领导干部到县属企业任职交流。强化人才平台载体建设，创新琼中女足“体教融合”模式，初步形成“小初高”校园足球青少年人才培养模式，琼中女足“体教融合”模式得到孙春兰副总理高度肯定。推进6个县级名师工作室开展教研教改活动，发挥名师、骨干教师示范带动作用。坚持服务水平全面提升，营造干事创业浓厚氛围。组建走访服务工作小组，深入重点用人单位宣传惠企惠才政策。定期收集人才服务需求，建立人才服务一人一档，为人才提供精准优质服务。完善联系服务专家人才工作机制，举办专家人才座谈会、国情研修班，加强与人才之间的思想交流。将16项人才服务事项整合入驻人才服务“单一窗口”，实现一窗受理。常态化开展高层次人才认定，职称评审、认定、流动确认、遗失补证302人。举办人才工作者业务培训班，选派2名业务骨干到省人才服务中心跟班学习，推选10名高层次人才联络员参加省高层次人才服务联络员技能大赛，荣获优秀奖。持续加大人才工作宣传力度，开设琼中人才之窗专栏，建立人才工作信息报送制度，利用各级媒体平台刊发琼中县人才工作宣传报道35篇。

【电化教育】2021年，琼中县电化教育坚持“提高质量，加强管理，面向基层，讲求实效”的工作方针。做好乡村振兴电视夜校的组织收看工作。全年播放乡村振兴电视24期，3.6万人次收看。抓好远程教育站点管理。建立“月中提醒、月底通报”通报机制，每月按时通报128个站点运行情况。开展电教片摄制报送工作。完成党旗飘扬的拍摄工作，全县择优向省电教中心报送党员教育课件3部。做好“双学历”轮训工作。2021年全县农村党员干部和农民群众“双学历”教育工作，共招生196人，其中中专班132人，大专班64人。

【老干部工作】2021年，琼中县组织部门发挥老干部优势，将关怀关爱落地落实。印发《关于做好全县离退休党员党史学习教育指定书目征订工作的通知》，为离退休党员发放党史学习指定书目1113套，订阅《离休干部党支部学习参考》100份。建立健全离退休干部情况通报、参观考察和走访慰问制度，印发《关于进一步加强老干部工作的通知》《关于规范和加强向离退休干部通报情况工作的通知》，进一步推进老干部通报会制度化、规范化。全县召开老干部情况通报会60次，邀请老干部参加县党代会、两会等重大会议32人次。加强离退休干部党组织建设。成立离退休干部职工党支部93个（其中机关事业单位56个，居37个）。投入19万元创建3个“南海银辉”党建共享阵地示范点，增强离退休党组织的政治功能和组织力。引导老干部发挥作用。成立“琼崖初心”琼中县老干部志愿服务总队、19支老干部志愿服务队，注册老干部志愿者290名，组织引导老干部开展红色教育宣讲、交通文明劝导、禁毒宣传等志愿服务活动56场次，参与志愿服务活动老干部660人次，在2021年度海南省老干部志愿服务“十佳”推选活动中，琼中县老陶爱心义工社老同志交通文明劝导志愿服务队获“十佳”志愿团队、老干部盘明昌获“十佳”志愿者提名奖。2021年县委老干部局被中组部、人社部授予“全国老干部工作先进集体”称号。

【关工委工作】2021年，琼中县关心下一代委员会充分发挥老干部优势，在全县中学、机关和乡镇开展习近平总书记“七一”重要讲话精神和十九届六中全会精神宣讲54场，1万人次参加。开展清明节祭扫烈士墓活动6场次，举办庆祝中国共产党成立100周年“新时代好少年·红心向党”主题系列活动20场次，在青少年中厚植爱党爱国爱社会主义情怀。县关心下一代委员会联合县教育局利用互联网、微信等新媒体平台，组织家长收听收看家庭教育公开课24场。开展新生家长第一课活动，开课率87%，受教育新生家长1万人次。分别在海南瑞中农业科技有限公司和海南琼中明润养殖有限公司挂牌“县关工委青少年科技培训基地”，组织100多名学生到两个基地开展培训。配合中国科学院老科学家科普演讲团到琼中宣讲，先后走进华中师范大学琼中附属中学等10所中小学校举行科普宣讲，2200名师生参加。11月8日，红毛希望小学被命名为“中国工农红军海南琼中红军小学”，并于同年12月21日举行授旗授牌仪式。

宣传工作

【概况】2021年，琼中县以县委理论学习中心组学习为载体，以党史学习教育为契机，强化理论武装，开展推动了全县宣传工作提质增效，全县副科级以上领导干部集中学习、各级党委（组）理论学习中心组集中学习研讨、各类专题宣讲活动。全年宣传推送图文稿件共4611篇。2021年，文化和旅游部命名琼中县为“中国民间文化艺术之乡”（2021—2023年），县文化馆荣获全省民族团结进步模范集体。

【理论学习】2021年，坚持把学习宣传贯彻落实习近平新时代中国特色社会主义思想贯穿始终，努力做到学懂、弄通、做实。制定印发《中共琼中黎族苗族自治县委理论学习中心组2021年学习方案》，设计10个学习选题，利用“琼州学堂”载体，结合党史学习教育，就习近平新时代中国特色社会主义思想、习近平总书记“4·13”重要讲话、自由贸易港建设、网络安全、意识形态、党中共十九届六中全会精神等重点内容，共组织县委理论学习中心组及副科级以上领导干部集中学习35次，其中党史学习教育读书班集中学习研讨8次，党史学习教育视频学习5次，全县67个党委（组）理论学习中心组累计开展集中学习研讨700多场。围绕党史学习教育、“十四五”规划、海南自贸港政策解读、学习“七一”重要讲话精神、学习党的十九届六中全会精神等相关专题，邀请国内省内专家学者现场开展理论报告会12场。

【理论宣传宣讲】2021年，琼中县宣传部门通过宣讲。宣传党的创新理论和国家的大政方针，制定印发《琼中县级领导宣讲海南自贸港建设知识实施方案》《关于县级领导宣讲队下基层宣讲党的十九届五中全会精神的通知》，组织开展“书记讲党课”“先进人物”巡回宣讲和“七进”宣讲等活动推动党史学习教育入寻常百姓家。截至2021年底，县级党员领导开展党史学习教育专题宣讲活动90场次，县委理论宣讲团开展宣讲100场次，县五老宣讲团开展宣讲70场次，百姓宣讲队伍开展宣讲400场次，红色文化宣讲队和红色文艺轻骑队开展宣讲21场次，累计近8万人次党员干部群众受到教育；各乡镇、各单位主要领导在本单位、本系统开展宣讲600场次；驻村第一书记在本村党员支部开展宣讲累计200场，参与干部群众达3万人次。鼓励干部群众通过“学习强国”平台进行自学，每月印发《网上学习党史专题教育活动计划》，利用每月10日和25日组织各级党开展网上集中学习。据统计，琼中县在“学习强国”学习平台注册学员达11693人。

【宣传琼中】2021年，琼中县宣传部门和新闻媒体围绕县委、县政府中心工作，积极对接中央、省级媒体，加大对琼中的宣传力度，全年主动宣传推送图文稿件共4611篇，为全县“双城驱动、三业支撑、五带协同”发展汇聚精神力量，宣传琼中声音。传统媒体类：省级各媒体播出琼中县新闻报道346篇，其中《海南新闻联播》58篇，海南新闻频道132篇，海南新闻广播48篇，《绿色农业进行时》8篇，刷屏文旅圈8篇，中部演播厅播发92篇。县融媒体中心开设《疫情防控进行时》《学党史·悟思想·办实事·开新局》《查堵点破难题促发展》等多个系列报道，大力宣传琼中县经济社会的发展成效，琼中广播电视共刊播新闻928篇，各类公益广告269期。亮点：中央电视台第十三套新闻频道《奥运一点通》栏目邀请琼中女足总教练肖山做客直播间，向全国观众展示“铿锵玫瑰”一路走来的艰辛历程和卓越风采，扩大琼中女足的知名度。新媒体类：中央、省级主流新闻媒体关于琼中新闻的刊发量分别为："学习强国"学习平台56篇，《海南日报》117篇，人民网92篇，今日头条177篇，海南日报客户端180篇，南海网、新海南客户端487篇。奔格内琼中客户端、微信公众号共发布新闻1035篇，其中点击率超万人次新闻2条，点击率超千人次的新闻5条。

【主题宣传】2021年，琼中县宣传部门完成"庆祝中国共产党成立100周年""党史学习教育""十九届六中全会"等重大主题活动宣传公益广告宣传。在国兴大道、营根路、兴教路等街道安装灯杆道旗400多杆、户外广告牌55面、高立柱8面、路桥广告12面、高速公路导视牌4块、悬挂宣传标语横幅6523条、张贴海报3401张；利用海口美兰国际机场与三亚凤凰国际机场LED电子显示屏，环岛动车屏媒912台滚动播放城市形象宣传片。开展"永远跟党走"——庆祝中国共产党成立100周年诗词朗诵比赛、大合唱比赛活动共2次，观看群众3万人。以"探秘琼中，自在出行"媒体乡村采风行为主题，开展党史学习教育红色文化之旅、美丽乡村之旅活动2次，参与群众100人。

【意识形态工作】2021年，琼中县宣传部门推动全县各级党组织持续做好意识形态领域工作。严格执行意识形态会商研判、情况通报、风险防控、管控处置、督查考核等制度，坚持履责、督责一起抓，把意识形态工作纳入重要议事日程，按照《琼中黎族苗族自治县党委（党组）意识形态工作责任制实施细则》，强化全面从严治党（党建）工作检查考核作用，进一步强化各级党员领导干部对意识形态工作的责任担当。

【网络安全】2021年，琼中县召开县委网络安全和信息化委员会联席会议、县委网络安全和信息化专题会议3次。3月10—17日，县网信办会同县网警大队、县科学技术和工业信息服务中心、县版权局，对12家单位的网络安全合规性、规范化、制度化情况进行检查，12家单位总合格率占比为13.5%，不合格率占比为65%，不适用范围占比为21.5%。检查全县96家单位，其中检查互联网终端电脑1143台、信息系统13个、门户网站5个，发现隐患问题16项，督促各单位对照问题清单进行整改，筑牢网络安全防线。为完成庆祝中国共产党成立100周年网络安全保障任务，检验琼中县关键信息基础设施网络安全保障能力，网信办联合县公安局、县科工信服务中心等相关职能部门，开展2021年琼中县网络安全应急攻防演练，对县政府办公室（琼中人民政府网门户网站）、县畜牧兽医服务中心（琼中畜牧网门户网站）、县人民医院（HIS、LIS、智慧医疗信息系统）、县中医院（LIS系统）4家关键信息基础设施单位信息化建设系统和门户网站，发现各类网络安全漏洞37个，其中高危漏洞16个、中危漏洞14个，低危漏洞7个。网信办下发责令整改通知书，所有网络安全问题全部在2021年7月1日前处置完成。

【网络舆情管理】2021年，琼中县重新修订《琼中黎族苗族自治县网络舆情应急处置预案》，累计向省委宣传部上报《琼中舆情信息》235条，向省委网信办报送琼中网信工作动态10期，向县四套班子领导报送《琼中舆情周报》30期，对网上舆情进行管理。2021年9月，琼中网信办舆情信息报送工作获得省委宣传部表扬。

【文化市场管理】2021年，琼中县宣传、文化等相关部门开展"护苗·2021""秋风·2021""净网·2021"专项行动，实行每月1次的联合执法检查模式，在全县范围内的出版物市场（出版物经营单位、印刷厂、流动摊点、网吧、快递行业等）进行明察暗访，严厉打击非法盗版出版物在琼中县流通，进一步维护琼中县文化市场洁净稳序的"文娱"环境。对全县所有党政机关及企事业单位开展网络安全和软件正版化检查，营造拒绝盗版，使用正版的良好氛围。

【精神文明建设】2021年，琼中县精神文明建设坚持以习近平新时代中国特色社会主义思想为指导，以培育和践行社会主义核心价值观为根本，着力加强思想道德建设和公民道德修养，着力深化群众性精神文明创建活动和社会文明程度。深化新时代文明实践建设工作。2021年县新时代文明实践中心制定活动主题23项，各所站设立"黎锦培训""巾帼护河队""四爱卫生整治"等志愿服务活动品牌20个。组织开展"我们的节日·春节春联进社区""赏年画过大年新年画作品联展活动""小汤圆大温情元宵主题活动"共30期；举办"健健康康过大年健康义诊志愿服务活动""爱心乡医义诊"活动100场次，服务村民约2万人次。深化文明城市创建。2021年获得海南省文明县城称号，入围全国文明城市创建提名城市。以"文明家庭""最美家庭""五星级文明户"评选为抓手，深化农村精神文明建设。建设家风家教家训展览室，推动形成社会主义家庭文明新风尚。深化文明校园创建。开展"未成年人道德讲坛""戏曲进校园""童心向党""绿书签行动"等活动，促进校园文明。开展县级道德模范评选推荐和全国（全省）道德模范推荐申报工作，共评选表彰五届全县道德模范68人，有14人荣获全国（全省）道德模范称号。依托县图书馆、文化馆、爱国主义教育基地等策划开展"遇见文明的自己，书香伴我行""以诚信为友，做美德少年"等社会主义核心价值观主题活动。在重要时间节点，以"我们的节日"为主题，开展我们的节日·元宵文艺晚会、清明祭英烈、中秋书画笔会、重阳敬老月等实践活动38场次，用优秀中华传统文化涵养社会主义核心价值观。开展文明教育行动。通过开展升国旗仪式、成人仪式、入党入团入队仪式传播主流价值，充分发挥老陶义工社、乐善义工社等公益组织、企业、社团、协会等作用，组织开展交通安全文明体验等公益活动。坚持管教结合，狠抓斑马线前的文明，严处斑马线不礼让行人、车窗抛物、不按规定使用灯光等交通违法和不文明行为2489起。开展文明交通进乡村、进企业、进校园24场次，进家庭76户，参与人次达3万人，增强群众文明交通意识。开展志愿服务行动。发挥三月三广场志愿服务站项目孵化作用，以更专业化、更生活化、更接地气、更具活力的志愿者服务活动温暖千家万户，全年累计开展政策宣传、法律咨询、文化文艺、助学支教、义诊义剪、垃圾分类、环境保护等相关主题志愿服务活动130次，参与2000人次，服务时长3358小时，让志愿服务的文明成果惠及街道、社区、乡村，不断提升群众的幸福指数。开展“四爱”卫生健康大行动。对城中村、老旧小区、内街内巷的卫生黑点进行全面整治。据统计，累计拆除乱搭建5000平方米，清理各类“僵尸车”135辆，清理垃圾2.5万吨，清理卫生黑点4000处，整治楼顶养鸡、种菜20幢，强制执法市区养鸡28起。

统一战线工作

【概况】2021年，琼中县统战部门围绕县委中心工作，服务海南自贸港建设。全县党外政协委员共提交政协提案44件。指导出台《县级领导干部联系重点企业制度（试行）》，县级领导深入全县10个乡镇和民营企业开展调研活动，现场做出批示115件，指示168件，协调解决各类问题214件。积极服务民营经济，实施颁布“琼中版”25条超常规措施、县领导联系服务企业2小时问题解决机制和服务企业“三个清单”管理机制，创新“不见面审批”“一枚印章管审批”“五大服务”“一企一策”等机制。

【党外代表人士的队伍建设】2021年，县委高度重视党外代表人士队伍建设工作。党委领导班子带头广交深交党外朋友，县委书记徐斌主持召开民营企业座谈会39次，面对面听取企业家关于琼中县民营企业发展意见和建议，专题研究企业生产经营过程中存在的困难问题，切实为民营企业排忧解难。开展党外代表人士的理论培训，举办学习培训班3次，培训党外人士69人次，深入学习新修订的《中国共产党统一战线工作条例》。建立党外干部队伍建设工作机制。提拔重用干部153人次，其中少数民族干部81人，占提拔重用干部的52.9%；党外干部13人次，占8.5%。2021年，全县有党外人大代表36人，党外政协委员78人，党外副处级领导干部2名，党外正科级领导干部3名，党外副科级领导干部21名。

【支持和指导民主党派建设】2021年，统战部门积极指导和支持各民主党派加强自身建设。确保民主党派发挥好政治协商职能，认真收集2021年琼中县各民主党派重点调研课题，认真落实情况通报、征求意见、课题调研、对口联系等制度，确保各民主党派发挥好参政议政、民主监督职能，服务全县经济社会发展大局。支持民主党派加强自身建设，完成琼中县农工党支部换届工作，并协助民革、民盟成立琼中县支部，形成新一届领导班子。截至2021年底，农工党琼中支部拥有党员22人，民盟琼中支部拥有盟员11人，民革琼中支部拥有党员8人。为民主党派人士履行职责提供必要保障。为琼中县三个民主党派支部提供办公场所，并将每年民主党派办公经费纳入到县委统战部年度预算。

【支持非公经济发展】2021年，琼中县委统战部门围绕“两个健康”，加强对非公经济人士的团结、服务、引导、教育工作，支持非公经济发展。在市县换届工作中，严把人选资格审查关，在全县开展了非公经济代表人士综合评价工作，共对91名非公经济人士进行综合评价。琼中县民营经济代表人士推荐任人大代表1人，推荐45名非公经济代表人士担任政协委员，任职占比大幅提升。指导和组织召开琼中黎族苗族自治县工商业联合会（总商会）第七次会员代表大会，选举出新一届领导班子。认真贯彻落实全省民营经济统战工作会议暨第三届光彩事业贡献表彰大会精神，出台琼中县光彩会组建方案，完成光彩会理事会初步人选的综合评价工作，推进琼中县光彩会组建工作，加强光彩会组织建设和工作队伍建设。2021年，县工商联（总商会）王智等4位同志荣获“海南省第三届光彩事业贡献奖”称号。创新推出“办不成事”反映窗口、“民声+政务”服务体验员监督机制，建立服务民营经济发展联席会议制度，出台印发《琼中县重点项目“落地年”工作方案》《琼中县政府投资项目“建管分离”改革试点方案》《琼中县投资新政三年行动方案》《关于进一步促进民营经济健康发展的若干政策措施》等重要文件，及时解决企业合理诉求和困难，助推全县民营经济健康发展。积极参与指导非公经济领域民主政治建设。指导成立“琼中潮汕商会”“琼中湖北商会”“琼中信宜商会”“琼中广西商会”，实现琼中异地商会零突破，配备基础办公设施，完成商会制度上墙。并按照“成熟一个、组建一个、巩固一个”的原则，推进非公企业党组织“两个覆盖”工作，截至2021年底，全县已成立非公有制党组织21个。整合资源，开展帮扶行动。据统计，2021年，全县非公有制经济对社会公益捐款捐物121.1万元，其中企业捐款116.4万元，个人捐款4.7万元；物质捐赠6.4万元。以村企共建为平台，发挥民营企业资本、管理、技术、人才、市场等优势，大力开展产业扶贫、就业扶贫、技能扶贫和公益扶贫，为全县脱贫攻坚献智出力、添砖加瓦。全县共有74家企业参与“万企帮万村”精准扶贫行动，共投入帮扶资金1.14亿元，惠及102个村（居）委会，实施帮扶项目98个，受益群众21460人。建成具有汇总收集数据、统计展示、预测分析等功能网上统战（工商联）平台。

机构编制管理

【概况】2021年，琼中机构编制委员会办公室深化改革，谋划制度创新，印发《关于优化〈空岗通知单〉办理程序的通知》《关于简化事业单位法人注销登记的通知》《关于优化服务容缺办理党政群机关事业单位登记管理业务的通知》，优化事业单位登记管理服务。抓实信息宣传工作，被省委编办评为“2020年度全省机构编制信息宣传工作先进单位”，2021年获全省机构编制系统知识竞赛一等奖。

【乡镇赋权和执法培训】2021年，县机构编制委员会办公室为巩固综合行政执法体制改革及基层整合审批服务执法力量改革成果，明确乡镇赋权。明确下放乡镇行政处罚事项100项，政务服务事项67项，其中公共服务30项，行政许可26项，行政确认6项，行政给付5项，基层整合审批服务执法力量改革赋权清单编制基本完成。赴海南热带雨林国家公园管理局黎母山分局和各乡镇开展调研，将调研成果报县委、县政府，促进改革落到实处。组织开展执法培训。印发《琼中县关于开展乡镇综合行政执法人员培训工作方案》，成立领导小组，联合相关部门赴10个乡镇开展综合行政执法业务培训，提高基层执法队伍人员专业水平。

【机构编制审批】2021年，琼中县机构编制委员会办公室加强机构编制审批工作。以实名制系统、机构编制统计表、在编人员工作职责、领导职数、机构编制问题“五本台账”，严格审核用编，共审核全县性招聘计划312名。根据省委编委部署开展全县第二次机构编制核查，举办1期核查培训班,通过相关部门线上数据对比和线下核查，确保“账实相符、账账相符”。动态调整机构编制资源，保障重点领域发展，设立征地拆迁综合服务中心、卫生健康服务中心、未成年救助保护中心3个事业单位，撤销计划生育服务中心、乡镇卫生院会计核算站2个事业单位，动态调整部分单位编制、领导职数。根据政策下放部分用编的管理权限。向县教育局、县卫健委下放系统内编制管理权限，允许县综合行政执法局统筹调剂使用各执法大队人员编制，允许乡镇统筹调剂使用所属事业单位人员编制，提高编制使用效率。在不违反政策规定的同时创新管理。优先审核人才引进计划，采用“先进后补”的方式保障女足发展需要。在县级公立医院实行编制备案制管理（琼中县2021年备案制人员63人）。围绕县“三大重点产业”，创建机构编制服务园区和服务女足两张清单，着力破解体制机制障碍。

【制度创新】2021年，琼中县机构编制委员会办公室 印发《关于优化〈空岗通知单〉办理程序的通知》，重造入编流程，提高入编手续办理效率；印发《关于简化事业单位法人注销登记的通知》《关于优化服务容缺办理党政群机关事业单位登记管理业务的通知》，对事业单位登记管理开展容缺受理，限时办结，进一步提高服务质量和水平。

【事业单位登记管理】2021年，机构编制委员会办公室 开展事业单位登记工作。全县事业单位设立登记126家，办理变更登记85次，设立登记3家，注销登记13家，需开展年报公示123家，年检率100%，年检合格率100%。完成县广播电视台、供销合作联社双重法人清理工作，完成9家撤销后长期未办理注销的事业单位法人注销登记。全县机关、群众团体统一社会信用代码赋码共计74家，2021年办理变更24次。随机抽取县湾岭镇中心幼儿园、县农业综合开发服务中心、海南湾岭农产品加工物流园管理委员会3家事业单位，实地核查事业单位运转情况，并将抽查结果在县政府门户网站公开。

【政务和公益中文域名注册管理】2021年，琼中县及时做好域名注册、工作，有效规避恶意抢注，维护党政群机关和事业单位网上名称的严肃性和权威性。全县共注册“政务”域名58个，“公益”域名194个，注册率达99%，获中央编办政务和公益机构域名注册服务中心通报表扬。

机关党建

【概况】2021年，琼中县委直属机关工作委员会认真开展党史学习教育，抓实党建工作建设，印发《县直机关党建工作要点》《县直机关党建工作体系一览表》《推进县直机关党支部标准化建设工作方案》，出台《琼中黎族苗族自治县机关党建工作考核办法（暂行）》，以考促学，推进党建工作规范化建设。印发《关于深入开展“机关党建+五服务”工作的实施方案》，推动机关党建工作与业务工作相互融合促进。积极参加省委网信办组织的“e海瑞评”和省委组织部组织的网评工作，在中廉在线、知乎等媒体发表《心系疫情不忘本捐款助力勇担当》等网评文章20篇，其中1篇被省委组织采用。截至2021年，工委直属党组织78个，其中机关党委6个、党总支5个、党支部67个、党员人数1353名。

【机关党员政治思想建设】2021年，琼中县委直属机关工作委员会把抓好机关党员政治思想教育放在突出位置。组织直属机关党组织开展党史学习教育专题宣讲活动和党的十九届六中全会精神宣讲活动。坚持把“学习强国”平台建设作为机关党建工作的重要内容和巩固意识形态阵地的重要抓手，按月通报学习情况，2021年通报12期，不断强化党员干部思想政治教育。

【机关党组织建设】2021年，琼中县委直属机关工作委员会坚持党建引领，将党建工作目标进行细化分解，明确具体责任。强化责任落实，认真落实党组织书记抓基层党建述职评议考核机制。2021年初，组织召开2020年度机关党组织书记抓基层党建工作述职评议会，进一步加强机关党建工作领导，推进机关党建标准化规范化建设。把选好配强机关党组织领导班子作为抓好基层党建工作的重要一环，2021年度撤销党组织13个，成立党组织2个，党组织更名1个。高质量选举产生43名出席县第十四次党代会的县直机关代表，切实增强机关基层党组织的组织力、凝聚力和战斗力。建立健全考核机制，委托第三方机构对2020年度各机关党委、直属党总支和党支部党建工作开展情况进行考核评价，共评定县财政局党委、县纪律检查委员会党总支、县委办党支部、县委组织部党支部、县人民政府办党支部、县行政审批服务局党支部、县生态环境局党支部等7个党组织为先进党组织。强化督导调研，印发《县直机关党建工作督导调研实施方案》，对31个县直机关基层党组织在落实“三会一课”制度、专题组织生活会、党史学习教育等方面进行督导调研，进一步推进机关党建工作任务落实。优化党员队伍，2021年新增入党积极分子55名，发展新党员45名，预备党员转正25名。加强党费收缴、使用和管理，2021年共收党费77.39万元，上缴县委组织部61.89万元，党员培训19.63万元，党建工作奖励、先进表彰10万元，退休支部党员教育资料0.37万元，生活困难党员慰问8.05万元。

【机关作风建设】2021年，琼中县推选政治素质高、业务能力强的党员干部靠前服务，积极打造审批“五大服务”，服务企业，服务基层，优化营商环境，以党建活力助推审批服务上新台阶。推进作风整顿建设，认真组织全体干部职工参观廉政长廊、观看“牢记前车之鉴绷紧纪律之弦”2021年全省党员干部警示教育巡回展等，以案为鉴、以案明纪，为全体党员干部敲响警世钟，念好廉洁经。认真开展“查堵点、破难题、促发展”活动，结合机关党建工作实际查摆“机关党务工作人员素质能力不强、业务不熟的问题”“个别机关基层党组织未按期换届”2个赌点难点问题，并制定有效措施推动解决落实。结合党史学习教育，深入开展“我为群众办实事”实践活动，共承诺事项20项，均已完成。

【机关党员教育培训】2021年，琼中县委直属机关工作委员会加强机关党建工作指导，督促各机关党组织严格落实“三会一课”、主题党日、组织生活会、民主评议党员等党内组织生活制度，切实改进工作作风，让党的组织生活真正起到教育提高党员的作用。抓好专项培训工作，举办入党发展对象培训班3期，党务工作者培训班3期，宣讲活动2期，参加培训462人次。

【机关党内活动】2021年，琼中县委直属机关工作委员会以建党100周年为契机，组织开展庆祝建党100周年系列活动，评选表彰县直机关先进基层党组织10个、优秀共产党员20名、优秀党务工作者10名，激励机关党组织和广大党员干部担当作为；组织参加100周年大合唱比赛活动，获得优秀奖；结合“光荣在党50年”纪念章发放工作，组织开展走访慰问活动，为85名老党员颁发纪念章，走访慰问生活困难党员和老党员116名。以歌颂党的丰功伟绩为题材，县委直属机关工委联合县委宣传部、县文联等单位举办“先锋杯”书法、美术、摄影比赛，共评选出获奖作品100幅。积极编辑和上报活动简讯，2021年共编辑党内活动简报16期，其中被“海南机关党建”采用2篇，“琼中党建”采用2篇。全年收集基层党组织报送党建工作简讯245篇，编辑机关党建工作动态12期。

党校工作

【概况】2021年，琼中县委党校以“三亮四讲五抓”载体为抓手，制定规章制度，先后出台《琼中县委党校议事、决策、协调、学习、调研制度》《琼中县委党校机关月工作例会制度》《琼中县委党校考勤管理制度》等9项规章制度。10月开工建设新校区，选址在琼中县城黎母山大道，总投资6500万元，计划2023年1月竣工。2021年到位资金1800万元，2021年底工程已进入土地平整等阶段。

【党校教学培训】2021年，琼中县委党校积极创建现场教学点。联合县委组织部打造鹦哥岭、琼中女足等10个现场教学点。教学点挂牌以来，已接待县内外开展参观学习、各类培训班等教学活动38场次，参加人数达4300人次，直接或间接拉动县域消费300万元，促进经济发展；联合县委组织部建立琼中县首个干部教育培训师资库。从全县机关单位党员干部、候鸟人才和离退休老干部等，分专业、分类别遴选师资，目前入库教师45名。利用“师资库”的师资讲课96人次。举办村居（社区）两委干部培训班8期，培训1800人次；选派4名骨干老师到各村、各单位专题授课66场次，参加听讲3000人次。

【党校科研】2021年，琼中县委党校积极打造精品课，组织开发《中国共产党党史》《琼崖革命23年红旗不倒》《白沙起义过程和历史意义》等8个专题精品课程，选送的

2021年7月13日，“琼中县干部教育培训鹦哥岭现场教学点”正式挂牌
（县委党校 供图）

《被毛泽东喻为现代鲁迅的李达》精品课程，被省委宣传部采纳，以录制小视频方式在“学习强国”的“党史小故事”栏目中播放；选送《加快推进自贸港建设引领新时代对外开放》精品课程被省委组织部采纳，并录制“党史学习教育”电教片用于视频教学；选送《扶贫扶志扶智的实践与探索》论文，在全省党校系统第二届科研成果（论文）评选中获得优秀奖，填补该校理论研究成果的空白，为今后课程开发打下坚实的理论基础。

【设计品牌标识】2021年，琼中县委党校以“三亮四讲五抓”载体为抓手，制定“忠诚、求是、博学、笃行”的校训，积极开展校园文化建设，在全省市县党校中率先设计品牌标识，以标识提升党校文化效益和社会效益，进一步激发党校人爱党校，浓厚校园文化氛围、社会关爱党校的氛围。

琼中党校标识图

【队伍建设】2021年，琼中县委党校为造就一支政治强、业务精、作风正的高素质的干部队伍，结合党史学习教育，充分利用“学习强国”、干部网上学习平台等多种方式，以点带面组织学习，不断提高干部队伍的综合素质、理论政策水平和业务工作能力。研究制定《县委党校2021年总体工作方案》，明确年度工作计划，以制度管人，办文办事效率大幅提高。

党史研究

【概况】2021年，中共琼中县委党史县志研究室运用琼中县丰富的党史资源优势，深化党史研究、做实党史资政、注重党史宣教、完成党史征编任务。编制《琼中黎族苗族自治县史志工作规划（2021—2025年）》。完成省下达的编撰任务。主编《中国共党史琼中历史（1978—2022）》《中共海南省琼中黎族苗族自治县组织史资料（2000年6月—2009年12月）》。加强自身建设。落实“一岗双责”制度，严格党内政治生活，让党支部在落实党建工作和谋划推进党史工作中发挥引领作用。组织党员到营根镇营东社区开展“党员进社区”服务活动，到“八起商城”老旧小区清理卫生死角；开展“送史下乡”活动，向革命老区番响村白沙起义老战士后代宣讲党史并赠送党史资料。

【党史编研】2021年，琼中县委党史县志研究室编撰《中国共党史琼中历史（1978 · 2022）》，已完成11万字的初稿。完成编纂《中共海南省琼中黎族苗族自治县组织史资料（2000年6月 · 2009年12月）》,该书收录琼中县地方组织及领导的政权、地方武装、统一战线、群众团体五大系统和企事业单位机构沿革与领导人名录的资料书。

【党史宣传教育】2021年，琼中县委党史县志研究室极积开展庆祝建党100周年活动，向新闻媒体如新华社海南分社、《海南日报》、《海口晚报》、海南电视台等庆祝建党100周年节目提供相关党史资料。开展党史学习教育活动，做好党史宣讲。编写红色主题宣讲课件《“二十三红旗不倒”琼崖革命史》《主动寻找共产党开创五指山革命根据地》，选派党史研究人员深入乡镇、机关单位进行宣讲，通过宣讲，使党员群众铭记不畏艰难、坚持奋斗的白沙起义精神。深入挖掘琼中县红色历史文化，拍摄最新的红色遗址图片，完成“琼中红色地图”为主题的党史资料，向省委党史研究室（省地方志办公室）报送，在海南省“琼崖史志”公众号推出琼中县红色历史文化内容，加强红色文化宣传。

【党史资源保护利用】2021年，琼中县委党史县志研究室为更好的弘扬革命精神，加强琼中县红色文化建设，坚持“在保护下利用，在利用中保护”的原则，对琼中县党史教育基地白沙起义纪念园展厅重新布展党史资料进行审核，使展出党史资料更翔实丰富。配合县退役军人事务局筹备陈日光纪念园前期建设工作，根据党史资料记载对园内的雕塑建设提出要表明资料来源的意见、建议等。积极参与琼中县红色旅游线路的推介工作，提供“琼中红色文化记忆”“红色故事”等党史资料。支持湾岭镇水央村村史馆建设，收集整理水央村相关历史资料，帮助水央村村史馆完成史料征集，丰富乡村文化振兴内容。

【红色文化研究会】琼中县红色文化研究会是由部分琼崖纵队、白沙起义老战士及琼纵革命后代发起筹备，于2019年11月6日提出申请，2019年11月21日琼中县民政局批复同意登记为“琼中县红色文化研究会”，业务主管单位是琼中县委党史县志研究室，2020年6月29日在琼中县政府广场举行琼中县红色文化研究会揭牌仪式。主要工作是研究白沙起义革命史，传播白沙起义革命精神以及组织会员参加纪念白沙起义的各种纪念活动，组织红色文化进校园承传红色基因活动。2021年6月27日红色文化研究会举行“红色文化宣讲队”和“红色文艺轻骑队”授旗仪式暨琼中县红色文化研究会成立一周年庆典。红色文化宣讲队和红色文艺轻骑队于2021年8月12日参加琼中县委宣传部在红毛镇番响村举行“庆祝中国共产党成立100周年，纪念白沙起义78周年”文艺晚会暨党史宣讲活动，同时到全县各乡镇、村委会举行党史宣讲及文艺宣传演出活动23场，宣传“感党恩 听党话 跟党走”，使党史学习教育深入人心。

琼中黎族苗族自治县人民代表大会

综　述

【调研考察交流】2021年，琼中县人大积极搭建与其他县市人大交流的桥梁，先后接待峨边彝族自治县、乐东黎族自治县、海口市等市县人大代表成员到琼中县开展生态旅游建设、乡村振兴工作、农业品牌创建等方面的调研考察。

【人大自身建设】2021年，琼中县人大加强思想政治建设，坚持用习近平新时代中国特色社会主义思想引领人大工作。县人大常委会机关积极组织开展党史学习教育活动，利用党组理论中心组、集中研讨等方式开展党史学习交流，召开37次党史学习教育活动学习会，研读《中国共产党简史》等书籍，深化对党史的理解把握，增强“四个意识”、坚定“四个自信”、做到“两个维护”。开展庆祝中国共产党成立100周年“七一”系列活动，积极推进“我为群众办实事”主体实践活动，同时结合查堵点、破难题、促发展活动，深入基层，对保障房配套功能不完善、生态搬迁未有效解决部分村民宅基房安置、城中村改造建设难、项目用地困难、镇墟路灯改造、污水管网建设不完善、企业落地难、村级办公场所扩建等问题进行实地调研，帮助解决人民群众和企业遇到的堵点盲点和问题症结，切实把学习成果转化为为民服务的动力。正风肃纪，持续推进作风建设。每年定期组织县人大机关的全体党员干部集中观看廉政专题教育片、组织观看学习廉政文化长廊等活动，及时召开会议传达纪委有关文件精神，通报违规违纪典型案件，不断加强警示教育。同时，把谈心谈话作为严格管理干部的常态化工作，及时发现苗头性问题并开展提醒教育，强化干部党规党纪意识，做到引以为戒，防微杜渐，切实扛起管党治党责任担当。与时俱进，持续推进新闻宣传工作。充分发挥网络、报纸、书刊等多种媒介的作用，加大人大工作信息公开力度，深化人大制度宣传。全年共编辑推送人大机关工作简报94篇；利用“琼中人大”微信公众号发布重要信息214条；收集1952年琼中各界人民代表会议和人民代表大会建立以来的历史史料，编辑出版了《琼中黎族苗族自治县人民代表大会志》；编印4期《琼中黎族苗族自治县人大常委会工作通报》；编印4期《琼中人大》杂志，并适时创新板块内容，增设相关法律法规解读等栏目，致力于让代表多渠道多形式学法用法，拓宽代表知政参政的形式。

【县乡镇人大换届】2021年，琼中县人大统筹安排换届选举，成立县乡（镇）换届工作领导小组，设立县、乡（镇）选举委员会，制定方案，召开动员会，强化督促指导和宣传。成立5个指导组，对宣传发动、选区划分、选民登记、代表提名推荐、投票选举等重点任务阶段进行指导。加强业务指导培训，共举办专题培训班4期，培训业务骨干237人次，确保换届选举工作依法有序推进。全县共划分县级选区99个，乡镇级选区257个，登记选民129141人，顺利选举产生177名县人大代表和576名乡（镇）人大代表，代表素质和结构实现双优化。通过认真筹备和精心指导，各乡镇新一届人大一次会议于2021年12月中旬前均顺利召开，依法选举产生10个乡镇人大和政府领导班子共44人，巩固和加强基层组织建设。

【人事任免】2021年，琼中县人大常委会始终坚持党管干部原则和依法行使人事任免权的有机统一，把好充分审议和表决关，不断规范人事任免工作程序，共依法任命国家机关工作人员19人，免职24人，保证地方国家机关有序运转。组织拟任人员参加任前法律知识考试、颁发任命书和宪法宣誓工作，增强拟任人员的法治观念和履职意识，为推动琼中县经济社会发展提供组织保障。

重要会议

【概况】2021年，琼中县人大共召开常委会会议13次，听取审议县人民政府及其组成部门、县监察委员会、县人民法院、县人民检察院专项工作报告23项、议案24项，作出决议决定24项；顺利召开县十五届人民代表大会第七次会议、县十五届人民代表大会第八次会议，审议通过各项报告并作出决议7项。

【第十五届人民代表大会第七次会议】琼中县第十五届人民代表大会第七次会议于2021年1月13日至15日在琼中大礼堂召开，大会应到代表166名，实到代表149名，符合法定人数。本次大会为期2天半，大会的议程：听取和审议琼中黎族苗族自治县人民政府工作报告；审议琼中黎族苗族自治县国民经济和社会发展第十四个五年规划纲要（书面）；审查琼中黎族苗族自治县2020年国民经济和社会发展计划执行情况与2021年国民经济和社会发展计划草案的报告（书面）；审查、批准琼中黎族苗族自治县2021年国民经济和社会发展计划；审查琼中黎族苗族自治县和县本级2020年财政预算执行情况与2021年财政预算草案的报告（书面）；审查、批准琼中黎族苗族自治县和县本级2020年财政预算执行情况与2021年财政预算草案的报告；听取和审议琼中黎族苗族自治县人民代表大会常务委员会工作报告；听取和审议琼中黎族苗族自治县人民法院工作报告；听取和审议琼中黎族苗族自治县人民检察院工作报告；其他事项。

【第十五届人民代表大会第八次会议】琼中县第十五届人民代表大会第八次会议于2021年6月24日至25日在琼中大礼堂召开，大会应到代表161名，实到代表154名，符合法定人数。此次大会为期1天半，大会的议程：补选琼中黎族苗族自治县人民政府县长；其他事项。会议选举蒋莉萍为琼中黎族苗族自治县人民政府县长。

【人大常委会第32~44次会议】琼中县人大常委会第32次会议于2021年1月5日召开。会议听取和审议并通过了县人民政府关于提请审议收回存量资金（第二批）统筹安排使用的议案、关于2019年度全县环境状况和环境保护目标完成情况的报告、关于琼中县中医药事业发展情况的专题报告、关于《中华人民共和国民族区域自治法》《海南省实施〈中华人民共和国区域自治法〉若干规定》实施情况的专题报告、关于琼中黎族苗族自治县第十五届人民代表大会第六次会议代表议案和建议办理情况的报告。听取和审议并通过县人大常委会关于赴云南省和广西壮族自治区考察学习民族与立法工作情况的报告、县人民代表大会常务委员会《关于召开琼中县第十五届人民代表大会第七次会议的决定（草案）》。审议并通过琼中县人大常委会主任会议《关于提请审议〈琼中黎族苗族自治县第十五届人民代表大会第七次会议议程(草案)〉等9个有关事项的议案》、县人民代表大会常务委员会工作报告。听取和审议并通过了县第十五届人民代表大会常务委员会代表资格审查委员会关于个别代表的代表资格审查报告。会议决定免去管舒婧县统计局局长职务；接受陈明松辞去县十五届人民代表大会代表职务。

第33次会议于2021年3月25日召开。会议传达学习全国“两会”精神和海南省“两会”精神。听取和审议通过了县人民政府关于2020年度法治政府建设情况的专题报告；审议并通过县人大常委会2021年工作要点。会议通过表决方式，决定任命邵正斌为县交通运输局局长，王文芳为县统计局局长；决定免去黄俊东县交通运输局局长职务；免去黄燕、黄灵钰县人民法院审判员职务；接受林晖泽辞去县十五届人民代表大会常务委员会委员、县十五届人民代表大会代表职务。

第34次会议于2021年6月2日召开。会议传达学习《中共海南省委转发〈中共海南省人大常委会党组关于做好全省市县乡人民代表大会换届选举工作的意见〉的通知》。听取和审议县人民政府关于琼中县全域旅游事业发展情况的专题报告、关于社区矫正工作情况的专题报告；听取和审议通过县人民法院关于民商事审判工作情况的专题报告。会议通过表决方式，决定任命蒋莉萍为县人民政府副县长、代理县长；决定接受王琼龙辞

2021年6月25日上午，琼中黎族苗族自治县第十五届人民代表大会第八次会议第二次全体会议举行大会选举，蒋莉萍当选琼中黎族苗族自治县人民政府县长

（王小霏　徐世国　摄）

去县人民政府县长职务；决定任命吴祝江为县扶贫工作办公室主任；决定免去林声河县审计局局长职务。会议接受张东安辞去县十五届人民代表大会常务委员会委员、县十五届人民代表大会代表职务；接受王琼龙、张平仲、吴海彪等同志辞去县十五届人民代表大会代表职务。

第35次会议于2021年6月18日召开。会议听取和审议通过县人民代表大会常务委员会关于召开琼中县第十五届人民代表大会第八次会议的决定、县人大常委会主任会议关于提请审议《琼中黎族苗族自治县第十五届人民代表大会第八次会议议程》等8个有关事项的议案、县第十五届人民代表大会常务委员会代表资格审查委员会关于个别代表的代表资格审查报告。会议决定县第十五届人民代表大会第八次会议于2021年6月24日至25日在琼中县城召开。

第36次会议于2021年7月28日召开。会议听取和审议通过了县人民政府关于琼中县2020年度全县环境状况和保护目标情况的专题报告、关于琼中县2019年度审计结果整改落实情况的报告；听取和审议通过县人民检察院关于公益诉讼工作的专题报告；听取和审议通过了县人大常委会关于县、乡镇人民代表大会换届选举时间的决定，关于乡镇新一届人民代表大会代表名额的决定，关于琼中县、乡镇人民代表大会换届选举工作的实施方案，关于设立琼中县人民代表大会换届选举工作委员会及其办公室的决定，县人大常委会关于成立县、乡镇人大换届选举工作指导组的决定。会议对《琼中黎族苗族自治县自治条例》（修订草案）。等各项议程进行分组审议。会议通过表决方式，决定任命王承彬为县人力资源和社会保障局局长，姚传清为县卫生健康委员会主任，黎炳寿为县审计局局长；决定免去庄洁县人力资源和社会保障局局长职务，傅永东县教育局局长职务，钟小辉县卫生健康委员会主任职务。免去王朝梅县人民法院审判员职务；接受庄洁辞去县十五届人民代表大会常务委员会委员、县十五届人民代表大会代表职务。

第37次会议于2021年8月26日召开。会议听取和审议通过县人民政府关于提请将土地征收成片开发和安居型商品住房工程纳入琼中县2021年国民经济和社会发展计划的议案、关于琼中县巩固拓展脱贫攻坚成果同乡村振兴有效衔接工作情况的专题报告、关于琼中县民俗文化挖掘与传承保护情况的专题报告。听取和审议县人大常委会主任会议关于提请任命各乡镇选举委员会组成人员的议案。听取和审议县人大常委会关于琼中县第十六届人民代表大会代表名额及各选区划分方案。会议通过表决方式，免去陈益德、沈起星县人民检察院检察员职务。

第38次会议于2021年9月17日召开。会议通过表决方式，决定任命张志强为县人民政府副县长，赵镭为县人民政府副县长、县公安局局长，敖林为县教育局局长；决定免去王安涛县人民政府副县长职务、欧阳华县人民政府副县长职务、王伟章县公安局局长职务；任命魏琼华为县人大常委会法制工作委员会主任、陈荣为县人大常委会民族宗教与教科文卫工作委员会主任；免去陆京学县人大社会建设委员会专职副主任委员职务、王应江县人大常委会法制工作委员会主任职务。

第39次会议于2021年10月19日召开。会议传达学习习近平总书记在中央人大工作会议上的讲话精神。会议听取和审议通过县人民政府关于2021年上半年国民经济和社会发展计划执行情况的专题报告、关于2020年琼中县和县本级财政决算及2021年上半年琼中县和县本级财政预算执行情况的专题报告、关于2020年度琼中县和县本级预算执行及其他财政收支的审计工作的专题报告。会议通过表决方式，免去崔涛县人民检察院检察员职务。

第40次会议于2021年11月8日召开。会议听取和审议通过县人大常委会关于调整县人民代表大会换届选举工作委员会及其办公室组成人员的决定、关于调整各乡镇人大换届选举委员会组成人员的决定；听取和审议通过县人民政府关于提请审议调整2021年财政预算的议案、关于优化营商环境情况的报告、关于公安队伍建设工作的专题报告；根据《中华人民共和国宪法》和《中华人民共和国监察法》规定，会议首次听取和审议并通过县监察委员会关于开展整治群众反映强烈突出问题工作情况的报告。

第41次会议于2021年11月22日召开。会议传达学习中国共产党第十九届中央委员会第六次全体会议、中国共产党海南省第七届委员会第十一次全体会议精神。会议通过表决方式，决定接受王光业、王琼龙辞去海南省第六届人民代表大会代表职务。

第42次会议于2021年12月10日召开。会议听取和审议通过县人民政府关于贯彻实施《海南省生活垃圾管理条例》情况的专题报告、关于教育事业发展情况的专题报告；听取和审议通过县第十五届人民代表大会常务委员会代表资格审查委员会关于琼中县第十六届人民代表大会代表资格审查情况的报告；听取和审议通过县人民代表大会常务委员会关于召开县第十六届人民代表大会第一次会议的决定。会议通过表决方式，决定任命刘洋为县人民政府副县长（挂职）、曾冬为县生态环境局局长；决定免去刘云俊县人民政府副县长职务（结束挂职）、向前县生态环境局局长职务。

第43次会议于2021年12月20日召开。会议通过表决方式，补选陈朝芳、蒋莉萍为省第六届人民代表大会代表。会议还通过表决，决定任命何洁贤为县行政审批服务局局长；决定免去符莹莹县行政审批服务局局长职务。

第44次会议于2021年12月31日召开。会议听取和审议通过县人民政府关于提请审议《关于开展法治宣传教育的第八个五年规划（2021—2025年）》的议案；审议通过琼中县人民代表大会常务委员会工作报告、琼中县人民政府工作报告、县人民政府关于琼中县第十五届人民代表大会第七次会议代表议案和建议办理情况的报告、琼中县2021年国民经济和社会发展计划执行情况与2022年国民经济和社会发展计划草案的报告、琼中县和县本级2021年财政预算执行情况与2022年财政预算草案的报告、琼中县人民法院工作报告、琼中县人民检察院工作报告；听取和审议通过琼中县人大常委会主任会议《关于提请审议〈琼中黎族苗族自治县第十六届人民代表大会第一次会议议程（草案）〉等11个有关事项的议案》。会议任命覃海龙为县人大常委会办公室主任；免去郑忠辉县人大常委会办公室主任职务。决定任命郑忠辉为县市场监督管理局局长；决定免去覃海龙县发展和改革委员会主任职务、林瑞县市场监督管理局局长职务。任命王植、黄春燕为县监察委员会副主任；免去苏秦县监察委员会副主任职务。

人大监督

【经济领域监督】2021年，琼中县人大围绕经济发展大局，强化计划执行情况的监督。县第十五届人大七次会议，审议并通过了全县2020年国民经济和社会发展计划执行情况与2021年国民经济和社会发展计划，以及全县国民经济和社会发展第十四个五年规划纲要，通过对国民经济和社会发展计划的有效监督，推进地方经济社会科学发展。同时围绕实现财政收支平衡，强化财政预算监督。审议通过2020年全县和县本级财政预算执行情况与2021年全县和县本级财政预算，进一步规范预算审批程序，提前介入财政预算草案编制，及时了解政府在制定预算收支计划过程中的主要情况和各部门对预算安排的意见建议，督促财政部门编写详尽的预算草案报告、细化预算收支总表和编制说明书等资料，努力确保公共财政每一分钱都用到促进地方经济发展和改善民生上。强化审计监督职能，维护审计监督的严肃性。听取和审议通过县人民政府关于琼中县2019年度审计结果整改落实情况的报告，提出要加强对预算执行工作的领导，健全责任追究制度，强化预算约束，提高财政资金使用率，促进琼中县经济社会全面协调可持续发展。

【民生领域监督】2021年，琼中县人大常委会听取和审议县中医药事业发展情况的专题报告，督促县人民政府建立健全中医药管理机制和中医药专业性人才引进力度，推动中医药融入百姓生活，促进健康产业可持续发展；听取和审议县人民政府关于琼中县全域旅游事业发展情况的专题报告，为不断完善琼中县全域旅游事业发挥积极作用。同时，配合省人大常委会在琼中县开展主要食品价格、民族特色产业、新增市场主体促进就业情况、一卡通管理条例、省人大代表议案办理等6项调研监督工作。

【司法领域监督】2021年，琼中县人大加强司法领域监督、促进司法公正。县人大常委会听取和审议社区矫正工作情况的专题报告、民商事审判工作情况的专题报告、2020年度法治政府建设情况的专题报告等，有效促进行政和司法机关树牢依法办事和法治思维，构建规范化制度体系，加强普法工作保障力度、创新普法宣传载体，以法治政府建设的实际成效增强人民群众的法治获得感。

【执法检查和调研】2021年，琼中县人大常委会把保证法律严格实施作为全面推进依法治县的重要抓手，通过执法检查和调研，认真查找琼中县在贯彻相关法律法规方面存在的问题和不足，提出完善执法意见和建议，报送省人大常委会和县委，并即时反馈给县政府研究办理，努力营造良好的依法行政氛围，不断促进法律法规在琼中县的有效实施。

议案和建议

【代表建议情况】2021年，在县第十五届人民代表大会第七次会议期间，县人大代表从全县经济发展、民生改善、社会稳定的大局出发，认真履行职责，积极建言献策，对政府工作提出了55件有针对性的建议。各位代表的建议在“精准、全面、务实”上下足了功夫，倾注了心血，对县人民政府工作给予了极大支持。这些建议反映了广大干部群众的心声，涉及全县社会经济发展大计，关乎全县广大人民群众的根本利益，也是当前社会的热点、焦点问题，都是政府工作过程中应该力争解决的问题，对推进琼中跨越式发展和长治久安具有重要意义。

【代表建议办理情况】2021年，在县人大及其常委会的有力监督和大力支持下，县人民政府及各承办单位高度重视，截至11月，交办的代表建议55件均办理完毕，做到答复率100%，满意率100%。总体上看，建议的办理过程比较规范，各部门办理人员业务素质有所提高，办理态度积极诚恳，答复内容更趋完善，答复格式也更加规范，办理工作取得了较好成效，办理结果大致可分为以下三种情况：

已完成或基本完成的建议共14件，占总数的25.5%。这些建议主要反映产业发展、生态环保和社会救助等问题。各承办单位收到代表建议后，高度重视，及时研究，落实措施，尽全力解决好代表提出的问题。

如王传旺代表提出的《关于招商引资，以合作、入股参与管理等方式发展壮大集体经济的建议》：近年来，县委、县政府坚持把发展壮大村级集体经济作为加强农村基层组织建设的重要举措，积极探索村级集体经济发展路径，彻底消除“空壳村”。加强组织领导，筑牢引领集体经济发展的组织基础。多措并举抓扶持，搭建引领集体经济发展的有效平台。创新发展模式，力争向“一村一品”发展，形成地方特色，产生集聚效应。另外，县委、县政府2019年印发《关于坚持和加强农村基层党组织领导扶持壮大村级集体经济的实施方案》，计划从2019年至2022年，每年选择20个行政村，用四年时间在全县扶持80个行政村发展村级集体经济。2020年印发《关于大力发展农村市场主体壮大农村集体经济的十八条措施落实方案》，对村集体经济年收入超过80万元的行政村，可从当年村级集体经济纯收入新增部分提取10%给予奖励，在事业单位或公务员公开招聘中拿出一定岗位面向优秀村干部进行招聘（录），进一步激发村干部干事创业热情。

正在解决或列入计划的建议共30件，占总数的54.5%。这些建议主要反映的是旅游规划、水利饮水和交通建设等方面。如盘海丽代表提出的《关于解决万洋高速公路建设施工坍塌泥土掩埋水田的建议》《关于万洋高速施工压坏村路的建议》等建议，县政府多次组织县交通运输局实地调查，核实压坏道路、损毁农田等情况，并积极与省交通工程建设局进行沟通，截至2021年底，省交通工程建设局已向省财政厅申请补偿资金，用于补偿万洋高速修建期间压坏公路、损坏农田等，待补偿资金下达后，根据核实情况，将资金分配至各乡镇用于修复道路和补偿农户。

因条件限制无法给予解决或只作说明的建议共11件，占总数的20%。对受客观条件限制或政策体制原因目前无法给予解决的代表建议，有关承办单位能实事求是地做好解释工作，并取得代表的理解和支持。如王哲彪代表提出的《关于参照政法委机关工作津贴设立综合行政执法人员工作津贴的建议》，县政府组织县财政局等单位认真研究，经了解，琼中县政法系统人员津贴按照国家规定的法规政策执行，地方政府无权制定相关政策。受相关法规政策限制，该建议暂时无法实施，只作解释说明。

琼中黎族苗族自治县第十五届人大七次会议代表建议领导督办表

表1

建议名称	提出建议代表	代表团	议案建议类型
关于取消水潮路设立停车位的建议	王清民	第一团	交通建设
关于建设琼中县农产品品牌的建议	杭发英	第一团	产业发展
关于协助解决湾岭镇南久村漫水桥护栏的建议	陈 英	第二团	基础设施
关于重新硬化南久乡村道路的建议	陈 英	第二团	交通建设
关于打开农产品销路的建议	王世海	第二团	产业发展
关于免费为村民小组组长体检的建议	陈应金	第二团	干部职工待遇
关于开发湾岭村红色教育和旅游基地的建议	郑义高	第二团	旅游规划
关于城乡环卫一体化项目且服务外包的建议	赵文旺	第二团	环境卫生
关于申请安装乡村道路防护栏的建议	黄启杰	第二团	基础设施建设
关于收回黎母山镇新林村委会新林一队矿泉水项目征用地的建议	邓大付	第三团	土地规划
关于拓宽硬化黎母山镇新林村委会大朗村至省道乌那线道路的建议	邓大付	第三团	交通建设
关于修复黎母山镇大保村委会水上市村古城的建议	王仕周	第三团	旅游规划
关于逐步统一城乡基本生活救助标准的建议	彭朱强	第三团	社会救助
关于选址建设琼中区域性儿童福利中心的建议	彭朱强	第三团	基础设施建设

续表1

建议名称	提出建议代表	代表团	议案建议类型
关于完善长征镇长征居辖区内各居民点户户通工程的建议	吉 明	第四团	交通建设
关于完善长征镇长征居辖区内各居民点饮水工程的建议	吉 明	第四团	水利饮水
关于帮助修建长征镇深联村委会营株村营株桥的建议	吉 明	第四团	交通建设
关于帮助对长征镇万众村沿村河道进行清理整治的建议	黄茂彬	第四团	水利饮水
关于帮助修建长征镇万众村什龙控看桥的建议	黄茂彬	第四团	交通建设
关于帮助对长征镇白领河镇墟河段河道清理整治的建议	邵正斌	第四团	水利建设
关于建立数据化管理平台的建议	邵正斌	第四团	其他
关于清理整治专业合作社乱象的建议	王传旺	第四团	综合整治
关于提高聘用人员待遇的建议	王传旺	第四团	干部职工待遇
关于增加乡镇财政预算的建议	王传旺	第四团	其他
关于招商引资，以合作、入股参与管理等方式发展壮大集体经济的建议	王传旺	第四团	产业发展
关于延长禁渔期的建议	邵正斌	第四团	生态环保
关于支持修建长征镇 上安乡吊罗山乡快速路的建议	曾海丽	第四团	交通建设
关于上安乡什坡村委会仕阶村土地经营确权的建议	王朝海	第四团	土地确权
关于修建长安村委会罗运村篮球场和文化室建设项目的建议	冯兰香	第四团	基础设施建设
关于修建长安村委会招咱村农田水利建设项目的建议	冯兰香	第四团	水利饮水
关于修建长安村委会牙云村什况干田水利建设项目的建议	冯兰香	第四团	水利饮水
关于修建长安村委会什暗村漫水桥的建议	冯兰香	第四团	交通建设
关于提高乡镇干部单位用餐补贴的建议	钟祥宥	第五团	干部职工待遇
关于帮助解决和平镇与中平镇之间交通问题的建议	王承彬	第五团	交通建设
关于我县教育系统超编转岗的建议	王承彬	第五团	人才建设
关于加快推进南茂文旅综合体项目的建议	黄贻亮	第五团	旅游规划
关于建设中平村委会新村一漫水桥的建议	李政雄	第五团	交通建设
关于建设路平村跨水桥的建议	李政雄	第五团	交通建设
关于解决万洋高速公路建设施工坍塌泥土掩埋水田的建设	盘海丽	第五团	交通建设
关于万洋高速施工压坏村路的建议	盘海丽	第五团	交通建设
关于帮助解决全面维修红毛镇红星水利水毁渠道的建议	黄才雄	第六团	水利饮水
关于改建红毛镇什卓村委会龙简新村漫水桥的建议	王开宁	第六团	交通建设
关于修建什运乡南流村委会南流村出村桥的建议	陈泽元	第六团	交通建设
关于修建什运乡南流村委会什益岸村至牙好村河段防洪河堤的建议	王丽强	第六团	水利饮水
关于修建什运乡南平村委会青祖湾村出村桥的建议	邓运周	第六团	交通建设
关于加大生态公益林保护力度的建议	魏琼华	第七团	生态环保
关于参照政法委机关工作津贴设立综合行政执法人员工作津贴的建议	王哲彪	第七团	干部职工待遇
关于明确执法大队编制相关事项的建议	王哲彪	第七团	人才建设
关于进一步加强森林消防专业队伍建设的建议	李 强	第七团	人才建设
关于制定琼中县有关引进人才和重视本土人才管理办法的相关建议	李 强	第七团	人才建设
关于推动乡村振兴发展的建议	覃海龙	第七团	产业发展
关于进一步加快建设政务服务大楼的建议	覃海龙	第七团	基础设施建设
关于进一步加强农民工技能培训的建议	覃海龙	第七团	教育培训
关于加强琼中昌化江河段治理工作的建议	李 强	第七团	生态环保
关于海南农垦乌石、阳江、长征三家农场公司建设用地划转工作的建议	邓大山	第八团	土地规划

人大代表工作

【搭建联络平台】 2021年，琼中县人大建立的10个代表联络站为各级人大代表发挥作用提供重要场所和平台，促进各级人大代表同人民群众的联系，切实打通服务和联系群众“最后一公里”，进一步畅通听取民意的渠道并使之成为人民有序政治参与的重要载体。组织省、县人大代表围绕“气代柴薪”和城乡卫生整治情况等内容开展调研视察，就提高农村气站的安全管理和农村垃圾清运等问题召开座谈会，听取县人民政府及相关部门汇报并督促其整改落实。邀请人大代表参加或列席人大常委会会议和执法检查、视察调研，以及“一府一委两院”有关活动，充分发挥代表在闭会期间履职中的重要作用。

【提升议案建议质量和跟踪督办】 2021年，琼中县人大常委会严把代表议案建议质量关，引导代表聚焦人民群众特别关注的热点难点问题开展集中视察调研，为会议期间提出高质量的议案建议作充分准备。同时，研究制定《人大代表议案建议办理工作评估考核暂行办法》，将建议办理工作列入绩效考核内容，并落实跟踪督办，不断增强代表建议督办力度，切实提高建议办理实效和代表满意度。至年底，代表提出的55件建议全部办理完毕，办结率达100%。共评选人大代表议案建议提交先进个人8名和人大代表议案建议办理先进单位8个，引导督促政府及其相关部门提高按时办结率和优质办成率。

【人大代表服务保障】 2021年4月19—23日，琼中县人大为增强人大代表依法履职能力，促进代表积极履职，在深圳人大干部培训中心举办琼中黎族苗族自治县2021年人大代表及人大系统工作人员培训班，围绕人民代表大会制度、中国共产党百年历史、学习深圳经验建设海南自贸港等方面开展培训，通过学习培训，切实提高代表履职能力，为县人大工作持续创新发展奠定坚实基础。

导、事中加速审批、事后跟踪推进”工作协调机制，制定工作规程，为企业量身定制“一企一策”服务套餐，为琼中·兆南城项目、公园1号项目等179个项目168家企业提供上门指导服务；全面实施“五大服务”、审批事项“一次性告知清单”及“三张表单”，通过对工程建设项目的审批流程、环节、时限再优化、再精简、再压缩，将社会投资类项目、政府投资类项目全流程审批时限分别由80个、110个工作日压缩至50个工作日。

【政务服务“一件事”主题套餐】2021年，琼中县聚焦企业开办、个人办理的高频事项，努力打造政务服务“一件事”主题套餐，梳理55类“一件事”目录清单和导办指南，在海南政务服务网上专栏公布，并在政务服务大厅设置“一件事”综合受理窗口。其中“出生一件事”一次办通过部门联动，实现“出生医学证明+儿童预防接种证+婚生子女出生登记+新生儿落地参保申报核定+社会保障卡申领”五大业务一次申请。

【水行政审批评审“多评合一”机制】2021年，琼中县推出水行政审批评审“多评合一”机制，通过并联申报、并联评审、并联审批，将取水许可审批、生产建设项目水土保持方案审批、河道管理范围内工程建设方案审查等各类水行政审批事项进行高度整合，实现“一窗受理、一张表单、一并踏勘、一次评审”，特殊环节评审时限从原90个工作日压缩至30个工作日。

【外线工程审批服务“三合一”机制】2021年，琼中县推行外线工程审批服务“三合一”机制，将临时占用城市道路和城市道路设施审批，城市道路挖掘审批，工程建设涉及城市绿地、树木审批等涉及外线工程的3个审批事项进行整合，并联申报、并联审批，实现“一次申请、一次踏勘、一张表单、一套材料、一并审批”，审批时限从原25个工作日压缩至3个工作日。

【政务快办服务】2021年，琼中县落实“秒报秒批”“智能审批”，推行政务快办服务。县人民政府印发《琼中黎族苗族自治县政务服务“快办”工作方案》，积极推动群众普遍关注的高频事项上线“快办”，“快办”老年人优待证、高龄长寿老人补贴发放校验2个事项上线后，积极组织人员深入社区、小区、敬老院、“老人大学”等场所开展宣传扩大知晓面和使用率，同时充分发挥网格员、村干部等基层力量主动上门为群众提供帮办代办服务。2021年通过“快办”办理老年人优待证5989张，高龄长寿老人“刷脸”校验26225人次。

创新推出“中午不休息”交易服务，错峰为项目单位提供项目开评标服务和场外政府采购项目评审专家抽取服务；推出周末“不打烊”政务服务，将企业群众需求强烈的多个涉及民生的高频服务事项纳入到周末窗口办理，在每周末（法定节假日除外）正常为办事企业、群众提供服务；设立24小时自助服务区，通过系统“智能办”取代“人工传统办”，实现“24小时”可办，为企业群众提供“不断档”服务。

大力推行“1+N”服务模式，将政务服务大厅的各个窗口凝聚成一个“大综窗”，凡是到政务服务大厅办事的企业群众，涉及前置或相关联的事项，首个接件的审批服务窗口工作人员为第一责任人，为企业群众启动“1+N”模式，通过跨窗跨部门协调，提供全流程帮办代办服务，助跑“一次办好”，打通政务服务“最后一公里”，2021年共受理办结28件。首推30分钟内办结事项，为进一步优化审批流程，精简审批材料，提高审批质效，通过自我加压，将原法定时限需1~60个工作日（不含特殊环节）的审批事项缩减到30分钟内办结，办事企业，群众在相关材料准备齐全且符合法定条件的情况下，通过线下窗口填表或者线上提交即可在30分钟内办结领取证照结果。

创新推出“视频委托书”改革。将事项申请材料中的授权委托书，以视频的形式代替传统纸质委托书，缩减申请材料，减轻企业和群众的办事成本。推出“食品经营许可证首次发放”等53个业务办理事项可实行“视频委托书”模式。

推出婚育联办模式。将民政婚姻登记和生育登记事项进行整合，从2021年11月4日起，推出结婚证、生育登记证联办模式，通过优化办事流程、部门协同联办的方式，实现婚姻登记、生育登记“两件事”整合成“一件事”联办。办事群众在民政婚姻登记窗口办理结婚登记后如果有办理生育的需求，将由民政婚姻登记窗口工作人员把当事人的相关信息推送给卫健委窗口，由卫健委窗口工作人员提供帮办代办服务。

推进落实政务服务“零跑动”改革。2021年6月22日印发《关于梳理报送政务服务“零跑动”事项》的通知，全面梳理掌握全县可网办的事项共1521项，掌上办392项，自助办682项。

【搭建“一站式”服务平台】2021年，琼中县政务服务改革实现“质的突破”。大力优化企业开办审批流程，设立企业开办综合受理窗口，搭建“一站式”服务平台，通过并联审批、优化业务流程，对省、县重点项目的企业，推行专员帮办代办跑腿，2小时内完成从注册、税务登记、刻章到银行开户“全链条”一站式办结。2021年共受理企业开办1482家。免费为企业提供一套4枚印章（企业公章、财务专用章、发票专用章、法定代表人印章），并根据不同类型提供相应的“政策包”，实现企业开办“零成本”。2021年共为538家新开办企业免费刻制印章2141枚，企业节约成本29万元。完成县、乡镇、垦居、村一体化平台建设，县级1792项、乡镇832项、村级492项政务服务事项全部纳入一体化平台实施标准化审批，将政务服务向乡镇、村延伸，方便群众办事，提升老百姓幸福指数。按照省一体化专班工作部署，将52项“全省通办”事项，231项“跨省通办”事项配置海南政务便民服务站自助一体机，政务中心协调设置政务大厅24小时自助服务专区，协同社保、税务自助服务终端提供24小时自助服务。

【“12345”琼中分平台呼叫中心上线运行】2021年6月1日，“12345”热线琼中分平台正式上线，上线后琼中分平台作为一级平台，主要负责统筹调度、资源整合，以及诉求受理、转办交办、回复反馈、分析研判和考核督办等。各热线成员单位作为二级平台，主要负责诉求处理、审核把关等，群众在琼中县域内拨打“12345”，将直接进入琼中分平台接听受理，进一步提高热线运行效率，确保群众诉求得到更加高效的流转和处理。2021年总话务量15087个，综合满意度达99.90%，综合满意度每月全省排名前三，长期保持零逾期、全办结。

【政务服务评价和回访】2021年，琼中县新建“琼中审批服务”微信公众号，并设置“好差评”模块，为办事群众和企业提供线上预约和评价渠道，让群众和企业感受到政务服务“刀刃向内”的决心和信心。同时将评价结果纳入效能监督和绩效考核，倒逼审批服务工作人员改进工作作风、提升办事效率和服务质量。2021年共计回访67712人次，其中“好差评”系统评价53707次，满意度达99.99%，评价卡评价11795人次，现场回访1330人次，电话回访880人次，满意度达100%。

【审批服务特邀监督】2021年，琼中县推出审批服务特邀监督、“民声+政务”服务体验员制度。通过创新引入社会第三方力量对行政权力运行全流程、政务服务全过程进行监督，安排后进机关单位领导坐班亲身体验，2021年共26位负责人坐班体验，倒逼部门改进作风，已收集意见建议8条，解决7条，1条由于客观原因短时间无法解决已纳入议事日程跟进解决。

【未办成事协调服务窗口】2021年，琼中县推出未办成事协调服务窗口，坚持以“YES”为常态、“NO”为例外，按照“办不了”“很难办”“不给办”“没办过”等分门别类收集群众、企业办事难点和堵点，通过疏导、协调、监督、问责等方式，对企业群众反映的各类“疑难杂症”，精准对症下药，限时办结，对未在规定时限办结的，由县督考办纳入“督考清单”，按照“137”工作制度和“红黄绿”灯监督机制进行督考，切实打通审批服务“中梗阻”，为企业群众提供“兜底”服务。2021年共收到群众反映“未办成事9件，办结率、满意率均为100%。同时积极总结经验，向基层延伸，切实打通审批服务“最后一公里”，截至2021年10个乡镇均已设立未办成事协调服务窗口，共受理办件4件，办结率、满意率均为100%。

【政务服务“红黑榜”制度】2021年，琼中县推行政务服务“红黑榜”制度。结合日常考勤、大厅巡查、随机抽查回访等机制，对“优秀窗口”“服务之星”及受到群众表扬的窗口单位及个人予以通报表扬，上“红榜”；对群众反映服务质量差、办事效率低，未履行一次性告知、未遵守大厅管理规定的“差评”窗口及工作人员予以通报批评，上“黑榜”。每月在政务大厅点名道姓上榜通报，纳入政务服务动态通报内容，并强化整改落实，实时动态更新“黑榜”单位整改情况，接受群众监督。2021年，已公布“红黑榜”11期，通报“红黑榜”单位178人次，其中“红榜”113人次，“黑榜”65人次，评选“优秀窗口”41个、“服务之星”27个。

人事管理

【事业单位人事管理】2021年，琼中县为加强干部队伍建设，优化人才配置，完善人员流动程序，共办理人员调动71人；调出21人，省外调入11人，县外调入4人，县内流动35人。为做好事业单位干部年度考核工作，根据人事部《关于印发〈事业单位工作人员考核暂行规定〉的通知》精神，督促各单位结合优秀比例和人员受处分情况，积极做好2021年事业单位（含教育、卫生系统）年度考核工作，并做好备案工作。事业单位公开招聘工作。根据《关于进一步做好艰苦边远地区县乡事业单位公开招聘工作的通知》《海南省事业单位公开招聘工作人员实施办法》《海南省事业单位公开招聘工作人员面试工作暂行规定》《关于印发〈深化基层事业单位人事制度改革的实施意见〉的通知》等文件精神，严格按照“凡进必考”和公平、公正、公开的原则，依照事业单位公开招聘程序，做好各项招聘工作。2021年共面向社会招聘事业单位工作人员71名，其中面向社会公开招聘事业单位人员31名，面向省外高校引进事业单位人员20名，面向社会考核招聘事业单位工作人员20名。同时，配合教育系统做好基层教育专业技术人才公开竞聘、2021年高中学科骨干教师招聘、中小学教师招聘和华中师范大学琼中附属中学高中教师招聘等各项工作；配合卫生系统做好2021年面向社会公开招聘医疗卫生单位人才和面向全国高等医学院校招聘备案制工作人员工作。

【事业单位岗位设置】2021年，琼中县为规范岗位设置工作，优化管理，针对跨层级晋升、层级内晋升和调入所需的材料进行梳理并发放到各单位，严格相关材料的保存。根据省人社厅的文件精神，结合各单位岗位需求，督促教育、卫生、农业农村等相关单位实时调整各级别岗位数。开展岗位设置培训工作，为琼中岗位设置工作有序开展打下良好基础。根据各单位岗位空缺、结构比例等现状，严格人员岗位调整及聘用的审核工作。审批岗位变动25项，专业技术聘任385项。

【职业技能人才培养】2021年，琼中县人力资源部门根据《海南省职业技能提升行动实施方案（2019—2021年）》《关于大力推进职业技能提升行动支持稳定和促进就业的通知》等文件精神，以技能培训、技能竞赛为抓手，双轮驱动琼中技能人才培养工作。为了提高技能人才培养，促进就业再就业，鼓励广大人民群众学习新知识和新技术，钻研岗位技能，积极参与技术革新。2021年，全县共组织开展挖掘机操作、家政服务、创业培训等实用性较强的线上线下职业技能培训班71期，受训5872人（贫困劳动力1479人），培训后实现就业969人，就业率达16.5%。同时海南省交通高级技工学校联合琼中德天机动车驾驶学校有限公司、琼中胜达机动车驾驶学校有限公司开展新型学徒制培训50人，海南山栏酒庄有限公司、海南天然橡胶产业集团股份有限公司乌石分公司等17家企业开展以工代训共566人，提升企业在职职工的技能水平，为企业创新创收提供了人才基础。通过举办各类赛事和考试，为发现和选拔高技能人才创造条件。2021年取得高级（三级）证书82人，中级（四级）证书120人，初级（五级）证书164人，促进技能人才实现增收致富，提高劳动力参与技能培养的积极性。

【随军家属就业安置】2021年，琼中县面向社会公开招聘事业单位人员，该岗位有2名符合条件的随军家属报考。经笔试、面试、体检、政审等环节，一名随军家属被聘用到琼中县乡镇社会事务服务中心工作。

信访工作

【概况】2021年，琼中县信访总量为353件（批）次673人次，同比下降17.76%。其中不予受理39件，不再受理5件，办结信访事项286件（其中48件为2020年信访事项），按期办结率100%；收到人民网网民留言共20件（其中省委书记的留言4件，县委书记的留言16件），办理答复20件，化解率100%。被人民网评为网上群众工作“民心汇聚单位”。集中治理重复信访、化解信访积案三年攻坚专项工作中更是取得喜人战绩，2020年国家信访局集中交办的16件重复信访积案全部提前化解完成，化解率达100%，化解进度及化解质量排名第一，“百日攻坚专项行动”国家转、交办信访事项按期办结率100%。2021年营根镇、长征镇、什运乡、吊罗山乡等4个乡镇被评为全省信访工作示范乡镇（街道），2021年全省市县信访工作考核排名第二，获优秀等次。

【落实党委和政府信访工作责任制】2021年，琼中县积极落实党委和政府信访工作责任制，党政主要领导亲自研究部署，高位推动信访工作，县委、县政府主要领导召开县委常委会、县政府常务会传达学习有关信访工作精神及研究部署信访工作达13次，对信访工作作出多项重要指示批示。尤其是“百日攻坚专项行动”工作启动以来，县委书记徐斌立即作出批示，要求信访部门“列出清单抓落实”，亲自审定县领导包案分工和专项工作方案，并在动员会上进行部署，徐斌每月还对信访工作台账进行查阅并对有关事项进行批示，自10月起，徐斌每月底听取信访件办理情况，研究分析信访工作。

【领导接访下访】2021年，县委、县政府及时制定《县信访工作联席会议成员单位接访安排》和《领导接访安排表》，对县联席会议成员单位及县领导的接访活动统一安排,县委书记徐斌带头接访，县领导坚持到县信访服务中心开展定期接访下访活动。全年共协助县领导接访14期，推动一批复杂、疑难信访矛盾的化解;同时配合做好省领导包案化解信访事项（4件）接访化解工作。

【重要时期信访工作】2021年，琼中县积极做好重要时期信访工作，下发通知要求各乡镇、各职能部门做好重大信访信息报送工作。做好重大会议期间信访工作，组织全面排查全县信访矛盾问题，加强化解力度，实现“零”涉访、“三个不发生”的工作目标。

【重点信访突出问题化解工作】2021年，琼中县继续抓好集中治理重复信访、化解信访积案三年攻坚专项工作。做好中央及省信访局交办给琼中县的重复信访事项的办理，2020年信访联席办制定并印发《琼中县集中治理重复信访、化解信访积案三年攻坚专项工作方案》，将中央及省信访局交办县第一批18件重复信访事项，全部交由县委县政府领导进行包案化解，并对案件逐一制定化解方案，因案施策。2021年4月国家交办琼中县第一批18件重复信访事项全部化解，并通过省信访局审核上报国家，且没有发生再次信访，化解率100%，回流率0，全省排名第一。化解工作获省信访局认可，经验材料在全省推介。2021年9月，国家第二批交办琼中县重复信访积案3件，按一事一案制定领导包案化解方案，包案县领导严格落实“五包”（包掌握情况、包研究处理、包思想疏导、包解决问题、包息诉罢访）责任，亲自研究化解方案、亲自牵头协调会办、开展接访下访，强力推动包案事项化解，2021年底国家第二批交办琼中县重复信访积案基本化解3件。

【完善常态化矛盾纠纷排查化解机制】2021年，琼中县创新建立信访风险等级评估机制。对每一信访事项进行风险等级评估，建立四级信访事项风险等级（Ⅰ~Ⅳ级）制度，每天对所有信访事项进行风险评级，加快办理、提质增效。原则将国家登记转、交办件，农民工工资类，群体类等信访事项列为Ⅰ级，相关责任单位在当日或者3个工作日内进行调查了解，明确化解时限，20天内协调化解并按程序答复信访人，规范办结；将土地纠纷、房地产开发等复杂信访事项列为Ⅱ级，相关责任单位在5个工作日内进行调查了解，明确化解时限，30天内协调化解并按程序答复信访人，规范办结；将2次以上的重复信访件列为Ⅲ级，相关责任单位在5个工作日内进行调查了解，明确化解时限，35天内协调化解并按程序答复信访人，规范办结；将政策咨询类等一般事项列为Ⅳ级，相关责任单位在3个工作日内进行调查了解，明确化解时限，15天内协调化解并按程序答复信访人，规范办结。建立和完善乡镇“吹哨”信访机制。各乡镇定期对所辖区内的信访事项进行梳理，列出问题清单和需要县级部门解决的信访问题，向职能部门“吹哨”，县信访联席办充分发挥联席会议机制作用，统筹有权处理的责任单位衔接配合，组织开展联合接访、联合化解，着力解决信访疑难问题。对群众信访事项实行台账化管理。推行信访事项统一管理、统一督办机制，限时督促办结，每周定期对信访事项办理进度进行通报。

【信访事项办理】2021年，琼中县信访事项办理主要依托网上信访信息系统开展，以信访事项办理“三率”为衡量指标，及时、有效的处理解决群众反映问题，全县信访工作机构及时受理率100%、行政机关及时受理率100%；按期办理率100%；信访工作机构群众满意率96.96%、工作机构满意率90.49%、参评率92.28%，信访事项办理“三率”位列全省前茅，从2020年全省第8名跃升至第3名。

【信访事项办理督查督办】2021年，县信访部门依托网上信访信息系统对全县信访事项办理进行跟踪，分类督办包括：转交办立即提示，对即将到期信访事项以短信、电话形式提醒办理；对逾期的以及重复信访事项、群众不满意的信访事项同时以短信、电话加督办单、或实地现场进行督查督办；对集中治理重复信访、化解信访积案三年攻坚专项工作交办信访事项及领导接访下访包案信访事项以文件通报和实地现场方式进行重点跟踪督办。

2021年县信访部门通过短信提醒726次；电话提醒督办102次；督办单督办61件；文件通报、实地现场等形式开展信访事项督查督办共35次。

机关事务管理

【概况】2021年，琼中县机关事务服务中心围绕中心目标任务和县委、县政府重点工作，精诚团结，履职尽责，抓学习，战役情，重落实，全面完成机关安保、保洁、公共机构节能、公务用车、办公用房管理、后勤服务保障、基建服务维修等任务，切实保障了机关在有序、安全的环境下高效运转。在新冠肺炎疫情大环境下，中心充足准备防控物资，加强人力，不漏一点，有力保障机关干部职工安全。

【办公用房管理】2021年，琼中县机关事务服务中心对办公用房清理整改，县四套班子领导干部办公室使用面积共586.3平方米。全县102个单位办公用房使用面积共计31184平方米，其中办公室用房19474.37平方米，服务用房10277.16平方米，设备用房1432.47平方米，标准核定办公用房使用面积应为38913平方米。根据数据统计，全县基本办公用房使用面积不足，缺7729平方米。为规范办公用房管理，推进办公用房资源合理配置和使用，降低运行成本，保障正常办公。加强办公用房的规划、配置、使用、维修、处置等管理工作，建立办公用房集中统一管理制度。

【公车管理】2021年，琼中县机关事务服务中心加强公车管理，根据《海南省党政机关公务用车管理办法》文件精神，利用海南省公务用车管理平台对县四套班子的公务用车集中管理，统一调度。建立车辆相关信息台账，严格执行用车审批制度，科学合理调配车辆。2021年共调派车辆2650次，保障各项用车任务，在“三月三”活动和扶贫工作的各项检查、考核、评估中，及时调配车辆完成运输保障任务。落实公务用车实行“三定点”制度（定点加油、定点维修、定点保险）。无公务时车辆按指定地点停放，节假日除值班车辆外，其他车辆都封存停驶，杜绝违规使用公车。完善车辆维修制度，严格落实车辆维修流程。送修人员、车辆管理股再到中心领导，层层把关，严把公务用车的维修关，有效控制车辆运行成本。加强驾驶员队伍管理及安全教育，做到出车前检查，回场后清洁保养，发现故障及时维修，使车辆始终保持良好的技术状态，增强安全意识。全年无较大交通事故。及时完成50辆车的年检及购买保险。车辆日常保养，按每行驶5000公里保养一次。车辆维修能按级申请、严格把关，维修经费比2020年有所节约。

【公共机构节能】2021年，琼中县机关事务服务中心扎实开展公共机构能源资源消耗统计工作。积极督促各公共机构按照规定的时间上报公共机构能源资源消耗统计报表并严格检查上报数据。持续开展节约型机关创建。拟创建15家节约型机关，已完成起草方案并征求各单位意见。以创建工作为契机，推动全县各单位能源资源节约工作向纵深发展，大力宣传节约型机关创建工作成效，引导干部职工进一步养成绿色办公行为习惯，营造简约适度、绿色低碳的良好氛围。联合有关部门组织开展节约型机关创建工作抽查核验工作，召开2021年创建节约型机关拟定单位现场会，通报2020年节约型机关创建总体工作情况，总结宣传先进单位经验做法，推动节约型机关创建工作走深走实。推进生活垃圾分类和禁塑工作。组建机构，科学制定琼中县公共机构生活垃圾分类工作实施方案。安排3万元，用于购买垃圾分类配套设施设备和可降解替代用品，发放给各公共机构，逐步实现全覆盖。强化监督考核，加大管理力度，确保顺利完成“实现公共机构生活垃圾强制分类”工作目标。

【后勤保障工作】2021年，县机关事务服务中心加强安全保卫工作力度。强化安全责任，抓好安全防范工作，将安全责任层层传导，压实到具体人员，配合信访部门，切实做好办公大楼安全维稳和信访疏导工作，全年引导疏散上访群众85次。完善管理制度，制定值班、交接班、训练等制度；加强对政府小广场车辆进出管理，指引车辆按规定进出、停放。提升后勤服务保障水平，做好保洁绿化工作，结合卫生保洁工作标准，明确卫生保洁责任区域，对政府办公大楼、机关宿舍区和各会议室等重点区域安排专职人员进行保洁，对办公区做到每日两次卫生清扫，垃圾日产日清，每周开展一次环境卫生集中整治，进行灭四害，共喷杀灭蚊药71次；适时更新办公大楼内外绿植，定期修剪。注重会务服务、工作服务礼仪，加强会议音视频设备操作等方面的训练；加强会场管理，坚持做好会场设备报修工作，定期巡检，遇到问题及时检修；制定会前会场设施设备准备检查，会后卫生打扫和设备回收等工作制度，推进会务服务标准化、规范化。共承接全县视频会议928场，现场会议1180场。

【接待工作】2021年，琼中县接待服务中心共完成接待任务289批，接待人数3342人。琼中县接待服务中心严格按照《海南省党政机关国内公务接待管理办法》，在严格控制接待标准的前提下，适当降低用餐标准，节省开支费用。餐标虽然有所下调，但在菜品上下功夫，菜品质量得到进一步提升。同时，细化区分不同的来宾对菜品菜量的不同需求。比如，有的来宾用餐量会较少，如果按照正常接待量来准备，则易造成些浪费；有的来宾由于深入实地调研走访，体能消耗较大，用餐量则会相对增加。从严控制陪餐人数，避免出现“主多客少”的现象。特别是如针对接待当中工作人员用餐问题，实行由对口部门负责，大大降低接待费用的变相支出。

外事及对港澳台侨事务

【概况】2021年，琼中县以海南自由贸易港建设为契机，广泛团结联系港澳台同胞及琼中县港澳台侨，努力为琼中凝聚起磅礴的建设力量。认真贯彻执行中央和省委关于港澳台统战工

2021年，琼中县开展创建节约型机关活动。图为活动组对创建单位进行验收（县机关事务服务中心 供图）

作的方针政策，通过专题会议学习对台工作等会议精神，开展侨法宣传等各项工作。

【核查在琼中港人数量】2021年，琼中县通过深入全县各乡镇核查在琼中的港人线索，已确认香港籍居民共24名，并通过开展节假日慰问、组织港澳台侨相关人员开展培训调研考察及帮助解决生产生活难题等，进一步巩固和发展爱国统一战线。

【涉侨法律宣传】2021年，琼中县组织开展“侨法宣传月”活动，营造知法懂法用法的良好氛围，在全县10个乡镇悬挂宣传横幅50条、发放宣传资料500份。

【专题调研培训】2021年，琼中县组织全县统一战线成员先后赴万宁市、文昌市、海口市开展港澳台侨专题调研活动。在三亚市举办为期2天的侨务工作专题培训班。进一步加强港澳台侨和外事工作，巩固和发展爱国统一战线，引导琼中县港澳台侨相关人员解放思想、开拓眼界，共同致力于琼中经济社会又好又快发展。

政协琼中黎族苗族自治县委员会

综 述

【政协委员构成】2021年，政协第十届琼中县委员会有委员130名（其中男性99名，女性31名），设界别16个，分别为：中国共产党界11人、民革界2人、民主同盟界3人、农工党界4人、无党派界8人、青工妇界3人、工商联界11人、科协界10人、台联侨联界1人、经济贸易界23人、农业界17人、教育界10人、医药卫生界6人、少数民族界6人、宗教界2人、特邀人士界13人。130名委员中，中共党员47人，占本届委员总数的36.15%；少数民族47人，占本届委员总数的36.15%。

【协商议政】2021年，琼中县政协切实把共识和力量汇聚到"十四五"规划和海南自贸港建设主要任务上。常委会议选取"十四五"和海南自贸港建设发展中的重大问题提前谋划、深入调研，形成《琼中县"气代柴薪"工作开展情况的调研报告》《琼中人口变动对经济社会的影响》《琼中县"六个严禁·两个推进"情况调研报告》的调研报告，为党委、政府决策提供参考，得到县委徐斌书记的高度重视并批示有关部门落实。主席会议选取"建立农企利益联结机制壮大产业""合理规划县城路灯的布局，为提升城市品位增光添彩"等15个专题进行协商，助推农业农村局加大培育新型农业经营主体，鼓励新型农业经营主体与农户建立更加紧密的利益联结机制；县住建局重新调整县城路灯的规划设计，对县城亮化设施进行改造升级。

结合"为民办实事活动"和"查堵点、破难题、促发展"活动，县政协组织委员开展走村入户调研和组织外出参观考察，排查突出民生问题，健全联系委员、联系基层、联系群众"三联系"活动机制，走访界别委员及其联系的群众1000人次，涉及文化教育、医疗卫生、道路建设、安全饮水等45篇民生提案进入党委、政府和有关部门的决策，被提上重要的议事日程。如《关于调控猪肉价格的建议》促使市场监督管理局、"菜篮子"公司等相关部门针对价格欺诈、哄抬物价、串通价格等行为进行严厉打击，使琼中县生猪和猪肉的价格符合居民可支配收入水平。

2021年，琼中县围绕建设生态环境保护，组织重点视察和监督性调研，开展"六个严禁·两个推进"和水环境质量专项民主监督，上半年该项工作在全省市县政协排名第二。围绕"非法毁林占林""污水防治"等热点问题专题协商，力促相关职能部门严厉打击涉及毁林、侵占林地等各类涉林案件167宗；对企业进一步加大环境保护的指导工作。

【完善合作共商机制】2021年，琼中县政协主席会议成员共走访委员、谈心谈话36人次。召开党派团体和非公有制经济人士座谈会，引导广大委员和各界人士深刻理解把握中国共产党领导的政治优势和中国特色社会主义制度优势，不断增进对中国特色社会主义的政治认同、思想认同、理论认同、情感认同。发挥民族宗教界委员作用，引导少数民族和信教群众进一步增强国家意识、公民意识、法治意识；广泛组织"上接党政、下联群众"的协商活动，协助党委政府宣传政策、维护稳定、促进和谐，使政协成为在共同思想政治基础上化解矛盾和凝聚共识的重要渠道。

【助力抗击新冠肺炎疫情】2021年，县政协深入乡镇联系点一线，指导督查基层疫情防控、复工复产复学等工作，带头做好强信心、聚民心、暖人心各项工作。各界委员立足本职岗位合力抗疫，以实际行动诠释为国履职、为民尽责的情怀。参与医疗救治的委员发扬救死扶伤、医者仁心的崇高精神；企业家委员克服困难，精心组织，积极稳岗稳产、复工复产，促进经济回暖复苏；文艺、教育、体育、科学等界别委员发挥专业优势，用妙笔绘丹心致敬抗疫英雄，用网络课堂开展远程教学，传播防疫知识、提振抗疫信心；更多委员坚守工作岗位，参与社区和村委会疫情防控工作，体现政协委员的责任担当。

【助推打造最优营商环境城市专项行动】2021年，琼中县政协开展助推打造最优营商环境城市专项行动。制定《县政协领导班子走访委员企业制度》，整合县政协机关、委员联系小组、民主监督员小组等方面力量，形成“收集问题——协调解决——反馈意见——监督落实”工作闭环，组织党组领导班子和全体委员挂钩联系、定期走访各类市场主体100次，加强与企业的沟通对接，畅通服务渠道，优化各项服务，帮助民营企业“排忧解难”，助推优化琼中县营商环境。

【工作制度和队伍建设】2021年，琼中县政协制定《委员退出机制》，修订《委员管理办法》以及县政协全体会议、常委会议、主席会议工作规则等20项规章制度，并认真抓好组织实施；健全县政协常委会每年向党委报告工作、各专门委员会每年向常委会会议报告工作制度，切实提升政协工作制度化、规范化、程序化水平。积极参与省政协联动履职工作，定期参加省政协召开的市县政协主席座谈会，加强工作联动，增强履职合力。制定《琼中县政协机关作风整顿建设实施方案》《琼中县政协落实督考“137”工作制度》，推动机关干部进一步改进工作作风、提升工作效能。实施《县政协机关公务员平时考核工作方案》，引导政协干部树牢一线思维和一流标准，自觉在勤于学习、勇于实践、敢于创新中提升履职能力和服务保障水平。优化委员服务管理，依托127个委员履职小组加强委员联系，打造学习交流新载体、协商民主新渠道、团结联谊新平台、助推发展新舞台。制定《委员履职工作规则》，健全履职评价机制，表彰6名优秀委员，激励广大委员勇于担当、实干奉献。

【政协文化建设】2021年，琼中县政协学习与文史委员会按照亲历、亲见、亲闻的“三亲”原则，编辑出版具有琼中地方特色文化研究文史资料精编《琼中纪事》，大力弘扬地域文化，推动传统文化传承。全年共编发《琼中政协》报刊4期，在省级以上媒体刊发通讯稿54篇。

重要会议

【县政协十届六次会议】2021年1月13—14日，中国人民政治协商会议琼中黎族苗族自治县第十届委员会第六次会议在琼中大礼堂召开。1月13日上午，中国人民政治协商会议第十届琼中黎族苗族自治县委员会第六次会议在琼中大礼堂隆重开幕。本次会议应到会委员131人，实到112人，符合规定人数。王哲斌代表政协第十届琼中县委员会常务委员会，向大会报告工作。王川芳代表政协第十届琼中县委员会常务委员会，向大会报告政协十届五次会议以来的提案工作情况。6位政协委员向大会作发言，部分政协委员以书面形式向大会提交发言材料。

1月14日下午，中国人民政治协商会议第十届琼中黎族苗族自治县委员会第六次会议圆满完成各项议程，在琼中大礼堂胜利闭幕。大会通过《政协第十届琼中黎族苗族自治县委员会第六次会议选举办法》《政协第十届琼中黎族苗族自治县委员会第六次会议总监票人、监票人建议名单》，并选举卢传柏为政协第十届琼中黎族苗族自治县委员会秘书长。会议审议通过《中国人民政治协商会议第十届琼中黎族苗族自治县委员会第六次会议关于政协第十届琼中县委员会常务委员会工作报告的决议》《中国人民政治协商会议第十届琼中黎族苗族自治县委员会第六次会议提案审查委员会关于十届六次会议提案审查情况的报告》《中国人民政治协商会议第十届琼中黎族苗族自治县委员会第六次会议政治决议》。

【县政协常委会】第1次会议于2021年1月4日召开。会议研究讨论《2021年县政府工作报告（征求意见稿）》；审议通过《关于琼中县城乡环境治理情况的调研报告（草案）》《加快推进海南自由贸易港建设，琼中发展热带雨林生态旅游产业调研报告(草案)》以及政协琼中县十届六次会议材料。

第2次会议于2021年1月14日召开。会议听取各小组第一召集人汇报本小组讨论各项决议（草案）情况和酝酿候选人名单（草案）情况；审议通过《中国人民政治协商会议第十届琼中黎族苗族自治县委员会第六次会议选举办法（草案）》《中国人民政治协商会议第十届琼中黎族苗族自治县委员会秘书长候选人建议人选名单（草案）》《中国人民政治协商会议第十届琼中黎族苗族自治县委员会第六次会议总监票人、监票人建议名单（草案）》《政协第十届琼中县委员会第六次会议关于第十届委员会常务委员会工作报告的决议（草案）》《政协第十届琼中县委员会第六次会议提案审查委员会关于十届六次会议提案审查情况的报告（草案）》，通过《政协第十届琼中县委员会第六次会议政治决议（草案）》。

第3次会议于2021年3月24日召开。会议传达学习习近平总书记在党史学习教育动员大会上的讲话内容；审议通过《政协第十届琼中黎族苗族自治县委员会2021年工作要点（草案）》《政协第十届琼中黎族苗族自治县委员会2021年协商计划（草案）》研究讨论各专委会2021年工作要点。

第4次会议于2021年8月31日召开。会议通报《琼中县2021年上半年经济运行情况》和琼中县农村污水治理情况；听取汇报《政协第十届琼中县委员会常务委员会2021年上半年工作情况和下半年工作计划》。

第5次会议于2021年12月24日召开。会议传达学习省政协七届六十八次党组会议暨五十次主席会议精神；研究讨论《县政府工作报告（征求意见稿）》；《政协第十一届琼中黎族苗族自治县委员会委员名单（草案）》《政协第十一届琼中黎族苗族自治县委员会常务委员候选人建议人选名单（草案）》；审议通过政协第十一届琼中县委员会第一次会议有关事项。

【县政协主席会】第1次会议于2021年1月21日召开。会议传达学习省纪委《关于严格落实中央八项规定精神的纪律检查建议》；研究讨论徐海江关于辞去政协第十届琼中县委员会委员的相关事宜。

第2次会议于2021年3月5日召开。会议汇报县政协机关关于县委巡察整改的情况；研究讨论《政协第十届琼中黎族苗族自治县委员会2021年工作要点（草案）》和《政协第十届琼中黎族苗族自治县委员会2021年协商计划（草案）》、《县政协各专委会2021年工作要点》、《琼中县政协2021年“六个严禁•两个推进”“水环境质量”民主监督工作实施方案》、《关于建设琼中汽贸城的调研报告》、《琼中县2021年“完善上下联动机制，推进基层协商民主建设”工作实施方案》、县政协文史《琼中乡村纪事》编纂方案和红毛镇番响村乡村振兴工作队队员轮换工作相关事宜。

第3次会议于2021年3月17日召开。会议传达学习十三届全国人大四次会议精神、全国政协十三届四次会议精神；研究讨论《琼中县政协2021年“六个严禁两个推进”民主监督工作实施方案》、《关于建设海南中部（琼中）汽车产业园的调研报告》、《县政协领导班子2021年度走访委员企业方案》以及政协第十届琼中黎族苗族自治县委员会常务委员会第十八次会议议程及召开时间。

第4次会议于2021年4月29日召开。会议传达学习习近平总书记关于作风建设重要论述、沈晓明书记在全省作风整顿建设年动员部署会上的讲话精神、省委办公厅《关于进一步严格贯彻落实中央八项规定精神的意见（学习稿）》；传达《政协海南省委员会协商工作规则》《省政协关于围绕助推全省作风整顿建设开展政协民主监督工作的实施方案》《省政协关于机关作风整顿建设的实施方案》《省政协关于完善政协常委、委员履职考核考绩工作的实施方案》；通报县纪委《关于近期查处的四起违反中央八项规定精神典型问题的通报》；书面学习省政协毛万春主席在省政协七届十九次常委会议暨作风整顿建设年动员会上的讲话。

第5次会议于2021年5月17日召开。会议传达全省选派第二批乡村振兴工作队电视电话动员大会精神；通报《海南省人民政府办公厅“营商环境负面典型案例”系列通报之十：别动不动讲“不行” 先想办法怎么“行”——政府部门如何正确应对企业诉求？》；研究讨论《琼中县政协关于围绕助推全县作风整顿建设开展政协民主监督工作的实施方案（草案）》《政协琼中黎族苗族自治县委员会委员管理办法（试行）》。

第6次会议于2021年6月7日召开。会议传达省政协办公厅《关于阅办省委沈晓明书记、省政协毛万春主席有关指示批示的通知》精神。

第7次会议于2021年8月16日召开。会议传达学习《省委办公厅印发〈关于建立海南自由贸易港公职人员容错纠错澄清正名和重新使用典型案例通报发布制度的实施办法（试行）〉的通知》《群众利益无小事为民服务等不得》的容错纠错典型案例通报；传达省政协关于转发《〈全国政协党组关于开展“弘扬伟大建党精神，争取更大光荣”主题活动的意见〉的通知》和印发《海南省政协党组关于开展“弘扬伟大建党精神，争取更大光荣”主题活动的实施方案》的通知、省委统战部《关于市县政协换届人事安排有关问题的说明》。

第8次会议于2021年10月9日召开。会议传达学习省政协七届六十四次党组四十七次主席（扩大）会议精神、《中华人民共和国数据安全法》、《中华人民共和国反外国制裁法》；传达中共海南省委实施乡村振兴战略领导小组《关于印发〈2021年度海南省定点帮扶工作成效考核评价实施方案〉的通知》、琼中县作风整顿建设年暨“查堵点、破难题、促发展”活动第二次推进会精神；汇报县政协十一届一次提案及大会发言材料准备情况；研究讨论通过县政协十一届委员名单相关事宜。

第9次会议于2021年11月17日召开。会议传达学习中国共产党第十九届中央委员会第六次全体会议精神、海南省第七届委员会第十一次全体会议精神；宣读相关人事安排文件；研究讨论《县政协十一届一次常委会工作报告（征求意见稿）》、《县政协十一届一次提案工作报告（征求意见稿）》；汇报环境资源与经济委员会当前工作、提案与法制委员会当前工作，并就《关于琼中县引进教育人才管理和使用情况的调研报告》《关于琼中县猪肉价格偏高及调控情况的调研报告》作说明；汇报民族宗教与科教文卫委员会当前工作，并就《琼中县“气代柴薪”工作开展情况的调研报告》作说明；汇报学习与文史委员会当前工作，并就《关于如何发展红色文化产业，助推老区乡村振兴的调研报告》作说明；汇报农业和农村委员会当前工作，并就《琼中人口变动对经济社会的影响》作说明；书面学习《中华人民共和国国家安全法》《中华人民共和国反间谍法》《中华人民共和国生物安全法》。

第10次会议于2021年12月7日召开。会议传达学习省政协七届第二十二次常委会议精神；书面学习《各界人士庆祝中国共产党成立100周年》《主席会议成员务虚会，研讨做好新时代政协民主监督工作》精神；研究讨论《政协第十一届琼中黎族苗族自治县委员会第一次会议筹备工作方案》《关于大气污染防治“六个严禁?两个推进”民主监督的调研报告》《关于暂时调整政协琼中黎族苗族自治县委员会领导班子成员分工》事宜。

第11次会议于2021年12月15日召开。会议研究讨论《关于免去陈智同志县政协民族宗教与科教文卫委员会主任职务的决定（草案）》《关于免去王丽梅同志县政协农业和农村委员会主任职务的决定（草案）》《关于王丽梅同志任职的决定（草案）》《关于林杰同志任职的决定（草案）》、《政协第十一届琼中黎族苗族自治县委员会委员名单（草案）》《政协第十一届琼中黎族苗族自治县委员会常务委员候选人建议人选名单（草案）》和政协第十一届琼中县委员会第一次会议有关事项；讨论通过政协第十届琼中县委员会常务委员会第二十次会议召开时间和议程。

提案工作

【概况】2021年，琼中县政协委员共提交提案77件，经审查立案76件，立案率98.7%。提案涉及“三农”、文教卫生、医疗保障、经济金融、旅游城建、生态保护等方面。根据职责分工、归口管理原则，提案分别送交32家单位研究办理。全会期间，政协委员15篇发言材料得到县领导批示。

【“双轨评议”制度】2021年，琼中县政协创新提案督办形式，提出了“双轨评议”制度，即提案委员对提案承办单位的办复质量进行评议，提案承办单位也对提案质量进行评议，通过相互评议、相互促进，达到提案质量和提案办复质量的双提升目的，形成良好的提案工作氛围。强化提案办理跟踪问效制度，通过“一听二看三评四议五问效”的督查形式，提高办理效率，通过以会督办抓重点、明确督办职责提效率、现场督办出实效、合力督办破难题、案后回访防反弹等方式让提案办理工作形成有效闭环，促进提案办理出实招、显成效，切实提升群众的幸福感和满意度。

【重点提案】2021年，琼中县政协委员提出的“继续推进营根河综合治理，提升城市品位”的提案，县政府高度重视，多部门联动推进营根河综合治理，促进河道美化、净化、亮化，切实维护琼中县形象；县林业局认真采纳委员建议，针对“严厉打击和有效遏制非法毁林占地的违法行为”的提案，认真开展森林督查、打击林下套种排查清理等重点整治工作，有效遏制了非法毁林占地现象；近年来，电信诈骗愈加猖獗，有委员提出“网络虚假信息屡禁不止，重拳打击消费诈骗势在必行”的提案，引起县公安部门的重视，通过加强执法打击力度，联动金融机构强化监管，积极推广国家反诈App，为当地群众织起“安全网”，为保障一方百姓合法权益做出应有的努力。一批政协委员提案进入县委、县政府及各有关部门的决策程序，实现了成果转化，为推动琼中县经济社会发展做出积极贡献。

协商监督

【协商体系建设】2021年，琼中县政协以委员联系小组为主体组织界别协商，形成政协全体会议协商、常委会专题议政、主席会议重点协商、专委会议对口协商、界别协商、提案办理协商、政企协商座谈会、调研考察协商、基层协商议事、监督式协商“十位一体”的政协协商格局，为提升协商质效提供有力支撑。制定县政协领导班子走访委员企业制度，深化企业家委员协商建设，共计走访委员企业29次，并实施收集问题6个，报相关部门协商解决，充分发挥县政协专门协商机构作用。

【政协基层协商与村务协商衔接】2021年，琼中县政协持续推进政协基层协商与村务协商有效衔接，会同县委组织部、县民政局印发《〈政协委员任村（居）务协商会副会长、成员的人员建议名单〉的通知》，推荐82名委员提名村（居）务协商会副会长和成员，在全县范围内建好用好基层协商民主议事平台，实现协商载体和议事活动在乡镇和村（社区）的全覆盖，扎实推动政协协商与基层协商、与村务协商有效衔接、与社会治理紧密结合，推动上安乡什育村委会和什运乡便文村委会出台《奖学金助学制度》，解决红毛镇新伟南居供水、吊罗山乡太平社区街道车辆乱停乱放等26个难点热点问题。健全运行机制，促进“有事好商量”协商议事工作常态长效、提质增效，使各级协商议事室成为党委政府“好帮手”、人民群众“连心桥”、委员履职“新平台”。对政协基层协商内容、协商形式、协商流程等采取更加灵活的方式，切实帮助群众解决“最后一公里”问题。

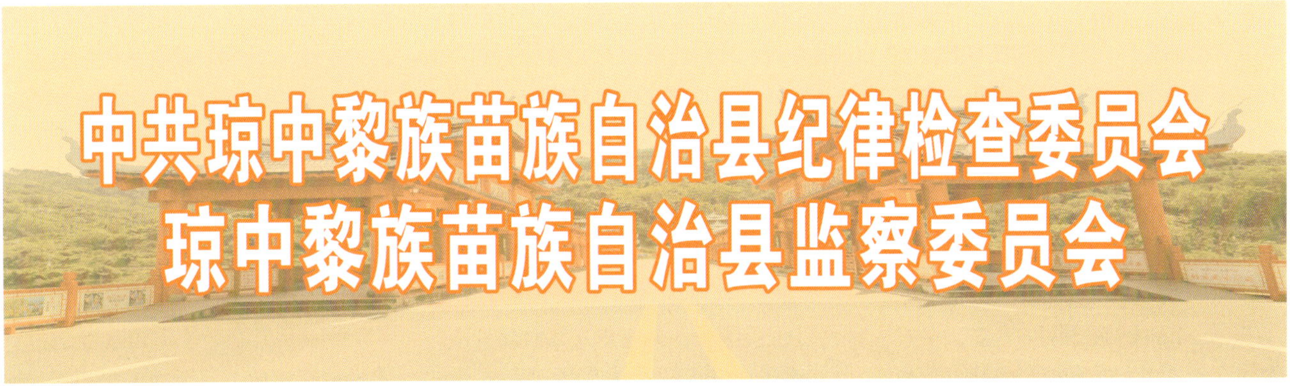

中共琼中黎族苗族自治县纪律检查委员会
琼中黎族苗族自治县监察委员会

综 述

【概况】2021年，琼中县纪委、监委政治监督累计督促整改问题96个，在开展村务交叉检查监督中发现并督促整改问题99个。盯紧“关键少数”，推动整改民主集中制执行不力等问题27个，发现县管干部问题线索27件33人，形成有力震慑。同时，把好党风廉政意见回复关，回复意见5340人次，提出暂缓使用建议22人次。采取节日专项检查、日常随机抽查、乡镇交叉互查等方式，常态化开展明察暗访35次，发现问题线索9件，督促整改问题54个，查处40起53人，点名道姓通报曝光17起21人。2021年共启动2轮巡察，派出9个巡察组，对22个党组织开展巡察监督，巡察反馈问题343个，完成整改328个，移交问题线索40件63人，立案10件10人，挽回经济损失120.09万元，巡察监督成效显著。

扎实推进规范化建设，围绕指导场所管理和使用问题形成的专题调研报告。严格落实“两个为主”，先后向省纪委监委报告立案、处分事项40次，向县委请示、报告工作43次，批准立案审查调查22件，作出处置决定18件。严格规范行使监察权，全县纪检监察机关运用15项审查调查措施1195次，做到依纪依法办案、安全文明办案。

【队伍建设】2021年，琼中县纪委、监委创新培训理念思路，采取组织调训、自办培训、专题讲座等多形式、多层次推进全员全系统培训教育工作。共开展政治理论和纪检监察业务学习13期647人次，参加中央纪委、省纪委统一培训188人次，选派业务骨干参与省纪委监委专案、省委巡视和专项检查工作17人次，抽调乡镇纪检监察干部跟班学习、以案代训52人次，全面提升干部能力素质。

重要会议

【第十三届纪律检查委员会第六次全体会议】2021年2月3日，召开中国共产党琼中黎族苗族自治县第十三届纪律检查委员会第六次全体会议。会上，作了题为《奋力书写新时代纪检监察工作高质量发展新篇章为争创自贸港建设琼中范例提供坚强保障》的工作报告。会议以举手表决的方式审议并通过《工作报告》和《全会决议（草案）》。

【第十三届纪律检查委员会第七次全体会议】2021年12月18日，召开中国共产党琼中黎族苗族自治县第十三届纪律检查委员会第七次全体会议。县纪委书记代表县纪委常委会向全会作了题为《汲取党的百年历史经验，推动纪检监察工作高质量发展，为加快建设琼中“一县三城五地”提供坚强保障》的工作报告。

【纪委常委会、书记主任办公会】2021年总共召开37次县纪委常委会，33次书记主任办公会。

监督检查

【政治监督】2021年，纪委监委始终将“两个维护”作为政治监督的根本任务，学习习近平总书记系列重要讲话精神，聚焦乡村振兴、扫黑除恶、疫情防控、生态环保、换届选举等党中央重大决策部署和政策落实，健全政治监督清单，做细做实政治监督，累计督促整改问题96个，确保党中央政令畅通、政策落地。

【创新实施监督机制】2021年，琼中县纪委、监委常态化开展中央、省委和县委决策部署落实情况监督检查，整合党委政府督查、组织纪律、职能部门、人大政协、舆论媒体等监督力量，推行“137”督考制度，实施“红绿灯”督考机制，绿灯奖、黄灯罚、红灯惩，实现“多督合一”“督考合一”。2021年督考各类事项624项，亮“绿灯”2个、“黄灯”20个、“红灯”1个，调整干部6人，诫勉2人。同时建立健全乡镇纪委与村务监督委员会业务衔接机制。组织全县新当选123名村务监督委员会主任开展集中培训，提升业务能力，强化责任意识。制定村务监督检查清单，指导乡镇纪委、村务监督委员会有效推进对村级组织监督工作，规范监督落实，压实监督责任。探索创新监督方式方法，组织开展村务监督委员会交叉监督工作，避免出现因熟人社会导致的人情干扰，发现并督促整改问题99个。

【换届纪律监督】2021年，琼中县纪委监委严明“十严禁”“六不准”纪律要求，畅通信访举报渠道，多层次、多形式宣传贯彻换届纪律，聚焦重点地区、关键环节、薄弱部位跟进监督、嵌入监督、全程监督，督促整改问题59个，处置问题线索5件，给予党纪处分2人，有力保障换届风清气正。

案件查处和党风政风建设

【概况】2021年，琼中县纪委、监委协助县委专题学习贯彻《中共中央关于加强对“一把手”和领导班子监督的意见》，传导履职压力，压实管党治党政治责任。举办“一把手”纪律教育暨“廉内助”家风教育专题班，首次开展新提拔使用干部“家庭式”廉政谈话，党员干部及其家属400余人次接受廉洁教育。

【纠治“四风”】2021年，琼中县纪委、监委扎实开展“四风”问题同级同类警示教育工作，督促县“四套班子”成员扛起作风建设“一岗双责”。紧盯“四风”新动向、新变异，以节点为考点，采取节日专项检查、日常随机抽查、乡镇交叉互查等方式，常态化开展明察暗访35次，发现问题线索9件，督促整改问题54个，查处40起53人，点名道姓通报曝光17起21人。

【作风整顿建设】2021年，琼中县纪委、监委坚持把开展“作风整顿建设年活动”与优化营商环境、重点项目推进、重要任务落实密切结合起来，累计督促全县各级各部门查摆整改问题369个。针对何亚宁、陈东等案件暴露出的违反中央八项规定精神问题，研究制定7项以案促改举措，分批次约谈全县各单位各部门党政负责人，组织召开警示教育大会和民主生活会，清缴涉案人员违纪款55.17万元。在全县范围内开展专项整治活动，组织清退各类违规支出财政资金62.29万元，不断深化作风整顿建设成果。

【典型案例】2021年，琼中县红毛镇党委副书记、红毛镇人民政府镇长陈东严重违纪违法受到开除党籍、开除公职处分。从2020年5月9日起，第六审查调查室对审查调查中发现的陈东涉嫌违纪违法问题进行初核；同月21日，县纪委监委决定对陈东涉嫌违纪违法犯罪问题立案审查调查。

经查，2016年至2019年，陈东接受商人老板林某的请托，在扶贫产业种苗采购项目招投标过程中，利用职务便利授意招标代理公司向林某名下公司泄露标底并量身设置招标条件，从而确保林某名下公司多次以明显高于市场均价的价格顺利中标，既破坏了正常的市场秩序，又造成国家扶贫资金的流失。其间，陈东多次收受林某送给的“好处费”共计140余万元。陈东还存在其他严重违纪违法问题。

陈东身为党员领导干部,在担任红毛镇党委委员、副书记、红毛镇人民政府镇长期间，违反中央八项规定精神，收受可能影响公正执行公务的礼品礼金，接受可能影响公正执行公务的旅游，情节较重；违反国家法律法规规定，利用职务上的便利，非法收受他人财物，数额巨大，为他人谋取利益。且党的十八大后仍不收敛、不收手，应予严肃处理。其中受贿问题已触犯《中华人民共和国刑法》,依据《中国共产党纪律处分条例》以及《中华人民共和国监察法》给予陈东开除党籍、开除公职处分，将其涉嫌犯罪问题移送检察机关审查起诉；终止其琼中县第十三次代表大会代表资格；收缴其违纪违法所得；将其涉嫌犯罪问题移送检察机关依法审查起诉，所涉财物随案移送。

廉政教育

【党风廉政教育月活动】2021年，琼中县纪委、监委以党风廉政教育月为契机，组织拍摄《迷失的初心》警示教育片，在全县部署集中开展纪律教育专题班、警示教育巡回展、全员谈心谈话等一系列纪律教育活动，督促县委党校将纪律和作风教育纳入培训内容，对2400余名村组干部实施轮训，推动纪律教育横向到边、纵向到底延伸覆盖。在县委党校举办第十一期廉政教育长廊，为全县党员干部、监察对象3000余人讲解38场次；举办“牢记前车之鉴 绷紧纪律之弦”全省党员干部警示教育巡回展72场次，全县党员干部、监察对象等7000余人接受教育。

【廉政谈话】2021年，琼中县纪委、监委协助县委专题学习贯彻《中共中央关于加强对“一把手”和领导班子监督的意见》，传导履职压力，压实管党治党政治责任。举办“一把手”纪律教育暨“廉内助”家风教育专题班，首次开展新提拔使用干部“家庭式”廉政谈话，党员干部及其家属400余人次接受廉洁教育。

【廉政信息宣传】2021年，琼中县纪委监委用好“清廉琼中”宣传平台，推送廉政宣传教育信息251期988条，全方位讲好琼中正风反腐故事。

巡察工作

【概况】2021年，琼中县纪委、监委共启动2轮巡察，成立9个巡察组，对

22个党组织开展巡察监督，其中对2个党组织开展常规巡察，对7个党组织开展巡察“回头看”，对3个党组织（涉及5个单位）开展涉粮问题专项巡察暨巡视巡察上下联动。巡察反馈问题532个（含2020年开展的县委第十五轮巡察），完成整改328个（不含县委第十七轮巡察反馈问题），移交问题线索50件79人，立案2件2人，挽回经济损失120.09万元。

【创新巡察监督模式】2021年，琼中县纪委、监委将意识形态纳入巡察监督重要内容，加强与宣传部门的协作配合。在制定巡察方案和建立巡察监督重点问题清单时，将被巡察党组织落实意识形态责任制情况纳入监督重点，2021年累计发现并指出12个党组织存在对意识形态工作不重视、落实意识形态工作不到位等方面的问题14个，通过督促整改，促进各级党组及其主要负责同志不断增强对意识形态工作重要性的认识，促进意识形态工作的开展；累计对14条网络舆情督办单进行跟踪了解，发现1个党组织存在落实网络舆情督办单不及时、不到位的问题，并及时推动解决。

【巡察成果运用】2021年，琼中县纪委、监委开展整改“清零”活动，坚持推动立行立改。5月至7月，开展十三届县委巡察整改问题“清零”专项工作，联合县纪委、监委各派驻纪检组、各乡镇纪委督促34个被巡察党组织对130个未完成整改问题“清零”，推动完成整改问题92个，巡察整改完成率提升7%，挽回经济损失76.6万元。2021年，巡察组累计推动立行立改问题19个。通过立行立改及时回应群众诉求，进一步增强群众对巡察工作的信任和支持，提升群众的获得感。

【巡纪贯通融合】2021年，琼中县纪委、监委加强与纪检监察部门联动，形成监督合力。2021年县纪委、监委、县委巡察机构分别向县住建部门提出关于对监理公司履职情况加强监督的建议，县住建局根据建议开展调查，累计对3家公司共处罚金5.44万元，并对29名项目经理、22名总监理工程师记入诚信不良行为记录。通过巡纪融合贯通、同向发力，督促巡察整改有效落实。

【巡察规范化建设】2021年，中共琼中县委共调整配备专职巡察干部13人次，有效解决巡察干部空编率高的问题。强化业务培训,组织27名干部参加中央第五巡视指导督导组“讲师团”有关巡视巡察专题培训，自行组织开展两期巡察业务培训，内容涉及推动巡察监督与其他监督有效贯通融合、谈话注意事项、制作巡察问题底稿和精准发现问题线索等多方面的内容，邀请有巡视巡察工作经验的领导干部及县纪委监委有关监督科室负责人进行授课。面对面讲方法、传经验，巡察培训成效良好；同时，加强内控机制，制定《琼中县委巡察干部抽调管理办法（试行）》制度，加强对抽调干部管理。严格落实巡察组长“一岗双责”党建工作责任制，坚持把支部建在“组”上。通过加强政治理论学习，规范组织生活，强化巡察干部理想信念、政治规矩和工作作风，确保每一名巡察干部都经得起考验。

【巡察整改监督】2021年，琼中县纪委、监委研究制定《巡察整改监督办法（试行）》，启动问题整改“清零”活动，认真梳理十三届县委以来巡察反馈问题，将未完成整改的130个问题向被巡察党组织逐一发函反馈，2021年已推动完成整改98个，整改完成率提升至97%。用足巡察成果，针对巡察发现的共性、倾向性问题，指导督促各级党组织建章立制80项，推动开展专项整治19次，标本兼治作用充分彰显。

中国农工民主党琼中县支部委员会

【组织建设】2021年，是中国农工民主党的基层组织换届年，在农工民主党海南省委员会的指导下，经过充分酝酿并与县委统战部协商，琼中支部于2021年7月30日召开全体党员大会。大会选举产生新一届领导班子，崔大伟任支部主任委员，林海琪、潘超莲任支部副主任委员，曾海文任支部组织委员，黄平任支部宣传委员。中国农工民主党琼中县支部委员会现有党员22名，主要分布在医疗卫生行业。

【参政议政】2021年，琼中农工民主党支部委员会把参政议政作为党派存在和发展的根本。当选县人大代表、县政协委员认真参加县人大、县政协及县委统战部组织的会议及培训班。在“两会”期间围绕县委、县政府中心工作及人民群众普遍关心的热点、难点问题，提出切合琼中县实际的提案6件。分别是林子娥撰写的《关于修建百花岭场部至百花水库边森林防火与生产通道的提案建议》，潘超莲撰写的《关于解决琼中县缺乏高学历护理人员问题的建议》《关于进一步推进琼中县院前急救医疗服务体系建设建议》《关于加强治理出入县人民医院前段交通主干道路的建议》，林海琪撰写的《推进快递进村 助力乡村振兴的提案》，黄平撰写的《关于加强宣传教育，杜绝占用盲道，保证盲人出行安全的建议》。

【社会服务】2021年，琼中农工民主党支部发挥其党员在医疗卫生系统且大部分是医疗系统技术骨干的优势，积极开展为贫困地区扶贫济困等社会实践活动，组织党员及县级医院医务人员、专家到湾岭镇卫生院开展送医送药下乡活动，义诊150人次，发放健康咨询宣传材料150份。开展扶贫消费活动，消费帮扶3800元。

中国国民党革命委员会琼中县支部委员会

【组织建设】2021年，中国国民党革命委员会琼中县支部委员会在民革海南省委会指导下，经充分酝酿并与县委统战部协商，8月6日，琼中支部召开全体党员大会，大会选举产生民革琼中县支部委员会领导班子，姚传清为支部主任委员，甘晓玲为支部副主任委员，黄好杰为支部委员。2021年琼中县有民革党员7名。

【参政议政】2021年，民革琼中县支部委员会认真履行参政议政职责。当选县人大代表、县政协委员的党员，认真参加县人大、县政协及县委统战部、省委统战部等部门组织的会议、培训班。在“两会”期间，作为人大代表、政协委员的民革党员围绕县委、县政府中心工作及人民群众普遍关心的热点、难点问题，提出切合琼中县实际的提案8件，主要有《建议政府设立“窗口”让候鸟老人为我县发展建言献策》《学校应制订专车制度接送住校学生》《关于保护湿地生态公园公共设施的建议》等。

【社会服务】2021年，民革琼中支部鼓励党员发挥自身专业、工作的资源优势，积极开展深入农村、机关、企事业单位、防疫一线参与社会实践活动。在营根镇、长征镇等地开展脱贫攻坚与产业振兴衔接工作，经常走访对接脱贫户，了解家庭有什么困难、需求，针对性地寻找解决方法；在卫健系统工作的姚传清积极协调各部门配合县疫情防控指挥部开展防控工作。常辉作为律师兼任企事业单位法律顾问、对接村委会，陆续代理各类民事、经济、仲裁案件专业高效解决争议。

县工商业联合会

【概况】2021年，琼中县民营企业2538家，占全县企业的92.05%,同比增长36.23%；个体工商户9714户，同比增长15.15%。企业注册资金172.33亿元，其中民营企业注册资金163.05亿元，占比94.61%，同比增长6.37%；个体工商户注册资金4.41亿元，同比增长10.08%。民营企业解决城镇就业人口1.22万人，同比增长23.57%；个体工商户解决就业

9700人，同比增长15.15%，城镇登记失业率始终控制在省定的4%以内。2021年全县税收入3.406亿元，其中非公企业纳税3.19亿元，占本县纳税额的85.83%，同比减少9.87%，个体经营户缴纳税金0.4869亿元，同比增长22.99%。2021年，县工商联（总商会）先后获得全国“五好”县级工商联、全国工商联系统宣传阵地建设先进单位、2021年度“创新中国”工商联（商会）工作最佳案例（海南区县级工商联唯一一家）、海南省工商联系统先进单位，县工商联党组书记吴光德获得海南省工商联系统先进个人，党组成员王儒慧被评为海南省两新组织优秀党务工作者。

【思想教育和组织建设】2021年，琼中县工商联以习近平新时代中国特色社会主义思想为引领，开展一系列理想信念教育活动，强化引导民营经济人士做爱国敬业、守法经营、创业创新、回报社会的表率。先后组织开展民营经济代表人士党史学习教育暨理想信念教育专题培训班、民营企业人士建设自由贸易港思想素质能力提升培训班以及参观中共琼崖一大旧址、白沙起义纪念园等红色主题教育活动，接受教育达420人次。强化政治理论学习，以“集中学习+个人自学”模式，组织商会党员和非公企业人士集中学习习近平总书记重要讲话精神以及民营经济统战工作和党的群团工作会议精神227人次，研讨180人次。

【参政议政】2021年，琼中县在非公有制经济人士任县人大代表、县政协委员方面，由县委统战部牵头，县工商联配合，严格“凡进必评”，把好“综合评价”的入口关。坚持思想政治强、行业代表性强、参政议政能力强、社会信誉好的标准，推荐优秀民营企业家参政议政。截至2021年底，琼中县民营经济代表人士任县党代表1人；任人大代表7人，比上届增加1人；任县政协委员45名，比上届增加3人，任职占比稳步提升。注重引导民营经济代表人士强化履职尽责意识，2021年，非公经济人士共提交提案12个，得到县委、县政府和有关部门的重视和积极办理。

【服务民营经济】2021年，琼中县工商联协助建立服务民营企业机制。深入企业调查摸底，协助出台《县级领导干部联系重点企业制度（试行）》，搭建起党委、政府与商会、企业的直接沟通平台，及时帮助企业解决存在的困难和问题。多渠道宣传惠企政策。利用微信服务平台、宣讲会等载体，以进企业集中宣讲、面对面讲解等方式，解读各级支持民营企业发展政策。2021年，共进企业面对面宣讲政策27家，指导企业享受优惠政策20项。构建民企网上之家。按照省委统战部关于加强“网上统战”（网上工商联）建设工作部署，立足构建大统战工作格局，构建具有汇总收集数据、统计展示、预测分析等功能网上统战（网上工商联）平台。截至2021年底，网上统战（网上工商联）项目已完成90%。想方设法破解企业融资难问题。与建设银行琼中支行签订银企全面战略合作协议，为琼中县中小微企业搭建起融资平台；邀请县政府金融工作服务中心主任为企业作融资贷款优惠政策专题讲解，提升对融资惠企政策的知晓度；邀请农业银行、建设银行、长江村镇银行等召开银企对接会，现场推介银行线上线下信贷优质产品，做到融资“无缝衔接”。至2021年底，县工商联会员企业累计获得金融信贷资金约6.18亿元。

【基层商会建设】2021年，琼中县共有商会14家，其中直属异地商会4家，乡镇商会10家。10个乡镇全部成立商会，商会秘书长由分管统战、工商联工作或经济工作的乡镇领导兼任，做到乡镇政府对乡镇商会运行情况知根知底。乡镇商会达到有办公场地、有办公设备、制度上墙等标准，会员覆盖面持续拓宽，商会会员增至620个。持续完善基层商会建设，定期召集商会会员进行法律培训，宣讲经营管理中的法律风险，提高会员法律素质，增强会员发展信心。鼓励和引导基层商会会员积极参与社会事业，不断提高自身影响力。2021年，琼中县基层商会开展公益助学、扶残助残等公益活动6次，捐赠物品及现金10万元。

【服务会员发展】2021年，琼中县工商联坚持“充分尊重、广泛联系、加强团结、热情帮助、积极引导”的方针，凝心聚力、强化引导，吸引更多非公企业和非公经济人士加入工商联组织，不断壮大和优化会员队伍。琼中县工商联会员总数895个，其中个人会员680人，企业会员201个，团体会员14个，较上年同期增长20%；县工商联成立青年企业家委员会，会员53名。会员企业经营范围涵盖五金、土建、制造、房地产、酒店、餐饮、休闲娱乐、保险、传统零售、种养殖、新农业开发等行业。出台《民营企业诉求处理工作制度（试行）》，规范解决会员企业诉求，维护民营企业的合法权益。在全县开展“法律进企业”暨服务企业活动，邀请省工商联领导为会员企业开展民法典等法律知识宣讲；聘请专业律师事务所律师担任工商联（总商会）法律顾问，帮助会员企业解决法律问题。2021年，据不完全统计，县工商联为会员企业提供法律知识培训254人次，法律维权17宗，解决企业述求5件，挽回会员经济损失350万元。

【优化营商环境】2021年，琼中县工商联创新“企业视角”常态化监督机制，着力构建一流营商环境。以民营企业家视角为切入点和突破口，以“企业满意”为根本出发点，从民营企业家中择优选聘政治素质高、社会影响力大、社会责任感强，热心监督工作的民营经济代表人士担任营商环境特邀监督员。研究制定《琼中县营商环境特邀监督员管理制度（试行）》，保障监督员随时随地对政务环境、市场环境、法治环境等进行全面监督。开展民营经济发展软环境评价工作，推动营商环境持续向好。协助省工商联组织民营企业代表开展民企评营商环境工作，对接第三方评价机构深入到企业进行实地访谈和信息采集调研。通过了解民营企业家对营商环境的客观真实评价以及对亲清新型政商关系的反映，查找短板、对标先进，推动优化营商环境深入开展。加强工商联系统检察工作站建设，维护民营企业家的合法权益。加强与县检察院的沟通交流，定期组织民营企业人士参加县人民检察院开放日活动，推动检察机关服务民营经济发展各项举措落实，切实解决民营企业的司法求助和实际困难，维护民营企业家的合法权益。加大保障民营企业发展典型案例的宣传，推动形成全心全意为民营企业发展排忧解难良好氛围，促进琼中县营商环境持续提升。

【万企兴万村】2021年，琼中县工商联围绕县委、县政府脱贫攻坚与乡村振兴有效衔接等中心工作，按照省工商联的决策部署，以村企共建为平台，发挥民营企业资本、管理、技术、人才、市场等优势，大力开展从产业扶贫、就业扶贫、技能扶贫和公益扶贫等方面助力乡村振兴，为全县乡村振兴工作献智出力、添砖加瓦。2021年，全县共有74家企业参与全联“万企兴万村”行动，共投入帮扶资金1.14亿元，惠及102个村（居）委会，实施帮扶项目98个，受益群众21460人。其中产业帮扶项目投入资金1.08亿元，就业帮扶项目投入资金485.88万元，公益帮扶投入资金36.81万元，技能帮扶投入资金22万元。

群众团体

县总工会

【概况】2021年，琼中县总工会新组建基层工会17家，全县建会组织数236家，已录入实名制系统平台组织数235家，其中机关事业、群团组织单位共172家，国有企业19家，非公企业45家。录入会员数15759人，其中农民工会员4624人，认证工会云会员数9238人。

【基层工会职工之家阵地建设】2021年，琼中县总工会加强基层工会建设，激发基层工会活力，有效提升工会组织服务职工的能力和水平，深入指导基层工会开展建家活动，把建制建家紧密结合起来，推动工会基层组织特别是非公企业50人以上的工会进一步健全组织，加强规范化建设，建立和完善维护职工合法权益的有效机制，切实发挥基层工会的作用，着力把基层工会建设成为深受职工群众信赖的学习型、服务型、创新型职工之家，把基层工会干部锻造成为深受职工群众信赖的“娘家人”。2021年已在建职工之家（小家）有37家。第一批投入资金建设职工之家阵地的基层工会有中平镇政府工会（25万元）、什运乡政府工会（25万元）、红毛镇政府工会（25万元）、长征镇政府工会（25万元）、和平镇政府工会（25万元）、黎母山镇政府工会（194.92万元）、加钗投资控股有限责任公司工会（21.1万元）、中国人民银行琼中黎族苗族自治县支行工会委员会（6万元）；截至2021年底，已检查验收的有中平镇政府工会、什运乡政府工会；已完工的有红毛镇政府工会；正在建设中的有长征镇政府工会、和平镇政府工会、黎母山镇政府工会、加钗投资控股有限责任公司工会、中国人民银行琼中黎族苗族自治县支行工会委员会。

【规范化建设】2021年，琼中县总工会为推动基层工会规范化建设，对基层工会开展考核评估，实地考核评估全县10个乡镇1个物流园区，评定优秀的基层工会有4家：琼中黎族苗族自治县营根镇工会委员会、琼中黎族苗族自治县和平镇工会委员会、琼中黎族苗族自治县中平镇工会委员会、海南湾岭农产品加工物流园工会联合会；评定良好的基层工会有4家：琼中黎族苗族自治县湾岭镇工会、琼中黎族苗族自治县长征镇工会委员会、琼中黎族苗族自治县红毛镇工会、琼中黎族苗族自治县什运乡工会；评定合格的基层工会有3家：琼中黎族苗族自治县黎母山镇工会委员会、琼中黎族苗族自治县吊罗山乡工会委员会、琼中黎族苗族自治县上安乡工会。

【工会干部职工素质培训】2021年，琼中县总工会强化思想理论武装。着力抓好习近平新时代中国特色社会主义思想的学习宣传贯彻，特别是习近平总书记关于工人阶级和工会工作的重要论述、在全国劳动模范和先进工作者表彰大会上的重要讲话精神、关于海南工作的系列重要讲话和重要指示批示精神，通过召开党组（扩大）学习会、研讨会、宣讲报告会、组织培训等多种形式，加强学习阐释、教育引导和理论宣传。5月11日，县人大副主任、总工会主席樊朝睿上党史学习教育专题党课；9月8日，召开深入学习贯彻习近平总书记“七一”重要讲话精神专题宣讲会。12月14日，省总工会党组成员、副主席何清赴琼中作学习贯彻党的十九届六中全会精神宣讲；12月24日，县人大常委会副主任、总工会主席邓运周同志作深入学习宣传贯彻党的十九届六中全会精神宣讲报告；组建劳模宣讲队，深入10个企业工会为工会干部职工开展巡回宣讲习近平总书记“七一”重要讲话、党的十九届六中全会精神宣讲，累计开展宣讲活动30场次。切实增强干部职工“四个意识”、坚定“四个自信”、做到“两个维护”的能力。

【工会宣传】2021年，琼中县总工会突出思想政治引领，落实意识形态工作责任制，加快推进工会新媒体融合发展，增强琼中工会微信公众号的传播力、影响力。2021年共在公众号发表推文350条，其中原创新闻简报70条，转载各类新闻信息280条。向省总工会报送信息60条，经审核后被采用56条。阅读量达到3万以上，除了在县总工会微信公众号、门户网站进行宣传外，还联合融媒体中心对重大事件进行宣传报道，提升宣传的广度。加强劳模和先进人物的选树管理，讲好劳模故事、劳动故事、工匠故事。建成3家劳模工作室，并已挂牌正常开展工作，投入建设资金12万元。

【困难职工帮扶救助】2021年，琼中县总工会医疗互助活动共补助患病职工285人次，协助发放补助款约76.7691万元，缓解患病职工的大病医疗负担，进一步巩固职工“因病致贫”“因病返贫”的新防线。逐步建立长效机制，兜底帮扶成效明显。琼中县在档困难职工33户，全年帮扶救助215人次，帮扶救助（含增发临时生活补贴）资金46.4万元；在档困难职工王梦星等24名家庭子女的各项教育补助均已发放到位。依照相关规定对在档困难职工进行核查比对，符合低保条件的纳入低保救助。经由民政部门核查纳入城镇低保6户。

【送温暖活动】2021年，县总工会广泛开展帮扶救助，切实解决职工问题。两节“送温暖”慰问职工274人，投入资金17.3万元；春节期间慰问在建项目留琼中、留企业不停岗岗位务工人员276人（含现场慰问89人），投入资金7.4万元；开展“工会进万家”困难职工调研走访慰问活动，慰问工会帮扶系统在档深度困难职工10户，投入资金1万元；开展残疾会员慰问活动，慰问全县工会会员中的残疾会员30人，投入资金0.9万元；县总工会开展县建档立卡困难职工“家庭救助项目”99公益活动，累计筹集善款17万元，连续两年获得“99公益日”活动先进单位表彰；面向新就业形态劳动者，开展快递员、外卖配送员、网约车司机、货车司机等会员职工的体检、慰问等“六送”活动，投入资金7.7万元。春节、元旦期间，走访慰问县全体劳模、先进工作者30人，投入资金3万元；在五一劳动节全县职工健身跑步活动中印制劳模风采宣传画册；开展“工会进万家”劳模调研走访慰问活动，慰问琼中县70周岁以上劳模10人，投入资金0.6万元。

【金秋助学活动】2021年，琼中县总工会与各基层工会上下联动，做到对每一名困难职工家庭情况底数清楚，子女上学情况清楚，帮助最困难的职工子女顺利完成学业。“金秋助学”帮扶22户24名困难职工家庭子女，共计投入资金11.6万元。

2021年6月23日上午，琼中县总工会开展2021年度“送清凉”维权关爱活动，为在高温烈日下坚持劳动的工人送去防暑降温用品

（县总工会　供图）

【职工信访】2021年，琼中县总工会每月坚持贯彻开展职工协调会议制和“零”报告工作制度，随时排查矛盾纠纷，对排查出的矛盾纠纷及时进行解决处理，形成明细台账。对信访和群众来访实行登记，限期办理，做到事事有回音，件件有结果，真正实现纠纷不出单位，一般矛盾纠纷不集体上访和赴京上访的工作目标。通过“12345”受理咨询来电32件，县总工会及时与相关人员沟通联系，最终成功调处32件，处理率100%。县总工会领导班子成员多次带队前往快递行业联合工会等多家基层工会开展职工队伍稳定风险隐患专项排查化解工作，走访调解职工300人次。

【女职工权益保障】2021年，琼中县总工会健全维权机制，有效保障女职工合法权益。全县基层工会女会员6758名，建立女职工委员会137家，设立女工委员会179家；应建女职工组织235家，已建女职工组织235家，建会率100%。

积极开展女职工维权月活动和各类文体活动。三八妇女节期间走访慰问4名在档困难单亲女职工，并为她们发放“关爱行动”专项资金每人600元共2400元；5月31日，对困难单亲女职工、农民工子女（14周岁以下）共3户组织开展了六一儿童节关爱帮扶、走访慰问关爱慰问活动，并为她们发放“六一”关爱资金每户1000元共3000元。

【民主管理工作】2021年，琼中县总工会组织领导健会工作机制。根据人员变动，及时调整有关工作机构，厂务公开与各项公开工作相结合，做到公开资源共享。

加强部门协调。开展“公开解难题、民主促发展”和“创建厂务公开民主管理示范单位”等活动，认真对照《创建示范单位标准》要求，加强宣传引导和抓典型示范作用，以点带面促进厂务公开民主管理工作制度化、规范化建设。在开展海南省企业民主管理微视频大赛中，选送新伟学校民主管理微视频作品参赛，获得2021年海南企业民主管理微视频大赛优秀作品奖。

提高建制率。完善厂务公开和职代会制度的建立，厂务公开民主管理工作在事业单位不断巩固。县总工会、县教育局、卫生系统的事业单位，围绕保障和改善民生，不断深化事务公开民主管理工作，提升了对外服务水平，促进事业单位的健康发展。厂务公开民主管理工作在国有企业不断规范。国有企业坚持职代会制度，实行多渠道、多层次的公开，把厂务公开民主管理工作真正落到实处，一些重大决策、生产经营管理、职工切身利益、党风廉政建设等应该公开的内容全部公布于众，让职工群众有知情权、参与权和监督权。县总工会对非公企业情况进行调查摸底，指导非公企业民主管理工作，督促其内容、程序、形式规范化，制度化。截至11月30日，基层工会开展厂务公开108家，其中事业单位71家,建制率100%;公有制企业15家,建制率61%;非公企业19家,建制率61%。建立职代会98家，其中事业单位71家,建制率100%;公有制企业11家,建制率60%;非公企业18家,建制率57%。

根据各基层工会的星级申报情况，专门成立工作组到申报单位，采取听取汇报、召开座谈会、查看资料、民主测评等方式进行考核验收，拟定星级单位名单并进行公示，最后确定符合三星级职代会标准单位6家，符合四星级职代会标准单位2家。推荐“海南琼中云湖乡村旅游区开发有限公司工会委员会”和“琼中黎族苗族自治县加钗农场工会委员会”2家单位参与海南省五星级职代会创建评选。“琼中黎族苗族自治县加钗农场工会委员会”（海南加钗投资控股发展有限责任公司工会）获得海南省五星级职代会创建单位。

集体协商工作。根据省有关部门联合发文《关于开展2020年集体协商“百日要约行动”的通知》制定《开展集体协商“百日要约行动”方案》，2021年4月至7月在全县范围内开展集体协商“百日要约行动”。通过县人社局和县工商联、国资中心等职能部门密切配合，分工合作，采取启动阶段、实施阶段、分组检查和总结等阶段步骤有序开展，集体协商取得初步成效。如县人力资源和社会保障局积极履行行政职能作用，深入各企业加强指导、服务、管理和监督，以开展“百日要约行动”为切入点，督促企业加快建立集体协商制度，定期公布企业是否开展该项工作相关信息。县劳动监察大队把企业开展集体协商纳入重要工作来抓，确定企业诚信等级。县工商联和国资中心主动配合推促管辖的企业尽快开展集体协商，签订工资专项集体合同；要求企业把该项工作纳入企业管理制度，促进企业健康发展。在第二届全省工会集体协商竞赛中，“海南加钗投资控股发展有限责任公司”代表县总工会参加竞赛，获得优秀组织奖。2021年，深入复工复产较稳定的企业指导协商35家，已签订集体合同企业31家，覆盖职工人数1482人；签订工资专项集体合同10家，覆盖职工人数683人。

【职工文体活动】2021年，琼中县总工会在全县范围内广泛开展服务活动。开展普惠赠送鸡蛋活动，投入资金33.1万元，惠及会员职工1.2万人；组织职工健身跑步竞赛和趣味运动会活动，投入资金107.3万元，职工参与人数达4600人次。

共青团琼中黎族苗族自治县委员会

【概况】2021年，琼中县14~35岁青年共有14733人，占全县总人口9.2%。有团组织315个，其中县直属团委13个、团工委1个，团支部294个，毕业生团组织7个。基层团干450人，团员4420人，团青比30%；学生团员1869人，其中初中团员768人，高中团员1101人，初中团学比6.4%，高中团学比33.9%。

【创新共青团工作】2021年，琼中县团委根据改革方案的要求配齐3名挂职兼职副书记，助力人才队伍建设。印发实施《琼中黎族苗族自治县中学共青团改革方案》，挂牌中学团校14家。召开县少工委五届三次全体（扩大）会议，传达学习《中共中央关于全面加强少先队工作的意见》，成立琼中县少先队名师工作室，举办琼中县少先队辅导员培训班1期，提升少先队辅导员综合能力。主动融入团省委“青年筑梦大道”建设工作，发挥好共青团动员引领服务功能。顺利举办“激扬青春·快乐健康”青年男子足球选拔赛暨琼中县2021年“迎春杯”足球赛；11月团县委举办2021年琼中县第一届“筑梦起航，青春飞扬”青少年足球邀请赛，用更有新意、更活泼生动的方式促进琼中县足球体育事业更好更快的发展，引领琼中县青年追求梦想、建功立业、助力海南自贸港建设。

【青年思想教育】2021年，琼中县团委坚持不懈用习近平新时代中国特色社会主义思想指引青年成长。团县委带头抓好理论学习，采取研读原文、研讨交流的方式，组织基层团干学习四史、学习习近平总书记五四寄语、庆祝中国共产党成立100周年大会讲话精神、关于海南自由贸易港建设重要指示精神；推动各基层团组织、少先队采取团干宣讲、上团课等方式学习习近平总书记重要讲话精神，共开展学习宣讲20场，覆盖团员青年1万人次。持续深化“青年大学习”行动，每期对参与人数进行排名，排名靠后的进行约谈，进一步激发广大青年主动学习习近平新时代中国特色社会主义思想的热情与韧劲。

加强网络阵地宣传。积极推进县侨联新媒体矩阵和网络宣传阵地建设，号召各基层及学校团委、学校团支部、青年文明号单位、中西部志愿者参与“青年大学习·一起学党史”系列网上主题团课，“红领巾爱学习”网上主题队课，“青年知党史”线上知识竞赛，参与人数共4.1万人次，观看“学党史、强信念、跟党走”海南省青少年党史学习教育宣讲活动首场宣讲会,“永远跟党走奋进新时代”“青年五四奖章”获奖者（集体）事迹分享会,县侨联中央、全国学联举办“学党史、强信念、跟党走”主题云团课，海南县侨联2021年五四表彰大会等网上直播。

【共青团组织建设】2021年，琼中县团委开展基层团组织规范化建设。扎实开展基层组织建设调研工作，对多个领域摸底调查，成立教育团工委1个，新建社会领域团组织36家。2家团组织被评定为对标定级五星；荣获省级“五四红旗团委”2个，省级“五四红旗团支部”1个，“优秀县侨联员”1人，“优秀县侨联干部”2人。督促各基层团组织严格落实“三会两制一课”制度。推动乡镇实体化大团委建设，继续落实每个乡镇2.5万元/年工作经费。扎实推进“学社衔接”工作，完成转接团员数244人，“学社衔接”率99.9%。新建青年之家10家。

团干队伍建设和团员管理。加强青少年事务社工队伍建设，实行社工年度考核，对排名靠前的进行通报表扬。着力加强团员先进性建设，突出政治标准、严把发展团员入口关，规范离队入团、“三会两制一课”等仪式教育活动，2021年发展团员909人；把志愿服务作为展现团员先进性的重要实践载体，进一步完善团员先进性锻造的日常机制。

【换届工作】2021年，琼中县团委完成村（社区）团组织换届工作，新当选团组织书记平均年龄30岁，其中中共党员（含预备党员）79人，占72%；县侨联人员30人，占28%；大中专以上学历80人，占73%；女性干部26人，占24%；少数民族干部93人，占85%。推动有条件的村（社区）团支部书记通过依法选举进入村（社区）“两委”班子。新当选书记中由村（社区）“两委”班子成员兼任的78人，占72%，其中上安乡实现100%村（社区）团支部书记由“两委”班子成员兼任。12月份完成乡镇团委换届选举工作，新当选人员平均年龄28岁，中共党员45名，占53.57%；县侨联人员39名，占46.43%；女性45名，占53.57%；少数民族57名，占67.86%。选举产生84名成员，其中乡镇团委书记10名，乡镇团委副书记13名，委员61名。开展团员团干部培训工作。2021年共开展团干部能力提升培训班2期，进一步提高基层团干部的自身素质，使专职团干部掌握丰富的理论和工作方法，更有效地开展基层团建工作。

【青年就业创业】2021年，琼中县团委全面落实创业扶持政策，依托引导和扶持返乡青年创业等工作项目，加强农村青年致富带头人协会、琼中青年文体协会等青年创业组织建设。成立乡村振兴青年联盟队伍2支，青年致富带头人协会进一步发挥作用。配合相关单位，吸引外地人才就业创业。配合县人社局、县教育局等单位，依托平台精准引才，同时积极帮助县域企业开展招才引智工作，通过微信公众号、微信群、抖音等信息平台广泛征集岗位需求，共收集46家企业455个需求岗位，参与开展省内高校毕业生专场招聘活动12场，47名求职者与招聘企业达成就业意向。开展地摊经营、网络直播等各类技能培训班47期4001人次，增加就业934人；印发《优化人才服务工作实施方案》，落实各项人才配套政策，帮助

2021年6月10日，琼中黎族苗族自治县红毛镇乡村振兴青年联盟在红毛镇政府会议室揭牌成立，这也是琼中首个乡村振兴青年联盟
（林嘉庆　摄）

安置配偶就业8名，确保141名青年人才在琼中安居乐业。

【青年志愿者行动】2021年，琼中县团委积极配合做好县内活动保障。为各大活动会场提供有力有效的人力支援，做好后勤保障、秩序维护、文明引导等工作，在推动县域经济社会发展的实践中充分彰显青春活力。积极响应县疫情防控指挥部号召，疫情期间每天安排青年志愿者配合指挥部做好防疫物资发放、数据统计、信息传递等工作；在黎族苗族传统节日“三月三”、环岛自行车赛、绿橙旅游季、世界蜜蜂日、春运“暖冬行动”等县内大型活动尽心尽责，展现青年志愿者风采。扎实开展志愿服务和社会工作。积极推动志愿者注册工作，注册志愿者组织193个，志愿者6130人，有力推动新时代文明实践志愿服务进村入户，实现活动常态化；充分发挥志愿者的服务和引领作用，多次组织志愿者参与生态环保活动，如保护母亲河、环境卫生大扫除、绿化植树、环境保护法律法规宣传活动；组织志愿者参与“双创”系列志愿服务，围绕文明交通、文明礼仪、全域旅游、禁毒法治宣传等志愿服务活动56次，参与2786人次，服务时长超10000小时，深入推进琼中县创文创卫工作扎实开展。

【青少年素质教育活动】2021年，琼中县团委持续开展党史学习教育和思想道德教育。以党史学习教育作为主线，引导广大青年深入学习百年党史。全县315个团组织、4420名团员全部参与到系统学习党史的活动中。做好示范引领，带动基层以讲促学。县级团的领导机关带头学，全面依托理论中心组学习、读书班等开展集中学习，开展党史学习教育专题研讨13场，读书班39次。基层团组织系统学，围绕庆祝中国共产党成立100周年、纪念“五四运动”102周年，组织各基层团组织以丰富多彩形式开展纪念活动，团干讲党团课100场，开展专题学习会200场，参与团员青年1万人次。少先队组织全面学党史，开展“学党史、感党恩、跟党走”“新时代好少年”等主题教育90余场，切实为青少年筑牢思想基础。打造“线上+线下”学习阵地。线上积极利用“琼中县团委”微信公众号，展示宣传中华民族走上实现伟大复兴的壮阔道路的伟大历程，带动广大青年学生了解党的光辉历史，增进对党的感情和信赖。紧扣党史学习教育，开设“跟着团团学党史”专栏，截至2021年底发布205篇。线下通过组织团员青年、少先队员到省外党史学习馆、省内各烈士陵园等教育基地开展体验式学习推动党史学习教育走深走心走实。

【大学生社会实践活动】2021年，琼中县团委实施开展“返家乡”寒暑期社会实践行动。深化实施返家乡寒暑期社会实践行动，征集全县党政机关和企事业单位共30个岗位，为返乡的琼中籍大学生提供寒暑期实习岗位，展现了琼中县大学生风华正茂、踏实肯干的精神面貌。

【大学生志愿服务中西部计划】2021年，琼中县团委合理分配岗位，按照团省委《关于做好2021•2022年度海南省大学生志愿服务中西部计划岗位调整和申报工作的通知》文件要求，针对全县各乡镇岗位需求，结合志愿者的专业和特长，落实了志愿者服务单位和工作岗位的对接。截至琼中县共有中西部计划志愿者指标53个（其中全国项目1个，地方项目52个）、乡村医生分项指标1个，在岗志愿者52名（离岗2名），其中基层青年工作2名，服务乡村建设25名，乡村社会治理24名，健康乡村1名（乡村医生分项），全国项目、地方项目岗位志愿者安排均实现乡镇及以下基层单位的岗位不得低于90%的目标值。

加强志愿者思想政治引领。依托中西部计划志愿者团支部和微信群持续开展团组织生活，开展“青年大学习”、习近平总书记重要讲话精神学习会、党史学习教育等相关活动，不断夯实志愿者思想政治基础。注重倾听志愿者心声。利用节日节点组织召开志愿者工作会、座谈会。鼓励志愿者结合自身实际谈感受、谈收获，及时倾听志愿者的声音。对志愿者反映的困难和问题，切实做到“想志愿者所想，急志愿者所急”，能答复、解决的现场予以答复、解决，暂时不能解决的，在做好志愿者思想工作的同时，积极协调服务单位进行解决。做好离岗志愿者期满保障工作。掌握琼中县离岗中西部计划志愿者去向，积极为志愿者提供就业创业信息，积极协调县人社局保留一定事业单位定向招录四项目人员，努力帮助志愿者顺利离岗、实现就业。

【希望工程】2021年，琼中县团委扎实推进希望工程品牌项目。在全县层面，实施学业救助，争取县财政15万元，依托“筑梦公益·一起来”平台，建设网络筹款渠道“琼中县公益屋”筹款11.3万元，共计26.3万元，用于对高三毕业生实施学业资助，共资助高三毕业生77人。

【加强青年交流】2021年，琼中县团委切实服务青年婚恋交友。拓宽未婚单身青年沟通交流渠道，深化青年交流学习社品牌，举办青年联谊活动2期，共吸引90名男女青年报名参加活动，打造青年交流学习、相知相恋的平台；倡导正确婚恋观，通过发掘黎、苗婚俗历史文化，“复活”传统婚俗礼仪，举办“浪漫三月三、共话黎苗情”黎族苗族婚俗体验活动，吸引50对夫妇参与体验活动。

【少先队工作】2021年，琼中县团委强化党建带团建带队建，少先队改革深入推进。将少先队改革纳入共青团改革总体安排，出台《共青团琼中县委员会改革方案》，细化少先队改革措施5条，按每位少先队员10元的标准设立少先队工作专项经费，列入团县委年度预算。调整县少工委领导班子成员，由县委分管领导担任少工委名誉主任，团县委主要责任人、县教育局分管领导担任主任；积极选派优秀中小学校长、基层优秀少先队辅导员到县少工委挂职和兼职，切实为少先队工作提供有力支持。

持续深化团教协作,少先队组织基础进一步夯实。巩固少先队组织体系，中小学校规范建立少先队大、中、小队组织，推动全县29所中小学全部成立学校少工委。规范少先队组织生活，坚持全童入队，下发了《琼中县少先队分批入队工作实施方案》，首批30%的队员于6月初入队，第二批于10月13日建队日前后集体入队；引导各学校定期开展大队会、中队会、小队会和队课，下发了《琼中县2021年少先队“红领巾奖章”评选活动实施方案》，截至年底2249名少先队员已通过学校少工委评选认定获得“一星章”。每年开展优秀少先队员、优秀少先队集体评选，近三年来1名少先队员获得“全国优秀少先队员”称号，3名少先队员获得“全省优秀少先队员”称号，2个学校荣获“省级优秀少先队集体”称号。

注重规范和激励,少先队辅导员队伍素质有效提升。为29名大队辅导员颁发了任职聘书。推动县教育局将学校大队辅导员纳入中层人员管理及后备干部培养范围，将大、中队辅导员从事少先队工作纳入教师绩效考核。开展县级优秀少先队辅导员评选，挂牌成立县少先队名师工作室。

丰富活动载体，少先队员思想政治启蒙和引领形式多样。开展“争做新时代好队员”活动，紧抓建国建队70周年，“六一”“十·一三”建队日等节点，广泛开展“红领巾相约中国梦”“习爷爷教导记心中”等主题活动，以集体入队、主题征文比赛、国旗下的讲话、拍摄快闪视频等仪式感召，引导少年儿童从小坚定永远跟党走的信念。注重革命传统教育，通过组织少先队员参观白沙起义纪念园、琼崖纵队首次代表大会纪念馆，奏响少年儿童爱国爱乡教育主旋律。开展“七彩假期·情暖童心”活动，在12所乡镇学校、4个村委会举办“乡村少儿兴趣班”公益支教等活动，组织5所学校61名少先队员到海口参与城乡少年“手拉手”交流体验活动，有效拓宽少先队县外交流渠道。开展关爱留守儿童捐赠活动20场，发放学习和生活用品2000套，捐赠图书价值4万元，覆盖城乡留守儿童1800名。开展服务少先队员成长需求活动，组织各少先队大队、中队开展“阳光伞”青春自护教育、“一誓一课一体验”校园禁毒宣传教育等，培养少先队员健康心理素质，增强违法犯罪意识，传递队员之间和少先队组织的温暖。打造地方民族特色品牌活动，各校、各大队利用“红领巾广播室”、“红领巾监督岗”、雏鹰小队、民歌民舞民服“三进校园”等形式，开展习惯养成教育、民族文化教育等主题大队活动，有效促进少年儿童综合素质的全面提升。

【青少年权益维护】2021年，琼中县团委推进青少年权益维护工作。推进预防青少年违法犯罪工作，结合新一轮“禁毒三年大会战”工作，持续推动“一誓一课一体验”校园禁毒宣传教育，开展“护航自贸港、禁毒在行动”等宣教活动34次，覆盖青少年2万人次，打造“重见阳光”帮扶行动点1个，持续做好和平居“双零社区”试点工作。加强未成年人保护，联合县应急管理局，开展“青春自护进校园”自护教育活动1场，发放资料200份。联合“12355”平台举办中、高考心理减压讲座7期。

【中长期青年发展规划试点工作】2021年，琼中县团委实施中长期青年发展规划试点工作。通过实施三大重点工程15条措施，从战略高度扎实推动青年工作。引导青年兴乡，青年成长发展更加全面。举办“新时代好少年”等主题教育80场，为青少年筑牢爱党、爱国、兴乡的思想基础。推荐一批县内青年创业项目参与国级省级创业大赛，什寒冷泉稻荣获“2021年海南青年农产品品牌打造系列活动”优秀品牌项目，钟治军被聘为中国青年创业导师。吸引青年返乡，青年获得感更加充实。推动申报第18届海南省青年文明号创建集体7家，评选县级青年文明号7家，营商环境进一步优化；推动印发《优化人才服务工作实施方案》等，落实各项人才配套政策，帮助安置配偶就业8名，确保141名青年人才在琼中安居乐业。动员青年下乡，青年参与感更加凸显。积极向团省委争取增加中西部计划志愿者至54名，组织志愿者参与乡村振兴、医疗卫生、基层社会管理等工作；成立乡村振兴青年联盟队伍2支；推动法治教育纳入学校教育计划，设立青少年法治教育基地1家，依托公安局、检察院、法院、司法局等职能部门，推动29所中小学全部配备兼职法治副校长，开展“开学第一课”7堂、巡回法庭2场。

县妇女联合会

【概况】2021年，琼中县妇联按照党建带妇建，共建组织、共建队伍、共建阵地的要求，坚持资源共享、阵地共建、合力服务群众的原则，不断加强妇女之家建设，实现全县111个行政村（居）的“妇女之家”全覆盖，全县有镇（场）妇联组织12个，村（居）妇联124个，在“两新”组织中建立妇联4个。县妇联内设6个业务部门：办公室、组联部、宣传部、妇女发展部、权益部、家庭和儿童工作部。

【妇女干部队伍】2021年，琼中县妇女儿童工作委员会办公室设县妇联，由县妇联主席兼任办公室主任。县妇联机关有行政编8名，在职人员8名。乡镇妇联主席10名，村（居）妇联主席124名。

【家庭文明建设】2021年，琼中县妇联贯彻落实习近平总书记关于注重家庭家教家风建设重要论述精神，统筹和强化妇联家庭工作，充分发挥家庭家教家风建设在基层社会治理中的独特作用。深化家庭家风建设。开展“学党史、转作风、提素质、争做廉妻严母好干部”大讨论活动，在家庭中培育良好家风，从而带动建设优良党风政风社风，助力琼中一流营商环境建设。常态化开展寻找“最美家庭”“五好家庭”活动，发动妇女和家庭成员积极建设好家庭，全县寻找推荐全国“最美家庭”1户，海南省“最美家庭”4户。将禁塑和垃圾分类宣传与绿色家庭创建紧密结合，创建“绿色家庭”1个，家庭教育示范点、省级“绿色家庭”85户，县级“绿色家庭”200户；组织最美家庭代表宣讲好家庭好家风事迹，以家庭和美促社会和谐。推进家庭教育指导服务。坚持立德树人，做好家庭教育指导服务，帮助家长提高科学教子能力，在全县广泛开展“颂百年风华传红色基因”书香飘万家家庭亲子阅读活动，以图书推荐、阅读指导、经典传诵等线上线下形式，提高家庭亲子阅读参与度，促进父母和孩子共同成长；依托县媒体矩阵及微信群推出家庭教育经验分享系列活动，推送家庭教育视频课6期，受益人数1500人；开展“把爱带回家”送家教服务，覆盖人群3800人次；开展“百万家庭共成长家庭教育社区乡村行”，培训家长及监护人6800人，引导家长帮助孩子系好人生第一粒扣子。

【妇女就业再就业】2021年，琼中县妇联充分发挥部门职能优势，以引导妇女自主创业为重点，着力提高妇女就业能力，努力推动妇女创业发展。实施“创业创新巾帼行动”。开展春风送岗位活动，与县就业局联系，在全县各乡镇开展“春风送岗位”专场招聘会。为创新创业女性搭建交流和成长平台，组织15名创业妇女参加琼中县创新创业大赛，组织5名妇女参加创业妇女参加海南自贸港女性创新创业大赛。实施乡村振兴战略。围绕乡村振兴战略20字方针总体要求，深入实施“巾帼振兴巾帼行”行动。科学制定“高素质女农民”培养计划，引领农村妇女特别是脱贫户妇女参与特色种养、家政服务、黎锦苗绣等特色产业。县妇联开展农村妇女实用技能及职业技能培训12期，共培训1000名妇女。培训下岗失业妇女563人次，创业培训30人次，使30名下岗失业妇女实现再就业。

【妇女权益维护】2021年，琼中县妇联深入学习贯彻习近平法治思想，自觉履行依法维权职责，注重在保护妇女儿童合法权益中防范化解风险，在助力平安琼中建设中发挥积极作用。强化法律服务。认真处理妇女来电来信来访，“12345”热线转办件办结率、满意度均为100%。加强舆情监测研判，对涉及妇女儿童重大舆论热点事件及时介入和有效处置。开展“建设法治琼中·巾帼在行动”、普法“五进”等活动，以三八“维权月”活动为机，开展宪法、海南自贸港法、民法典、反家暴法等宣传活动20场，引导广大妇女群众学法尊法守法用法，普法受众1万人次。开展禁毒宣传教育进家庭工作。获得海南省禁毒宣传模范家庭2个；组织“妈妈训教团”开展禁毒宣传活动及讲座3场。强化矛盾化解。履行“平安琼中”建设赋予妇联组织牵头预防化解婚姻家庭矛盾纠纷工作职责，加强部门联动，积极参与家事纠纷调解事项，共为2个家庭提供婚姻家庭关系调试服务，为3人次妇女提供法律援助、心理咨询和“一对一”婚姻家庭指导，化解婚姻家庭纠纷11件，以小家和谐维护社会稳定。

2021年6月17日，琼中县举办第四界创新创业大赛。图为获奖的女性参赛选手　　　（县妇联　供图）

2021年10月24日，2021海南自贸港女性创新创业大赛在海口落下帷幕。图为琼中参赛妇女选手在合影留念　　（县妇联　供图）

【妇女儿童关爱工程】2021年，琼中县妇联将党史学习教育、作风整顿建设年活动和“查堵点、破难题、促发展”活动有机结合，紧扣妇女儿童最直接、最现实的问题和需求，推动“我为妇女儿童办实事”，让妇女群众有更多获得感、幸福感、安全感。围绕解决家庭急难情况办实事。为38个困难家庭争取中海油“同舟工程‘救急难’行动”项目救助金35.4万元，救助行动实现全覆盖全县。围绕妇女健康办实事。实施救助项目，争取省妇联救助资金35万元，实施关爱农村困难妇女“两癌”救助计划，发放救助金32万元，救助“两癌”及癌前病变困难妇女16人；争取全国妇联中央专项彩票公益金2万元，救助1名农村低收入“两癌”患病妇女。开展做实“巾帼健康行动”，完成宫颈癌和乳腺癌检查任务0.6万例；整合社会资源，发起“爱汝行动乳腺癌救助”和“母亲邮包”项目，各级妇联积极为城乡妇女实施生殖健康义诊、免费乳腺彩超检查、发放家庭常备药品和开展公益健康讲座等，惠及妇女群众8000人。关爱儿童办实事。继续实施“春蕾计划”，为海口市滨海第九小学琼中附属实验小学春蕾班20名孩子争取助学金0.8万元；实施“爱助事实孤儿”项目，争取慈善资金11.55万元，资助77名儿童。开展“把爱带回家”关爱儿童行动，争取社会资金4万元，帮助困境家庭儿童360人。开展情暖“六一”关爱儿童微心愿活动，争取省妇联关爱资金4万元，为160名困境儿童实现微心愿。开展“恒爱行动”，组织爱心妈妈为困境家庭儿童织毛衣、围巾等织品20件。开展母亲节主题亲子活动、六一儿童节关爱困境儿童活动，共关心慰问困境儿童100名；争取省童爱会“每天一杯”项目，慰问30名困难儿童。举办儿童安全用药科普知识公益讲座3场，受益家庭180户。开展预防儿童溺水安全教育进万家巾帼关爱行动10场次。

2021年琼中县行政审批局获得全国妇联“巾帼文明岗”
（县妇联　供图）

【“百千万巾帼大宣讲”】2021年，琼中县妇联认真履行妇联组织政治责任，强化妇女思想政治引领，团结引领妇女听党话跟党走。广泛开展“百千万巾帼大宣讲”活动，把党的方针政策传达到基层一线、妇女群众身边。深入基层开展群众性宣传教育活动20场次，受惠群众5000人次。通过宣讲不断增强妇女群众对习近平总书记“七一”重要讲话精神、党的十九届六中全会精神等党的创新理论的政治认同、思想认同、情感认同。强化线上宣传聚人心。不断完善妇联系统媒体矩阵“一微一号N群”建设，建立覆盖全县村（居）、社区、企业各级妇女微信群612个，共有11552名妇女参与其中。依托新媒体平台将党的创新理论第一时间传播到妇女群众身边，2021年，发布公众号新闻信息100条，获得点击观看2.5万人次。典型示范树决心。加大对优秀典型的挖掘、评选和宣传力度，进一步发挥典型示范引领作用，以先进典型为榜样，创先争优。2021年“三八”节期间，向县委推荐评选表彰三八红旗集体、巾帼文明岗先进集体，三八红旗手、巾帼扶贫先进个人61人。积极向全国及省妇联推荐琼中县表现突出的优秀集体和个人，县行政审批局获得全国妇联“巾帼文明岗”，吴小莉获得全国妇联“巾帼建功标兵”，县人民检察院获评全国维护妇女儿童合法权益先进集体，县人民医院获得全省三八红旗集体。

县科学技术协会

【概况】2021年，琼中县科学技术协会认真按照县委县政府的总体工作部署，结合工作任务和目标，团结、依靠广大科技工作者，发挥科协职能，举办2021年“5.20世界蜜蜂日”琼中分会场活动、2021年“全国科普日”活动，加强巩固全国科普示范县建设，开展科普宣传、科技咨询、科普（扶贫）示范基地打造、农村实用技术培训。

【科普活动】2021年，5月21日上午，琼中县科协积极参与第十七届科技活动月活动，结合工作实际大力开展科普知识宣传，科普内容涵盖科技、新能源汽车、新冠疫情防控、新冠疫苗接种、法治、安全教育、环保、计划生育、气象、地震、林业、

2021年9月16日，琼中县举办“全国科普日”活动。图为活动启动仪式现场
（县科学技术协会　供图）

知识产权、海南自贸港建设等为主题，向广大群众普及宣传科学思想、科学知识、解答群众各种疑难问题，为促进公民科学素质的全面提高起到了积极的推动作用，此次科技活动月共发放科普宣传资料2000余份，展出30余块宣传展板，接受1000余人次咨询。

9月16日上午，琼中县科协举办2021年琼中县“全国科普日”活动启动仪式暨科普主题展，围绕碳达峰、碳中和、乡村振兴、新能源汽车、海南自贸港建设、垃圾分类、禁塑等科技热点和生活热点问题，向广大公众展示一场科学、文明、健康的科普盛宴，极大地促进琼中县公民科学素质的提高。活动当天共发放宣传资料约1000份，咨询服务约500人次。

【学（协）会工作】2021年，琼中县蜂业协会，按照标准化示范创建相关标准和要求，提高养蜂产业规模化、标准化、专业化、信息化水平，成功打造15个养蜂科普（扶贫）示范基地，其中，智慧蜂场1个、全国蜂产品安全与标准化生产基地2个、国家蜂产业技术体系示范基地4个。蜂业协会、养蜂合作社充分发挥农村合作组织在产供销、资源共享及行业自律、技术指导等方面作用，采取合作社（企业、养殖场、大户）+基地+贫困户抱团发展的模式，成立合作社经济实体19家。建立养蜂技术服务队伍，为蜂农提供全程技术服务。建立由县科协、县蜂业协会、养蜂合作社和乡镇农业技术人员组成的养蜂科技服务队伍，抓好养蜂技术培训和指导、服务工作。2021年琼中县科协举办养蜂技术培训班11期，培训690人次。

“5·20世界蜜蜂日”活动。5月20日，成功举办以“小蜜蜂·托起乡村振兴大梦想”为主题的2021年“世界蜜蜂日”琼中分会场暨首届蜜蜂文化节活动。活动开幕式当天共吸引专家学者、蜂农、游客500人参与。活动期间通过线上线下开展丰富多彩、形式多样的以“蜂”为主题的系列活动。电视台主持人探蜜行、蜂爱好者蜂场探蜜活动、蜜蜂文化进校园活动、琼中蜜蜂科普研学活动、爱蜜生活、琼中蜂蜜进社区活动和2021“琼中山宝”旅游伴手礼创意设计大赛、蜜蜂养殖技术培训等活动。不断提升琼中蜜蜂文化节的影响力，打造琼中蜂蜜产业与健康、旅游产业相结合的多元化发展前景，巩固脱贫致富的成果，助力乡村振兴建设。

6月20日，县科协携手国际旅游岛之声开展琼中蜂蜜进社区“乡村振兴公益义卖活动”，组织农户将琼中优质蜂蜜和农副产品进海口维多利亚花园小区开展义卖活动，帮助农户销售农产品，增加收入，全面助力乡村振兴工作。

【农业实用技术培训】2021年，县科协邀请农业领域专家、农村致富带头人等深入各乡镇开展槟榔、橡胶、养蜂各类实用技术培训班21期，现场为广大农民群众讲解常见病虫害防治、施肥、收割等技术管理等知识内容，不断提升群众种养技术水平，覆盖群众达1200人。科技助力精准扶贫做到对象精准、培训内容精准、跟踪回访精准，取得较好效果。

2021年5月20日，琼中县举办“5·20”世界蜜蜂日海南琼中分会场暨首届蜜蜂文化活动。图为开幕式现场
（县科学技术协会　供图）

2021年4月23日上午，琼中县开展气象科普示范基地开放日系列活动。图为琼中县第二小学师生走进琼中县气象科普基地开展参观体验活动留影
（县科学技术协会　供图）

【青少年科技创新】2021年，县科协积极贯彻落实《全民科学素质纲要行动计划实施方案》，进一步提高全民科学素质。4月23日上午，由琼中县科协牵头，联合县教育局、琼中气象局开展气象科普示范基地开放日系列活动，活动当天组织94名师生走进琼中县气象科普基地开展参观体验活动，实地参观国家地面气象观测站、室外科普文化长廊展区、二十四节气柱，体验天文望远镜、人工影响天气模型控制、风感自行车、气象知识抢答等科普互动设备，通过活动，促进青少年对天气、气候和人们赖以生存的环境有了更深的了解，极大地开阔眼界。5月共开展2期，接待人数达300人。气象科普示范基地开放日系列活动时间为12月，2021年接待超1000人次。

启动首届青少年创意编程与智能设计大赛。为帮助青少年提高科技创新意识，鼓励青少年结合科学技术发挥想象力。6月22日，县科协联合县教育局举办2021年琼中黎族苗族自治县青少年创意编程与智能设计大赛。大赛设Scratch创意编程、Arduino智能设计和科技创意绘画3个项目，来自全县各中小学290名选手报名参赛。经过初赛、决赛的激烈角逐，决出Scratch创意编程项目一等奖6个，二等奖13个，三等奖21个；Arduino智能设计项目一等奖4个，二等奖6个，三等奖8个；科技创意绘画项目一等奖10个，二等奖23个，三等奖32个。

6月3日，县科协、县教育局联合举办“保护生态环境建设美好家园”主题科普演讲比赛，100名师生参加。旨在通过比赛提高青少年科学素质，弘扬科学精神，普及科学知识，锻炼青少年认识分析问题能力、个人胆识、表达能力和应变能力，有效推动科普进校园活动。

10月11日，举办2021年海南省“大手拉小手”科普进校园活动。在华中师范大学琼中附属中学、琼中民族思源实验学校、琼中县第二小学开展3场以“碳达峰、碳中和”为主题的生态文明建设知识科普宣传讲座，900名师生参加，活动旨在帮助中小学生科学认识“碳达峰、碳中和”，树立环境保护意识，动员中小学生参与到“碳达峰”、碳中和实践活动中。

【科技交流】2021年4月29日上午，琼中县科技发展联合会正式成立，吸纳会员60个。琼中县科技发展联合会是由琼中县各级农村专业技术协会、从事农村经济、技术、政策、管理、研究、推广工作者和农村专业技术能手自愿联合的非营利性质社团组织。联合会将在整合资源、拓宽销售渠道、打造琼中农特产品品牌等方面发挥重要作用。

5月11–14日，由琼中县政府副县长吴钟良率领县科协、县农业农村局等部门赴北京考察6家企业及科研院所，为琼中蜂产业发展“取经问路”。

7月3–5日，中国蜂产品协会专家组应邀到琼中县实地考察，深入吊罗山乡黎蜂寨养蜂专业合作社、什寒群生养蜂专业合作社、海南湾岭农产品加工物流园，全面考察琼中县养蜂生态环境、养蜂技术水平、深加工发展的现状，为琼中县蜂业发展“把脉问诊”，并就琼中县养蜂产业未来发展方向和思路进行交流。

10月28日，举办2021年琼中县科技创新综合能力提升培训班。培训班邀请海南省现代农业发展研究会研究员、《海南农业年鉴》编辑部编辑向银林，CMC国际企业咨询师、CFP国际注册理财规划师佟建国，团中央中国青年创业导师吴浩三位主讲人进行授课。此次培训班共有40余人参加。培训旨在进一步帮助琼中中小微企业了解科技创新及产业发展的最新政策，帮助企业挖掘潜力、做强优势，实现科技创新，促进经济社会高质量发展。

县归国华侨联合会

【概况】2021年，琼中县侨联联合侨办累计走访慰问归侨侨眷76人次，发放慰问金4万余元；帮助困难归侨侨眷家庭解决各类问题15件；在第21届世界华人学生作文大赛中，琼中县共获得10个奖项。

【为侨服务】2021年，琼中县侨联积极为侨服务。救助困难归侨侨眷。琼中县侨联每季度开展一次侨情调研，通过深入基层走访，摸清琼中县归侨侨眷的生产生活状况，开展对困难归侨、侨眷调查摸底工作，完善全县侨界生活困难群众数据库。对困难侨界群众重点关注，积极协调有关部门，争取社会救助，逐步帮助困难归侨侨眷家庭解决困境，2021年琼中侨联共救助困难归侨侨眷3人次。积极做好来信来访工作。琼中县侨联在工作中主动服务，热情接待归侨侨眷来信来访，对归侨侨眷的来信来访做到件件有回复，如大丰居1名侨眷因土地纠纷电话寻求帮助，琼中县侨联第一时间组织人员帮助调节，给予合理建议。开展华侨权益保护宣传，组织全体干部走访大丰居、阳江居等侨民聚居地，普及侨务法律知识、华侨权益保护，并发放宣传资料《海南华侨权益保护条例》，告知侨界群众如有纠纷，可寻求县侨联帮忙调解，通过宣传，使琼中县侨界群众能更好地了解和学习侨法，懂得维护自己的权益。

【对外交流】2021年，琼中县侨联加强与外事办、统战部的联系，积极争取县领导和有关部门对侨联组织的重视支持，同时与各兄弟市县侨联加强联系，组织侨联干部赴周边市县考察调研，增进交流，学习统战工作、侨联建设的成功经验和先进做法，推动县侨联组织规范化、制度化建设。加强外宣工作，通过“中国侨网”“海南侨网”等海内外平台，发布侨务简报、联谊简讯等，宣传琼中经济文化发展和引资引智政策，以及弘扬海外侨胞、归侨侨眷参与琼中现代化建设的先进事迹，有效扩大侨联工作影响力。加强同县内归侨侨眷的联系，在各节假日，通过打电话、寄贺卡、走访等形式向广大归侨侨眷传递温情与问候，举办县内联谊活动，加强县域归侨侨眷间的交流往来，鼓励归侨侨眷参与地区经济文化发展，促进区域和谐稳定。

【群众工作】2021年，琼中县侨联开展“送温暖、献爱心”慰问活动。侨联是归侨侨眷之家，县侨联始终把维护侨益，关心侨界群众生活、解决实际问题作为工作的重中之重。县侨联充分整合资金，在节假日期间开展“送温暖、献爱心”等慰问活动，组织侨务工作者走访和电话慰问了全部归侨和部分侨眷家庭，在慰问的同时了解归侨侨眷生产生活情况，与归侨侨眷联络感情，团结侨心，累计走访慰问归侨侨眷76人次，慰问金额近4万元。丰富活动载体，开展各项培训活动。配合有关单位在帮扶点开展职业技能培训、农民实用技术培训，联合省侨联开展“送科技、送文化、送法律、送医药”四下乡活动。

【参政议政】2021年，琼中县侨联积极履行参政议政职责，深入基层，调查了解侨界群众的呼声与诉求，收集侨界民意，围绕侨界普遍关心的热点和难点问题，向党委、政府献言献策，2021年底琼中县侨界县人大代表有2人，县政协委员有1人,新一届的侨界代表、委员抓住琼中政治、经济、文化建设中侨界群众普遍关心的热点、难点问题开展调查研究，形成提案，反映侨界群众的呼声和愿望。2021年侨届代表、委员共撰写1篇议案提案。

县文学艺术界联合会

【送文化下乡】2021年，琼中县文联举办系列文化惠民及送文化下乡活动。共组织文艺下乡、进校园50场次，送图书下乡、进校园11场次，送电影下乡1487场次，送琼剧下乡演出4场次，受益群众范围遍布琼中县各乡镇、行政村、村小组。县文化馆组织文艺骨干下乡采风，辅导64个文化示范村文艺队，通过老师授课、作品展演、比拼、现场指导等途径，普及黎苗传统文化和技艺，提升文艺人才技艺水平。开展“万副春联送农家”文艺下乡活动。在春节期间县文联组织25名书法家到各乡镇开展免费写送春联活动，送出春联5000副。开展“文艺进万家”文艺演出活动。2021年春节、元旦期间，组织合唱团、展演团前往红毛罗解村开展“文艺进万家”文艺下乡演出，为村民带来精彩的文化表演，让村民感受浓浓的节日气氛。开展学习宣传贯彻习近平总书记在庆祝中国共产党成立100周年大会上重要讲话精神主题宣教文艺下乡活动。8月份，县文联组织县民族展演团35人、县百花合唱团40人到长征镇朝村开展“唱支山歌给党听”文艺会演活动。举办“我们的节日 重阳节”文艺下乡会演活动。联合县旅文局组织老年大学、民族展演团80人前往湾岭镇来浩村举办“我们的节日 重阳节”文艺下乡演出活动，演出现场喜庆热闹，向群众宣传

"敬老爱老"的传统文化美德，为村民送上浓浓的节日祝福。

【文化展活动】2021年，琼中县举办庆祝中国共产党成立100周年"先锋杯"书法、美术、摄影比赛活动。活动由县委宣传部、县文联、县委直属机关工委联合举办，展出比赛获奖作品。共展出书法作品50幅、美术作品34幅、摄影作品21幅。举办"百花岭杯"摄影比赛活动。

"百花岭杯"摄影比赛活动由县委宣传部、县融媒体中心、琼中海鼎旅游投资开发有限公司共同承办，组织了85名摄影家参赛，共收到作品756张，作品形式多样，立意新颖，展现了海南百花岭热带雨林文化旅游区的奇观美景。

开展家风家训家教现场会。在县委宣传部的支持下，县文联同县关工委在湾岭镇鸭坡村联合举办家风家训家教展览室，展出不同历史时期中国共产党人的家风故事，推进琼中县党史学习教育，弘扬中华传统美德和良好家风。

举办建党100周年暨琼中开发建设成就图片展。2021年3月，县委宣传部、县文联、县摄影协会举办"建党100周年暨琼中开发建设成就图片展"，通过单位通知、论坛、微信公众号、融媒体等媒介发布活动启事，面向社会广泛征集作品，共征集采用了342张摄影作品。图片展在琼中县三月三广场新时代文明实践中心展出，以"新时代看琼中变化""乡村振兴生态美"为主线，结合琼中县发展成就分别展出了"城乡面貌焕然一新""经济发展""产业优化""生态保护"等10大板块。图片展展出期间，共有2000余人入馆参观。

举办书法美术培训班。以党史学习教育为契机，县文联与县文明办开展"为群众办实事"实践活动，联合举办为期一个月的书法、美术培训班，邀请县内2名文艺教学志愿者授课，参加培训学员70名。

举办生态文化书法摄影作品展览。为贯彻落实县委关于生态文明建设的总体部署，弘扬习近平总书记提出的生态文明思想，积极实践"绿水青山就是金山银山"理念，在2021年国庆期间，县文联在营根大社区活动中心展出生态文化书法摄影作品100幅，以推进生态文化发展，用文艺的方式谱写美丽新篇章。

开展"唱响绿水青山书写金山银山"文艺创作活动。歌曲制作。县文联组织专家深入琼中县采风，创作歌曲《绿水青山话琼中》，打造琼中本土的音乐名片，并邀请音乐专家演唱，进一步提升琼中的知名度和美誉度。生态书画专题作品展览。组织中国著名书画家5人深入琼中采风，通过近距离感受琼中人民的生活，攫取基层群众的精神文化生活。创作有关琼中金山银山等作品80幅并在新时代文明实践中心展示。绿水青山专题摄影作品创作展览。组织中国著名摄影家10人深入琼中各大名山开展采风创作，创作有关琼中绿水青山、田园风光等摄影作品324幅，并在县新时代文明实践中心展示。

加强文艺交流。2021年5月，邀请3位国家级艺术家来琼中县开展"绿水青山画琼中"文艺作品创作交流活动，并同琼中县艺术家前往百花岭采风创作有关琼中绿水青山书画作品。

编印作品集，巩固文艺成果。编印体现琼中青山绿水、美丽风光的作品集《绿水青山画琼中》。

【协会活动】2021年，琼中县文联联合县文明办、县志愿服务指导中心在新时代文明实践中心开展"我们的节日·中秋"书画笔会交流活动。组织琼中县100余名书画爱好者在中秋节期间围绕"我们的节日中秋书画笔会"主题内容进行现场交流创作，创作作品53幅。举办书画展览活动。以"我们的节日中秋书画展览"为主题共展出书画作品105幅，其中书法76幅、美术29幅，作品以书画寄情怀，以酣畅淋漓的笔墨描绘着美好的生活。

县残疾人联合会

【概况】2021年，琼中县持有中华人民共和国国家"第二代残疾证"的残疾人4829人，其中视力残疾279人，占6%；听力残疾349人，占7%；言语残疾人36人，占0.8%；智力残疾人387人，占8%；肢体残疾2416人，占50%；精神残疾1064人，占22%；多重残疾298人，占6.2%。残疾人中农业人口3266人，非农人口1563人。

【残疾人社会保障工作】2021年，琼中县残联积极协调重度残疾人免费乘坐交通工具项目。成立领导小组，召开工作培训和专题会议部署，明确职责分工落实。开展形式多样的宣传，张贴宣传海报300张；印发琼中县"重度残疾人免费乘坐公共交通工具告知书"2800份、印发助残惠残政策宣传手册500份；通过广播电视台，每月轮播有关政策一次至两次并利用宣传车深入各个乡镇、村委会播放宣传重度残疾人免费乘坐公共交通工具相关政策。2021年，重度残疾人到省、县康复、就医、教育、就业、培训等共计出行1385人次，报销金额9.528万元。

2021年，琼中县积极落实残疾人"两项补贴"。2021年共审核新增符合困难生活补贴残疾人90名，符合重度护理补贴残疾人206人，减员369人，由县民政局负责审批发放补贴。

2021年，琼中县发放残疾人"阳光家园"补贴。县残联制定发印《琼中县黎族苗族自治县阳光家园计划——智力、精神和重度肢体、视力残疾人托养服务项目实施方案》，组织实施阳光家园计划，满足残疾人托养服务基本需求，帮助残疾人提高生活质量。2021年投入资金83.045万元，以年人均600~1800元的标准，为663名残疾人发放阳光家园居家托养补贴。投入56.604万元，为122名重度精神、智力残疾人实施全日制寄宿集中托养。重度残疾人购买商业保险项目。为残疾人购买商业保险，是通过保险的方式，提高残疾人抵御生产生活中遭受二次伤害及罹患重大疾病的抗风险能力，减少残疾人及其家庭成员的经济负担，改善和提高残疾人生活保障水平。2021年，县残联投入20.31万元，为全县2000多名重度残疾人购买商业保险为重度残疾人家庭生命财产安全保驾护航。

为肢体残疾人发放燃油补贴。2021年，为维护残疾人的合法权益，鼓励轻度下肢残疾人能够积极参与社会活动，县残联投入2.158万元，以年人均260元的标准，为83名轻度肢体残疾人发放燃油补贴，鼓励轻度肢体残疾人外出劳作务工。

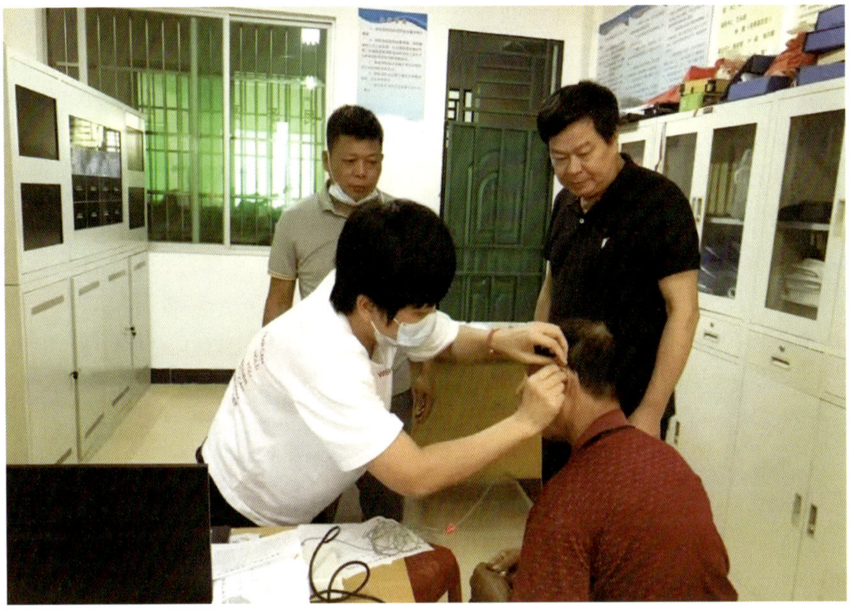

2021年9月14日，县残联联合省残疾人康复指导中心在县职业技术学校组织开展精准康复服务，免费为听力障碍患者适配助听器活动　　（县残联　供图）

【三类儿童抢救性康复】2021年，琼中县残联开展孤独症、脑瘫、智力残疾儿童（简称“三类儿童”）抢救性康复救助工作，与省人民医院、省妇幼保健院、市妇幼保健院等康复机构签订协议，2021年共选送29名符合条件的“三类儿童”到省康复机构进行为期10个月的康复训练，人均补贴30000元一年，参与康复训练的儿童都得到不同程度的康复疗效，给家庭带来希望。

【残疾儿童康复机构建设】。2020年下半年，县残联联合卫健委，根据场地及康复设施设备等硬件情况，确定选址加钗农场社区卫生服务中心建设琼中县残疾儿童康复科，康复项目为残疾儿童肢体康复训练。由加钗服务中心选派5名专业医师到海口培训机构参加康复课程培训。2021年3月中旬，省残联、卫健委等单位已组织专家组对县残联进行评估。5月底，根据省残联《关于确定新增残疾人精准康复服务定点机构的通知》，确定琼中县加钗社区卫生服务中心为肢体残疾儿童康复定点机构。

【残疾人康复托养服务设施建设】2021年2月，琼中县残联向县人民政府申请规划建设残疾人康复托养服务中心及残疾人综合服务设施，经县政府十五届县人民政府第78次常务会、县委2021年第四次常委会审议通过，同意规划建设残疾人康复托养服务中心及残疾人综合服务设施。截至2021年底，该项目已完成测绘、标高、立项、制定可行性研究报告、勘查、设计招标等前期项目。

【残疾人教育就业】2021年，琼中县举办残疾人农村种养殖技术培训。确保农村贫困残疾人能够掌握1~2项农村实用技术技能。县残联不断加大力度开展农村贫困残疾人实用技术培训。分别在什运、中平开展两期农村实用技术培训班，共培训贫困残疾学员80余人，培训课上详细讲解槟榔、橡胶种养，家禽，桑蚕饲养，卫生与健康，公民常识及外出务工注意事项;互联网及智能手机应用等实用基础知识，有效提高广大青壮年残疾人文化水平和常用知识。

残疾人职业技能培训项目。2021年琼中县投入10万元，组织开展一期残疾人面点培训班，培训残疾学员40人。

残疾人扶持生产项目。为提高农村残疾人自我发展和增收能力，改善生活状况，帮助摆脱贫困面貌。县残联投入15万元，以户均5000元的标准，扶持30户正在实施种养殖的农村贫困残疾人家庭发展农业生产，提高家庭收入。

残疾学生发放教育补贴。对残疾学生学前教育阶段、义务教育阶段和高中教育阶段就读进行资助，帮助残疾学生完成学业；奖励普通高等院校录取的残疾大学新生和贫困残疾人家庭子女大学新生，保障残疾人受教育权利，促进残疾人教育事业发展。2021年，县残联投入助学补贴6.525万元，扶持学前教育阶段10人、义务教育阶段25人、高中（职高）4人、大学（本科）1人、大学（专科）1人，共计41名残疾学生。

【残疾人基层组织建设】2021年，琼中县残联协调相关部门提高村级残疾人专职委员补贴待遇。县残联向县人民政府申请将村级残疾人专职委员补贴提高至每月800元。经十五届县人民政府第77次常务会审议通过，同意将琼中县村级残疾人专职委员补贴提高至每月800元。做好村级残疾人专职委员选聘调整工作。根据《海南省残疾人专职委员工作规范（试行）》的要求，制定《琼中县村级残疾人专职委员考核工作方案》，于2021年3月前完成对全县100名村级残疾人专职委员进行考核、选聘调整工作，调整率65%。积极开展村级残疾人业务培训班。在县委党校举办残疾人专职委员业务培训班，培训122名基层残疾人专职委员，培训内容为残疾人教育就业、组织联系、康复救助等业务知识。

【残疾人权益维权】2021年，琼中县残联专门成立以理事长为组长的琼中县残疾人无障碍工作领导小组，以总体统筹，分片区同步推进的模式，开展残疾人家庭无障碍改造建设工作。以户均8500元的标准，针对150户不同类别的残疾人家庭，“量体裁衣式”制定“一户一档”改造计划，严格按照施工标准，对改造质量进行把关验收，确保残疾人家庭满意率100%。

【残疾人文体工作】2021年，琼中县残联联合省残联文化传媒公司，于2021年5月15日晚在县虎岭展演馆举行庆祝建党100周年暨第三十一次全国助残日文艺晚会。表彰2020年至2021年琼中县基层（村、居）残疾人工作者队伍中的优秀共产党员10名、优秀残疾人专职委员3名、创业就业的励志残疾人5名。在全国第十一届残疾人运动会暨第八届特殊奥林匹克运动会比赛中，琼中县选派的3名残疾人运动员以坚韧不拔、顽强拼搏的运动精神，赛出成绩、赛出风格、赛出水平。中平镇思河村委会智力残疾人王超阳获得特奥会举重成年组67.5公斤级深蹲、卧举、提铃、总成绩4枚金牌；中平镇学校肢体残疾人彭家卫获得残运会团体乒乓球第四名；中平镇黎明村委会肢体残疾人杨崇钰获得残运会个人田径100米、400米第四名，200米第五名。

红十字会

【概况】2021年，琼中县红十字会本着“人道、博爱、奉献”的红十字会精神，以“三救、三献”工作为抓手，积极开展献造血干细胞、献器官遗体、防灾减灾知识、无偿献血知识、应急救护知识、募捐筹资等一系列工作，充分发挥党和政府在人道救助领域的助手和联系群众的桥梁纽带作用。

【宣传工作】2021年，琼中县红十字会采取多种形式，全力推进宣传工作。利用“5·8红十字博爱周”“5·12全国防灾减灾周”“6·14世界献血者日”在县城区繁华地段悬挂宣传横额，开展咨询服务，以发放宣传资料和红十字标志纪念品、播放红十字知识录像等宣传方式推进红十字活动，提高红十字活动的社会知晓率和公信力。县红十字会制作25个微视频宣传红十字会“三救、三献”相关活动，发放“红十字相关知识”“防灾减灾知识”和“无偿献血知识”等宣传册和宣传单页共1800份，发放宣传纪念品1800件，累计受众达8万人次。借助“国家宪法日”“世界红十字日”“艾滋病日”等主题，开展有特色、有创新、有针对性的相关法治宣传教育活动，取得普法宣传效果。

【“三献”工作】2021年，琼中县红十字会积极推动“三献”工作，不断拓展献血、献造血干细胞、献器官遗体等工作，县红十字会把“三献”工作基本知识列入卫生救护培训内容，利用卫生救护培训平台对献血、献造血干细胞、献器官遗体等知识进行宣传。在乡镇医疗单位门口张贴“三献”的宣传画报，让群众了解献血、献造血干细胞等知识，动员他们积极参与红十字会“三献”工作。2021年联合多家单位开展21场“学党史办实事”无偿献血活动，以实际行动向党的百年诞辰献礼，成功献血1738人次，献血总量621650毫升，较2020年增加542人次，献血量增加194450毫升。2021年发动造血干细胞捐献志愿者入库80人，较2020年增加77人，为需要造血干细胞移植的患者带去更多

2021年，县红十字会到县第一小学开展心肺复苏技能操作培训（陈欢欢　摄）

生的希望。2021年4月，一名晚期癌症患者在县红十字会的协调下，捐献角膜。2021年11月，县红十字会举办一期人体器官捐献培训班，宣扬“大爱奉献、生命永续”的人体器官捐献理念，现场有3人自愿进行人体器官捐献登记，有1人第二天专程到县红十字会进行登记，体现崇尚科学、移风易俗、尊重生命、友爱奉献的社会文明新风尚。

【卫生救护培训】2021年，琼中县红十字会为普及卫生救护和防病知识，提高群众自救互救能力，加强对高危行业重点人群应急救护培训，积极推动卫生救护培训工作。2021年县红十字会派员到机关、乡镇、社区、农村、企业开展应急救护知识普及宣传讲座20场，受益人数达1200人，培训救护员81人，培训“AED+CPR”1102人。提高广大干部群众自救互救能力，营造我为人人、人人为我的爱心社会氛围，传递社会主义核心价值观，提升正能量。

【关爱弱势群体，开展人道救助】2021年，琼中县红十字会以“红十字博爱送万家活动”为载体，开展人道救助。在元旦、春节期间，开展为期一个月的“红十字博爱送万家活动”，向10个乡镇的贫困家庭发放200个“博爱送万家”家庭包，同时筹措资金给32名地贫患儿、“三献人员”和困难群众春节前送温暖。把政府的关怀和温暖及时送到困难群众的心坎上，让他们度过一个温暖幸福、欢乐祥和的节日。

【开展博爱家园项目】2021年，琼中县红十字会争取省红十字会博爱家园项目资金用于惠民利民措施的落实，在长征镇烟园村开展防溺水应急救护知识培训，通过组织培训传播知识，并针对烟园村夜晚照明不足的问题，主动联系施工单位承建该村的亮化工程，为烟园村铺设52盏太阳能路灯，给群众带来实实在在的生活便利。

【开展募捐工作，搭建爱心平台】2021年，琼中县红十字会借助“腾讯99公益日平台”参与中国红十字基金的募捐活动，制作琼中县红十字会“一块做好事”页面在县域内发起为重症地中海贫血患儿募捐，共有62人奉献爱心，募得善款1866.54元。虽然数额不大，但这是2008年汶川地震以来琼中县红十字自主发起的有效募捐，为进一步推进募捐工作积累经验。

法治

政法委和综治

【概况】2021年，琼中县围绕“维护国家政治安全、确保社会大局稳定、促进社会公平正义和保障人民安居乐业”的基本任务，以强基促稳、政法队伍教育整顿、扫黑除恶为抓手，维护社会稳定，创新社会治理，开展政法各项工作，推进更高水平平安琼中和法治琼中建设。完成“建党100周年”“博鳌亚洲论坛20周年”等重大活动安保任务。政法队伍教育整顿中向省报送政法干警违纪违法线索191件，查实166件。受理涉法涉诉案件63件，全部办结。

【网格化建设管理】2021年，琼中县新增66个网格、57名网格员、3名县监管中心机房管理员，实现网格全覆盖。整合16个部门的相关工作职责，为琼中县形成“综合大网格”奠定基础和力量。网格员通过网格“E通”采集琼中县实有人口15.75万人，完成人头像采集13.44万人，楼栋信息采集3.67万条，法人信息采集1502条。为琼中县人口抽样等工作提供数据支持。2021年，网格员走访特殊人群4000人次，上报各类事件1030件，转办“12345”市民热线20多件，为60岁以上老年人办理老年优待证3283张，协助开展高龄老人刷脸6000人次，不见面审批代办服务数据录入5.8万人次，协助县就业局采集录入14万人口数据和就业情况，协助人口抽样调查3万人次，协助法院裁决书送达3次，协助气象局走访查看21个气象监控点，协助县委统战部排查和摸底18个宗教场所情况。

琼中县“雪亮工程”暨网格化三期项目于2020年2月20日开工建设，到2021年12月31日，施工81周，项目建设分7个部分内容：前端视频监控建设、后端平台软件部分、中心机房及乡镇监控中心扩容改造、存储系统建设、网络及安全设备、运维管理系统、网格化三期等，项目总体形象进度累计完成总工程量的88.4%。

2021年，琼中县综治中心信息化平台建设暨琼中网格服务综合信息平台建设三期项目，建成网格监督模块（矛盾纠纷上报处置系统）、网格管理模块（网格数据和网格员日常工作考勤）、网格服务模块（网格员便民服务模块）、决策分析模块、综治信息模块、综治考核模块、综治大数据模块、网格“E通”App（网格员工作手机端系统)、“平安琼中”App、系统维护模块，均正常运行。7月，琼中县“雪亮工程”暨网格化三期项目获2021年法治日报社举办的“2021政法智能化建设创新案例汇编”智慧治理创新案例。

【社会矛盾纠纷化解】2021年，琼中县围绕“平安琼中”建设，以创建全国最安全地区为工作目标，抓好全县矛盾纠纷排查调处工作,维护社会安定稳定。排查矛盾纠纷2343起，化解成功 2281起，无重大复杂矛盾纠纷发生，无群体性事件发生。

【未成年人保护和犯罪预防】2021年，琼中县制定并实施《琼中黎族苗族自治县未成年人保护和预防犯罪工作五年规划（2021—2025年）》《琼中黎族苗族自治县未成年人保护工作领导小组工作规则》等文件，走访全县各中小学，将辍学、厌学、逃学的65名学生列为帮教对象，实行1名政法单位领导或1名乡镇党委书记为组长的“N+1”结对帮扶机制。对全县37名有严重不良行为的未成年人开展“四访五帮”（“四访”：走访本人、走访监护人、走访老师、走访基层党组织负责人。通过走访，及时了解帮教对象的思想动态、家庭状况、学习情况和日常表现等。“五帮”：帮助完成学业、帮助掌握技能、帮助增强法治观念、帮助提升安全意识、帮助养成良好习惯）关爱帮扶工作。政法干部、干警和乡镇领导班子成员等111人参与结对帮扶工作，对不良行为未成年人成立帮扶工作小组。为全县各中小学配齐配强法治副校长，深入校园开展“法治进校园”“法治护青春”等教育宣传活动，宣传《中华人民共和国未成年人保护法》《中华人民共和国民法典》提高未成年人防性侵、防欺凌、防溺水、防触电等安全意识和能力。加强对未成年人思想教育和行为引导，培养高尚道德情操，引导未成年人养成良好生活习惯。

【校园周边环境综合整治】2021年，琼中县委政法委针对部分未成年人纹身、吸烟、喝酒等不良行为，组织县公安局、县市监局、县综合执法局等部门联合执法，排查全县纹身场所，并告诫各纹身场所经营者不得向未成年人提供纹身服务。发布公告，禁止全县餐饮和娱乐行业向未成年人销售烟酒，与1053家餐饮和娱乐行业经营法人签订承诺书，张贴宣传标语739张。开展扫黄打非工作，查处淫秽色情、凶杀暴力、低俗庸俗内容的图书、卡通画册、音像制品等，检查书店等各类场所305家次，未发现涉及淫秽色情、凶杀暴力、低俗庸俗等制品。

【政治安全和社会稳定维护】2021年，琼中县做好重要节点值班备勤和信息收集研判预警，完成“建党100周年”“博鳌亚洲论坛20周年”等重大活动安保任务；开展矛盾纠纷大排查、大化解工作，重点排查拖欠工资、购房纠纷、债务纠纷等容易引发重大群体性事件领域。排查重大涉稳风险问题34个，全部化解，全县未发生重大政治敏感、暴恐袭击、网络安全案（事）件。

【社会治理】2021年，琼中县依法开展打击电信网络诈骗犯罪、清理整治“三无”船舶、扫黄打非、打击“私彩”赌博、整治“黄赌毒”等违法犯罪行为915起，抓获电信网络诈骗40人，破获相关案件188起。

【禁毒工作】2021年，琼中县有吸毒人员119人，占全县常住人口（17.96万人）的0.66‰，比全省水平低1.34‰。落实吸毒人员出所衔接措施，实现出所接送率100%，社区戒毒社区康复执行率100%。推进“无毒创建”工作，上安乡、中平镇、什运乡“无毒乡镇”培育点通过省禁毒委检查组的考察验收；78个村（居）、社区申报“无毒村（居）”，占全县村（居）数的63.4%。

【扫黑除恶专项斗争】2021年，琼中县深化重点行业领域集中整治，推动扫黑除恶常态化取得实效。破解行业清源难题，围绕信息网络、交通运输、工程建设、自然资源四大重点行业领域，深挖涉黑涉恶线索和行业乱象问题，全年查出涉黑涉恶线索2条，破获涉黑涉恶案件5件，抓获犯罪嫌疑人56人；行业乱象问题10个，完成整治10个。县纪委监察与政法各单位聚焦群众反映强烈的重点问题，对发现的行业乱象问题和监管漏洞制定“三书一函”；黑财处置基本完成，召开会议专题研究部署2个涉黑团伙的“黑财”处置工作，逐一梳理“黑财”处置工作中遇到的难点堵点，逐一挂账销号。通过公开拍卖涉黑涉恶案件财产，处置2个涉黑组织案件的涉案财产。

2021年1月27日，琼中县人民法院、县禁毒办、镇综治办、镇禁毒办联合举办宣传活动图为宣传活动现场 （县政法委　供图）

【“四位一体”新机制建设】2021年，琼中县综治中心、网格化服务管理、社管平台和矛盾纠纷多元化解“四位一体”机制建设取得新成效。截至2021年底，“雪亮工程”视频监控平台接入视频监控1510路，在线率保持在90%以上。将网格员上报事项细化为129类，把28个部门和10个乡镇纳入网格员事件上报的处理流程中，做到“网格吹哨，部门协同处置”。

【政法队伍教育整顿】2021年，琼中县开展政法队伍教育整顿，强化宽严政策引导效应，全县政法干警主动说明问题150人，主动投案自首9人。突出重点抓组织查处，向省教育整顿办报送政法干警违纪违法线索191件，查实166件，办结率100%。县纪委监委、政法各单位处分处理182人，移送司法机关5人，因违纪违法问题调离政法队伍4人。出台《关于深入贯彻落实防止干预司法“三个规定”的实施意见》等工作制度86项，为执法司法工作提供制度遵循。县政法各单位通过开展自查自纠，覆盖干警400人次、查阅党组（委）会议记录2000份、排查案件2万件，未发现违规情况。

【涉法涉诉信访接待】2021年，琼中县受理涉法涉诉信访件63件，其中县信访局受理涉法涉诉信访件23件，均转相关职能部门办结；政法各部门受理涉法涉诉信访案件40件，比上年78件下降48.7%，其中办结39件、尚在办理1件。涉法涉诉信访秤中，县法院6件、县人民检察院12件、县公安局22件。

法治政府建设

【概况】2021年，琼中县落实县政府主要负责人推进法治建设第一责任人职责，以法治政府建设为引领，制定琼中黎族苗族自治县政府工作规叫》《重大行政决策公众参与制度》《重大行政决策合法性审查制度》明确凡是涉及经济社会发展和人民群众切身利益的重大政策、重大项目等决策事项，必须进行风险评估、法律市核，全年法律审核文件374件，法律顾间参加县政府常务会议20次，合法性审查县政府为主体的合同30件。办理群众诉求535件，办结535件，信访件18件，办结18件。

【营商环境优化】2021年，琼中县创新推出县领导联系服务企业2小时向题解决机制、“三个清单”管理机制和“五大服务”等举措，深化“一枚印章管审批”“证照分离”“不见面审批”“零跑动”等改革，累计为179个项目168家企业提供2100次上门及指导服务。“海南省一体化平台”覆盖率、使用率100%。先后推出“四个一批”“一业一证”“一件事次办”等审批改革事项771项，审批提前办结率99%。新增市场主体7610家，占既有市场主体的58.7%。“12345”琼中分平台被授予“全国巾帼文明岗”称号，“民声+政务”服务体验员、未办成事项协调服务窗口等经验做法在全省推广。开展2019年、2020年清理拖欠民营企业中小企业账款“回头看”2019-2020年拖欠账款11016.89万元，无分歧欠款10737.57万元，全部清理完毕。

【法治服务中心建设】2021年，琼中县落实《海南省多元化解纠纷条例》，执行“党委领导、政府负责社会协同、公众参与、法治保障”的多元化矛盾纠纷解决机制。强化法治服务中心建设。2020年11月至2021年底，县人民法院联合县司法局先后在海南湾岭农产品加工物流园、什运乡、长征镇等挂牌成立法治服务中心11个，全年通过各个乡镇法治中心调处化解的矛盾纠纷630件。

2021年3月27日，琼中县举办习近平法治思想专题讲座和习近平总书记关于学党史系列重要讲话专题讲座暨政法队伍政治轮训班（琼中融媒体 供图）

【规范性文件监督管理】2021年，琼中县提出书面法律审核意见408份其中合同280份、规范性文件5份、指导意见10份、其他文件113份，监督合同起草单位根据法律审核意见修改完善合同内容，维护县政府合法权益，确保项目开展。

【行政执法体制改革】2021年，琼中县深化行政执法体制改革。整合县自然资源规划局、县农业农村局、县卫健委等16个部门划转行政处罚、行政强制、行政检查权力事项978项，厘清执法权限。推进全县乡镇整合审批服务执法改革工作。赋权清单合法性审核，以县为单位选定和公布乡镇赋权事项清单，全县10个乡镇实现一支队伍管执法。推行“阳光执法”，落实行政执法公示、执法全过程记录重大执法决定法制审核“三项制”加强行政执法制度建设，落实行政执法报告制度，研制行政执法证据规则、案卷评查标准等，促进行政执法标准化、制度化、规范化。

【行政复议应诉】2021年，琼中县政府收到行政复议申请10件，受理10件，办结10件。行政应诉（含一、二审）案件36件，其中由县政府作为共同被告的15件，负责人出庭应诉8件，未有败诉案件发生。

【普法宣传教育】2021年，琼中县通过集中学习、专家授课等形式，组织全县领导干部学习习近平法治思想宪法等法律法规6次，受教育1200人次。贯彻落实国家工作人员宪法宣誓制度，组织各单位开展宪法宣誓仪式活动30场次，对新任命的7名领导干部开展任前法律考试、任前宪法宣誓活动，组织300名国家工作人员旁听庭审直播3次。组织全县领导干部利用“学习强国”App、法治宣传教育云平台等平台，自主学习习近平总书记关于全面依法治国重要论述、习近平法治思想、有关法律知识。开展“法律六进”等活动。组织开展“3·8妇女维权周”、禁止燃放烟花爆竹、春季禁渔、村居“两委”换届选举、“3·15”消费者权益百”“6·26国际禁毒日”等法治主题宜传教育活动75场次，出动宣传车65辆次，发放宣传资料4万余册，解答群众咨询2000余人次，受众8000人次。推进全县“民主法治示范村”建设围绕基层民主法治建设内容，对命名的

"民主法治示范村（居）"实行动态管理，通过开展复核工作，总结经验和推广树立先进典型，推动村（居）普法依法治理工作开展。2021年，全县有民主法治示范村（居）49个，其中国家级2个、省级47个。经过复核，提出保留意见48个、撤销意见1个。县司法局探索普法宣传新方式，打造"琼中普法"微信公众号、"琼中司法"抖音等自媒体宣传矩阵，推送普法动态信息1155篇。落实"谁执法、谁普法"要求。抓好特定对象的法治宣传，提高法治宣传教育的覆盖面、专业性、有效性。

2021年7月26日下午，琼中县召开全县政法队伍教育整顿总结大会。图为大会现场（琼中县融媒体中心　供图）

公 安

【概况】2021年，琼中县公安局深化"控发案、多破案、压事故、防事件"专项工作。由县公安局党委成员分片区、挂图、挂任务作战，将工作任务层层分解，具体落实到每个部门、每位民警，采取周调度、半月小结、月分析研判模式，全面跟踪推进工作。立现案364起，比2021年下降0.8%；破现案307起，比2021年上升86.1%。受理治安案件600起，比上年下降17.2%，查处违法人员396人。抓获网上在逃人员27人，受理道路交通安全事故650起，比2021年下降8.36%；死亡19人，比2021年下降13.64%；直接财产损失195.10万元，比2021年下降56.53%。抓获陵水县杀害民警命案逃犯黄某某，得到公安部副部长杜航伟、公安部政治部主任冯延、副省长闫希军等领导的肯定和表扬。破获一起积压21年命案。发生命案2起，保持全破。

【重要时间节点社会维稳】2021年琼中县公安局成立安保维稳工作领导小组，启动最高等级勤务模式，完成中国共产党成立100周年安保维稳工作。完成博整论坛年会、消博会等安保维稳工作，完成2次二级、1次一级警卫安保任务。

【扫黑除恶工作】2021年，琼中县公安局加强扫黑除恶专业队伍建设，保持对黑恶势力的进攻态势，接到各类涉黑涉恶线索18条，办结9条。处置的2个涉黑组织案件涉案财产共执行到位3743.7万元。

【禁毒工作】2021年，琼中县公安局破获毒品刑事案件3起，抓获毒品犯罪嫌疑人6人，完成任务指标的85.71%；查处吸毒人员3人，完成任务指标的50%。检查物流、寄递业190家次，检查包裹、物品13877件次，检查车辆1012辆次，检查人员22786人次，检查行李物品20929件次；开展易制毒化学品检查行动106场次，精神麻醉药品专项检查行动26场次。

【缉枪治爆专项打击整治行动】2021年，琼中县发布《关于依法收缴非法枪爆等物品严厉打击涉枪涉爆等违法犯罪的通告》，制定涉枪涉爆涉危违法犯罪线索奖励办法，编发《致全县人民群众的一封信》，与广大群众签订缉枪治爆工作承诺书。全面摸排调查全县各村庄、山寮、五金店化工产品售卖店、中学、医院、药店等，对涉枪涉爆犯罪前科人员、有符猎或炸鱼习惯的人员、军械枪迷、掌握制造枪爆物品技术人员等进行再梳理再排查。摸排山寮120处，排查重点场所108家，收缴各类枪支44支、枪支配件32件、射钉弹12700发、军用弹11发。发放宣传手册5万份，签订缉枪治爆承诺书近3万份。破获涉枪涉爆刑事案件6起，抓获违法犯罪人员6人；受理涉枪涉爆治安案件2起，抓获违法人员2人。

【电信网络新型违法犯罪打击】2021年，琼中县开展"国家反诈中心"App推广工作，成立推广"国家反诈中心"App工作领导小组，印发琼中黎族苗族自治县关于推广"国家反诈中心"App工作方案》，将推广工作分配落实到全县各单位，强化宣传推广工作。截至12月29日，琼中县"国家反诈中心"App注册91903人，占比51.17%，全省排名第6; 实名注册66390人，占比36.97%，全省排名第4。全年破获电信网络诈骗案件188起，其中当地5起、带破省外183起；劝阻疑似存在易骗人员454人次，止付1263.2万元。

【社会面治安管控】2021年，琼中县公安局成立社会面治安管控工作领导小组，统筹安排全局警力及群防群治力量，24小时巡逻防控。其中对县城地区街面、工地、居民小区等重点位置，抽调12名警力，强化路长制巡控，每日早上8时至次日凌晨2时开展巡逻防控工作；抽调16名警力成立“夜鹰战队，每日凌晨2时至次日早上8时开展巡逻防控工作。不定时突击清查检查娱乐场所、宾馆业、出租屋等场所。同时，发动外卖小哥、保安员、慢吧司机、网格员和护村队等群防群治力量，在各辖区同步开展24小时巡控工作。

【道路交通安全】2021年，琼中县公安局推进“减量控大”、酒驾醉驾、货车非法改装等整治攻坚行动，推动县政府成立县、乡一级“道路交通安全委员会”，定期联合县综合执法局、县公路交通、县农机服务中心等部门在国省道、城市道路进行路面巡查。依托路长制勤务机制，发挥路长、路管员、乡村“路管安全员”职能作用，重点整治农村地区酒驾醉驾、无牌无证、驾乘摩托未佩戴安全头盔等严重交通违法行为，做到周末、夜间凌晨、三天以上节假日“三个必查”。县公安局联合县交通局、县公路局、县应急局等单位对全县高速、国道、省道、乡道等事故高发路段进行隐患排查整改工作，增设交通提示标志标牌。利用“两微一抖”等政务新媒体平台，创建社区、企业、学校、农村宣传教育阵地，采取线上线下方式，用身边人、身边事引导教育群众增强出行安全意识。全年全县发生交通事故650起，同比下降8.36%；死亡19人，同比下降13.64%。

检 察

【概况】2021年，琼中县人民检察院6项民事、行政业务空白指标实现“破零”，行政执行监督检察建议采纳率比上年提高150%。先后获“全国维护妇女儿童先进集体”“海南省平安建设先进集体”等荣誉称号22项，被海南省人民检察院授予“2021年度先进基层检察院”称号。依法快速办理涉民营企业盗窃案1件2人、诈骗类案件2件2人，办理民事行政审判违法行为监督案件6件、民事行政执行活动监督案件10件。

【刑事检察】2021年，琼中县人民检察院依法惩治妨害社会生产生活秩序犯罪，依法快速办理涉民营企业盗窃案1件2人、诈骗类案件2件2人，对涉案民营企业家依法作出决定不捕4人、不诉9人，减少办案对企业生产的影响；采取“请进来”+“走出去”方式，多次邀请县工商联和当地民营企业家代表走进检察院参观座谈，安排干警走访企业面对面提供法律帮助，做好新冠肺炎疫情期间企业复工复产的法律指导，帮助企业解决有关涉法问题。其中对1起刑事立案7年未侦查终结、投资累计5857万元、年生产生猪4万余头的海南某公司非法占用农用地案依法撤案监督，并发挥行政争议实质性化解职能，协调行政机关对拆除猪场7年未执行的行政处罚不再执行，同时依法发出检察建议，该案获《法治日报》《检察日报》专题报道。

【民事行政检察】2021年，琼中县检察院办理民事行政审判违法行为监督案件6件、民事行政执行活动监督案件10件，发出检察建议14份。8月，与县信访局建立《关于建立检察监督与信访信息共享协作的机制》，明确工作目标、线索移送及对接协作机制，促进形成解决纠纷合力。开展“送法进乡村”宣讲活动，助力乡村振兴。针对村民最关心的民生问题，开展民法典等法律知识宣讲活动，并将真实案例拍摄成视频短片向群众宣讲，以案释法，增强群众法律意识和法治观念。

【公益诉讼检察】2021年，琼中县人民检察院针对白沙起义纪念碑园、牛头坡烈士纪念碑、潮村烈士纪念碑等烈士墓园由于管理不到位，纪念设施破损未及时修缮，周边环境杂草丛生、卫生脏乱差现象，将其立为行政公益诉讼案件，向琼中县退役军人事务局发出诉前检察建议书，建议其积极履行职责，加大监管力度，切实履行管理维护职责，维护英烈尊严。在检察机关和县退役军人事务局协调下，白沙起义纪念园、牛头坡烈士纪念碑、潮村烈士纪念碑等烈士墓园受损设施得到修缮，周边环境卫生得到整治。同时，县退役军人事务局组织干部职工及相关环卫工作人员120人，对琼中县烈士墓园存在的卫生问题予以整治，并制定白沙起义纪念园园区管理员管理制度，加强日常管理，使白沙起义纪念园整体环境得到改善。

2021年6月17日，琼中县人民检察院针对湾岭镇、营根镇辖区加油站在油桩上和便利店门口张贴二维码向手机用户提供扫码操作，违反安全生产法律法规和加油站作业安全规范，向县应急管理局和安全生产执法部门发出检察建议，督促其依法履行监管和执法职责，对全县加油站开展一次全面排查、专项整治工作，排除加油站安全生产事故隐患，确保辖区内加油站的安全生产。6月25日，县应急管理局对辖区内加油站进行全面安全生产隐患排查。

【未成年人帮教】2021年7月15日，琼中县人民检察院联合县公安局、县司法局、县民政局、县妇联、县关工委等单位，开展集中帮教、家长课堂等法治教育系列活动。接受法治教育的对象为一起聚众斗殴案件中的19名涉罪未达法定刑事责任年龄未成年人及其法定代理人。承办该起案件的未成年人检察部检察官向未成年人及其法定代理人剖析聚众斗殴事件背后存在的该地区未成年人教育问题，讲解现行法律中关于刑事责任年龄、聚众斗殴罪相关法律规定以及违法犯罪的代价。琼中县人民检察院和多家单位共同组建观护帮教小组，与每一位涉罪未达法定刑事责任年龄的未成年人及其监护人签订观护帮教协议，制定观护帮教计划，开展家长课堂、亲职教育和心理测评等工作，助力未成年人健康成长。

【扫黑除恶工作】2021年，琼中县人民检察院走访辖区5个派出所，查找遗漏犯罪线索，监督琼中县公安局立案6件，立案监督率100%；监督撤案4件，监督撤案率100%，成功追诉恶势力黄某某遗漏罪行。发现涉及琼中县看守所就收押、防控、管理等方面的监管安全问题，以检察建议、纠正违法通知书的形式发出要求改正文书22份。结合乡村换届选举，推进扫黑除恶常态化，参加村“两委”换届工作会议8次，开展扫黑除恶宣传，推进社会综合治理。

【检察开放日活动】2021年，琼中县人民检察院结合“检察听证：让公平正义看得见”第二届新时代检察宣传周活动。6月11日上午，组织开展“观摩公开听证，强化新时代法律监督”检察开放日活动。活动邀请县人大代表和县林业局、县住房和城乡建设局、海南热带雨林国家公园黎母山分局等单位代表参加。与会人员先后参观“12309”检察服务中心、案管大厅、远程提审室、远程视频接访室等场所，观摩该院对3家当事行政单位怠于履职、监管不到位，损害国家利益和社会公共利益召开的公开听证会。向与会代表介绍该院2020—2021年检察公开听证工作开展情况和相关典型案例，并听取与会代表对检察听证工作的意见和建议。

法院

【概况】2021年，琼中县人民法院受理案件3481件，比上年增长7.70%；结案3231件，结案率92.82%。审结案件中，上诉169件，上诉率9.39%，比上年下降34.51%；被二审法院改判23件，发回重审13件，二审改判和发回重审率14.4%，比上年下降35个百分点，审执质效保持良好运行态势。2021年，琼中县人民法院获省级以上表彰4次，个人获省级以上表彰6人次，被县委授予三等功1人、个人嘉奖8人次、全县优秀共产党员1人。

【刑事审判】2021年，琼中县人民法院受理刑事案件122件，审结112件，结案率91.80%。推进扫黑除恶专项斗争，受理恶势力犯罪团伙案件1件19人。开展禁毒大会战，受理毒品犯罪案件4件5人，比上年下降55.56%。与县人民检察院、县司法局、县禁毒办联合开展禁毒法治宣传活动，推动防毒禁毒教育进社区、进校园活动8次。围绕“平安琼中”建设，重点打击影响社会稳定的刑事犯罪。其中依法审结故意伤害、盗窃、寻衅滋事等案件31件61人，审结涉枪支案件6件7人，审结交通肇事、危险驾驶等案件41件42人。贯彻执行“教育为主，惩罚为辅”的未成年人犯罪案件审理政策，审结未成年人犯罪案件6件6人，适用缓刑3件3人。

【民事审判】2021年，琼中县人民法院受理民商事案件1963件，审结1801件，审结率91.75%。通过特邀调解、委托调解、委派调解、巡回调解等形式开展调解工作，化解当事人间的矛盾，做到“案结、事了、人和”，调撤案件650件，调撤率36%。2021年4月，县人民法院首次使用诉前调解无争议事实记载表化解纠纷，缩短速裁案件审理周期，提升审判效率。加强人民法庭建设，长征、湾岭2个派出人民法庭共受理案件482件，审结427件，结案率88.58%。2021年1月，湾岭法庭签发首例人身保护令，维护申请人的合法权益。

【行政审判】2021年，琼中县人民法院受理行政案件62件，审结54件，结案率87.10%。县人民法院加强与行政机关有力衔接，针对涉及土地资源、城建拆迁、劳动和社会保障等领域案件审理中发现的突出问题，向县委、县政府通报情况，并就行政执法存在的突出问题向行政机关提出司法建议2份。2021年12月，向2起行政登记系列案件被诉行政机关发出当年首份行政机关负责人出庭通知书，督促行政机关负责人出庭应诉。

【执行工作】2021年，琼中县人民法院受理执行案件1289件，执结1222件，执结率94.80%；执行到位金额3256.94万元，实际执行到位率24.08%。开展“发挥执行职能，做好‘六稳’工作、落实‘六保’任务”专项执行行动，加强“六类案件”执行工作，受理依法执结涉党政机关为被执行人的案件6件，无涉黑恶执行案件，涉金融借款合同案件237件，涉职务犯罪案件2件，涉民生案件86件。推进联合惩戒体系建设，发布失信被执行人名单186人次，其中企业法人代表17人次，屏蔽166次；先后在电视、报刊、微博、微信等公众平台公布失信被执行人名单，限制高消费492人次，其中企业法人代表39人次。

【司法为民】2021年，琼中县人民法院完成诉讼服务中心改造。该中心按照“一站式、全方位、多层次、集约化、高效能”标准构建，集诉讼服务一体机、智能法律服务机器人、诉讼风险评估系统、诉状自动生成系统、跨域立案服务等功能于一体，推行网上立案、自助立案、跨域立案、线上调解等便民服务。2019年底至2021年，办理跨域立案49件，网上立案43件，在线调解2537件，调解成功1853件。建设“24小时自助法院”和设立自助服务区，配备自助立案机、智能文书书写终端、智能机器人等设备，涵盖诉讼、诉状智能生成等各类信息应用系统和自助服务，集成诉讼引导、类案查询等各项自助功能。推行自助立案服务，提高自助立案效率，减少当事人排队等候时间。加强未成年人司法保护，院领导受邀担任华中师大琼中附中思源实验等学校法治副校长。推进“法律六进”，开展普法活动11次，发放各类宣传资料3000余份，现场为群众提供法治教育和法律咨询4300余人次，强化司法救助功能，为困难群众减、免诉讼费8.64万元，发放救助金7.06万元。

【司法公开】2021年，琼中县人民法院加强与人大代表、政协委员联络工作，邀请人民代表政协委员、机关事业单位工作人员等参与视察法院、旁听庭审、见证执行、座谈交流等活动210人次。邀请县人民检察长列席审委会10次。依托“两微一端”发布法院工作动态，直播庭审和执行现场，邀请人民陪审员参审案件554件，公开裁判文书945份，庭审直播案件1105件，观看595221人次。利用微信、微博等新媒体对外发布及转载信息5400条。

【“智慧法院”建设】2021年，琼中县人民法院推广应用“海南移动微法院”，进行案件“自助立、网上立和就近立、跨域立”，实现诉讼服务异地办理。推广“人民调解”平台，设立在线调解室，打通内外网数据接口，制定在线调解规范，推动纠纷线上办理，实现“指尖诉讼”和“掌上办案”。完善“12368”诉讼服务热线功能，启用微信、支付宝、银联自助缴费方式，打造线上“一网通办”与线下“一站服务”相结合的立体便民模式。启用科大讯飞智能语音庭审系统，利用人工智能语音识别系统提高审判效率，书记员操作即可“一键启动”，庭审发言通过声音识别自动显示转换到庭审记录之中，减轻庭审记录压力，提高庭审记录的完整性和准确度。

司法行政

【概况】2021年，琼中县司法局聚焦司法行政主责主业，践行司法为民宗旨，推动司法行政工作高质量创新发展。全年受理各类矛盾纠纷530件，成功调处504件；受理法律援助案件583件，解答群众咨询165人次；办理各类公证616件。

【社区矫正】2021年，琼中县建立由辖区民警、村“两委”、村小组长、人民调解员、网格员及刑释解教人员家属组成的刑释解教人员安置帮教领导小组，接收社区矫正对象81人，解除矫正82人。全年组织社区矫正对象开展学习教育2000人次，组织公益活动1900人次，训诫社区矫正对象3人次，警告2人次，撤销缓刑收监执行1人，无社区矫正对象脱管漏管。安置帮教衔接157人，衔接率100%。年底，在册社区矫正对象130人，在册安置帮教人员474人，无重新犯罪情况发生。

【人民调解】2021年，琼中县司法局加强人民调解员队伍建设，通过购买服务方式，为全县126个村（居、林场）聘用专职人民调解员，实现村（居、林场）专职人民调解员全覆盖。组织开展“两节”“两会”和“庆祝中国共产党成立100周年安保信访维稳”等纠纷排查调解工作。各级调解组织开展矛盾纠纷排查调处活动148次，排查发现矛盾纠纷50起，受理各类矛盾纠纷530件，成功调处504件，调处成功率95.09%，其中有91件申请司法确认，全县没有因疫情引发的冲突纠纷。

【法律服务】2021年，琼中县加强县级公共法律服务中心、10个乡镇公共法律服务站、126个村（居）公共法律服务点建设，完善工作机制。推进公共法律服务体系建设，县司法局整合法律人才资源，将法律服务向村（居）延伸，聘任49名律师为专职村（居）法律顾问。2021年，法律顾问为群众开展“乡村振兴法治课堂”换届选举法律宣传讲座117次，《中华人民共和国民法典》《中华人民共和国海南自由贸易港法》《中华人民共和国宪法》宣讲136场；为村（居）重大项目谈判、签订重要经济合同和其他重大决策提供法律意见13次，协助村（居）处理换届选举的法律问题32次，协助村（居）委会处理信访案件1次，开展法律讲座与普法宣传253次，为村民提供法律咨询127次，处理矛盾纠纷1次，参与调解6次。

【法律援助】2021年，琼中县司法局受理群众法律咨询2025件，其中“12348”接听1069人次，群众来访1010人次，完成省司法厅交办任务量的203%。受理各类法律援助案件583件，完成省司法厅交办任务量的116.8%。其中民事案件253件、刑事案件143件、认罪认罚188件，结案382件。为困难群众挽回经济损失788万元，其中为农民工挽回损失32.8万元。收到群众赠送锦旗6面。进行9次宣传，向群众发放宣传册5800份、宣传袋1010个，解答法律咨询165人次。

军 事

驻军单位

【概况】2021年，当地部队聚焦保障打赢，带领官兵牢记职责使命，练兵备战谋打赢，刻苦训练，发扬战斗精神，锤炼打赢本领；官兵随时准备打仗思想树得牢，战斗作风过硬，士气高，单位全面建设持续向上向好。2021年，获评“先进基层党组织”“练兵备战先进单位”“践行强军目标先进单位”等；完成上级安排的大项任务，3人立个人三等功，1个执行任务尖刀班获集体嘉奖1次。

【部队政治建设】2021年，部队以“党史学习教育”和“传承红色基因，担当强军重任”主题教育为牵引，统筹抓好官兵思想政治教育，开展“回顾入党初心、投身联勤事业”主题党日和“青春心向党、强军担重任”主题团日等活动，通过组织官兵重温入党（团）誓词、参观烈士纪念园、观看红色电影、组织交流研讨等形式，统一思想认识，武装官兵头脑。注重挖掘大学生士兵和一线带兵骨干教育潜力，开设“战士讲堂”，发动官兵人人上讲台，畅谈体会、交流感受、答疑解惑，使官兵主体成为重要教育力量，在单位组织的集中教育中进行授课交流。组织官兵依托军事职业教育平台、手机“军职在线”客户端、“学习强国”App自主开展理论学习。领导班子坚持抓动向、把方向、纠偏向、树导向，关注意识形态领域斗争形势，引导官兵增强“四个意识”、坚定“四个自信”、做到“两个维护”。

【部队战备建设】2021年，32553部队班子成员带头参加实战化训练，完成规定的训练任务，在谋划打仗、保障打仗、服务打仗中找准定位，发挥作用。单位主官军事体能素质、训练综合成绩始终排在单位前列。在上级群众性练兵比武竞赛中，获团体总成绩第一名、个人全能第一名和第三名。5名官兵参加上级比武竞赛，1人获个人竞赛第五名，2人所在团体获团体第二名。

【部队管理】2021年，32553部队第一届党委班子成立后，结合新下发各类工作条例，修订党委议事规则，研究制定请销假、查铺查哨、查库巡库、部队管理等制度规定，规范财务管理事项，确保事按制度办、人按职责干成为习惯。坚持学习制度和议事制度，贯彻民主集中制和集体领导原则，落实民主生活会制度，解决影响制约部队发展的主要问题，研究重大问题、敏感事项，全部按标准按条件按程序办事，风气监督员全程跟进督导。抓好《军队基层建设纲要》《军队安全管理条例》《保密条例》等法规条例的学习，培养官兵遵规守纪的自觉性。抓一日生活秩序、值班执勤、请假销假、查铺查哨等制度落实，抓好官兵队列素养、礼节礼貌、军容风纪等日常养成，注意纠正官兵不良行为。执行“禁酒令”，重点查纠站岗执勤松散、违规使用手机、网络赌博、网络借贷等隐患苗头。突出两会、七一等重点时期的部队管控，规范“四个秩序”（战备、训练、工作、生活），确保人员车辆管得住、重要目标管得好、武器弹药管得牢，纠治管理松懈、作风松散、纪律松弛等倾向性问题。

【部队综合保障】2021年，部队加强后勤保障管理，严格伙食经费使用，定时公示伙食账目；运行军人委员会职能，收集伙食意见；定期组织炊事人员外出培训，提高炊事保障水平。协调县政府对官兵家属临时住房进行改造并完善生活基本设施条件，在官兵家属到部队时安排车辆接送，做好伙食保障。完善补充战备训练物资器材。

【双拥共建】2021年清明节期间，部队全体官兵前往白沙起义纪念园与驻地政府、人民团体、群众代表等一起缅怀琼崖纵队革命先烈。五四青年节前夕，对华中师范大学琼中附属中学国防班43名学生进行为期3天的军事训练和军营体验活动。国防班实行半军事化管理，学生参与体验官兵训练、生活，进行五四精神宣讲并观看电影《血战湘江》。八一前夕，琼中县人民政府领导到部队进行拥军慰问，调研驻地官兵生活现状，了解部队建设困难。11月份，部队与什寒村签订双拥共建协议，提高军地互动、共学共建活动效果，明晰活动开展计划。

武警琼中黎族苗族自治县中队

【概况】2021年，中国人民武装警察部队琼中黎族苗族自治县中队（简称武警琼中县中队）抓好部队思想政治工作，完成以执勤处突为中心的各项任务。做好后勤保障，增强综合保障能力。中队被评为执勤正规化一级单位，被琼中县政府评为双拥共建基层单位。

【部队思想政治建设】2021年，武警琼中县中队学习贯彻习近平新时代中国特色社会主义思想和习近平强军思想，开展“忠诚维护核心，矢志奋斗强军”主题教育和党史学习教育。经常开展课后讨论、心得交流等活动，落实经常性思想工作制度，开展思想心理排查、“知兵爱兵”、兴趣爱好小组、育才学习等活动。6月，编排中队特色节目“舞龙”参加儋州支队一对一品文艺演出。官兵精神状态昂扬，官兵关系、兵兵关系密切，军政军民关系良好；安全基础牢固，无发生政治性问题，无发生严重违纪、等级事故、刑事案件、失泄密问题。

【安全保卫】2021年，武警琼中县中队修订各类方案，完成战备值班任务。“一句话命令加补充指示”指挥法运用熟练。开展战备教育演练，完成遂行任务。抓战备教育，分析形势，定期进行战备常规检查并抓好问题落实整改。抓好专勤专训，把训练场搬到哨位上，模拟多种可能出现的情况，提高哨兵处置能力。完成联勤武装巡逻和多次押解任务。落实“安全工作八个规范”和新《正规化管理若干规定》《武警部队人员行为手册》内容，部队秩序正规、纪律严明、安全稳定；落实每月安全法规、安全常识学习，开展“百日安全竞赛”活动，实现全年安全无事；落实管装爱装教育，装备管理规范有序，管好用好武器装备，枪弹安全无事故；维护保养密码设备，确保运行状态良好。

【后勤保障】2021年，武警琼中县中队落实财经纪律,确保经费开支依法依规。组织学新修订的后勤各项规章制度，坚持财务工作“四个到位”（重视到位、保障到位、管理到位和培养到位）。落实专业兵训练、会操、考核制度。每月经济民主组查账，考核司务长业务能力、卫生员战场救护能力、军械员武器练习分解结合能力。发挥经委会的作用，严防管理不善现象发生。开展农副业生产，实行责任制，激发官兵劳动热情。落实后勤各项制度，正规管理物资，科学调剂伙食，定量符合标准，规范设置各库室，管理好营产营具。

县人民武装部

【概况】2021年，琼中县人武部确立“以正规化建设为切入点，坚持抓班子带队伍、抓作风促养成、抓制度促落实、抓机制促发展”的建设思路，推进年度各项工作落实，强化干部职工理论学习和全民国防意识教育，抓好思想政治教育、班子队伍建设和党管武装工作，落实党委议军、武装述职、工作例会、“军事日”活动等制度，增强各级领导干部管武装、兴武装的责任感。

【部队思想政治建设】2021年，琼中

2021年5月1日，华中师范大学琼中附属中学国防班开班仪式　（32553部队 供图）

县人武部以党史学习教育为主线，强化干部职工的理论学习和全民国防意识。根据年度政治工作指示、民兵政治工作要点和年度政治教育计划，每月党委研究教育具体内容，提高教育针对性。参加省军区党委中心组理论学习、部领导带头授课辅导、组织党日活动，强化举旗铸魂，提高政治意识和政治能力。采取集中学习和个人自学相结合的形式，组织干部职工学理论、读原文。研究制订《人武部党史学习教育实施方案》，按阶段步骤组织全体人员学系列讲话、学党史教育实践活动；坚持从领导讲党课、定期过组织生活、按时缴纳党费等基本制度、基本义务入手，组织全体党员干部围绕“学党史、悟思想”谈体会、讲认识，强化党员的“四个意识”。结合琼中红色故事，制作《传承先烈精神感悟百年党史》微课，并获省军区党史微课三等奖；制作营区宣传栏、橱窗展板，搞好宣传发动，营造党史学习教育氛围。

【**军事训练**】2021年，琼中县人武部落实年度军事训练计划，坚持按纲施训、科学组训，采取集中轮训、以勤代训、联演联训、在岗训练等形式，抓好现役干部、文职人员军事训练。开展军事职业教育，将学习配套融入“四个秩序”建设，全员完成4门课程、4篇读书笔记，考评结果均为优秀；6月、10月，先后参加上级组织国防动员指挥演练，完善琼中县军地联合指挥所编组方案，完成编制各类演练文书。完成年度军事训练任务。根据训练计划，按纲施训、科学组训，按照通知、计划、考勤、考核、统计、补助等步骤及登统计要求，落实每期训练资料规整。加大规范建设推进力度。

【**基层武装部建设**】2021年，县人武部抓好基层人武部和民兵基层规范化建设（简称“两个基层”规范化建设），坚持党管武装，强化民兵工作组织领导，组织召开“两个基层”规范化建设任务部署会。向县委、县政府主要领导呈报省政府、省军区关于“两个基层”规范化建设达标及考评办法，与县政府联合成立“两个基层”规范化建设达标考评工作领导小组。10月12日，与县政府联合印发《琼中黎族苗族自治县基层人民武装部和民兵基层规范化建设达标及考评方案（试行）》。先后组织“两个基层”抓建达标任务部署会、业务培训会、调研指导、单位自评、军地联合考评验收。借助“两个基层”达标建设任务，组织全县基层人民武装部和民兵基层等16个单位，按照规范化建设考评细则，全面梳理并自查“两个基层”队伍建设、工作任务、基本制度、基层设施、相关保障等工作落实情况，发现问题及时整改。按照基层人武部“三室一库”、基干民兵连部“两室一库一家”、普通民兵营（连）部“一室一家”的建设标准和要求，提高硬件设施建设标准；按照档案规整目录要求，结合新版登统计本、表、册的格式，组织达标单位专武干部集中办公，规整乡镇人武部和民兵基层的软件档案资料。针对琼中县专武干部队伍结构老化、能力素质相对薄弱的问题，拟定专武干部队伍补充方案、干部调整交流方案。根据《海南省基层人民武装部和民兵基层规范化建设达标及考评办法（试行）》，结合实际，2021年计划达标的基层人民武装部为湾岭镇、黎母山镇、长征镇、上安乡4个乡镇，计划达标的民兵基层为县应急连。经过县政府和县人民武装部筹划部署和考核考评，上述4个乡镇武装部和县应急连均已完成单项达标和总评达标。

【**征兵工作**】2021年琼中县调整征兵工作领导小组，明确职责分工。召开3次征兵工作会议，针对民族地区“高学历青年征集难”痛点，围绕“五率”（报名率、上站率、合格率、择优率、退兵率）考评量化要求，把适龄大学生、大学毕业生名单分发到乡镇（街道）进行逐人核对。组织乡镇专武干部、民兵连排长走访预征对象家庭，宣传参军入伍奖励等优惠政策；利用电视、公路广告牌、横幅标语、宣传录音等，宣传《中华人民共和国国防法》《中华人民共和国兵役法》《征兵工作条例》等法律法规；在县地方电视频道、主流网络媒体、微信平台、公共电子显示屏、公交视讯、高中校园闭路电视等同步滚动播放征兵宣传片。在华中师范大学琼中附属中学、琼中县思源实验学校、县职业技术学校成立国防班，组织国防教育专题辅导；与县教育局联系，掌握在外就读大学生的人数和联系方式，动员在外就读大学生回琼中县应征入伍；根据“五率”考评细则，入户排查摸清琼中县大学生底数，下发琼中县各乡镇征兵任务，提高琼中县大学生应征比例。严肃征兵纪律，细化廉洁征兵要求，加大征兵工作人员廉洁自律教育，聘请廉洁监督员35名，接受社会各界监督，确保阳光征兵。抓好征兵体检与政治考核等环节，完成上级赋予琼中县的新兵征集任务。

【**国防教育**】2021年，琼中县人武部召开全县党管武装和国动委会议，做好年度党管武装工作和国防动员工作筹划，并抓好落实。县民政局、县人力资源和社会保障局、县司法局等部门在退役军人安置、家属就业等方面合作，落实各项拥军优属政策。组织国防教育宣传进校园、进社区活动；将国防教育与征兵宣传、双拥共建等相结合。通过设置宣传栏，滚动播放征兵宣传片、推送手机短信、网络平台发布通告等方式进行宣传。开展红色资源挖掘，收集老干部、民兵口述历史、红色资源专题片等资料；结合琼中县红色资源，制作党史微课“传承先烈精神，感悟百年党史”，获省军区党史微课三等奖；2021年4月和6月，先后组织人武部官兵和地方党政干部前往白沙起义纪念园，瞻仰烈士，重温入党誓词。9月，组织县四套班子领导和国动委成员单位76人参加“军事日”活动。9月1~6日，在华中师范大学附属琼中中学组织琼中县学生开展军事训练，培养学生军事生活习惯，增强组织性和纪律观念。12月，充实改造县国防教育室展陈内容，集中展示中国人民解放军发展历史以及琼中儿女不屈的革命斗争精神。

【地方社会建设参与】2021年，琼中县民兵参与地方社会建设，完成“三月三”活动安保、6月初红毛镇森林灭火、9月全县高中新生军训、10月份抗击台风“圆规”、防汛救灾、新冠疫情常态化防控等工作。

【综合保障工作】2021年，琼中县人武部加强军车驾驶员及日常私家车驾驶员安全驾驶相关教育培训，与地方公安交警部门联动车辆驾驶员安全驾驶情况通报。争取地方项目建设经费用于建设工程项目，琼中县人武部民兵训练中心篮球场、羽毛球场、民兵训练射击场工程项目完成施工建设。协调县退役军人事务局，通过地方财政预算翻修营区围墙，协调地方政府栽种营院内椰子树等绿植，优化营区训练办公生活环境。琼中县人武部营院实行社会化保障管理模式，优化营区物业服务结构。加强营区出入车辆、人员管控，测温验码显示正常方能进入营区。每月按一定人员比例进行核酸检测，建立人武部疫情防控相关处置预案。配备口罩、防护服、酒精消毒液等疫情防控物资，对单位全体人员家属及其接触人员是否有中高风险地区旅居史及时进行风险排查。落实日常战备值班、干部职工请销假、车辆使用派遣、武器装备管理、集中文印等制度。

人民防空

【人防信息化】2021年，琼中县对2021年新一轮人防重要经济目标情况进行普查，统计石油化工、水库电站等重要信息，建立信息化管理台账，上报省人防办。升级完善人防警报系统建设场所，构建全省人防警报报知“一张网”。

【人防工程】2021年，琼中县拥有一定数量的场地型应急避难场所和场所型应急避难场所，主要依附于室外公园及公共建筑地下室进行建设，覆盖周边区域内人员进行公共疏散、应急掩蔽、临时生活等战时功能。

【民防事项审批】2021年，琼中县民防事项行政审批内容纳入县行政审批服务局，主要有人民防空地下室规划与异地建设审批、人防地下室施工报建审批等相关事项，并由县住建局（人防办）组织各参建单位进行联合验收。

【人防“五进”宣传】2021年，琼中县人防办利用“5·12”汶川地震纪念日、“10·13”国际减灾日等时间节点，联合县安委办、县资规局、琼中地震监测中心站等部门开展人防宣传活动进校园、进企业、进社区、进机关、进媒体等“五进”活动。全年开展联合宣传活动5次。

【防空警报试鸣】2021年，琼中县根据省人防办要求，提前做好试鸣日准备工作，避免造成试鸣恐慌。10月29日海南省防空警报试鸣日，通过预警系统群控的方式，拉响琼中县城区域内布置的固定警报器，与省人防办协同做好全省防空警报试鸣联动工作。同时开展人防宣传“六进“活动，县人民防空办联合县住建局、县地震局、县应急管理局、县资规局、琼中地震监测中心站等部门借助“5.12”、科技活动周等时间节点开展人防宣传活动进校园、进社区、进农村共6次，发放宣传册300余本；开展疏散演练，各中学及社区开展年度疏散演练5次，通过常态化应急演练提升空袭应急逃生处置能力。

退役军人事务

【退役军人移交安置】2021年，琼中县完成海南省退役军人事务厅下达的退役士兵安置任务，全部安置在县城的事业单位，身份均为事业编制管理岗。

【退役士兵社保接续办理】2021年，琼中县做好部分退役士兵社保接续工作。政府承担社保缴费739.34万元。

【退役军人优抚优待】2021年，琼中县退役军人事务局对优抚对象的抚恤生活补助、残疾军人护理金、退休企业军转干部生活困难补助金等做到按时足额发放，及时解决优抚对象医疗报销救助金，为困难退役军人排忧解难。全年发放优抚资金等各项资金763.87万元。

【拥军优属】2021年春节至八一期间，琼中县慰问省军区等驻琼部队，慰问优抚对象、烈士遗属、现役军人家庭、困难退役军人等，发放慰问品、慰问金合计108.16万元。常态化开展为立功受奖现役军人家庭送喜报活动。全年琼中县为立三等功现役军人家庭送喜报，发放奖励金0.52万元。

【退役军人就业创业】2021年，琼中县退役军人事务局树立退役军人创业先进典型，宣传琼中县蔡江、王志平、钟治军等“模范退役军人”“最美退役军人”事迹，通过树立和宣传退役军人先进典型，带动广大退役军人向先进典型学习、自强不息的良好社会风尚，弘扬社会正能量。年内琼中县黎母山镇翔尔生态园基地被县授牌，琼中长兴槟榔种植农民专业合作社被省厅授牌。截至年底，琼中县打造11家退役军人就业创业基地，为其他退役军人在就业创业方面起到很大的示范作用，成功带动退役军人就业创业。开展退役军人教育、就业创业培训。会同县就业服务中心、消防大队、海南和运人力资源有限公司等部门对退役军人进行3期培训。

经济管理

宏观经济调控

【统筹协调疫情防控和经济发展】2021年，琼中县有效应对国内外疫情散发等多重考验，扎实做好“六稳”“六保”工作，加大保供稳价和助企纾困力度，加快推进“一县三城五地”建设步伐。全县主要宏观经济指标保持稳定恢复，农业平稳增长，工业增势较好，投资增速扭负为正，消费品市场、旅游市场、服务业恢复性增长，高质量发展稳步推进，经济发展韧性不断增强，实现“十四五”良好开局。经核算2021年琼中县地区生产总值66.32亿元，同比增长10.1%，全省增速排名第7，第二平台市县增速排名第1，超过年度目标0.1%，比2019年同期提高12.4%，两年平均增长5.9%。其中第一产业增加值22.05亿元，同比增长2.5%，比2019年同期提高6.5%，两年平均增长2.9%；第二产业增加值11.38亿元，同比增长23.3%，比2019年同期提高21.7%，两年平均增长12.4%；第三产业增加值32.89亿元，同比增长11.7%，比2019年同期提高13.4%，两年平均增长6.1%。2021年三次产业结构调整为33.2；17.2；49.6。

【经济运行监测】2021年，琼中县经济运行情况良好，农业生产形式较好，种植业增速加快。全县农林牧渔业增加值22.64亿元，同比增长2.7%，比2019年同期提高13.2%，两年平均增长6.4%。

种植业平稳增长。2021年琼中县种植业产值23.61亿元，同比增长6.7%。其中花生种植面积1273公顷，同比下降6.3%，产量2950.25吨，同比下降5.8%；蔬菜收获面积3833公顷，同比增长0.2%，产量33238.7吨，同比增长0.6%；槟榔种植面积16880公顷，同比增长21.1%，收获面积9027公顷，同比增长3.0%，产量23361.53吨，同比下降5.7%。

林业恢复放缓。2021年琼中县林业产值8.36亿元，同比下降2.2%。其中橡胶收获面积36340公顷，同比增长0.4%，产量2.72万吨，同比下降2.4%；木材采运27.61万立方米，同比下降3.3%。

畜牧业发展缓慢。2021年琼中县畜牧业产值8.09亿元，同比增长2.2%。生猪出栏16.22万头，同比增长7.8%，存栏11.35万头，同比下降8.1%；牛出栏0.52万头，同比下降18.8%，存栏0.69万头，同比下降20.8%；家禽出栏量110.94万只，同比下降25.1%；存栏31.44万只，同比下降25.4%。

工业生产持续增长，企业效益稳步提升。2021年琼中县工业增加值2.91亿元，同比增长10.0%，比2019年同期提高2.8%，两年平均增长1.4%。其中规模以上工业增加值同比增长21.4%，全省增速排名第5，第二平台市县增速排名第1，规模以下工业同比增长5.2%。全县规模以上工业继续呈现“三升二降”情况，分行业看，规模以上水力发电业产值同比增长24.8%；规模以上非金属矿制品业产值同比增长56.0%；规模以上药材加工业产值同比增长36.5%；规模以上家具制造业产值同比下降63.6%；规模以上木材加工业产值同比下降41.6%。家具制造业、木材加工业受市场竞争影响，市场需求下滑使得木材加工企业的订单大量减少，导致产值进一步下降。

消费市场持续升温。2021年全县社会消费品零售总额19.92亿元，同比增长16.1%，全省增速排名第10，第二平台市县增速排名第2，比前三季度提高0.8百分点，比2019年同期提高10.2%，两年平均增长5.0%。按消费类型分，餐饮收入2.59亿元，同比下降7.9%；商品零售额17.33亿元，同比增长20.8%。四大行业中，批发业销售额为13.79亿元，同比增长55.9%；零售业销售额13.72亿元，同比增长16.8%；住宿业营业额1.12亿元，同比增长8.3%；餐饮业营业额2.59亿元，同比增长25.4%。

旅游市场持续活跃。根据县旅文局数据，2021年全县共接待游客总人数135.80万人次，同口径同比增长145.1%；实现旅游收入6.92亿元，同口径同比增长113.0%。其中接待过夜游客60.24万人次，同口径同比增长40.4%，全省增速排名第7，第二平台市县增速排名第2；实现过夜旅游收入5.18亿元，同口径同比增长75.0%。接待一日游游客75.56万人次，同比增长475.1%；实现一日游旅游收入1.74亿元，同比增长404.4%。（注：以上游客总人次、过夜游客人次、总收入、过夜旅游收入的同比数据均不含前三季度候鸟游客。）

服务行业平稳增长，新兴行业有待加强。2021年全县服务业增加值32.89亿元，同比增长11.7%。其中批发和零售业增加值5.50亿元，同比增长15.1%；交通运输、仓储和邮政业增加值0.45亿元，同比下降6.3%；住宿和餐饮业增加值2.87亿元，同比增长10.2%；金融业增加值3.87亿元，同比增长1.4%；房地产业增加值3.21亿元，同比增长2.1%；其他服务业增加值16.41亿元，同比增长16.2%。

财政收支增速有所减缓。2021年全县地方一般公共预算收入累计2.57亿元，同比下降19.9%，全省增速排名第18，第二平台市县增速排名第9，完成年度预算的77.7%，比2019年同期下降14.6%，两年平均增长-7.6%。按结构看，税收收入完成1.41亿元，同比上升5.4%，完成年初预算的96.5%，占全县一般公共预算收入的54.9%；非税收收入完成1.16亿元，同比下降38.1%，完成年初预算的62.8%，占全县一般公共预算收入的45.1%。全年全县地方一般公共预算支出37.95亿元，同比减支4.4%，全省增速排名第7，第二平台市县增速排名第4，完成年度预算的121.6%，比2019年同期下降1.2%，两年平均增长-0.6%。其中交通运输支出增长129.4%、国防支出增加85.6%、社会保障和就业支出增长6.2%、教育支出增长0.9%、商业服务业等其他支出减少2.8%、节能环保支出减少24.4%、住房保障支出减少36.0%。2021年“三保”总支出16.01亿元，占全年“三保”预算总额106.5%。

金融市场稳定发展。根据中国人民银行琼中支行提供数据，2021年金融机构本外币存款余额111.90亿元，比去年同期增长7.3%。其中，境内存款中住户存款93.63亿元，同比增长12.3%；非金融企业存款9.78亿元，同比下降4.1%；广义政府存款8.47亿元，同比下降21.0%。金融机构本外币贷款余额82.73亿元，比去年同期增长7.6%。其中，境内贷款中住户贷款45.56亿元，同比下降9.0%；非金融企业及机关团体贷款37.18亿元，同比增长38.7%。

统筹推进城乡发展，居民收入保持增长。根据国家统计局琼中调查队提供数据，2021年琼中县居民人均可支配收入23243元，同比增长10.3%，增速全省排名第3，第二平台市县增速排名第3。其中，城镇常住居民人均可支配收入36109元，同比增长8.1%，增速全省排名第10，第二平台市县增速排名第7；农村居民人均可支配收入15951元，同比增长13.0%，增速排名全省第1，第二平台市县增速排名第1。

居民消费价格小幅上涨，市场需求相对稳定。根据国家统计局琼中调查队提供数据，2021年琼中县居民消费价格指数（CPI）同比上涨0.3%。八大类商品和服务价格“六升二降”。其中交通和通信上涨5.1%；教育文化和娱乐上涨1.3%；居住上涨1.0%；生活用品及服务上涨0.2%；衣着上涨0.1%；医疗保健上涨0.1%；其他用品和服务下降1.3%；食品烟酒下降2.0%。

贸易进出口实现零突破。2021年首次实现货物贸易进出口零突破，货物贸易进出口总额2267.96万元。

生态环境质量保持优良。2021年12月份环境空气质量综合指数（AQI）为2.26，空气质量全省排名第7，第二平台市县增速排名第4；PM10浓度为30微克/立方米，同比下降11.8%；PM2.5浓度为19微克/立方米，同比下降17.4%。

【固定资产投资】2021年琼中县完成固定资产投资同比增长4.8%，全省增速排名第14，第二平台市县增速排名第6，较2019年同期增长24.8%，两年平均增长11.7%。从房地产销售情况看，全县商品房销售额221万元，同比下降71.7%，全省增速排名第19，第二平台市县增速排名第9；商品房销售面积300平方米，同比下降76.4%，全省增速排名第19，第二平台市县增速排名第9。从投资结构看，建安工程投资同比增长4.9%，占整体固定资产投资的66.6%。按产业结构来看，第一产业项目有7个，完成投资占整体固定资产投资的1.8%；第二产业项目有25个，完成投资占整体固定资产投资的9.1%；第三产业项目有111个，完成投资占整体固定资产投资的73.6%（注：不含跨区项目）。从投资领域看，政府投资占整体固定资产投资的30.1%；社会投资占整体固定资产投资的49.5%。其中琼中兆南城、琼中百花岭综合旅游开发、湾岭橙果•美湖、琼中三永凤凰汇商业综合体、琼中城北片区商务综合体等5个项目累计投资占全县固定资产投资完成额22.5%，成为固定资产投资增长的主要支撑点。

【项目融资】2021年，琼中县通过申报地债和市场化的投融资方式，已落实3.1亿元专项债及正融资10亿元用于完善基础配套设施建设，提高园区的承载力。截至2021年底，已投资4303万元建设基础设施，累计投资7.79亿元。平整土地26.7公顷，累计平整土地113.3公顷。累计建成标准厂房2.7万平方米，建成配套设施1.2万平方米。完成1.5千米路网的建设，累计完成6.38千米路网的建设。

【重点项目建设】2021年琼中县省重点项目有1宗，即百花岭旅游综合开发项目（一期），总投资28亿元，年度计划投资3亿元，2021年完成投资2.8亿元，年度完成投资率93.3%。

县重点项目共有65个，总投资合计154.6亿元，年度投资计划为28.3亿元，1—12月完成投资19亿元，占年度计划的67%。其中竣工项目16个，年度计划投资3亿元，1—12月完成投资2.6亿元，完成年度计划的84%；续建项目24个，年度计划投资16.8亿元，1—12月完成投资11.2亿元，完成年度计划的66%；新开工项目25个，年度计划投资8.5亿元，1—12月完成投资5.3亿元，完成年度计划的63%。2021年新开工项目25个，截至12月30日已开工25个，开工率为100%。

【投资营商环境优化】2021年，琼中县建立服务机制。按照“减环节、优流程、压时效、提效率”的原则，落实“特别极简审批”，建立“联企秘书”服务机制，为企业提供全方位的服务。组建招商服务组、规划审批组、项目管理组三个专班，抓细抓实各项工作落实，破解从项目招商引资到规划到建设环节的诸多难点问题，加强各项工作的统筹推进，确保各项工作高效运转。推动设立海口海关技术中心湾岭工作站，提供海关业务技术咨询，协助检测农产品的农药残留、营养成分等，为入园企业提供便利。成立中部科技协同创新中心，推广农业技术，助力农产品加工业聚集;聚力法治创新，构建法治先行园区。设立园区检察工作站和法治服务中心，为入园企业搭建司法咨询与服务平台，打造便利化、法治化的营商环境，公开、透明、稳定的市场环境，开放、包容、充满活动的创业环境。

国有资产监管

【概况】2021年，琼中县企业国有资产主要集中在海南加钗投资控股发展有限责任公司、琼中县乡村振兴控股发展有限公司、海南中部菜篮子发展有限责任公司3家国有企业，业务分布在基础设施建设、公共服务、城镇开发、园区开发和旅游文化等领域。3家国有企业资产总额15.62亿元，同比增长13.42%；负债总额4.34亿元，同比增长121%；所有者权益总额11.28亿元，同比增长22.45%；总体资产负债率为37.27%，同比减少0.44%。2021年全县企业国有资本保值增值率108%，完成企业国有资产保值增值任务。

【国企改革】2021年，琼中县贯彻落实《海南省深化国有企业改革三年行动方案（2020–2022年）》精神，对全县仍在运营的十三家县属国有企业进行改革重组，整合为三家由国有资产监督管理机构出资的一级企业，分别为琼中县乡村振兴控股发展有限公司、海南加钗投资控股发展有限责任公司、海南中部菜篮子发展有限责任公司。琼中县乡村振兴控股发展有限公司由县三江源国有资产投资有限公司、县城市建设投资有限公司、琼中县三江源物业管理有限公司、县琼中宾馆、县自来水公司、海南之心旅游发展有限公司、县鑫源水务管理有限公司逐步分批进行改革组建。海南加钗投资控股发展有限责任公司由海南加钗投资控股发展有限责任公司、县新市农场、海南中部绿色产业园投资发展有限公司进行改革重组建。海南中部菜篮子发展有限责任公司由琼中县三江源生态农林有限公司、县市场建设服务中心、县食品公司进行改革组建。

重组后的三家平台公司按照现代企业制度进行管理，不断完善法人治理结构，明晰主业，充实企业队伍人才建设。承担组织实施乡村振兴和千村千企战略、“菜篮子”工程保供稳价、产业园区建设、健康养老、基础设施建设、体教融合等县委县政府部署的重要工作任务。琼中县人民政府结合琼中区域发展战略布局，充分发挥中央企业、大型国企和民企产业引领作用，促进产业结构优化升级，在全方位、深层次、多领域加强与外部企业的合作，积极参与琼中县地方国有企业改制重组，积极与本省市国企或同行业跨区域企业对接，推动业务发展和合作共赢。政府牵引助力谋划三大平台公司发展。促成省国资委与琼中县签订战略合作协议，约定利用17家省属国有企业资源，对接琼中县三大平台公司，开展各类项目合作；与国机海南发展有限公司签订战略合作框架协议，对海南湾岭农产品加工物流园进行重点园区规划，打造成海南省重点产业园区；与保利·中国中丝集团签订战略合作协议，主要发展琼中县桑蚕产业，开发海南加钗投资控股有限责任公司土地资源；与华电水务科技股份有限公司签订战略合作协议，主要开发建设琼中县污水处理设施，委托运营四个自来水厂。

【国资项目建管分离】2021年，琼中县按照“投资、建设、监管、使用”彼此分离、相互制约原则，以政事分开、政企分开、政策公开、强化监督为基本要求，部分行业主管部门不再兼任项目法人，实行“建管分离”制度。县乡村振兴控股发展有限责任公司承接县卫健委、县水务局、县教育局、县民政局、县生态环境局、县林业局、县住建局、县旅文局、县交通运输局、县乡村振兴局、县农业农村局等11个单位的政府投资项目建设；海南加钗投资控股发展有限责任公司承接加钗农场、新市农场、海南湾岭农产品加工物流园管理委员会的投资和建设项目；海南中部菜篮子发展有限责任公司承接县农业农村局的果蔬项目。

【法人治理结构调整】2021年，琼中县引进一批政治素质过硬、经营管理过硬的年轻干部，建立正职领导人员三层次干部梯队培养体系。县乡村振兴控股发展有限责任公司、海南加钗投资控股发展有限责任公司、海南中部菜篮子发展有限责任公司3家公司组建后，先后从党政机关和事业单位调入（含挂职）正科级干部2人、副科级干部6人担任公司主要负责人和班子成员；从省国有企业和事业单位引进企业负责人、职业经理人、高级工程师等共10人；从社会招聘企业管理人才共5人。

【国有资产监督管理机制完善】 2021年，琼中县对县属国有企业展开国有资产全面清查工作，对资产闲置、处置数量较大的县属企业的大宗资产(如车辆、房屋及土地)进行重点清查，对土地、房屋建筑物采取现场测量与查看相关产权证件相结合，进行重点核实。开展县属国有企业及行政事业单位国有资产产权登记，在资产清查的基础上，要求资产占有单位结合推进国有资产产权登记工作，建立健全国有资产总账、明细账、台账和卡片账，并明确国有资产管理责任人，做到账实相符、账账相符、账卡相符，夯实国有资产管理工作的基础。

【剥离企业办社会职能和解决历史遗留问题】 2021年，琼中县推进海南省国有企业退休人员社会化管理工作，包括央企、省企、县企的退休人员已全部移交各乡镇和社区实行社会化管理。在2021年6月3日召开的全省剥离企业办社会职能和解决历史遗留问题工作推进会上，琼中县作为典型市县作经验发言。

自然资源管理

【自然资源统一确权登记】 2021年，琼中县完成自然资源统一确权前期资料收集处理、工作底图制作、登记单元预划工作。根据收集到的数据，预划分登记单元共计471个，其中水流183个、森林268个、湿地1个、矿产19个，组织县林业局、县水务局、县生态环保局、农垦等相关单位召开征求意见会，发布自然资源首次登记通告，根据各单位反馈的意见修改登记单元。

【不动产确权登记证书颁发】 2021年，琼中县10个乡镇总宗地数29144宗，应发证总数20586宗，地籍测量宗地数29141宗，完成率99.99%，已完成权属调查宗地数29128宗，完成率99.99%，已完成乡镇(街道)审批签章宗数28148宗，完成率95.09%，已录入权籍调查数据库宗地数26953宗，完成率92.48%，办理房地一体登记的不动产权证书共计18722本，发证率90.95%。

【保障建设项目用地】 2021年，琼中县完成石头堀、牛古湾和水央村三个项目共10公顷的集体建设用地农转用报批手续，其中水央村两宗共2公顷集体土地入市前期表决工作已完成，将引进旅游服务业项目带动村集体经济助力乡村振兴。

【重点项目用地服务】 2021年，琼中县起草琼中县百花岭风景名胜区道路工程（A段）项目、琼中县纪委监委办案中心（业务技术及用房）项目、海南省南渡江迈湾水利枢纽工程（琼中县）、琼中县足球特色学校项目等21个项目征（收）地前期工作方案，县政府下达项目征（收）地前期工作方案21份，项目拟总用地面积共540.4公顷，需征地面积共500公顷；已出具75份协议书，面积380公顷。

【矿产资源开发秩序整顿和规范】 2021年，琼中县严格加强监管，要求矿山企业完善环评等相关手续，根据开发利用方案规范开采，符合建立绿色矿山年限要求的要建设绿色矿山；采矿权期满后予以关闭，同时按要求进行复垦。根据省政府对加强矿产资源开发管理工作做出的“五指山、白沙、保亭、琼中等中部生态保护核心区市县，原则上不再新出让石料采矿权”等规定，2017年起,琼中县未出让新的建筑用花岗岩采矿权。督促琼中县湾岭镇乌石农场六队建筑用花岗岩石料矿等4个矿山开展矿山复垦工作,矿山企业共投入资金960万元,复垦矿坑面积2公顷，复垦生产生活和堆料区面积8.6公顷。

【矿产资源开发及储量管理】 2021年，琼中县共设置采矿权3个,全部为建筑用花岗岩采矿权。琼中县有8个建筑用石料开采规划区块,可利用资源量1175.29万立方米;2个砖瓦用页岩规划区块,可利用资源量223.61万立方米。

【土地执法督查】 2021年，琼中县开展森林督查图斑、土地卫片执法整治，共出动执法人员108人次，45宗违法用地卫片图斑已整改到位16宗。

【国土空间规划编制】 2021年，琼中县编制《琼中黎族苗族自治县国土空间总体规划（2020 • 2035）》，对琼中县进行现状摸底，结合双评价和双评估，落实上位规划，从区域形势、区位条件、现状情况等方面综合分析琼中发展和保护中的优势和存在问题，研究发展战略、空间格局、自然资源保护与利用、耕地保护与利用、国土空间综合整治和生态修复、支撑体系构建和中心城区规划等方面内容。2021年，琼中县完成三线划定工作，落实自然资源部下发生态红线数据，开展永久基本农田核实整改工作。按照自然资源部办公厅印发的《市级国土空间总体规划编制指南》和海南省自然资源和规划厅印发的《海南省市县级国土空间总体规划编制指南》,编制形成《琼中黎族苗族自治县国土空间总体规划（2020 • 2035）》（初稿）。

【土地资源利用和保护“十四五”规划编制】 2021年，琼中县完成《琼中黎族苗族自治县土地资源利用和保护“十四五”规划》编制工作，2021年12月20日通过县规委会审议。

公共资源交易

【概况】2021年，琼中县公共资源交易平台共完成交易项目126个，交易总金额为39800.68万元，共节约资金908.25万元，节约率2.23%。其中工程建设27个，交易总金额为18817.12万元，共节约资金284.80万元，节约率1.49%；政府采购项目99个，交易金额为20983.568万元，共节约资金623.45万元，节约率2.89%。

【交易便民服务】2021年，琼中县主动靠前，提供“店小二”式服务，建立项目“服务专员库”。安排专人全程跟踪服务县重点项目、为民办实事等项目，及时了解项目最新进度，精准提供政策咨询，程序引导和业务指导，确保符合条件的项目能顺利开展开、评标工作。对符合开评标条件的项目开辟绿色通道，及时与省公共资源交易服务中心沟通、联系，确保琼中县项目进场登记材料能当天核验、通过，并安排远程异地评标室。大力推行交易受理零拖延。对项目进场、场地安排、交易见证书核验，在依法依规的情况下，创新推出“中午不休息”服务，确保琼中县重点项目能顺利开展招投标工作，推进项目早日动工建设。严格执行“首问负责制”“限时办结制”“一次性告知制”“当日办结制”，同时提供延期服务、预约服务，只要服务对象需要，节假日皆可办理，做到工作不间断零拖延。

【政府采购项目电子招投标服务】2021年，琼中县为进一步优化营商环境，优化公共资源交易招投标手续，打通政府采购项目招投标服务“最后一公里”，根据省公共资源交易服务中心的统一部署，县公共资源交易服务中心开通政府采购项目电子招投标系统,有效降低投标人投标成本，提高工作效率，促进政府采购项目招投标工作健康、有序发展。

财 政

【财政收入】2021年，琼中县财政局紧紧围绕年度收入目标任务，多措并举，攻坚克难，全力以赴抓好收入工作，保障财税收入应收尽收。全县地方一般公共预算收入累计为25.653万元，年度预算数为33.005万元，完成年度预算的77.72%。其中税收收入完成14.094万元，完成年度预算96.46%，占地方一般公共预算收入的55%；非税收收入完成11.559万元，完成年度预算的62.84%，占地方一般公共预算收入比重的45%。积极争取上级资金支持，2021年共收到上级转移支付资金318.751万元。

【财政支出】2021年，琼中县财政支出严格执行无预算不支出，大力压减一般性支出，保工资、保运转、保民生、保重点项目等重点支出原则，全县年内地方一般公共预算支出累计为379,464万元，年度预算为312,126万元，完成年度预算121.6 %。

【民生保障支出】2021年，琼中县财政支持教育投入，全县教育经费总投入76533万元，其中高中教育投入10017万元，义务阶段教育投入53781万元，学前教育投入8682万元，其他教育投入4053万元。主要用于华中附属琼中中学创建省一级规范化学校建设1500万元，用于引进学科骨干教师、农村骨干校长及农村学科带头人494万元，用于发放高中“三免一补”752万元，用于提高学前教育两个比例投入1494万元。财政支持社会保障建设。2021年，社会保障和就业支出53.780万元，同比增支6.141万元，增长12.89%，主要用于人力资源和社会保障管理事务10.939万元、民政管理事务2.023万元、行政事业单位养老支出13.467万元、企业改革补助9万元、就业补助3.112万元、抚恤2.800万元、退役安置175万元、社会福利3.361万元、残疾人事业1.200万元、红十字事业76万元、最低生活保障2.696万元、临时救助736万元、特困人员救助供养562万元、财政对基本养老保险基金的补助9.998万元、退役军人管理事务345万元、其他社会保障和就业支出2.281万元等方面的支出。

【财政预算管理】2021年，琼中县部门预算编制继续实行“二上二下”流程，具体编审流程维持不变，部门收入预算结合历年收入情况和下年度政策增减变动因素，科学测算、全额编制；基本支出预算及项目支出预算严格按照《琼中黎族苗族自治县部门预算编制指南（2021）》《琼中黎族苗族自治县基本支出预算管理办法》和《琼中黎族苗族自治县项目支出预算管理办法》有关规定编制。

【财政改革】2021年，琼中县推进预算管理一体化支付业务改革，进一步优化国库集中支付制度的运行机制。优化国库集中支付业务流程，支付时均由单位通过预算管理一体化系统的“国库集中支付”模块发起申请，系统按照校验规则对每笔资金严格按照项目预算进行校验，加强预算约束。同时加强资金支付与采购管理等其他业务环节的衔接，提高资金支付的规范性和运行效率。完善单位资金管理。严格要求预算单位的单位资金同财政拨款一样纳入年初预算，单位资金的支出按照预算控制执行，防止单位资金无预算、超预算支出。

【财政信息化】2021年，琼中县围绕建立与完善公共财政体的目标，大力推进财政信息化建设，为配合财政非税改革、电子票据改革和应对新冠疫情，建设财政在线公共服务平台，并大力在琼中县教育部门、住建部门和综合执法部门进行推广。通过微信缴费，无缝与非税系统进行对接，做到2分钟入库，有效地缓解住建部门和教育部门收费难等问题。

【“三资”代理服务】2021年，琼中县纳入代理服务的村集体个数为759家，与上年同期对比，同意纳入比例提高10%；已开设核算账套581家，与上年同期对比核算比例提高26.16%。

【村集体经济组织财务管理】2021年，琼中县印发《琼中黎族苗族自治县“三资”代理报账业务规程》《关于规范“三资”代理业务会计基础工作的通知》，促进“三资”管理工作走上规范化轨道；通过集中或者分散的培训方式，增强村级财务人员做好财务管理规范化建设工作的能力；同时“三资”代理服务推广实行会计电算化，建立以财务管理为核心的内部信息管理系统，提高村级会计核算的水平和工作效率，增强财务公开透明度，以便更好地服务于社会主义新农村建设。

【财政监督管理】2021年，琼中县开展预决算公开检查工作，强化预决算监督机制，打造阳光财政、透明政府。在编制2022年预算时，开展项目事前绩效评估工作，进一步推动预算绩效管理关口前移，减少无效资金投入。将绩效目标管理纳入预算编制项目申报过程，将所有项目纳入绩效目标管理范围，覆盖所有预算单位，即纳入绩效目标管理范围的项目资金应达到琼中县当年度项目支出预算占比100%。

开展部门绩效目标管理工作。按照“职责—活动—项目”三个层级的要求，督促预算单位在项目库中归纳整理录入部门职责，设计活动层级和关键指标，设定绩效目标，以支撑部门整体支出绩效评价工作的开展,纳入绩效目标管理范围的部门数量达到部门总数的100%。

开展绩效运行跟踪监控工作。在预算执行过程中建立绩效运行跟踪监控机制是全过程预算绩效管理不可或缺的一个重要环节。将所有项目纳入绩效运行监控范围，覆盖所有预算单位，即纳入绩效运行监控范围的项目资金应达到琼中县当年度项目支出预算占比的100%，每季度结束后应对绩效运行跟踪监控情况进行汇总分析并反馈项目单位。

开展项目评价工作。在2020年度预算项目中选择涉及民生、社会公众普遍关心、具有较大经济社会影响的项目开展财政重点评价，其中重大的财政政策、政府购买服务或政府和社会资本合作（PPP）项目纳入重点绩效评价范围，2021年对61家单位开展部门整体绩效评价工作。2021年5月，在对全县32个单位开展评价工作，涉及92个项目，具体细化为371个扶贫资金项目，涉及金额29294.08万元。

开展资金监督检查工作。组织开展对基层医疗标准化及中医院建设项目资金的监督检查工作。对县卫生健康委员会、县城市建设投资有限公司2016年1月1日至2021年5月31日安排的中医院建设项目、2019年1月1日至2021年5月31日安排的基层医疗标准化项目资金使用情况进行检查，涉及金额26076.24万元，其中中医院建设项目14765.44万元，基层医疗标准化建设项目11310.8万元。开展农村公路六大工程项目资金监督检查工作。对县交通运输局2016—2021年5月以来农村公路六大工程项目资金使用情况进行检查。涉及金额90412.44万元，六大工程项目272个。开展教育综合发展改革资金监督检查工作，对县教育局开展2014年至2020年安排的教育综合发展改革资金，涉及金额26076.24万元。协助三亚市财政局开展中央直达资金检查工作。协助三亚市财政局开展中央直达资金的检查，重点检查2020年度抗疫特别国债资金和2020年1月至2021年6月就业补助资金的支付使用情况。

【公务支出管理】2021年，琼中县从严控制公务支出，降低行政运行成本。全县预算部门“三公经费”年度公共拨款预算数1505.55万元（其中因公出国（境）费48.2万元、公务用车购置及运行维护费1028.87万元、公务接待费428.48万元），同比减少95.98万元，下降6%，实际支出838.99万元（其中因公出国（境）费0万元、公务用车购置及运行维护费641.41万元、公务接待费197.59万元），完成年度预算56%；与2020年实际支出数1039.37万元（其中因公出国（境）费2.8万元、公务用车购置及运行维护费798万元、公务接待费853.85万元）相比，减支200.38万元，下降19%。

【财政服务创新】2021年，琼中县推进农业保险承保。其中中央补贴险种4个，包括橡胶树风灾保险、能繁母猪保险、育肥猪保险、水稻保险；省级财政补贴险种6个，包括香蕉风灾保险、大棚瓜菜保险、蔬菜价格指数保险、天然橡胶价格（收入）保险、防贫综合保险、农民小额贷款和创业担保贷款，累计安排农业保险资金预算2540.39万元，同比增长15.80%；累计安排农民小额贷款贴息资金2702万元，同比减少26.64%；创业担保贷款贴息资金272.97万元，较2020年增长194.97万元，同比增长249.96%，为分散化解广大农民生产经营风险，推动琼中县农业的健康可持续发展提供保障。

开展“三资”代理管理工作。走访乡镇服务站工作，对财务管理问题给与专业性解答，提高财务人员对政策的应用水平，加强农村集体资金的监督管理。成立为民办实事小组，开展“我为群众办实事”活动，为指导村民组织规范财务行为、村委会公共基础设施入账工作、村集体经济如何盘活资产、资金入股等模式发展资源经济提供了指导性建议，并指导村委会换届后财务移交相关流程及村集体该如何完善其内部控制制度，督促村集体的债权债务做到应收尽收、应付尽付。同时将财务管理和为民办实事相结合，做好村财服务走访工作，制定走访计划，每个乡镇服务站每年不少于3次对村集体经济组织的业务走访。

优化政府采购营商环境。全面清理政府采购领域妨碍公平竞争的规定和做法；严格执行公平竞争审查制度；加强政府采购执行管理；加快推进电子化政府采购提升政府采购透明度；完善质疑投诉和行政裁决机制。在2021年9月16届全国政府采购监管峰会上，琼中县财政局获得“2020-2021年度优化政府采购营商环境先进单位”称号，开创琼中县公开、公平、公正、诚信的政府采购营商环境新局面。

【会计事务管理】2021年，琼中县扎实开展会计人员继续教育学习培训、单位内控报告编报及督导、会计中级职称考试报名、农村财会人员财政支农政策培训及乡村振兴等工作。2021年，16名考生通过会计初级职称考试，9名考生通过会计中级职称考试。组织开展2020年度会计基础工作监督检查工作，对全县183个行政事业单位的会计凭证、记账、报表完成情况展开全面检查工作。组织开展2021年度农村财会人员财政支农政策培训，不断提高琼中县农村财会人员业务知识水平。针对琼中县农村财会人员财务知识水平普遍薄弱的现状，县财政局于10月26日至28日举办2021年度农村财会人员财政支农政策培训班，共有十个乡镇540名农村财会人员参加了培训。进一步加强对琼中县代理记账机构的监督管理工作，规范代理记账经营管理活动。县财政局于7月对琼中县登记在册并已开展业务活动的代理记账机构开展一次全面深入的检查工作，责令被检查机构对检查中发现的问题认真整改，进一步严肃财经纪律，不断规范行业管理活动。

税　务

【税务收入】2021年，琼中县税收收入34055万元，同比下降6%，减收2188万元，分级次看，中央级收入14008万元，同比下降17.4%，减收2960万元；省级收入5968万元，同比增长2.5%，增收143万元；县级收入14094万元，同比增长5.4%，增收719万元且连续2年保持约5个百分点增长。

【税收特点】2021年，琼中县税收分税种看，增值税、企业所得税和车辆购置税减收较为明显。主要税种中增值税、企业所得税和车辆购置税下降幅度较大，分别同比下降9.9%、20.5%和51.9%，共减收4862万元，成为全年减收主要因素，造成全年税收呈现下降。分行业看，电力、热力、燃气及水的生产和供应业受迈湾水库项目耕地占用税入库709万元影响实现税收收入1572万元，同比增长13.8%，增收191万元；建筑业受“跨区域”政策影响税收收入8019万元，同比下降4.5%，减收374万元；房地产业税收收入6313万元，同比增长7.7%，增收451万元，增收主要受和通泰商业中心、兆南城、加鑫广场开盘销售预缴税款影响；批发和零售业税收收入2187万元，同比下降2.8%，减收63万元。此外金融业税收收入7079万元，同比下降0.4%，减收25万元。

【税收执行】2021年，琼中县定期召开组织收入推进会，主动融入地方发展“大盘子”，实现以税资政“大作为”。与财政、资规、住建等部门协调解决琼中县重点项目耕地占用税征缴问题；及时掌握可售房源销售情况，实施动态跟踪管理；加强对“两业”和76个重点项目监管，实时跟进项目进度，强化重点税源监控，确保税款应收尽收，同时每月定期开展地方税种收入分析和预测会，为地方做好参谋决策，帮助琼中县对征收潜力企业有更明确的方向。

【重点税源监控】2021年，琼中县国内增值税收入13762万元，同比下降9.9%，减收1507万元。减收的主要原因是建筑业跨区域政策（500万元以下县外建安企业不在琼中县预缴相关工程税款）及上半年琼中鑫三源水务投资管理有限公司增值税留抵退税714万元。企业所得税收入8035万元，同比下降20.5%，减收2068万元。减收的主要原因是部分重点税源企业受去年新冠疫情影响2020年度企业所得税汇算清缴无税收；琼中黎族苗族自治县农村信用合作联社股份有限公司享受自由贸易港企业所得税15%优惠政策征前减免3019万元。个人所得税收入1836万元，同比增长41.9%，增收542万元。增收的主要原因是工资、薪金所得项目增收，受海南自贸港高端紧缺人才个人所得税优惠政策吸引，新成立企业代扣代缴的个人所得税贡献持续增长。海南丽景湾房地产开发有限公司股权转让入库182万元。土地增值税收入1765万元，同比增长26.3%，增收368万元。增收主要原因是兆南城项目土地所有权交易入库土地增值税824万元影响。契税收入1872万元，同比增长41.5%，增收549万元。主要来自琼中兆南实业投资有限公司取得4块土地使用权入库契税467万元。车辆购置税收入1193万元，同比下降51.9%，减收1287万元。减收的主要原因是随着“私家车登记持身份证全省通办”政策落地，致使琼中县车辆购置税税源流失较多；新能源汽车购置税减免政策及琼中县对购置新能源汽车奖励叠加，市场购车需求倾向新能源汽车。

【税收征管】2021年，琼中县健全征管制度，规范退税管理、档案管理流程，编写催报操作指引、不动产过户操作指引，对业务流程进行梳理和细化，建立定期通报机制。取消固定管户模式，整合税源管理分局人力资源和管户资源，建立跨区域管理机制，发挥基础管理、风险管理和纳税服务协同效应，实现清单化管理和“去税管员化”，基础任务平台下发323批次，涉及纳税人3642户次，风险平台下发任务305户次，完成率达100%；加强欠税跟踪工作，及时核实欠税情况，做到清欠一户销号一户，按照欠税公告管理办法要求，进行欠税公告4次，累计清理欠税1612.42万元，其中清理陈欠金额233.69万元，清理新欠金额1378.73万元。

【减税降费】2021年，琼中县为确保减税降费政策直达快享，分级分类通过税企联络群、电话、短信等方式，向纳税人和缴费人精准推送新增减税降费相关税收优惠政策宣传信息万余条，在办税服务大厅，设置减税降费政策宣传栏，由办税服务人员宣传讲解，建立常态化减税降费分工协作机制，明确相关部门职责，层层传导、压实责任，定期开展数据会审工作，坚决防止违规征税收费，确保减税降费工作平稳有序开展。2021年，全县累计新增减税降费5365万元。

【纳税服务】2021年，琼中县落实落细便民办税春风行动，持续优化琼中县税收营商环境。2021年开展“问计问需优服务”活动，累计走访企业8664户，收集意见和建议并整改288条；设置“吐槽窗口”共收集吐槽并解决12笔事项；推出“暖心代办”服务10人次；推行电子发票，持续推动利用电子税务局网上办税，扩大“非接触式”服务范围，实现电子税务局申报率达90%以上；开展两期“纳税服务体验师”活动，邀请20家企业代表、涉税专业服务机构人员及个人代理中介，深度体验办税流程；简并税费申报，精简申报资料，推进社保经办和缴费业务线上“一窗联办”试点，推出节假日服务“不打烊”，切实减轻纳税人办税负担；利用每日早会、每周一小考、每季度一大考、定期培训测试等方式，提高办税服务人员的专业知识能力，提升办税缴费质效。

金融监管

【金融稳定】2021年，琼中县发挥央行再贷款职能，强化再贷款政策效用。在确保央行再贷款资金安全的前提下，支行积极发放支农、支小再贷款和两项直达实体货币政策工具，充分发挥再贷款引导支持实体经济的作用。持续以金融支持海南自贸港、化解重大风险。提高信贷政策执行力度，着力引导县域金融机构加大涉农、小微、扶贫领域信贷投入。加大政策解读力度。在琼中县政府官网、“奔格内琼中”微信公众号等陆续发布《琼中县金融支持稳企业保就业政策解读》等增进民生福祉等方面的重大政策、权威信息7篇，提升县域市场主体对信贷政策的知晓度，为扎实做好“六稳”工作、全面落实“六保”任务开展广泛的政策宣传。

【洗钱风险防范】2021年，琼中县指导金融机构使用反洗钱监管交互平台，帮助解决辖区两家法人金融机构（琼中信用联社和琼中长江村镇银行）反洗钱监管交互平台使用中遇到的问题，加强反洗钱监管信息互联互通，对辖内各金融机构开展反洗钱业务培训与宣传。持续关注大额可疑交易。对辖区特定非金融机构开展反洗钱业务调查，继续关注反洗钱大额交易和可疑交易报告管理方面的工作进展情况，做好备案和报备工作。

【农村信用体系建设】2021年，琼中县坚持信用体系建设的公共服务性原则，坚持“政府领导，金融支持”“央行牵头，统筹协调”的原则，将农村信用体系建设纳入全县“十四五”社会信用体系建设规则中，坚持统一规划、一体推进。为更好更快推进琼中县农村文明信用体系建设，多次组织金融机构和县政府相关单位召开座谈会，讨论部署农户信用评级等相关工作。将农村信用体系建设工作纳入琼中县普惠金融服务示范区建设工作中，综合考虑各涉农金融机构的信用评定标准，坚持取最大公约数原则，结合实际制定《琼中县农村文明信用等级评定管理办法》，坚持统一标准、规范操作。以问题与目标为导向扎实推进各项工作，着力以农村普惠金融综合服务站为支撑点，采取分片包干的形式，全面掌握全县农户基本信息数据，摸索可复制的农村信用评级模式并加以推广。截至2021年底，完成35186名农户、119个村委会的信用等级初评，初评率85.67%。共建“数字乡村”，推进域内共享的涉农信用信息数据库建设。

【金融知识宣传】2021年，琼中县建立金融宣教基地，打造特色宣传品牌。利用金融知识普及教育基地，通过辖区内各家金融机构轮流邀请金融专家教授讲师进行专业授课的方式，加快推动海南自贸区（港）建设金融开放、金融创新政策在琼中落地，为服务和支持琼中县经济金融发展做出贡献。金融知识大讲堂活动受到琼中县委县政府高度重视，以“琼中县委理论学习中心组（扩大）集中学习暨金融大讲堂专题讲座”名义两次登上琼中大礼堂，将金融讲堂的范围扩大至全县副科级以上干部参加学习。

2021年开展十五期，受教对象涵盖全县金融机构高管、中层干部、业务骨干、金融讲解员及县政府工作人员，受教人数达1500人次。

组织金融知识进课堂。持续开展金融知识纳入国民教育体系工作，与县金融服务中心和教育局联合印发《琼中黎族自治县开展金融知识纳入国民教育体系工作全县铺开实施方案》，下发至各金融机构及学校，为辖内12所学校的五年级全体学生开展金融授课，做到县城和乡镇中心小学全覆盖。2020 2021学年，按照一家金融机构对接一所学校的原则，13家金融机构，29名讲解员共开展金融课堂授课次数47次，琼中县县城和乡镇12家中心小学五年级共34个班级，1545名学生受到普及。与上学年相比，开课班级数量增加5个，受普及学生增加101人，授课次数持平。

深化重点人群宣教。组织各金融机构在各自负责的扶贫联系点，由经支行聘任的金融知识专职讲解员利用政府扶贫夜校的时间为村民对国债知识、反假币、防电信网络诈骗、防非法集资、个人征信保护等日常生活生产所需的金融知识进行金融知识普及教育培训，利用有奖知识问答环节等形式提升村民学习热情，引导农村居民科学理财，理性消费，巩固扶贫成果，活动每月至少开展1次，进一步扩大金融知识普及宣传广度和深度。

加强宣教普及。以征信、存款保险知识、非法金融广告、辨识假币、反洗钱、非法集资等为主题，在“3·15”“6·14”等重要时间节点开展线下宣传，号召辖区内金融机构制作原创短视频、图文等数字化宣传资料，有针对性地开展金融知识普及活动。结合“星海计划——金融宣教进百县”“金融知识普及月”活动，引导金融消费者和投资者合理消费和理性投资，自觉抵制网络金融谣言和金融负能量，加大金融知识、红色宣传史的宣传力度。其中“星海计划——金融宣教进百县”“金融知识普及月”大型宣教活动以琼中电视台直播的形式召开2021年琼中县金融知识培训电视电话会，设置县级主会场和村级分会场，各乡镇政府领导干部、各村“两委”干部、乡村振兴工作队成员、驻村第一书记、各村小组正副组长及部分村民在分会场集中收看，实现全县全覆盖。

策划新媒体宣传。中国人民银行琼中县支行协同县金融工作服务中心与琼中县融媒体签订媒体战略合作协议，开设金融宣传专栏，进一步扩大金融宣传覆盖面。

审　计

【概况】2021年，琼中县共开展各类审计项目13个，其中财政审计项目3个、领导干部经济责任审计项目3个、领导干部自然资源资产审计项目1个、政策落实跟踪审计项目5个、专项审计调查项目1个。

【财政审计项目】2021年，琼中县开展2020年度县本级预算执行及财政决算草案审计，审计发现存在组织预算执行不到位、财政财务管理不严格、财政资金使用绩效不高等三个方面的问题，查出主要问题金额1352.86万元，促进整改落实有关问题资金1308.94万元，促进增收节支29万元。开展2020年县本级部门预算执行审计，审计发现存在部门预算编制质量不高、部门预算执行效率低、部门财务管理不规范等六个方面的问题，查出主要问题金额599.59万元。开展琼中县2020年地方政府债券资金分配使用绩效情况及地方政府隐性债务化解方案执行情况审计，发现存在5个项目债券资金使用缓慢，造成资金沉淀、地方政府全口径债务风险化解方案中2020年应化解债务1.89亿元，实际化解债务0.47亿元，未完成化解债务1.41亿元等问题。

【领导干部经济责任审计】2021年，琼中县对县教育局局长傅永东、县城市投资建设有限公司原总经理梁海洪、县华中师范大学琼中附属中学原校长王超等任职期间经济责任履行情况进行审计，发现存在资金支出缓慢、财务核算不规范、资金管理使用不规范、项目审核把关不严、项目进展缓慢等问题。

【领导干部自然资源资产审计】2021年对上安乡委书记曾海丽、上安乡人民政府乡长符琳开展自然资源资产任中审计，审计发现存在上安乡未按规定完成河道清理、河流存在水源污染源、饮用水水源地未立桩定界、未按规定制定河长制工作考核方案等问题。

【政策落实跟踪审计】2021年，琼中县开展琼中县公共场所外语标识标牌建设项目资金的使用和相关政策落实情况跟踪审计，审计发现存在外语标识标牌建设工作进度缓慢、未组建外语标识标牌译写团队，部分外语标识标牌译写不规范、部分外语标识标牌存在相同名词翻译不一致情况、个别外语标识标牌存在脱落情况等问题。开展琼中县基本医疗保险基金审计，审计发现存在海南天涯人力资源管理服务有限公司琼中分公司截留医疗保险费、琼中县社会保险服务中心未及时支付医保基金、按病种付费结算项目少、琼中县人民医院违规加价销售药品耗材、营根镇政府多发5人生育津贴等问题。开展琼中县基本养老保险基金审计，发现存在1家劳务派遣公司截留养老保险费、被征地农民168人未参保、2家机关事业单位拖欠养老保险费、5人重复享受城乡居民养老保险待遇、推进城乡居民养老全民参保工作缓慢、多计退役士兵基本养老保险单位缴费财政补助部分等问题。开展琼中县公共场所外语标识标牌规范建设政策落实跟踪审计项目，审计发现存在未按规定时间完成外语标识标牌建设、部分外语标识标牌译写不规范、部分外语标识标牌存在相同地点译写不一致情况、个别单位对外语标识标牌定期检查维护不到位、审计发现问题整改情况等问题。开展2021年第二季度政策措施落实情况跟踪审计，琼中县2021年1~4月新增财政资金指标已分配但未支出新增财政资金指标金额为2539.94万元，共涉及22个单位等问题。

【生态环境监测能力建设情况审计】2021年，琼中县开展“十三五”期间生态环境监测能力建设情况审计调查，审计发现存在3个项目未完成、饮用水水源水质在线监测站点设备配置不齐全，不符合技术规定；数据平台监测数据更新不及时，视频监控无视频等问题，查出主要问题金额213.45万元。

统 计

【概况】2021年，琼中县统计局共编发经济运行分析报告15期、统计公报2篇、统计专递2篇，为县委、县政府及相关部门提供信息咨询260余条，给全县各单位企业发放2020年统计年鉴、2018年琼中县经济普查年鉴共172册。

【基层数据质量建设】2021年4月初，琼中县统计局组织农业岗专业人员到吊罗山乡、什运乡、红毛镇开展农业统计报表培训；针对林业、资规、统计三部门作物面积数据不一致情况，在全县10个乡镇组织开展“三棵树”调查工作，指导统计业务人员严格按照流程收集数据、建立统计台账、数据汇总上报；建立基本单位名录库台账保障日常维护、更新，确保单位不重不漏，更新维护678家，剔除284家，新增单位559家；将统计业务培训、提高人员素质作为强化统计基础的重要内容，坚持利用走访调研、企业联网直报、年报培训等机会对乡镇、企业基层统计人员进行大范围的统计业务知识、联网直报操作、统计法律法规知识培训，累计开展各类统计业务培训10次、上门指导培训超过240次。

【统计业务培训与宣传】2021年，琼中县开展统计法治宣传教育，借助统计业务培训、统计年报会议、各项统计调查及县相关部门举办的活动等契机，对统计调查对象的单位负责人及统计人员进行统计法律法规宣传教育，结合统计会议培训及调研开展法治学习教育超过20次，开展宣传活动4次，发放统计宣传手册180册。县统计局向全县各单位发放《中华人民共和国统计法》读本80册。推进“统计法进党校”，借助琼中大讲堂学习平台开展专题讲座，邀请省局执法监督处主要负责人李萍和投资处一级主任科员吴璟对县党政领导、乡镇党委书记及镇长、全县各单位副科级以上实职领导干部进行授课，全面提升全县各级领导统计法律意识和依法统计依法治统水平。9月结合县委党校“2021年村、居两委干部暨乡村振兴能力提升培训班”活动，开展3期统计法律法规知识宣讲，为全县村、居“两委”干部普及统计法律法规知识。

【完成第七次人口普查公报】2021年琼中县开展人口普查公报数据核对，2021年7月，县级“第七次人口普查”公报完成编写及校对工作，印刷《琼中黎族苗族自治县2020年第七次全国人口普查报告书》100册发放至各单位，并通过琼中县人民政府网和“琼中统计”微信公众号发布全县人口普查相关情况和主要数据的公报。

【市县高质量发展综合考核】2021年，琼中县统计局召集市县发展综合考核涉及的36个相关部门的主要领导和统计员进行业务培训，逐一督促相关部门针对11个一级指标、52个二级指标、101个三级指标和153项具体指标（其中9项不考核）的考核得分进行核实和查找疑义，并督促有疑义的单位收集基础资料，与上级部门沟通协调、提出修改意见，避免因对接不到位而产生评分偏差。

【编制2021年度琼中统计年鉴】2021年，琼中县统计局成立2021年度统计年鉴编制小组，研究制定统计年鉴编辑方案，对编辑原则、形式、方法、内容、分工、时间做出明确要求，为高质量完成编纂工作做好组织保障，形成综合岗牵头，各专业和部门配合协作的工作机制。统计年鉴数据收集范围含人口、农业、工业、能源、固定资产投资、交通、劳动工资等方面，涉及琼中县各项重要经济指标，共计印制2021年度琼中统计年鉴150本发放给各单位，为全县各单位部门了解琼中“县情”“县力”提供重要数据保障。

价格管理

【概况】2021年，琼中县不断深化价格改革，完善价格管理机制，加强疫情防控和复工复产工作。按照“15+N”种蔬菜价格同比下降0.5元的价格调控目标和县委、县政府2021年重点工作要求开展工作，不断加大价格监管力度，维护市场价格秩序的基本稳定。

【价格调控】2021年，琼中县重点调控旅游客房、旅游门票、菜价、液化气价格、涉农收费，春运票价等的价格稳定工作。开展稳定菜价工作，协助农业部门做好“菜篮子”工程和常年蔬菜基地建设工作。加强和完善平价专区建设，发挥农副产品平价专区的作用，2021年对平价专区实施经营补贴12万元。加强节日市场价格监管，重点抓好关系民生的价格稳定工作，加强元旦、春节、"三月三"、五一、端午、中秋、国庆等重大节日市场价格的监管，对旅业客房价格采取节前告知，防止趁节日消费旺季哄抬价格；对农贸市场、超市菜价的巡查，指定专人负责每日巡视报告，密切关注市场价格变化情况。

【价格监测】2021年，琼中县价格监测品种系列，以基本蔬菜品种目标价格管理的22个品种和围绕主要居民消费代表品包含粮、油、肉、鱼、蛋、奶、食用盐等60个品种作为重点监测对象。全县居民消费价格总指数为0.3 %，低于琼中县调控目标3.5%的3.2个%；综合食品价格指数同比下降1.92%。其中，蔬菜价格指数下降5.49%，全省排名12；肉类价格指数下降13.51%。2021年2月1日–15日"15+N"种蔬菜累计均价为3.04元，琼中县2021年累计目标均价为3.15元，累计均价3.04元，完成下降0.5元500克的目标任务，其他蔬菜累计均价为3.08元，与上年度均价相比下降0.48元，达到稳中有降。

【收费管理改革】2021年，琼中县加强收费监管，整治收费秩序，规范收费行为。重点开展涉农、涉企、教育和医疗收费清理工作，实行收费项目和标准由涉收费部门自行在网上公开公示。严格收费统计工作，通过统计报表方式及时向省发展改革委报送收费执行情况和加强收费监管。

【行政审批】2021年，琼中县对节日旅游市场客房价格实施备案管理，规范房价监管，开展成本审查工作，对商品房实施备案管理，共计备案6家房地产企业，备案商品房1354套。

【价格服务】2021年，琼中县组织开展生猪饲养和水稻种植成本收益的常规调查和分析预测工作，针对农业生产中的热点问题开展专题调查。按时完成省下达的调查任务，充分发挥农调工作优势，服务"三农"工作，为有关部门及农户提供在农业生产、农村工作和农民生活的相关情况。先后完成《农户种植意向》《种植业早、晚稻直报数据填报》《种植业早、晚稻常规数据填报》等专题的调查工作。对2所民办中小学调整收费、百花岭热带雨林文化旅游区门票与观光车票调整收费，进行成本监审工作。

【防疫用品价格检查】2021年，琼中县开展疫情期间防疫用品及民生商品的价格检查，组织开展价格监管专项行动，规范市场价格行为。出动执法人员3260人次，共检查医药企业（药店）2044家、粮油经营主体3800户、集贸市场1210家次、超市1560家次、各类摊位8164个次，收集菜价468份。疫情期间琼中县肉菜粮油价格稳定、供应充足，未出现哄抢大米、肉菜等生活物资的现象，口罩、消毒产品等疫情预防商品未存在哄抬价格、串通涨价以及发布虚假信息抬高价格等违法行为。并向相关市场主体发布《市场价格行为提醒书》等告示共395份，提醒经营者务必合法经营，防止发生肉菜、大米、口罩、消毒剂、药品等商品价格暴涨现象。

市场监督管理

【企业登记管理】2021年，琼中县依托"海南e登记"平台实现企业开办"一网通办"，将企业开办的登记注册、印章刻制、申领发票及企业社会保险登记、职工社会保险登记和住房公积金开户登记等各类企业开办事项全部纳入"海南e登记"平台，实现企业开办"一网通办"。将全省企业开办时间压缩至1天（指工作日，下同）。其中企业设立登记时间办理不超过0.5天，印章刻制时间和新设企业首次申领发票时间不超过1天（同步办理）。2021年通过"海南e登记"平台开办的商事主体2494家。

【"企业开办综合窗口"设立】2021年，琼中县配合政务中心，将政务服务中心的各类企业开办审批窗口，统一改造整合为"企业开办综合窗口"，改变原有的企业依次向各部门提交材料的传统办事流程，全面推行"一窗受理、首问负责、并行办理、限时办结、一窗出件"服务。在政务中心设置企业开办自助服务区，在醒目位置放置"企业开办服务区"提示牌。同时配备可连接互联网的电脑、扫描仪、打印机等电子设备，为申请人网上操作提供硬件保障。配备服务专员。申请人在操作无法进行下一步时，有专门服务工作人员现场引导，协助申请人完成企业开办操作流程。遇到新情况新问题，或是当场不能解决的，做好解释工作，并登记在册，及时报告，得到答复后，将处理结果告知申请人。

【工商登记改革】2021年，琼中县根据《海南省人民政府关于印发<海南自由贸易港深化"证照分离"改革进一步激发市场主体发展活力实施方案>的通知》在全县范围内对所附的全国版和海南自由贸易港版涉企经营许可事项清单实行全覆盖清单管理，按照直接取消审批、审批改为备案、实行告知承诺、优化准入服务等四种方式，开展"证照分离"改革工作。建立清单管理制度，将涉企经营许可事项全部纳入清单管理，逐项列明事项名称、设定依据、审批层级和部门、改革方式、具体改革举措、事中事后监管措施等内容。清单定期调整更新并向社会公布，接受社会监督。经县粮食局牵头梳理，琼中县共103个改革事项，其中直接取消审批的事项15个，审批改为备案的事项9个，实行告知承诺的事项47个，优化审批服务的事项32个。

【网络市场监管】2021年，琼中县加强与公安、民政、银行等部门单位的配合，加强联系和沟通，共同做好打击传销、变相传销和网络传销工作。共检查网络经营者450户次，其中自营网站130户次，网络交易平台380户次，平台内经营者206户次，微信公众号48户次，共指导整改3户次，立案查处网络违法案件0宗。

【“菜篮子”保供】2021年，琼中县加强市场监管，维护农贸市场、超市等农副产品交易的良好秩序，要求农贸市场经营者明码标价，规范交易行为，特别是节假日期间，持续加大农贸市场监督检查力度，重点检查农贸市场、便民疏导点明码标价，督促各农贸市场履行倡议价格承诺、及时更新明码标价牌；打击“菜霸”及各种类型欺行霸市、囤积居奇、操控物价、恶意涨价、缺斤短两、掺杂使假、以次充好、虚假宣传等违法违规行为。

【商标广告管理】2021年，琼中县开展商标扶持工作，按照“分类指导、跟踪服务”的原则，对辖区里的企业进行走访及行政指导，以服务发展为要务，指导企业实施商标品牌战略，积极引导帮助企业注册商标259件，成功注册170件。共办理商标侵权案件6宗，结案5宗，罚款2.1万元。围绕涉及人民群众健康财产安全的医疗、药品、保健食品等重点领域广告，强化监管检查力度。开展保健食品广告专项整治工作，开展街头广告专项整治工作，出动检查人员43人次，检查市场主体123家，其中市场11家，旅游景点3家，责令2家市场主体店堂广告进行整改。整治移动端互联网广告，开展清理整治网络销售和宣传“特供”“专供”标识商品专项行动，开展网上成人教育培训招生类广告清理专项整治工作，出动执法人员22人次，对琼中县的13家培训机构及辖区内公众号进行全面排查，未发现违法行为。

【消费者权益保护】2021年，琼中县针对群众普遍关注的消费热点重点，全面强化监督检查，对检查中发现的违规违法行为及时纠正、立案查处。结合“3·15”消费者权益保护日，加强消费宣传教育引导，普及消费维权法律法规和消费知识，帮助消费者提升防范消费陷阱、抵御消费风险能力。畅通维权渠道，依托“12345”政府热线、“12315”互联网投诉举报平台，市场监督管理局执行24小时电话值班，第一时间处理投诉纠纷，提升消费者满意度。2021年以来县市场监督管理局受理各类投诉工单241件，均按时办结，办结率100%，挽回消费者经济损失3.51万元。

【市场监督行政执法】2021年，琼中县共立案171宗，其中禁塑类案件69宗、食品类案件53宗、药品类案件13宗、知识产权类案件7宗、无证无照类案件6宗、特种设备类案件2宗、卫生健康类案件10宗、其他类案件17宗，已办结169宗，正在办理2宗，罚没款共计47.0463万元。

质量技术监督

【产品质量监督】2021年，琼中县开展烟花爆竹、摩托车、化肥、口罩、儿童和学生用品、头盔、电线电缆、电动自行车等产品质量专项整治，共出动执法人员435余人次，检查企业310家，约谈销售企业4家，发放和张贴相关宣传资料144份，接到口罩相关的投诉1件，已处理完毕；发现问题头盔线索1条，已下达责令改正通知书，已整改完毕。同时开展消费品质量安全“进社区、进校园、进乡镇”活动，活动共涉及1个社区、10家学校、10个乡镇，发放宣传资料1620余份。开展流通领域商品质量抽查检验，共抽取干粉灭火器1批次、农资化肥2批次、学生文具2批次、儿童玩具2批次，检验结果均为合格。

【公共服务质量监测整改提升方案拟定】2021年，琼中县督促各成员单位按时报送整改提升工作总结。同时委托第三方对琼中县公共服务质量进行监测，经统计琼中县公共服务质量总体满意度为82.31分，完成制造业产品质量合格率调查统计工作。

【企业质量安全主体责任落实】2021年，琼中县为推动企业落实产品质量主体责任，加强对商贸企业及个体工商户文明诚信经营的宣传，进一步落实企业巡查抽查、年度报告检查等质量管理制度，利用国家企业信用信息公示系统，将774家市场主体列入异常名录，严格督促企业落实质量安全主体责任，切实维护消费者权益。

【标准化工作】2021年，琼中县大力培育地方特色鲜明、发展活力强劲的涉农商标品牌，运用商标战略进一步增强琼中绿橙市场竞争力，琼中县已注册商标1382件，其中2021年商标申请量259件，成功注册170件。推进标准化示范点项目，指导琼中大地农业发展有限公司承担的“海南省特色农产品生产(竹狸养殖)标准化示范区”项目转型为“海南五脚猪养殖标准化示范区”项目。

【计量工作】2021年，琼中县开展眼镜配置场所计量专项整治，检查6家眼镜配置场所的计量器具，在检查过程中积极宣传计量相关法律法规，签订《诚信计量承诺书》。开展电子计价秤计量专项整治，以农贸市场、超市等为重点单位，结合“春雷”行动，对摊位经营户的计量器具开展抽查工作，出动人员42人次，抽查单位112家次，抽查计量器具121台次，处罚缺斤短两的商家7家，并对“春雷”行动中进行处罚的商家进行再检查。开展加油机计量专项整治，检查加油站8家，检查23台加油机，处理消费者投诉和举报1件。

【特种设备安全监察】2021年，琼中县将安全生产大检查活动与日常安全生产工作督查相结合，加强对全县特种设备安全执法检查力度，对辖区内超市、宾馆、酒店、学校、医院以及有高层建筑的居民区等单位开展安全监督检查活动，确保特种设备的安全使用。琼中县出动执法人员421人次，检查特种设备使用单位221家次，特种设备1832台/套次（含气瓶），发现安全隐患12处，完成整改12处，整改率100%。开展“春雷的行动”“起重机械隐患排查整治”“压力管道排查整治”“安心乘梯守护行动”“鼓式制动器电梯排查整治”“压力容器专项整治”等专项活动。

食品药品监督管理

【食品质量安全】2021年，琼中县开展食用农产品快检工作，县市场监督管理局启动食品流动检测车，每天到各乡镇不定点的对各集贸市场、食品摊贩等进行食用农产品快速检测，共检测2307批次，其中蔬菜农残898批次、水果农残666批次、冰鲜鱼中的甲醛477批次、干湿面吊白块32批次、猪牛肉注水肉39批次、肉丸中的硼砂23批次、蜜饯类的二氧化硫17批次、大米黄曲霉毒素B135批次、花生油酸价、过氧化值45批次、碘盐50批次，其中检测出5批次农药残留超标，分别为上海青、苦瓜、长豆角、金桔、青芒1批次，已下架停止销售，其他均合格。

开展食品抽样检测工作。2021年，琼中县共开展食品安全抽样621批次（委托第三方抽检机构开展抽样551批次），其中监督抽样不合格食品17批次，已将案件线索移交县综合行政执法局，风险监测不合格食品3批次，已全部下架并要求经营者自查整改。开展食品安全“你点我检”活动，对大米、食用油、畜禽肉、豆制品及蔬菜等五大类得票最高的食品品种进行抽检，邀请消费者代表、第三方抽检机构、新闻媒体等共同参加，吸引更多的消费者参与到食品安全工作中，形成良好的社会共治效果。开展韭菜、豇豆、禽蛋等五类食用农产品质量安全专项整治工作，共对韭菜、豇豆、禽蛋、豆芽、贝类水产品等五类食用农产品抽检39批次，其中不合格2批次，分别为麻螺1批次，韭菜1批次，已移交综合行政执法部门立案查处并结案，共计罚款1000元。

【冷链食品安全监管】2021年，琼中县严格按照“外防输入、内防反弹”“人物同防”的工作要求，开展进口冷链食品各项监管工作。要求各市监所每周至少1次对辖区涉及进口冷链食品销售单位不定时通过“海南省冷链食品可信追溯平台”对其销售冷链进口食品的溯源码、交易码进行日常监管，累计对进口冷链食品赋码0.2459万件，现全县区域进口冷链食品终端“亮码”销售，进口冷链食品供应链已完成全程追溯。严格落实监管人员及冷链从业人员每7天开展核酸检测的要求，做到应检尽检，共开展核酸检测1200人次，检验结果均为阴性。

【食盐和特殊食品安全监管】2021年，琼中县共有食盐中间商（商行、经销商）3家，经销食用碘盐4种，经销食用无碘盐2种，合法合规的食盐中间商（商行、经销商）3家。共有食盐零售终端（超市、商店、摊贩）346家，销售食盐碘盐12种，销售食用无碘盐2种，合法合规的食盐零售终端（超市、商店、摊贩）346家，通过查看市场主体资质、购进渠道、购进票据、经营范围及商品标签标识，暂未发现违法行为和不符合食品安全标准规定的食盐。对婴幼儿配方乳粉监管，着力规范婴幼儿配方乳粉销售行为。出动执法人员197人次，检查婴幼儿配方乳粉经营主体82家次，发现问题5个，当场要求整改。对特殊医学用途配方食品监管：重点检查经营主体是否取得食品经营许可；是否依照《中华人民共和国食品安全法》和《特殊医学用途配方食品注册管理办法》经营特医食品，是否落实索证索票制度，并完整提供生产商资质、供货发票、产品合格证等合法资料，标签标识是否合规；是否以固体饮料冒充特殊医学用途配方食品。出动执法人员15人次，检查特殊医学用途配方食品经营主体6家次。

【食品安全宣传教育】2021年，琼中县举办2021年琼中县食品安全宣传周，采用“线上+线下”模式，线上以县市场监管局微信公众号为首发平台，县市场监管局抖音号同步推送，食品安全导刊等合作平台负责引流和推广，线下以举办现场宣传会方式进行。向民众普及食品安全相关知识，不断提升民众自我保护意识。发放宣传资料2300册，发放印有食品安全宣传语的袋子、雨伞、扇子550份，出动宣传人员170人次，开展现场集中宣传10场次，现场咨询群众930人次，悬挂横幅13条。

【药品和化妆品市场监督稽查】2021年，琼中县扎实开展药品医疗器械化妆品不良反应监测工作，收集琼中县辖区内药品、医疗器械及化妆品（“两品一械”）不良反应监测报告，并进行评价上报省两品一械不良反应监测中心。收到药品不良反应报告187例，医疗器械31例，进行评价上报。强化药品、化妆品、医疗器械风险防控能力建设，建立常态化隐患排查机制，加大对经营假劣药、非法渠道购进药品、销售过期化妆品等违法违规行为的打击力度。出动执法人员160人次，检查药品经营企业66家次，医疗器械经营使用单位30家次，疫苗预防接种单位16家次，化妆品经营企业12家次，落实检察建议书1

件，移送综合执法局案件3件，下达责令改正书11份。根据县疫情防控指挥部要求,严格督促零售药店落实疫情常态化防控措施。

【保健品监管】2021年，琼中县开展保健食品行业专项清理整治行动，对辖区内的商场超市、养生馆、药店、直销企业等市场主体进行检查，以“日常巡查+群众举报”的形式，严厉查处保健食品标签、说明书、宣传资料等虚假宣传保健功能，非法声称疾病预防、治疗功能，违法直销保健食品，以会议、讲座、健康咨询、专家义诊、免费体检、组织旅游等任何形式对保健食品进行虚假宣传等违法行为。2021年，出动执法人员485人次，检查保健食品经营主体226家次，下达责令整改3份，受理保健食品相关投诉4宗。有效规范经营秩序，净化保健食品市场。

【餐饮服务监督管理】2021年，琼中县市场监督管理局与县教育局、县应急局、县卫计委四部门联合开展“新冠肺炎”疫情期间学校（幼儿园）开学验收工作，重点检查疫情期间学校食堂是否做好疫情防控工作并将疫情防控与食品安全管理工作相结合做到疫情、食品安全双防控，开展校园周边食品经营单位食品安全专项整治工作。出动执法人员728人次，车辆162辆次，检查学校食堂172家次，检查校园周边食品经营单位196家次，检查覆盖率100%。联合教育局采取措施积极开展创健食品安全示范学校工作，通过审核挂牌8家食品安全示范学校。积极推进“阳光餐饮+智慧监管”建设工作。举办餐饮食品安全暨“阳光餐饮+智慧监管”培训会，642家餐饮服务单位实现“阳光餐饮+智慧监管”，其中82家学校食堂已全部安装并使用，达到实时监控学校食堂食品生产经营全过程，保障师生食品安全的目的。建立健全县城区域餐饮单位净化型抽油烟机安装情况工作台账，将餐饮单位安装油烟设施排烟列入日常工作和专项检查内容，对未安装和油烟设施不能正常运行的餐饮单位指导整改。县城应安装油烟净化设施餐饮服务单位342家，已安装342家，安装率100%。

知识产权保护

【落实知识产权保护属地责任】2021年，琼中县成立琼中县知识产权协调领导小组，印发《琼中黎族苗族自治县知识产权保护工作检查考核提升方案》《2021年“知识产权服务万里行”活动方案》。琼中县出动12人次，开展商标、专利专项检查5次，接到群众投诉侵犯注册商标专用权7宗（已移交县综合执法局）。举办知识产权保护工作培训2次，组织市场主体解析商标侵权等问题。

【打击侵犯知识产权专项行动】2021年，琼中县开展打击侵犯知识产权和制售假冒伪劣商品专项行动，制定《2021年琼中黎族苗族自治县打击侵犯知识产权和制售假冒伪劣商品工作要点实施方案》，开展重点市场环境整治联合检查，组织入场经营者与市场开办者签订合法经营不销售侵权假冒商品承诺书10份。

区域发展

区域合作

【海南自贸港—上海交通大学（琼中）现代都市农业研究中心揭牌】2021年10月8日，海南自贸港上海交通大学（琼中）现代都市农业研究中心揭牌仪式暨合作交流会在琼中县举行，琼中县与上海交通大学共建海南自贸港上海交通大学（琼中）现代都市农业研究中心，旨在发挥上海交通大学的人才资源和技术优势，依托琼中区位优势和农业资源，通过项目、技术、人才、基地等形式开展校地合作，达到强化农业科技成果转化，优化农业技术推广服务，为促进琼中农业发展、产业振兴、农民增收提供强有力的科技支撑和人才保障，共同推进琼中创建“国家生态循环农业示范县”。海南自贸港上海交通大学（琼中）现代都市农业研究中心紧紧围绕农产品绿色安全生产全产业链，重点在农业废弃物资源化利用、清洁化蔬菜工厂及其农业智能化装备、农产品加工保鲜与种质创新等方面进行研究。

【琼中与海南外国语职业学院签署战略合作协议】2021年9月1日，海南外国语职业学院和琼中县人民政府在县四套班子综合办公楼六楼会议室签署战略合作协议。根据协议，合作期为五年，双方将在实习就业、师资帮扶、旅游文化开发和消费帮扶四个方面进行合作。主要是依托海南外国语职业学院的外语人才资源优势，建立琼中外语人才智库，为琼中的对外招商、文旅营销推广、国际赛事举办、政府外事领域提供全方位的笔译、口译专业外语人才智力支持。双方共同致力于推动在人才培养、基础教育、旅游文化等领域的交流与合作。海南外国语职业学院每年选派不少于30名学生到琼中各中小学校和幼儿园进行实习；聘请一定数量的指导教师常驻琼中开展工作；定期选派优秀骨干教师到琼中开展教育教学业务培训或组织琼中中小学英语教师到海南外国语职业学院进行培训等。琼中将支持海南外国语职业学院在琼中设立学生教学实习实训基地。

【琼中与华电水务科技签订合作协议】2021年8月20日，琼中县人民政府与华电水务科技股份有限公司签订琼中供排水项目托管运营服务协议。为提高湾岭污水处理工程（一期）运营管理水平，双方就琼中自来水公司所属自来水厂的托管运营和湾岭污水处理工程（一期）的托管运营服务主要内容达成协议，委托华电水务科技股份有限公司对琼中供排水项目服务托管运营，琼中自来水公司托管运营包括4个自来水厂的运营、管网维护及辖区内所有用水单位和居民的收费等。

【琼中与亚洲财富会展有限公司签订战略合作框架协议】2021年1月22日，琼中县人民政府与亚洲财富会展有限公司签订战略合作框架协议，将致力于建立长期、稳定、互利、共赢的全面战略合作伙伴关系,加大双方交流合作的领域和深度。根据协议，亚洲财富会展有限公司将根据琼中产业发展定位，结合经济、文化、农业、旅游、产业发展的实际需求，每年举办不低于一次的大型国际论坛峰会，进一步提升琼中知名度，推动琼中足球产业的发展，着手启动亚洲财富论坛会员企业总部基地项目，重点加强特色足球产业、大健康及康养方面、现代农业产业等领域合作，加强高新技术、科技人才引进、产业引导基金方面的合作。

招商引资

【概况】2021年，琼中县招商事务中心通过“点对点”精准招商、委托招商、以商招商、招商座谈会等方式，依托消博会、冬交会等载体共对接企业900批4000人；主动对接中国机械工业集团、中丝集团、海南南国食品实业有限公司、海南金林投资集团有限公司、山东大舜医药物流、海南大观沉香产业发展有限公司等行业龙头企业，跟进“三项清单”服务企业126家，推动37个项目签约，14个项目落地，协议投资总额为34.9亿元，同比增长16.7%，涉及综合旅游、热带高效农业、现代服务业、通用航空、冷链物流等领域。推动社会投资项目完成固定资产投资额14.43亿元，占全县固定资产投资额68.39%，社会投资项目税收贡献县级留成1581.38万元。

【招商方式创新】2021年，琼中县充分利用消博会、冬交会、“三月三”文化旅游节、物流招商推介会、潮汕商会洽谈会等活动平台，围绕农产品加工物流、体育产业、生态旅游三大抓手，开展招商宣传推介。在抓投资强度、税收、产值三个基本要素的基础上，选择符合琼中县产业发展的企业，广泛捕捉投资信息，主动对接跟踪洽谈，争取项目落户琼中县。

【“点对点”上门招商】2021年，琼中县委、县政府主要领导带头赴北京、上海、广东、浙江开展“点对点”上门招商，对接意向投资企业19家，推动中国机械工业集团、中国华电科工集团有限公司、上海复星集团、上海华滋奔腾控股集团有限公司、河南亿星实业集团、北京荼王生物科技有限公司、完美世界股份有限公司和一壹传媒集团等企业来琼中县投资兴业。

【优化营商环境】2021年，琼中县在海南自贸港招商引才网开设“琼中黎族苗族自治县网上招商推介会”线上招商推介专栏，扶持指导政策、招商动态、重点招商项目等，为企业了解琼中、投资琼中扩宽渠道。共接到企业咨询电话6000次，同时借助《海南日报》、《今日琼中》、琼中融媒体、“投资琼中”微信公众号等平台，加大宣传琼中县超常规开展招商案例，营造优良营商环境。

【建立“金牌店小二”服务机制】2021年，琼中县实行服务企业“三项清单”。针对有意向来投资的企业和已签约企业，推行“领导代办服务”，以县领导为联络员实行“一对N”结对联系企业制度，并建立2小时问题解决工作机制和企业联络员制度，专人对接企业，每半个月电话回访一次企业，第一时间帮助企业协调解决存在的困难和问题，服务企业126家，切实解决企业生产经营中的堵点、痛点、难点，用全心全力换来越来越多优质企业的投资落地。主动为企业提供24小时的随叫随应的“保姆式”服务，为琼中中域投资有限公司、海南大观沉香产业发展有限公司、琼中陆侨文旅集团有限公司、琼中佳语食品有限公司等企业完成代办注册项目公司、代办注册申领营业执照、代办注册经营许可证等工作。主动靠前服务企业，以“查堵点、破难题、促发展”活动为引领，通过实地走访和座谈的方式，了解企业投资具体需求和进展情况，现场为企业答疑解惑，将存在问题列人“三项清单”，专人对接服务，有针对性地破解难题。全年实地走访企业50次，送政策人企业100次，开展座谈交流130次、电话回访6800次，针对企业反映的部分问题，能马上解决的立即协调解决，需要部门及领导协调解决的，立即协调相关部门及领导，并纳入“查堵点、破难题、促发展”问题台账，共纳入问题清单6条，已全部完成，完成率100%。

【重大项目招商引资】2021年，琼中县手3月1日、4月13日举办2次海南自由贸易港琼中县重点项目集中签约活动，与海南省金林投资集团、中国热带农业科学院椰子研究所、海南长久健康医疗科技有限公司等14家企业签约。4月13日、6月19日参加海南自由贸易港重点项目集中签约活动，与山东大舜医药物流有限公司、海南鼎御投资发展有限公司2家企业签约。5月7~9日，县委书记徐斌率领琼中代表团成员参加中国首届国际消费品博览会，拜访旅游业等一批产业领域符合琼中县发展定位的重点参展商和采购商，共计对接洽谈正大集团等68家企业，主要涉及旅游业、农产品加工现代服务业等领域，顺利与美安康签订战略合作框架协议;考察北京等14个省、直辖市展馆;上门拜访澳大利亚贸易投资委员会、美国西洋参协会等5家单位。2021年6月22日，召开海南省潮汕商会琼中招商座谈会在琼中召开，33家企业参加座谈，县旅游和文化广电体育局、住房和城乡建设局、海南湾岭农产品加工物流园管委会、县乡村振兴控股发展公司、县加钗投资控股发展公司等单位分别就旅游、城市更新、园区、国际足球小镇和园艺等项目进行招商推介。县行政审批服务局、海南湾岭农产品加工物流园管委会、县招商事务中心等单位分别为更好地做好企业服务作表态发言。2021年12月16~19日，参加中国（海南）国际热带农产品冬季交易会，与北京、上海、广东等20余家企业进行洽谈，并通过现场发放《投资指南》《琼中自然资源图册》《自贸港政策汇编》展开全面宣传推介。

2021年4月13日，琼中县参加海南自由贸易港重点项目集中签约活动

（县招商事务中心　供图）

2021年6月22日，海南省潮汕商会招商座谈会在琼中举办
（县招商事务中心 供图）

海南湾岭农产品加工物流园

【概况】海南湾岭农产品加工物流园是海南3类25个省级园区之一，是海南中部唯一的省级园区，也是省级园区中唯一的农产品加工物流园，正在筹建中国（海南自贸港）国际农产品加工产业园。2019年，根据海南省人民政府《关于印发海南省重点产业园区规划布局调整优化方案的通知》将原有海南湾岭农产品综合物流园和湾岭农副产品加工园统一整合为海南湾岭农产品加工物流园。2021年在园企业50家，实现营业收入8.06亿元，同比增长254.33%。实现税收收入0.15亿元，同比增长179.76%。

【园区规划编制】2021年，琼中县对标国内外先进区（开发区）规划理念，高标准高质量推进园区建设，把园区打造成为海南招商引资新的核心承载空间。产业规划按照“1+4+X”产业布局，以特色农产品为核心，通过仓储配送、精深加工电子商务、农业科技四轮驱动，打造绿色产业链与科技生态圈。以申报国际农产品加工产业园为契机，充分利用地理区位、环境、地价等优势，积极打造成“三农”参与海南自贸港建设的主平台，推进形成产业聚集发展;空间规划根据产业规划调整优化园区控制性详细规划，启动园区和湾岭镇一体化空间布局优化，将产城融合发展落到一张图上。同时启动湾岭镇墟旧改，提升和改善城镇的面貌和服务承载力，加快完成园区土地征收工作，科学合理安置移民村，在规划用地和企业建设时，按照原有的地形地势做设计规划，不挖山不砍树，不大拆大建，提高保护意识。

【园区招商引资】2021年，海南中部（琼中）绿色产业园区管理委员会通过产业链招商，聚焦高端食品制造、现代物流、现代服务业等产业的招商，策划包装椰子产业集群、南药加工、坚果加工、苍储物流及批爱等千大产业项目。积极参加省内外举办的招商推介活动，举办研讨会，赴广东、浙江、湖南、海口、江西等地进行推介和考察企业20次。接待来访客商、政府单位共200批次，1000人。全年共引进农产品精深加工、仓储物流、医疗产业等一批主业突出、投资规模大、发展前景好、带动力强的企业共27家，完成省政府工作任务“实现入园企业营业收入达30亿元”年度主要成果的26.88%。实现税收收入0.15亿元，同比增长179.76%，完成省政府工作任务“税收达5000万元年度主要成果的30.32%。

【园区服务企业】2021年，海南中部（琼中）绿色产业园区建立服务机制，按照“减环节、优流程、压时效、提效率”的原则，落实“特别极简审批”，建立“联企秘书”服务机制，为企业提供全方位的服务。组建招商服务组、规划审批组、项目管理组三个专班，抓细抓实各项工作落实，从项目入园审批、开办企业、办理不动产登记、规划许可申请、海关进出口备案等前期手续办理，再到项目建设施工、项目建成投产提供全过程跟踪服务，解决企业的招工难、转型难等问题，获得企业赠送“留商典范”锦旗2面。完善配套服务，设立海口海关技术中心湾岭工作站，提供海关业务技术咨询，为企业提供食品质量检测。成立中部科技协同创新中心，推广农业技术，助力农产品加工业聚集；发挥服务中心服务职能，设

海南湾岭热带农产品综合物流园 （琼中宣传 供图）

立涉外法庭等窗口单位，引进海南国际仲裁院、海南第一民商事涉外法庭及律师事务所进驻办公，畅通企业法律服务渠道。解决园区内企业融资难问题，顺利推动园区内海南中丝发展有限公司800万元、海南椰风加工坊有限公司7000万元、琼中佳语食品有限公司480万元贷款的发放，进一步助力园区企业增强自主创新能力和核心竞争力，扶持企业发展。

【园区基础设施建设】2021年，海南中部（琼中）绿色产业园区累计投资10.8亿元。平整土地53公顷，累计平整土地133公顷。累计建成标准厂房2.7万平方米，建成配套设施1.2万平方米。完成1.5千米路网的建设，累计完成6.38千米路网的建设。完成绿化面积100平方米，铺设人行道1.6万平方米，安装路灯94盏。

海南中部（琼中）绿色产业园区　　（琼中产业园管委会　供图）

2021年海南湾岭农产品加工物流园入园项目一览表

表2

序号	企业名称	序号	企业名称
1	琼中佳语食品有限公司	26	美安康质量检测技术海南有限公司
2	海南省农垦五指山茶业集团股份有限公司	27	中国热带农业科学院椰子研究所
3	海南金口食品有限公司	28	海南琼中冠林林业有限公司
4	海南森中生物科技有限公司	29	宜琼（海南）贸易有限公司
5	海南陆侨商贸集团有限公司	30	海南东源物流股份有限公司
6	海南坤果生物科技有限责任公司	31	海南仙草生物科技有限公司
7	海南臻格食品有限责任公司	32	海南点观互联网平台有限公司
8	海南中丝发展有限公司	33	海南琼中樟花林业发展有限公司
9	海南正生堂健康产业集团有限公司	34	海南琼中中燃能源发展有限公司
10	海南琼中旺源农业有限公司	35	海南顺邦林物流服务有限公司
11	海南椰风加工坊有限公司	36	海南珠江物业酒店管理有限公司琼中分公司
12	国家电投集团海南新能源投资有限公司	37	琼中宝林木业责任有限公司
13	海南琼中百佳仓储管理有限公司	38	琼中鑫森混凝土有限公司
14	琼中华盛新人造板有限公司	39	中林（琼中）供应链管理有限公司
15	海南天明农业环保科技有限公司	40	中物（琼中）贸易有限公司
16	海南泰安木业有限公司	41	海南金林湾岭通用机场投资有限公司
17	琼中清源环保设备制造有限公司	42	海南宏洋云图地理信息技术有限公司
18	海南虫二生物科技股份有限公司	43	海南椰博士食品有限公司
19	海南宝岛生物质能源有限公司	44	海南南国椰子饮品有限公司
20	海南椰耶贸易有限公司	45	海南蕾芳药业有限公司
21	海南围垦控股有限公司	46	海南企赋科技发展有限公司
22	宜源（海南）发展有限公司	47	海南健坤供应链管理有限公司
23	国机（海南）发展有限公司	48	海南台利旅业有限公司
24	海南长久健康医疗科技有限公司	49	海南田野生物科技有限责任公司
25	北京卓海（琼中）律师事务所	50	海南海玖混凝土配送有限公司

热带经济

热带作物

【概况】2021年，琼中县热带作物主要有橡胶、椰子、咖啡、胡椒等，全年种植面积为7.41万公顷，较上年度增长1.9%，收获面积4.59万公顷，较上年度增长0.97%。

【橡胶】2021年，琼中县橡胶种植面积5.01万公顷，开割面积3.63万公顷，同比增长0.4%，产量2.72万吨，同比下降2.4%；为保障橡胶产业，加大橡胶保险政策宣传力度，在2020年成功推广的基础上，2021年继续加强橡胶保险政策扶持，增加开割面积，实现橡胶产量增长。截至年末，全县橡胶价格保险实现承保2.0万公顷；总保险费2793.08万元，其中财政补贴资金2556.72万元；涉及农户15362户（其中脱贫户3620户）。

【椰子】2021年，琼中县椰子种植面积980公顷，同比增长22.24%，收获面积280.7公顷，同比下降1.83%。

【咖啡】2021年，琼中县咖啡种植面积261.53公顷，同比增长6.98%；收获面积53.45公顷非同比增长17.86%。2021年总产量120吨，年产值约380万元。

【胡椒】2021年，琼中县胡椒种植面积127.09公顷，收获面积93.87公顷，同比增长3.97%。

南药产业

【概况】南药是促进琼中县农民增收的传统支柱产业之一，主要包括槟榔、益智和牛大力等。

【槟榔】2021年，琼中县槟榔种植面积16880公顷，同比增长21.1%，收获面积9026.67公顷，同比增长3.0%，产量2.34万吨，同比下降5.7%；

【益智】2021年，琼中县益智种植面积4640公顷，总产量2214吨，亩产50斤干果，亩产产值约750元，主要分布在红毛镇黎凑村666.67公顷，主要采取自产自销方式。

其他特色产业

【概况】特色产业作为琼中的支柱产业之一，主要有绿橙、油茶、斑斓、沉香、粽叶产业等。按发展类型主要分为传统特色农业和高效特色农业两大类，其中传统特色农业以橡胶、槟榔、畜禽和渔业等产业为主；高效特色农业以琼中绿橙、种桑养蚕、咖啡、茶叶、养蜂、养山鸡、五脚猪和益智等产业为主。

【琼中绿橙】“琼中绿橙”以皮绿、橙甜、汁多、皮薄而闻名全国，先后获得国家质监总局地理标志产品认证、国家农业部农产品地理标志认证和无公害农产品认证、国家绿色食品认证，被评为海南省优质农产品、海南省名牌产品，2021年登上央视《中国粮仓》栏目。2021年，琼中绿橙种植果园310个，种植面积1733.33公顷，挂果果园120个，总产量1062万斤，产值6732万元。琼中县为推进绿橙产业发展，实施创建水果（绿橙）示范县工作，推进“琼中绿橙”标准化示范基地建设2021年新增上安马场“琼中绿橙”标准示范基地。品牌建设与保护，以“政府+企业+协会”模式打造“琼中绿橙”品牌，授权海南中部菜篮子发展有限责任公司使用“琼中绿橙”品牌，采取“统销统购”的销售模式，配合农业、公安、公路、市场监督等多部门开展专项整治行动，打击违法取用“琼中绿橙”品牌。邀请海汽集团、叮咚买菜等平台带货，打通绿橙销售到内地市场。采取二维码溯源体系，保证绿橙售后服务。

【油茶】2021年，琼中县海南万安农业开发有限公司与海南大学合作，通过培育并取得认定的海南本地油茶优良种苗有3种：万海1号、万海3号和万海4号。完成种植400公顷，同时带动周边农户种植油茶533.33公顷，已有部分油茶开始挂果。

【沉香】2021年，琼中县践行“两山

理念”，走生态绿色发展之路，发展沉香产业带动农民致富。海南省对外经济发展促进会与海南毓秀沉香产业发展有限公司在琼中签署战略合作框架协议，三方调动整合有关方面资源，形成合力推进琼中沉香产业基地项目建设。在琼中建设沉香种植生产基地6666.67公顷，建成三产融合产业框架，包括良种沉香苗圃基地、良种沉香种植生产基地、庭院分散种植生产基地、沉香茶加工作坊或扶贫产业车间+沉香康养驿站、沉香加工物流产业园及其他配套设施，实现全产业链生产运营。琼中沉香产业基地项目采取“政府引导+企业主导+科技先导”模式，通过强化企业主导投融资，科技示范带动、有效组织农民培训、创新科技组织项目产业化生产运营。项目定位为扶贫产业项目，以全县建档立卡农户(含边缘户)、农村集体经济和农民专业合作社为主体，全产业链生产运营优先就近安排建档立卡农户就业，对项目产业链条上的农民种植生产的沉香、沉香树叶等实行保护价收购。该项目总投资18.4亿元，计划通过3年到5年的建设，将沉香产业打造成为特色高效支柱产业，实现对全县建档立卡贫困农户全覆盖，实现产能100亿元。根据县林业局相关调查结果统计，2021年全县种植沉香面积8000公顷。

【斑斓】2021年，琼中县斑斓叶种植面积27.6公顷，其中营根镇26.67公顷，湾岭镇水央村委会种植面积0.93公顷。

【粽叶】2021年，琼中县粽叶种植面积364.73公顷，其中黎母山镇343公顷，长征镇21.73公顷。

【桑蚕产业】2021年，琼中县桑园面积达1万公顷，养蚕农户2500户，全年养蚕17批，出售蚕茧50万公斤，农民效益2500万元。琼中县推进桑蚕产业发展，实施保护鼓励措施，对农民出售蚕茧价格进行补差，当蚕茧收购价低于40元/公斤，县政府就启动价格补贴机制，将蚕茧收购中准价补到40元/公斤，2021年拨付差价补贴资金500.6万元；与西南大学、苏州大学、华南农业大学、省农科院等单位开展产学研合作关系，在技术服务、生产实践等方面提供专业技术支持；与西南大学、中国热科院共同培育“嘉陵106”桑树品种得到省林木品种审定委员会认定。

农 业

综 述

【农业信息化建设】2021年，琼中县加强涉农信息资源整合，建设支撑“三农”发展数据库，推动大数据、物联网在农业生产经营管理和农村服务中的运用。琼中数字乡村系统搭建县/乡/镇/村/组/社/户/人的六级管理，实现村干部、农户双体系建设，自上而下纵向贯通。该系统农户信息采集模块共有13大项信息、45小项信息。通过对农户家庭及人员标签化管理，实现对农户分类管理和跟踪，并根据农户扩展信息配置和数据采集，建立完善的“三农”信息数据库，推动乡村治理现代化。实施橡胶、槟榔等大宗农产品单产效益提升计划和特色产业“百村百社、千人万户”创业致富计划，建设绿橙、桑蚕、山鸡、小黄牛、蜂蜜等良种基地和绿色品牌，推动电子商务进农村，琼中县入选“全国电商进农村示范县”和获评“2021年全国县域农业农村信息化发展先进县”。

【农产品质量安全监管】2021年，琼中县组织开展农资店日常执法巡查检查。按照农资打假专项治理、农药监管专项整治等工作部署要求，联合县农业综合执法大队开展执法检查工作。检查发现农资经营违法行为立案查处7宗。开展瓜果蔬菜种植执法检查，联合县农业综合执法大队以不定时间的方式对瓜果蔬菜种植基地开展检查，检查种植养殖户执行相关管理规定以及购买、使用农药的情况。开展农产品质量安全追溯系统录入工作，将全县种植、养殖户录入追溯系统，实行网络化监管。开展农产品质量安全监测，共完成定量送检145个，合格率100%；例行监测6325个，合格率99.67%。全县10个乡镇设置10个动物产地检疫申报点，检疫申报受理率达到100%，5个定点屠宰场屠宰检疫率、出证率、病害动物和动物产品无害化处理率均达到100%。

落实农作物统防统控任务。重点加强对水稻重大病虫害、柑橘黄龙病、槟榔黄化症状、草地贪夜蛾和红火蚁监测预警，设立草地贪夜蛾高空光诱监测点1个，低空监测点2个，红火蚁和柑橘黄龙病疫情监测点5个。指导全县水稻、玉米、绿橙、槟榔等主要病虫害防治1.67万公顷，实施统防统治面积0.26万公顷，其中红火蚁统防统治面积345.47公顷，水稻重大病虫害统防统治面积424.8公顷，实施草地贪夜蛾统防统治面积436公顷，实施柑橘黄龙病防控面积0.1万公顷，槟榔400公顷，核心防控区域统防统治面积272.27公顷。柑橘黄龙病抽样监测488个，办结产地检疫1个，受理签发检疫要求书2份，铲除柑橘黄龙病病株15万株（含苗木）。

落实农药化肥“两减”任务。2021年，全县化学农药使用量324吨、化肥施用量1.89万吨，同比减少5%。推广农作物秸秆综合利用，促进有机肥替代化肥。通过推广水稻秸秆还田技术、绿肥压青技术以及果园种植豆科植物等，改良土壤结构，提升土壤综合肥力。开展主要农作物酸性土壤改良，完成酸性土壤改良面积106.67公顷，涉及农户312户，共发放酸性土壤调理剂216.56吨。采购6.52吨“霖田甘露”生物农药发放给农户用于绿橙病虫害防治，面积达1000公顷。开展水稻肥效田间试验示范点建设15个，槟榔示范点建设1个，其他作物水肥一体化田间试验示范点建设5个，有效减少化肥和农药的施用量。鼓励和支持规模化养殖企业利用畜禽粪便生产有机肥，畜禽粪污资源化利用率达到85.84%。

【农业科技与服务】2021年，琼中县通过专题培训、现场会等方式，开展槟榔管理、割胶技术、蔬菜种植、养蜂等农民实用技能培训，共培训62期4277人次，脱贫户及监测对象人数273人次。其中种植业培训1809人次，脱贫户及监测对象人数73人次；养殖业培训1842人次，其中脱贫户及监测对象132人次；其他农民实用技术培训626人次，其中脱贫户及监测对象人数68人次。将农业科技知识、先进适用技术送到千家万户，实现科技巩固脱贫攻坚成果与乡村振兴工作常态化。

【强农惠农政策】2021年，琼中县支撑发展热带特色高效农业，实施桑蚕三年行动方案，对蚕茧进行差价补贴，2021年共拨付补贴资金500.6万元。加大橡胶保险政策宣传力度，在2020年成功推广的基础上，2021年继续加强橡胶保险政策扶持，增加开割面积，实现橡胶产量增长。截至年末，全县橡胶价格保险实现承保2万公顷，总保险费2793.08万元（其中财政补贴资金2556.72万元），涉及农户15362户（其中贫困户3620户）。

落实粮食生产任务。印发《琼中黎族苗族自治县2021年粮食生产工作实施方案》《琼中黎族苗族自治县2021年耕地地力保护补贴实施方案》，强化耕地资源保护和利用，提高粮食生产综合能力。推进常年蔬菜基地建设，全年共落实蔬菜基地18块175.51公顷，投产131.63公顷。高标准完成种粮农民一次性补贴发放工作。全县实际种粮农民一次性补贴申请户数8154户，面积1789.95公顷，共发放资金729764.52万元，农户8154户，完成发放任务达100%。

2021年实施榕木洋、山心洋2个高标准农田新建项目200公顷和潮村洋、新兴洋、什龙洋3个高标准农田补建项目333.33公顷。年节木洋、山心洋高标准农田新建项目已完成结算审计，支付资金723.28万元占总投资比例的89.77%；潮村洋新兴洋、什龙洋高标准农苗补建项目于10月底全面开工建设，支付资金655.27万元，占总投资比例的52.42%。

恢复生猪产能。落实生猪稳产保供“菜篮子”市县长责任制，全力保障生猪生产安全，推动生猪生产保持向好态势，完成省厅既定目标。2021年全县屠宰生猪53443头，按每头平均123千克计算，每人每天猪肉消费量100.275克（按琼中县常住人口17.96万人计算），完成每人每天猪肉需求100克的考核任务。按照“扶优、扶强、扶大”的原则，加快生猪养殖项目建设投产，投入230万元支持明润公司新建两万头规模养猪场，安排219万元对中小型养殖场进行扶持改造，助力生猪养殖业恢复生产。

【“冬交会”】2021年，中国（海南）国际农产品交易会12月16~19日在海南国际会展中心举办，琼中县设置两个展区，为特色农产品成果展区和活动区。共有海南中部菜篮子发展责任有限公司等31家企业报名参展展示产品包括绿橙、蓝莓、山茶油、燕窝果、蜂蜜、山兰富硒米、山兰酒、山鸡、山鸡蛋、五脚猪、咖啡桑甚酒、桑甚酵素、食用菌、芋香红来、糯来酒、兰花科植物、灵芝等品种，销售额达21万元。

2021年9月29日，琼中在琼中三月三小广场举办以“山城有礼 国庆狂欢”为主题的2021琼中国庆消费狂欢节活动。图为开幕式现场（县农业局　供图）

【农业实用技术培训】2021年，琼中县通过专题培训、现场会等方式，开展农药化肥减量增效培训30期，共培训1221人次；开展橡胶、桑蚕、病虫害防治等培训17期，共培训984人次，发放技术资料2000份；举办5期农作物秸秆禁烧和综合利用技术培训班，发放资料200份，培训210人次；深入田间地头实地技术指导81次；接受农业技术咨询15次。通过“中国农技推广信息平台”推广基层农业技术，共培养157名基层农技推广员，特聘绿橙、桑蚕乡土专家各1名，发布日志199篇，对绿橙、桑蚕、槟榔等作物推出7项主推技术，建设3个基层农技示范基地。2021年，县农技中心实施基层农技推广体系改革与建设项目被农业厅评为优秀实施单位。

【无公害农业】2021年，琼中县获得农业部“三品一标”认证农产品有17个。其中无公害农产品认证10个主要有:绿橙、红心柚、生猪、罗非鱼、红毛丹等农产品，绿色食品认证3个:“祥果佳”绿橙商标、“乌石绿”绿橙商标、“白马岭”茶叶商标。有机食品认证1个:海南天福源茶叶。农产品地理标志保护产品2个:琼中绿橙、琼中山鸡。获得海南名牌农产品认定的农产品6个:“祥果佳”绿橙、“乌石绿”绿橙、“白马岭”茶叶、“岭园”脐橙和琼中明润养殖有限公司生产的生猪、东成畜牧有限公司的生猪。

【农业执法】2021年，琼中县农业行政执法大队承担县农业、农机、畜牧、渔业、农资等部门行政执法事项74项。累计办理案件31宗，其中农资类8宗，畜牧类3宗，渔业类1宗，禁塑类17宗，其他类2宗，拆除或收缴违规网具222张（套），没收电捕鱼器具1套，没收涉渔三无船舶1艘，渔获物25公斤，罚没款4万元。

技推广机构”荣誉称号。由县农技中心申报的《海南柑橘黄龙病源头防控关键技术推广应用》项目，获得“中国热带农业科学院科技服务奖二等奖”；由县农技中心陈李叶、李学申报的《木薯增产提质增效栽培关键技术创新与集成应用》项目，获得“2021年度中国热带农业科学院科技进步奖二等奖”。

水　利

【概况】2021年，琼中县境内纳入河湖长制的河流共有197条，其中省级河流8条，县级河流16条，乡镇级河流142条，村级河流31条。水库31宗（其中省管水库1宗），山塘51宗设立县级河长9名、湖长2名；乡镇级河长80名、湖长21名；村级河长185名；河道管理员272名。小水电站65座，总装机120340千瓦，其中58座在运行，7座处于停运废弃状态，运行电站总装机115990千瓦。根据琼中县小水电站清理整改“一站一策”工作方案，纳入综合评估电站65座，保留类水电站6座，整改类水电站49座，退出类水电站10座。30宗水库水库大坝注册登记共29宗，1宗水库登记证正在办理中。其中中型水库一座，小（1）型水库8座，小（2）型水库21座，总库容6794.1万立方米，正常库容4628万立方米。水库分散在全县8个乡镇，其中营根镇9宗湾岭镇5宗，黎母山镇4宗，红毛镇4宗，长征镇2宗，和平镇2宗，上安乡3宗，什运乡1宗。

【河流保护】2021年，琼中县完成16条流域面积50平方千米以上重要河流岸线保护与利用规划报告编制工作；完成177条流域面积50平方千米以下河流管理范围划定报告编制工作。

【河湖长制推进】2021年，琼中县建立“河湖长+执法长”“河湖长+检察长”机制，河湖长制从“有名有实”向“有力有为”转变，进一步加大河湖领域执法监管力度。组织开展“护河公约”宣传活动，组织河湖长制进村、进社区活动，签订河湖长制公2000份；组织民间河长、自愿者开展清河行动9次。开展幸福河湖的建设，2021年琼中县拟建设幸福河湖11条，完成建设10条（个），并通过省河长办组织的专家现场验收。持续开展河湖“清四乱”行动，建立河湖清四乱”清单，推广开展其他市县河湖清四乱标准化流程，2021年，琼中县无水利部暗访发现相关问题，完成整改省河长办暗访省级河流“四乱”问题24个，整改率100%。

2021年，琼中试点投用槟榔园多功能维护一体机、槟榔采摘机器人等智能设备。农民在用智能槟榔采摘机器人采摘槟榔　　（琼中融媒体中心　供图）

【水资源管理】2021年，琼中县开展资源专项治理，征收水土保持补偿费365.15万元，抽检落实水土保持措施建设项目10宗，下达限期整改通知书21份，办理取水许可电子证照转换26件，新发证13件，征收水资源费180.46万元；做好地下水核查整治专项工作。琼中县取水项目共计124个，取水口总计192个。做好移民项目开展及后期扶持直补资金发放工作。其中5个移民项目已进场施工，2个项目进度已达到75%。发放2021年度移民后期扶持资金259.92万元，惠及移民群众4323人。

【重点水利项目建设】2021年，琼中县投入795.64万元建设供永保障工程13宗，其中机井配套工程11宗，总投资301.54万；维修养护项目1宗，总投资170.28万元；净水工程设施1宗，投资323.82万元，总受益人口18545人。2021年累计完成28座小型水库安全鉴定工作，开展各类违建、库中库、非法养殖等“四乱”问题清退工作，完成28座水库管理房修缮办公及防汛物资配备工作。推进琼中县水源项目建设，静态总投资47247万元。

【农村饮水保障】2021年，琼中县投入795.64万元实施供水保障工程13宗，总受益人口18545人。完成全县473宗农村饮水工程水费收缴任务，水费收缴率达97%。委托琼中县水务有限公司负责全县农村饮水工程维修及人员管理，对10个乡镇528座供水池（水塔）按时清洗1056宗次，应对极端天气工程抢修290次，应急供水155车次，集中式供水工程水质检测全部达标，确保农村安全饮水工程的正常运行，实现农村安全饮水全覆盖集中供水普及率达98%。紧盯“12314”“12345”“86234804”等监督电话，2021年农村饮水安全工程热线电话接访记录15宗，处理解决15宗，完成处理率达100%。

【重点水利工程管理】2021年，琼中县按照分级管理、分级负责的原则,全面落实水库防汛安全责任制，逐座水库落实防汛行政责任人、技术责任人和巡查责任人，并在琼中县人民政府官网上进行公示。同时在各个水库树立公示牌，接受社会的监督。打造“政府+公司+管理员”水库管理模式，2021年8月，委托琼中县水务有限公司对29宗中小型水库进行专业化管理。加强项目资金执行管理2021年下达琼中县水利发展资金2050万元。其中中央资金1238万元省级资金812万元，县级整合中央资金700万元，整合省级资金100万元实际下达琼中县水务局1250万元，投资完成率99%。

乡村振兴

【机构改革】2021年6月2日，琼中县扶贫工作办公室正式重组挂牌为琼中黎族苗族自治县乡村振兴局，标志着琼中“三农”工作重心实现历史性转移，由决战脱贫攻坚进入到全面实施乡村振兴战略的新阶段。

【项目资金管理】2021年，琼中县按照“规划引领、资源整合、渠道不乱、用途不变”原则，坚持以产业发展为支撑，全面推进2021年财政衔接推进乡村振兴补助资金项目实施2021年安排3.49亿元，实施项目280个；截至2021年底，资金支出3.42亿元，支出进度98.24%。

【项目库建设】2021年，琼中县严格实行“村级申请、乡镇初审、市县审定、省级备案”制度，建立2021年财政衔接推进乡村振兴补助资金项目库，项目总个数1944个，资金规模11.45亿元，其中产业扶贫项目762个，资金规模7.2亿元，基础设施及其他项目1182个，资金规模4.25亿”元。完成扶贫资产摸底调查工作，全县已摸底扶贫项目1602个、项目资金规模17.16亿元，形成项目资产1370个、资产规模11.998亿元。没有形成项目资产的资金投入共5.16亿元232个项目，主要投向为就业扶贫、教育扶贫、公益岗位、到户等类型的项目。

【农业供给侧结构改革】2021年，琼中县以湾岭农产品加工物流园为载体，通过仓储配送、精深加工、电子商务、农业科技四轮驱动，引人14家农业龙头企业投资建设特色保健品生产、南药（胆木）提取、椰子食品原料加工、热带果蔬加工、茶叶精深加工、槟榔精深加工等农业产业化项目，打造农业全产业链，推进供给侧和需求侧有效对接，确保各类农产品得到稳定销售，增加农户收人。在全县槟榔减产的情况，受农户与企业供需关系影响，槟榔鲜果市场价格最高达到56元/公斤，农户槟榔收人不降反升，人均收人增加2000多元。

【农村综合治理】2021年，中县深入推进农村“五网”设施建设。实施农村基础设施脱贫工程，县、镇、村、组、户道路实现全硬化，农村公路畅通率达100%；累计建成农村分散式污水处理站303个；光网千兆到镇、百兆入村覆盖率100%；燃气“气网”进村试点工作全面铺开，已进场建设372个自然村，覆盖农户20924户；全县饮水安全保障到位，村庄均正常供水，取水距离、供水量、水质全部达标，解决5938户23797名脱贫人口饮水安全问题，农村安全饮水率100%。

推进乡村法治建设。不断完善村民自治制度，加强社会主义核心价值观，红白理事等村规民约建设，实现村民自我管理、自我教育、自我约束。县、镇、村三级网格化实现全覆盖，公共法律服务网络延伸至村居，聘请一村一居法律顾问49名，为村居居民提供法律咨询服务470次，努力将矛盾纠纷化解在基层。

推进乡村文化建设。深入开展群众性精神文明创建活动，持续抓好农村“六治”整治，推进文明村镇、文明家庭创建活动，2021年评选表彰各乡镇文明家庭34户、五星级卫生户22户、最美家庭5户。创建农村书屋示范点4家，10个乡镇综合文化站建成并投入使用，累计组织送图书、送电影、送文艺下乡1190场次。

推进基层党组织建设。创建省级

2021年6月2日下午，琼中黎族苗族自治县扶贫工作办公室正式重组挂牌为琼中黎族苗族自治县乡村振兴局

（县融媒体中心　供图）

农村基层党建示范点2个，巩固创建农村示范党支部55个，高质量高标准完成10个乡镇领导班子、123个村（社区）“两委”换届工作任务，村（社区）书记、主任全部实现“一肩挑”，总体达到“一降六升一提高”目标。

村镇建设

【村庄规划编制】2021年，琼中县应编尽编行政村总数100个，均已形成规划成果，其中96个行政村村庄规划成果已通过“村两会”审议，100个行政村村庄规划成果已通过专家评审，61个行政村村庄规划成果已通过县国土空间规划委员会审议，5个行政村村庄规划成果县政府批准实施。

在2021年海南省村庄规划设计竞赛中，《琼中黎族苗族自治县红毛镇番响村村庄规划（2021-2035）》《琼中黎族苗族自治县长征镇新寨村村庄规划（2021-2035）》获二等奖；《琼中黎族苗族自治县黎母山镇南利村村庄规划（2021-2035）》获三等奖；《琼中黎族苗族自治县上安乡什育村村庄规划（2021-2035）》《琼中黎族苗族自治县中平镇黎明村村庄规划（2021-2035）》获优秀奖。指导琼中县蜜柚山庄和学而山房两家乡村民宿完成海南省备案登记，并建立乡村民宿资源项目库10个。

【乡村人居环境建设】2021年，琼中县推进农村人居环境提升工程。率先在全省建立“户分类、村收集、镇转运、县处理”垃圾处理模式，农村垃圾清扫收运覆盖率达100%；出台生活垃圾分类工作实施方案实行投放管理责任人制度“属地原则”“管行业必须管分类原则”，完善村规民约、“门前三包”责任制、保洁员和分类收集员管理制度、农户初分奖励法等各项规章制度，引导村民积极主动参与环境卫生整治工作。出台富美乡村全面推进暨农村人居环境改善提升方案，紧扣“三清三改三化一建”，实施环村道、户户通、排水沟、绿化美化亮化等工程，加强建新拆旧工作，农村人居环境进一步改善。深入推进农村“厕所革命”，对全县3605座农村厕所进行全面改造，累计建成卫生厕所3.38万座，普及率达100%。

【农村房屋安全隐患排查整治】2021年，琼中县根据《海南省人民政府办公厅关于印发〈海南省农村房屋安全隐患排查整治实施方案〉通知》精神，结合实际印制《琼中黎族苗族自治县农村房屋安全隐患排查实施方案》，2021年6月30日前完成全面摸底排查工作。到2021年12月30日，排查录入27308栋（其中用作经营自建房817栋）农村房屋信息。

【农村危房改造】2021年，琼中县住房和城乡建设局重点实施农村低收入群体危房改造工作，农村低收入群体包括农村边缘易致贫户、农村低保户、农村分散供养特困人员、突发严重困难家庭、农村低收入家庭、未享受过农村住房保障政策支持且依靠自身力量无法解决住房安全问题的其他脱贫户、实施过农村危房改造但由于小型自然灾害等原因又变成危房的其他脱贫户等7类对象。根据《海南省2021年农村危房改造和农房抗震改造实施方案》，制定《琼中黎族苗族自治县2021年农村危房改造实施方案》报中共琼中黎族苗族自治县委实施乡村振兴战略领导小组审核印发，强化政策保障。

开展常态化动态监测，县住建局、县民政局、县乡村振兴局等部门和各乡镇政府通过OA无纸化办公系统、刻录光盘等方式加强协调联动和数据互通共享，按月推送或不定期推送农村低收入群体名单和住房安全情况，对新增人员及时组织开展住房安全排查，动态监测农村低收入群体住房情况，2021年3月、6月、8月、9月、12月分别对7287户、8040户、8032户、8086户、8134户农村低收入群体住房情况开展调查摸底并委托第三方鉴定机构开展鉴定工作；经鉴定为C级或D级危房且符合条件的，列入年度农村危房改造计划或通过其他保障方式解决其住房安全问题，同时在改造完成前将农户转移安置至安全住房内居住；2021年琼中县无农村危房改造。

政策举措

【教育、医疗、住房保障】2021年，琼中县夯实“两条线”抓控辍保学责任体系，做好“送教上门”工作。完善“一对一”和“一对多”关爱体系，继续落实“四免四补”“四免两补”“雨露计划”等各项资助政策，2021年秋季共计发放各类教育补助569.28万元，惠及贫困学子3357人次。夯实基本医疗保障。落实分类资助参保、医疗救助限额等政策，投入607.53万元对脱贫人口和监测户基本医疗保险个人缴费部分进行代缴（其中单纯农村脱贫人口实行90%定额代缴，费用为549.08万元；档内低保、档内特困实行100%全额代缴，费用为57.22万元），脱贫人口、监测户参保和家庭医生签约实现全覆盖。继续执行定点医疗机构“一站式”结算服务、“三重保障制度”，脱贫人口和监测户住院费用实际报销达90%以上，慢性病门诊医疗报销比例达到80%以上。2021年，住院和慢性病门诊累计补偿2827.24万元，受益群众达6714人次。抓好住房安全保障，制定出台《琼中2021年农村危房改造实施方案》，过渡期内持续推进落实农村危房改造，进一步明确危改补助对象、补助标准和奖励标准，建立“七类人员”住房安全保障台账并加强动态监测，做到应改尽改，确保全县农户住房安全100%保障。

【农村饮水保障】2021年，琼中县推行“专业的事由专业的人做”模式，委托第三方公司日常管理，每月对农村居民饮用水进行水质安全抽检，2021年10月，根据省水务厅指导，委托第三方专业检测机构对全县农村集中供水工程水质进行检测，570份样本检测结果全部达标。对全县农村饮水管理员“一对一”集中培训596人次，对全县10个乡镇528个供水池、供水塔按时清洗1056宗次，运行检修饮水工程问题290处，建成扶贫水井29口，出动应急供水车155车次，确保农村饮用水安全。

【社会兜底保障】2021年，琼中县过渡期内社会救助兜底政策保持总体稳定，重点加大对脱贫不稳定户、边缘易致贫户、突发严重困难户等防止返贫监测对象的救助力度，综合运用低保、特困、临时救助等多种救助措施综合施救，继续执行低保边缘家庭（低收入家庭）单人纳保政策，发挥好临时救助的急难救助功能，坚决防止规模性返贫。截至12月，发放最低生活保障金2492.42万元，特困供养金374.19万元，照料护理费48.8万元，临时救助金535.01万元，残疾人两项补贴738.12万元。

【产业帮扶政策落实】2021年，琼中县聚力打造产业集群，将原有16家县属企业分类整合成县乡村振兴控股发展有限责任公司、海南加钗投资控股发展有限责任公司、海南中部菜篮子发展有限责任公司等3家公司平台，坚持公司项目集结点及项目连片做大做强产业项目原则，结合资源情况、区位优势等条件，按照“政府+国有企业+社会企业+村集体”的合作模式，将全县10个乡镇、1个县属农场、10个居划分为3大片区，由三大公司各负责1个片区每年谋划一批产业示范点项目，争取3年至5年培育一批特色优质产业集群。例如，在湾岭镇水央村，依托县乡村振兴控股公司引入知名实力企业和海南大学科研技术力量，投入6600万元打造“机器人+现代化农业技术To B端和高效果蔬农业体验+康养休闲To C端”相结合的创新型田园综合体项目。

壮大产业规模。实施“企业进村”战略，推广什寒旅游扶贫模式，采取一企一村、一企多村或联企共建等方式，利用资源禀赋优势，因地制宜谋划扩大种植业和养殖业，重点发展康养观光休闲农业、乡村旅游、民宿等生态友好型产业，打造“一镇一业、一村一品”发展格局。

完善利益链接机制。按照乡镇、村的巩固脱贫成果实际统筹资金分配，由乡镇组织村集体以资金入股方式参与公司项目建设，项目收益按照“固定收益或固定收益+浮动分红”的方式，带动壮大全县100个村集体经济发展，村集体经济大幅度提升。同时通过利润分红、土地租金、公益岗位设置及技能培训带动就业务工等多渠道稳定增加农户收入。

推进乡村信用体系建设。在全县推行农户、行政村、农业经营主体信用和积分管理机制，对文明信用户、信用村在信用贷款等方面给予优惠政策，引导广大农户、农业经营主体摒弃不良习惯，激发参与产业振兴的主动性。截至2021年底，已完成100个行政村、15个居（社区）29247户农户的信息采集和信用评级初评工作，24551户农户被评为文明信用户，107个村委会（社区、居委会）被评为信用村（社区、居委会）。在和平镇开展积分制试点，制定6大类68个考核指标，对农户日常行为和综合表现量化打分，引导广大农户摒弃不良习惯，规范村民日常行为。

落实产业奖补政策。对脱贫户、监测户年度产业收入达到4000元的进行奖励1000元。截至2021年底，符合条件的5372户脱贫户和监测户已经全部落实奖补政策，共发放奖补资金537.19万元。2021年全县橡胶价格保险脱贫户参保3620户，承保面积

琼中县城全景

红毛镇合老村相亲大会　（袁才 摄）

琼中县和平镇堑对村　（陈元才、朱德权 摄）

0.38万公顷。

【就业帮扶政策落实】2021年，琼中县创新“劳务专班”就近就地就业模式，成立县乡投人力资源公司，分片区组织脱贫户、监测户等困难群体组建劳务队伍，采取“政府单位+人力资源+产业项目+农民”的就业模式，将本地闲散劳动力组织起来，参与民生工程建设，确保有务工意愿的脱贫劳动力实现务工、有劳动能力的脱贫户家庭至少有一名劳动力实现务工。截至2021年底，已组织8批393名劳动专班人员务工；举办线上线下招聘会20期，达成就业意向729人；创建就业扶贫基地（车间）13个，组织贫困群众返岗复工130人；专车专人全程跟踪服务输送82名劳动力到省内外务工。2021年全国防返贫监测信息系统外出务工人员录入9530人，外出务工人数较2020年增加142人，录入率达101.52%。

加强村级公共服务岗位管理。对14类村级公共服务岗位设置进行优化调整，健全按需设岗、以岗聘任、在岗领补、有序退岗的管理机制，加大对岗位工作人员的日常管理，完善奖惩评价机制，做好人员培训考核、动态调整工作，防止“坐等发钱”“吃空饷”问题发生。2021年累计开发村级公共服务岗位3163个，安置脱贫劳动力2564人；发放脱贫劳动力外出务工交通补贴5541人262.21万元，外出务工收入奖励补贴4236户1025.9万元。

【金融帮扶政策落实】2021年，琼中县加大小额信贷工作力度，扩大脱贫人口小额信贷规模和金额，使脱贫人口最大限度地将资金用于产业发展。2021年新增贷款419户1720.89万元，真正做到应贷尽贷。

【消费助农活动】2021年，琼中县消费各类扶贫产品达876.56万元，开展琼中三月三民族特色商品美食展销会暨消费帮扶活动、举办琼中县2021年国庆消费狂欢节暨消费助农集市活动、工会普惠活动以及乡镇爱心帮扶等各类消费帮扶活动41场，销售农产品96.34万元；引导机关、企事业单位干部职工以及社会爱心人士采取线上、线下方式参与消费帮扶，组织全县各单位干部职工购买消费扶贫产品88.83万元；上架45种扶贫产品到海南爱心扶贫网、国家扶贫832平台进行销售，线上销售扶贫产品288.64万元；推动消费扶贫“三专一平台”建设完成认定县级消费扶贫专馆2个，消费扶贫专区11个、专柜23个，促进农副产品就近及时销售，专馆专区累计销售402.75万元。组织各乡镇发动带贫主体申报扶贫产品认定，严格把握认定标准，已认定扶贫产品110个。

【防返贫监测机制】2021年，琼中县成立防止返贫动态监测帮扶专班，在已出台《琼中关于建立防止返贫致贫监测和帮扶机制实施方案》基础上，细化制定印发《琼中防止返贫致贫监测和帮扶机制实施细则》，按照“发现监测对象－村级民主评议－乡镇审核汇总－县级确定名单－实施帮扶及动态管理”五步工作法，坚持事前预防与事后帮扶相结合、基层组织常态化监测与行业部门突发应急响应监测相结合的原则，对全县农村常住居民开展防止返贫致贫监测和帮扶集中排查，做到应纳尽纳、应帮尽帮，确保对易返贫和致贫人口做到早发现、早干预、早帮扶。截至2021年，组织开展入户排查3轮，经过县、镇、村三级审核研判，现存未消除风险监测户473户1506人，已消除风险64户243人，均已安排帮扶联系人入户开展帮扶。投入109.62万元，按照140元/户的标准，为全县建档立卡脱贫户、档外低保户、特困户、残疾户购买家庭人身意外以及财产保险。2021年已完成符合条件农户保险理赔26人53.56万元。投入110.42万元为全县10.04万名农村居民提供防致贫返贫保险保障，确保农村居民年人均纯收入不低于6500元，2021年已理赔32户45.31万元。

乡村振兴重点项目

【高效农业】2021年，琼中县贯彻落实省委省政府民生重大决策，建设现代果蔬高品质生产龙头基地和海南自由贸易港四季稳定新鲜果蔬供应基地，新成立振兴智慧农业公司，公司与海南大学、西莱（厦门）生态科技有限公司合作，借助高校资源联合研发了琼中高产高质四季果蔬智慧种植实验基地项目（一期工程），该项目总投资1096万元。

本项目能有效解决工厂化种植果蔬项目的可持续、可复制、能盈利的样板模式问题，达标后可复制、可操作性强的示范模板，进而可以影响甚至带动全县、全省的乡村振兴建设工作，生产技术可以扩散到全国乃至东南亚国家。也进一步提高当地居民生活幸福指数，让大家都吃得起优质果蔬。

通过对农药、化肥等使用的品种、剂量、时期、方法等各方面加以规范与控制，把对生态环境的破坏降低到最小程度，有利于保护良好的生态环境，有利于促进农业的可持续发展。

【水央村田园综合体示范项目】 2021年，琼中县结合国家有关政策、市场需求、水央村区域具备多方资源优势的情况，打造琼中水央村田园综合体项目。水央村田园综合体项目由国企平台公司主导，将“农业机器人设备和高效蔬菜基地”产业项目招商至水央村，推动水央村形成高新技术特色的田园客厅。该项目总投资1.3亿元，包括引进上海中海龙高新技术研究院研发“槟榔采摘机器人、橡胶采割机器人、槟榔园多功能维护一体机”等农业机器设备，将农业机器人产业展示、交易、交流等商务活动导入水央村，提升村庄经济活力；引进海南大学热科院技术及人才，打造高产高质蔬菜智慧种植试验基地，解决海南夏季蔬菜种植问题，同时还可以开展生态农业示范、农业科普教育示范、农业科技示范等。水央村田园综合体提升产业配套能力，补齐村庄“五网”等农村基础设施短板。

“打造未来・水央田园客厅”项目开创“1+N”的乡村片区联动开发模式，依托琼中乡村优质的生态资源，引入全球最领先的“EFCS环境友好型建造技术”对项目进行最严格的保护性开发建设。联合琼中中海龙高新技术研究院、苏州龙旗机器人有限公司联手打造以现代农业设施实景展示、商务洽谈、会议、路演、高端餐饮、自然教育、帐篷营地、乡村酒吧为主的田园客厅。

【高标准农田补建项目】 2021年，琼中县建设潮村洋高标准农田补建项目、什龙洋高标准农田补建项目、新兴洋高标准农田补建项目，三宗高标准农田补建项目建设内容包括排水工程、灌溉工程和田间道路工程，灌溉与排水工程16895米，配套建筑物260座、新建田间道路工程机耕路2433米。三宗项目2021年9月开工建设。

商贸服务业

综述

【概况】2021年，琼中县商务局引导百家超市、鸿泰超市、手拉手超市、万家惠超市开展促消费活动32场，促消费活动零售总额累计3501.48万元。

【禁塑工作】2021年，琼中县商务局与县城四大超市、两个农贸市场以及14个加油站签订《禁塑承诺书》287份；联合琼中县市场监督管理局、禁塑办等单位到农贸市场、超市等开展禁塑检查和执法，共计出动人员609人次，立案查处106宗，结案60宗，罚没金额42200元，扣押一次性不可降解塑料袋105公斤，不可降解塑料餐具6400个；在琼中县超市、农贸市场共投放可降解塑料袋自动售卖机20台；在琼中县营根农贸市场、阳江农贸市场、新伟农贸市场建设3个“禁塑替代品集中采购点”，方便群众、经营商以及乡镇农贸市场进行采购；加强“禁塑”工作的宣传，在琼中县各大超市、农贸市场等场所开展禁塑宣传工作，通过在各个场所张贴海报100张、悬挂横幅26条、LED屏滚动播放、发放折页163份。

【安全生产】2021年，琼中县商务局成立安全生产工作领导小组，制定工作计划，严格落实安全生产责任，要求商务领域企业按要求落实安全生产工作，并明确企业主要负责人为安全生产工作第一责任人。不定期组织业负责人召开安全生产工作会议进行相关部署和安全生产有关法规、文件的学习，提高企业落实安全生产主体责任意识。开展重大节日期间及日常安全生产、消防安全检查和安全隐患排查工作。琼中县商务局组织开展4次大检查，对商务领域企业、大型商场超市和加油站等重点单位开展安全生产检查和安全隐患排查，共检查单位、企业36家（次），对检查出的安全隐患，都给予整改意见，责令当场整改16次。

【岛内居民免税店建设】2021年，琼中县引进海发控公司、海垦公司2家有实力、有意愿的企业到琼中开设岛内居民日用消费品免税店，门店已完成装修，待国家免税清单政策出台即开业。

粮食流通

【军粮供应】2021年，琼中县严格执行《海南省军粮质量监管办法》，抓好军粮质量管理制度的落实，落实军供站长军粮质量第一责任人制度、出入库检验、岗位责任制度和军粮质量检查制度，在粮源采购、加工、入库、保管、出库和销售等各个环节严格把关，严加管理。执行军粮“一批一检报告”制度，每购进一批军粮，都要经过质检人员的检验，采取专仓、专人管理，定期检测，严格执行国家粮食质量标准，坚决杜绝不符合质量标准的粮食流入军营。定期或不定期对军供站的军粮质量、库存、品种、品牌等情况进行抽查，跟踪了解整改情况。每月汇总军供站的军粮质量报表，对部队伙食单位的意见进行综合分析研究，掌握最新动态，并针对粮食市场可能出现的粮食质量问题，采取切实可行的应对措施，确保军粮质量。

【粮食市场监管】2021年，琼中县建立粮食收购许可制度，做好粮食收购许可管理工作。依据《海南省粮食收购许可管理若干规定》和《海南省粮食收购许可管理若干规定实施意见》，县粮食局建立相应的工作制度，严格工作纪律，按规定的程序依法开展工作。组织开展原粮卫生状况专项调查，县粮食局和物资储备局委托具备相应资质的检测单位分别抽取地方储备粮新收购入库和储存一年以上的稻谷样品，作为原粮卫生状况调查对象，送检测单位检验，检验结果全部符合国家的卫生标准。年内，配合有关部门做好粮食市场监督检查工作，会同市场监督管理局对陈化粮实行监管，严防陈化粮流入口粮市场。

【粮食应急监测工作】2021年，琼中县按照《粮食流通管理条例》《国家粮食应急预案》等有关法规的要求开展粮食市场监测，县粮食局建立粮油市场监测直报点11家，加强和改善粮食宏观调控，科学引导粮食生产、流

2021年6月8日，县粮食局开展粮食科普宣传周活动 （县粮食局 供图）

通和消费，保持粮食市场基本稳定，科学引导粮食市场流通，确保及时、准确报送粮食市场监测信息。

【粮食流通管理】2021年，琼中县根据国家和省粮食局关于开展2021年粮食库存检查工作统一安排部署，成立由县发改委主任为组长，县粮食和物资储备局局长、县发改委党组成员为副组长，县级相关部门工作人员为成员的粮食库存检查工作领导小组，于5月27–28日，按照检查时点、范围、方法和要求，落实各项检查措施，对县粮食储备库开展企业自查工作。在库存检查工作中，采取核对账目和清查实物相结合方法，对地方储备粮和商品粮进行全面检查。做到有仓必到、有粮必查、有账必核、查必彻底。

【粮食储备管理】2021年，琼中县加强地方储备粮的监管，确保存储安全、数量真实、质量良好、管理规范，确保关键时刻调得动、用得上。推动地方储备粮体系建设，加强区级储备粮管理和监督检查，确保区级储备粮数量真实、质量合格、存储安全，为保证粮食市场供应，确保粮食安全，提供可靠保障。

【粮食储备管理科技活动周】2021年，琼中县围绕落实兴粮兴储重点任务，聚焦人才与科技创新建设，积极宣传粮油科技创新成果，针对健康消费、节粮减损等方面开展科普宣传。县粮食局2021年6月8日在琼中县政府第二办公楼采取悬挂横幅、发放宣传资料和开展现场咨询等多种方式，向广大群众普及粮食营养与健康科普知识。现场共发放宣传资料200余份，解答现场疑惑20余次。有效地推动“科技助力节粮减损，创新保障优粮供给”知识的普及。

【世界粮食日和粮食安全宣传周活动】2021年10月16日为中国第41个世界粮食日，县粮食局以世界粮食日“行动造就未来，更好生产、更好营养、更好生活”和全省粮食安全系列“发展粮食产业助兴乡村振兴”为主题，举办琼中县2021年世界粮食日和粮食安全宣传周活动。县粮食局全体干部职工、县粮食储备库及县军供站参加活动，宣传周期间，在琼中县政府第二办公楼悬挂横幅，现场接待咨询群众达30人次，发放宣传资料40份，向群众现场讲解此次世界粮食日活动主题方面的知识。

供销商业

【概况】2021年，琼中县供销系统完成购进总额18557.5万元，比上年同期增长171%；完成销售总额22189.26万元，比上年同期增长112%。

【农副产品购销】2021年，琼中县供销合作社领办或参与的消费扶贫集市活动共42场次，累计组织参与单位110家，实现销售额97.73万元，受益农民4641人次，拓宽农民增收渠道，并对本地特色农产品品牌做推广宣传，消费扶贫活动取得较好的社会效益。根据县打赢脱贫攻坚战指挥部的工作安排，县供销社负责扶贫专柜的建设工作，着力解决农产品销售的“最后一公里”难题，做好产销联动，地产地销，建立便捷高效的农产品销售新渠道。已和5家机关单位签订专柜投放合同，在华中师范大学琼中附属中学投放2个，琼中思源中学投放2个，琼中思源实验中学投放4个，县政府办公楼投放1个，县菜篮子公司4个平价菜直营店投放14个。

【供销社“三农”服务】2021年，琼中县为贯彻落实海南省供销合作联社关于《农村综合服务社建设实施方案（2020—2022）的通知》精神，县供销合作联社协调多方推动农村综合服务社建设项目落地实施，截至2021年5月，已建设完成1家为农服务中心和12家农村综合服务社，顺利完成了海南省供销合作联社下达的2021年度工作任务。其中吊罗山乡为农服务中心和黎母山镇新林综合服务社被省社评为全省示范服务社。

【新建农产品集散中心】2021年2月3日，琼中县供销合作联社建立海南供销琼中农产品集散中心，仓库建筑总面积1000平方米，项目建设完成以来，已开设派送团点281个，日均订单量2300个。

【烟花爆竹管理】2021年，琼中县供销合作联社安排专人值班，按要求对存放烟花爆竹仓库进行定期检查，及时排除安全隐患。做好“安全生产月”烟花爆竹安全宣传工作，在“安全生产月”对安全燃放烟花爆竹进行广泛宣传，利用宣传车广播、张贴宣传海报等宣传方式让广大群众了解安全燃放烟花爆竹的知识，提高群众对安全燃放烟花爆竹的认识、安全意识。

【食盐管理】2021年，经摸排检查，琼中县共有食盐中间商（商行、经销商）3家，经销食用碘盐4种，经销食用无碘盐2种，合法合规的食盐中间商（商行、经销商）3家。共有食盐零售终端（超市、商店、摊贩）346家，销售食盐碘盐12种，销售食用无碘盐2种，合法合规的食盐零售终端（超市、商店、摊贩）346家，通过查看市场主体资质、购进渠道、购进票据、经营范围及商品标签标识，发现违法行为和不符合食品安全标准规定的食盐。

【“菜篮子”工程】2021年，琼中县根据省委、省政府“2021年为民办实事项目”，认真贯彻落实《海南省2021年平价蔬菜保供惠民行动专班工作方案》文件精神，指定专人负责，切实履行“菜篮子”保供惠民专班组工作。县供销合作联社作为平价菜保供惠民行动专班的成员单位，积极配合县农业农村局平价蔬菜保供惠民行动。县供销合作联社与琼中县菜篮子公司签订战略合作协议，为县域农副产品保供稳价，拓展销路；与有购买县农副产品意愿的中国大地财产保险股份有限公司海南分公司对接，提供县内帮扶企业、合作社生产等36种农副产品目录清单及产品图片相关信息，最终大地保险公司选购竹荪、茶树菇、紫米等3种农副产品共计74483元，帮助农户实现增收。

烟草专卖

【概况】2021年，琼中县烟草专卖局（营销部）累计卷烟销量同比增长4.11%，销售收入同比增长9.89%；共查获各类涉烟违法案件23起，查获卷烟数量15.97万支，查获卷烟案值17.47万元，完成5万元案件任务。其中查获假烟1.11万支，案值1.69万元；非渠道卷烟13.93万支，案值15.00万元，走私烟0.94万支，案值0.78万元。

【烟草市场管理】2021年，琼中县烟草专卖局坚持“内管外打”，强化专卖管理，打假打私工作不断突破。组织开展“春季战役”、“3·15”、五一、中秋国庆、“冬季战役”等一系列卷烟市场清理整顿工作及专项行动，有效净化辖区烟草市场环境。加大对物流寄递环节监管，运用“大数据分析+卷烟打假打私”等方式，实现对辖区物流寄递环节涉烟违法行为的有效监管，2021年查处物流寄递环节案件2宗，涉案卷烟0.38万支，涉案金额0.98万元。有效运用APCD工作法、网格化管理等方式开展市场监管工作，积极向广大消费者宣传“12345”政府热线，鼓励消费者举报各类涉烟违法行为。

【卷烟销售】2021年，琼中县烟草专卖局全面落实高质量发展要求，稳步推进卷烟销售网络建设，加强客户服务，多举措进行降本增效，推动卷烟市场平稳有序发展。累计卷烟销量同比增长4.11%，销售收入同比增长9.89%。积极推进文明吸烟环境建设，累计建成吸烟点100个、吸烟区1个，均分布在县城人流量较大区域。

【证件管理】2021年，琼中县烟草专卖局认真贯彻落实国家关于“放管服”改革的工作要求，积极推行“不见面审批”，简化办理流程，通过开通互联网申办业务、提供上门办证服务、对能当场办结的业务全部当场办结等措施，不断提升行政许可服务效能。2021年，琼中县持证户1838户，持证率为10.19‰。

【烟草行业内部专卖管理监督】2021年，琼中县烟草专卖局严格按照《烟草专卖法》规定进行监督管理，监督卷烟营销、卷烟配送是否有违法违规行为，监督专卖执法办案和许可证办理是否严格按照规定执行，是否有通风报信、徇私舞弊的违法违规行为，监督干部职工是否有拿卷烟行业的财物和接受卷烟行业的宴请，是否有以烟谋私、对零售户进行吃、拿、卡、要的违法违规行为，规范行业行为、树立行业良好形象。认真开展日常监管工作，按时处理内管信息系统产生的预警，针对异常情况，对比卷烟销售投放计划和有关卷烟销售的规定进行分析并开展针对性的走访调查。2021年共转入有效预警39条，系统转入的预警已经全部处理完毕，未发现不规范经营行为，未发现内部人员有违法违规行为。

电子商务

【县级电子商务公共服务中心】2021年，琼中县县级电子商务公共服务中心，以租赁的方式运营，内设农副产品020展销区、商务洽谈休闲区、县内电商脱贫业务和电商人才就业提供一站式办理咨询服务前台、线上特色馆、电商人才培训室、众创空间、摄影室、入驻企业办公室、农药残留快速检测室、直播间等功能区。面向全县电商创业者及企业提供免费的电商培训、电商政策咨询、产品拍摄、网店开设、资源对接等公共服务。企业孵化15家，共服务企业次数160次。

【电子商务运营成效】2021年，琼中县电商网络销售额稳步提升，电商网络销售额共计13514.7万元。其中农副产品上行交易额919.8万元，线下商品累计零售额302.1万元。

【电商企业】2021年，琼中县电商中心完善农产品上行平台，完成溯源平台建设。其中纳入溯源体系的电商企业39家，标准溯源189个产品，制作发放并使用溯源标签494295枚。初步实现质量可追溯，责任可追查；3家电商企业开展三品一标认证工作，分别是中平兰姐种植专业合作社、海南丰和农业、益仁种植专业合作社；协助10家合作社开展商标注册，其中10家企业已全部提交商标注册申请，LOGO设计8家，注册商标完成3家；进行10家企业11款产品的产品包装设计，已发放7000件产品包装。

【电商培训】2021年，琼中县为加强琼中县电商人才培养，共开展电商知识培训4场，培训学员382人次，建档立卡脱贫户154人次。

旅游业

综述

【概况】2021年，琼中县接待游客总数135.80万人次，按可比口径同比增长145.14%，在海南省排名第四，在二类市县（定安县、屯昌县、临高县、乐东黎族自治县、昌江黎族自治县、五指山市、琼中黎族苗族自治县、保亭黎族苗族自治县和白沙黎族自治县）中排名第二。其中过夜游客60.24万人次，按可比口径同比增长40.39%，在海南省排名第七，在二类市县中排名第二；一日游游客75.56万人次，同比增长475.08%，在海南省排名第五，在二类市县中排名第三。琼中县实现旅游总收入6.92亿元，按可比口径同比增长62.5%，在海南省排名第十，在二类市县中排名第三。其中过夜旅游收入5.18亿元，按可比口径同比增长74.95%；一日游收入1.74亿元，同比增长404.42%。

【旅游行业监管】2021年，琼中县旅游和文化广电体育局持续开展旅游领域不文明问题督导整治工作，推动旅游从业人员和游客文明素质不断提升。坚持依法管理和标准引导，积极推进文明旅游工作制度化。建立健全协同联动的工作机制，与县委宣传部、县综合行政执法局、县公安局、县市场监督管理局等单位横向联动，共享宣传资源，在旅游不文明行为的记录采集、追责处罚等方面联手行动，形成工作合力。落实旅行社、国家A级旅游景区、旅游星级饭店等旅游企业及导游领队等从业人员的主体责任，共同推进文明旅游工作。加强行业监管，强化对旅游市场主体行为的事中事后监管，妥善处置各类突发事件；依法治理超范围经营、转让旅行社经营许可、低于成本价组织接待、委派“黑领队”或不派领队等违法违规行为；督促旅行社等用人单位加强对导游领队等从业人员的培训和管理，将文明旅游工作融入渗透到行业服务监管工作之中。

【旅游规划与基础设施建设】2021年，由琼中县旅游和文化广电体育局牵头，在琼中县百花岭景区投入采购了两座环保型旅游厕所；在琼中县域内高速路段及省道、国道安装建设旅游标识标牌，指引到琼中游客更好地观光旅游。组织起草编制《琼中黎族苗族自治县“十四五”旅游和文化广电体育发展规划》。

旅游资源

【概况】琼中县主要景点有百花岭热带雨林文化旅游区和红毛—什运红色文化旅游区。

【百花岭热带雨林文化旅游区】琼中县百花岭主峰海拔1100多米，素有“神奇雨林、百花仙境、南药天堂、康养胜地”之美誉，是中国保存最完好、最典型的热带雨林。森林覆盖率超过90%，平均气温22℃，年最高温度26℃，冬暖夏凉，负氧离子含量极高，雨林动植物资源品类丰富，是得天独厚的避寒避暑胜地。景区闻名遐迩的“海南第一瀑”百花瀑布落差超过300米，集奇、秀、雄、美为一身。“亚洲雨林第一滑”百花岭雨林速滑全长2020米，全透明玻璃滑道，从千米之上，通过4处360度双层环形盘旋、15处S形弯道环形而下，落差约百丈，横穿热带雨林，俯瞰峡谷仙境。无论是菩提秘境、百花天池、树梢栈道、爱情谷、藤王谷，或是枝蔓间附生有56种植物的天琴古树，都是不可错过的网红打卡景点。百花岭是海南中部集游览观光、科普研学、生态体验、康养度假为一体的国家AAAA级旅游景区。2021年，琼中县持续推进百花岭热带雨林文化旅游区创建国家AAAA级旅游景区工作。

【红毛—什运红色文化旅游区】2021年9月，琼中县全域旅游联席会议工作领导小组办公室印发《白沙起义红色文化旅游区创建国家3A级景区工作方案》，正式启动白沙起义红色文化旅游区创建国家AAA级旅游景区工作。方案明确景区建设和运营主体，县政府授予海南加钗投资控股发展有限责任公司及其出资企业对白沙起义红色文化旅游区国家A级旅游景区的特许经营权，负责景区规划设计、融资投资和建设运营。由海南加钗投资控股发展有限责任公司整合周边资源，负责投融资、建设管理、整体运营，对照国家旅游景区质量等级划分与评定标准全面提升各种硬件设施和软服务水平。在县旅游和文化广电体育局、县退役军人事务局、县委党校、红毛镇等相关职能部门的指导下，海南加钗投资控股发展有限责任公司及其出资企业落实提升改造工作。

旅游节庆活动

【概况】2021年，琼中县举办2021年“三月三”琼中分会场节庆活动、2021年（第九届）海南乡村旅游文化节琼中主会场活动；推出5大类24项活动，包括旅游演艺类的主题文艺演出晚会、琼剧表演、稻田音乐节等，旅游文化类的主题民宿体验之旅、研学教育之旅等，旅游体育类的热带雨林徒步露营大会、武术邀请赛、民俗趣味体育比赛等，旅游美食类的蓝莓采摘、桑椹采摘、茶叶采摘等。通过深入挖掘琼中文化旅游资源，探索“旅游+”“+旅游”等全域旅游新模式。“三月三”活动期间琼中县接待游客12.06万人次，同比增长185.73%，接待旅游过夜游客4.98万人次，同比增长57.81%。实现旅游收入7239.94万元，同比增长430.73%。其中乡村旅游接待3.41万人次，实现乡村旅游收入223.8万元。

【“奔格内”乡村旅游】2021年，琼中县推出7条“奔格内”（黎语：来这里）乡村游线路，将琼中县优质的乡村旅游资源和大部分村庄串联了起来，为进山游客在旅游产品的选择上提供更多可能性。2021年打造什运乡光村、营根镇朝参村2家三椰级乡村旅游点，新增鸭坡·盒子书房、禾墅民宿2家铜宿级民宿。

奔格内乡村旅游点。路线一：光一光二村——三椰级乡村旅游点。光一光二村位于海榆中线179公里处，是黎族聚居村寨。路线二：鸭坡村——三椰级乡村旅游点。鸭坡村隶属于湾岭镇鸭坡村委会，地处海榆中线115千米处，距离湾岭墟200米，白鹭湖度假酒店300米，交通便利。鸭坡村结合其优美的田园自然风光、红色文化及黎苗特色文化等优势，开发出特色民宿、农耕体验、休闲采摘等旅游产品，建有餐饮、住宿等基础服务设施，接待中心、旅游厕所、等基础设施。

奔格内乡村民宿。路线一：鸭坡·盒子书房——“铜宿”级民宿。鸭坡·盒子书房位于湾岭镇鸭坡村，把书香和耕读文旅带入乡村，围绕“耕”和“读”的元素，推出耕读文化游系列——盒子书房、盒子民宿、老屋民宿、露营地、鸭坡小剧场、户外扩展等产品。未来将打造绿橙文创馆、大自然研学体验区、耕作体验区、旅拍打卡区等耕读内容。同时盒子书房启动志愿者驻村计划、“耕读少年”成长计划，截至年底已组织上百名志愿者服务琼中乡村。路线二：禾墅民宿——“铜宿”级民宿。位于中平镇脚下，毗邻七步水风景区，是天然的疗愈之地。禾墅依山地起伏而建，设施配置妥贴，景致舒适惬意，目前设有家庭亲子套房、双床观景大平台标间、“康养大床房+茶室”三类房型，给您带来全方位的极致疗愈体验。

旅游市场开发与促销

【开展“互联网+”营销】2021年，琼中县运用“互联网+”旅游等数据信息技术开展旅游宣传促销，注册“海南琼中热带雨林文化旅游”官网、“琼中旅游”微博。采取线上线下相结合的方式进一步打造“奔格内”乡村休闲旅游品牌。持续完善“奔格内琼中旅游”和“琼中奔格内旅游”公众号、“琼中旅文”抖音号，及时发布推送旅游相关的线路、活动等内容，加强琼中旅游推广宣传，全面提升琼中旅游整体形象。2021年举办旅游美食嘉年华“春风大行动”以及借助快手、抖音等新媒体开展各类网络直播营销活动，吸引网民围观，推动线上线下零售业快速发展。

【旅游消费圈布局】2021年，琼中县建立区域整合的旅游整体营销机制，深度融合“西部旅游联盟”，多渠道宣传琼中“奔格内”乡村休闲旅游品牌，精心策划一系列旅游推介、宣传营销活动，实现多样化、信息化营销宣传，扩大琼中县旅游宣传促销渠道。加强屯昌县和琼中县的互动。两地同属海南中线旅游区，在地理位置相邻，两地旅游资源丰富且各有特色，旅游市场具有较强的互补性。为了充分发挥全域旅游示范区的优势，在暑假旅游旺季到来之前，两县联合举办旅游产品推介会，展示两个县的特色旅游资源，进一步扩大暑期旅游消费市场做大做强海南中部“画里屯昌·锦绣琼中”旅游品牌，以“1+1>2”的模式共促两地旅游融合发展，带动中部旅游崛起，助力自贸港建设。与中共延川县委党校、山西省武乡县文化和旅游局签订战略合作协议，通过开发红色教育资源、学员互送、师资交流共享、合作开发课程等方式推进双方红色教育和红色旅游的专业化、产业化、品牌化。

【文化与健康旅游消费】2021年，琼中县强化文化旅游产品供给，鼓励相关企业、经营业主和营销机构，依托乡村旅游点，开展民俗节庆、雨林探险赛事活动等，积极开展旅游引流，制订《琼中黎族苗族自治县开发旅游客源市场奖励方案暂行办法》，形成旅游促销长效机制，鼓励国内具有合法资质的旅行社，通过组织招徕游客在本县住宿、游览、观光及其他旅游消费等方式，促进超市、餐饮、娱乐、生活服务类商家传统零售业快速发展，扩大消费市场份额。同时鼓励旅行社联合银行机构开发民宿或酒店住宿信用卡优惠活动，结合黎苗文化传承和黎苗生活体验，引导发展小剧场、艺术展览等特色旅游业态，打造乡村旅游重点村。开展旅游市场主体打折消费活动，通过手机支付平台发放消费券，购买琼中县指定促销的农副产品可以抵顶现金使用。引导景区和乡村旅游点等市场主体实施产品打包、价格打捆、统一降价等联动销售模式，通过景区优惠让利，增加游客体验服务项目,激发游客二次消费。依托“黎苗三月三”、“海南乡村旅游文化节”、“绿橙旅游节”、国庆黄金周等节庆活动，举办三场以餐饮购物、物产展销为主要内容的“美食购物嘉年华”活动。围绕黎锦、蜂蜜、咖啡等琼中地标产品、举办琼中“伴手礼”创意设计大赛和产品展销活动。将“乘坡河石臼群”“南茂七步水”“水乡堑对”等打造成网红景点，带动周边旅游散客人气。推动岛内居民日用消费品免税店尽快开业，提升游客居民消费品质。

【旅游市场专项整治】2021年，琼中县制订《琼中县旅游消费市场综合整治工作方案》，全面整治旅行社、导游、景区、酒店、民宿、娱乐场所等涉旅消费领域所发生的投诉问题，加强日常旅游消费市场监管。2021年收到有效投诉、网络舆情和网络信访案件共计52件，其中违法违规旅游购物问题0件。持续将市场准入关、违法行为作为监管重点，将专项整治行动、常态化疫情防控与日常巡查互融，对辖区内旅游景点、旅游项目经营持证上岗情况进行专项检查，对证照不齐全，证照存在即将过期的经营者，以指导为主，加大对无证照经营行为，责任其限制改正。省、县两级旅游部门共开展专项检查90次，联合县委宣传部、县公安局、县市场监督管理局、县消防大队、县综合行政执法局等部门开展联合专项检查36次。

旅游行业管理

【旅游行业安全管理】2021年，根据海南省旅游和文化广电体育厅《关于印发海南省2021年春节假日旅游文化市场秩序疫情防控与安全生产工作方案》，琼中县旅游和文化广电体育局成立检查工作小组，围绕疫情防控、安全生产、旅游文化市场秩序、群众投诉等方面工作，对琼中县景区，景点、宾馆酒店、娱乐场所实行网格式检查，采取明察暗访、监督检查相结合的方式进行督导。联合县公安局、县市场监督管理局，县综合行政执法局等职能部门开展拉网式大排查，排查出10家场所安全通道堵塞，灭火器报警、应急灯损坏等存在安全隐患，执法人员已现场要求整改。年内，共出动检查人员315人次。检查经营场所236家次，出动执法车236车次。

【旅游从业人员培训及管理】2021年，琼中县举办2021年琼中县旅游统计工作业务培训班，32家涉旅单位和企业的统计业务人员参加培训，培训内容包括分析当前旅游统计工作面临的新形势；解读统计法律法规的知识要点；讲解旅游统计的日常工作任务、旅游统计报表及台账的正确填报方法；解说旅游统计报送系统的操作流程等。举办2021年琼中县铜宿级乡村民宿服务质量等级评定培训，参加培训人员为吗哪书屋、云湖民宿、什日宛民宿、禾墅民宿、合老村民宿、堑对村民宿等6家民宿管理人员，培训内容是铜宿评级培训及辅导和现场评级辅导。举办2021年琼中县涉旅文行业“冬春”防火消防安全培训班，琼中县从事旅馆住宿业的管理人员等40人参加培训，培训内容是基础消防安全知识和消防灭火实战演练。

琼中县云湖休闲农庄风景 （琼中宣传 供图）

房地产业

商品房建设

【商品房开发销售】2021年,琼中县共批准销售23个项目，由20家房地产企业建设。批准销售10952套房，共86.63万平方米。年内，完成商品房销售面积2.88万平方米，共318套，销售金额2.58亿元。同比2020年，销售面积减少16.2%、销售套数减少13.59%，销售金额减少23.65%。琼中县住房和城乡建设局为琼中县直机关单位，内设房地产管理股，承担着全县房地产市场管理、物业管理等职能。

【房地产调控】2021年,琼中县积极落实房地产调控政策。有效地控制商品住宅用地和商品住宅的增量，商品住宅在琼中县房地产开发中的比例下降。琼中县紧扣省、县出台的调控政策，严把政策执行关口。做好房地产相关调控政策的宣传和解读工作，坚持正确的舆论导向，客观分析房地产市场形势，稳定房地产市场预期。同时加强对商品房、二手房网签系统的实时监控，对不具备购房资格的不予以录入系统，进一步掌握房地产企业的销售及备案情况，做好商品房成交量及销售价格的管控。

【房地产市场监管】2021年，琼中县强化房地产市场监管工作。县住房和城乡建设局联合各部门开展打击违法租赁工作2次；发布征集琼中县房地产市场、住房租赁领域违法违规行为线索2次；根据县人民政府《关于印发琼中黎族苗族自治县2021年房地产市场专项整治工作方案的通知》，联合县发改委、县市场监督管理局等12个部门开展房地产专项整治工作1次；多部门联合走访房地产项目10家，组织开展“类住宅”房地产项目现场检查2次。全年共约谈房地产企业6次，下达限期整改通知书6次；开展打击房地产领域非法集资工作1次。

保障性住房建设和管理

【安居房建设】2022年，省住建厅下达琼中县安居房项目任务为253套，琼中县实际启动建设两个安居房项目共302套，其中兆南城安居房项目建设164套，品香园广场安居房项目建设138套。兆南城安居房项目位于琼中县营根镇环城东路东侧，建设用地面积1.05万平方米，建筑面积2.9万平方米，总投资11735万元，建设房源主要面向本县无住房家庭销售。该项目已于2021年5月取得施工许可证并进场施工。品香园广场安居房项目位于营根镇营乘路东侧，建设用地面积0.72万平方米，建筑面积3万平方米，总投资12820万元，建设房源主要面向琼中县无住房家庭销售。该项目已于2021年8月取得施工许可证并进场施工。到2021年底，琼中县已储备7个地块用于“十四五”期间安居房建设，面积28公顷，计划建设4380套安居房，经报请省住建厅获准批复同意纳入安居房建设。

【城镇老旧小区改造】2021年，琼中县老旧小区改造任务为3个，共12栋楼，209户，1.7万平方米。实际改造3个，分别是新城区电信局宿舍区、县住建局住宅区、县机关住宅区，共20栋楼，213户，1.8万平方米，总投资566万，截至2021年底已全部完工。

【保障性住房分配和管理】2021年，琼中县有序开展住房保障工作。全年共受理保障性住房申请审批表450份。其中公共租赁住房申请表430份；经济适用住房申请表20份。完成第六期经济适用住房分配17套、公共租赁住房80套；累计发放廉租房租赁补贴18720元，惠及低保低收入家庭7户15人。强化公共租赁住房日常管理。严格实行公共租赁住房年审制度，严查违规转租转借公共租赁住房等行为，全年共清退公共租赁住房违规住户30户。

不断提升房产档案为民服务水平。做好各机关企事业单位、群众房产信息核查工作。在县政务服务中心设立窗口，协助县资规局、水务局、执法局、不动产登记中心、营根镇政府等部门查询房产信息300人次，帮助核查群众房产信息1194户。

2021年11月24日，县食品厂棚户区改造安置房公开选房仪式在营根河北路举行（琼中县融媒体中心　供图）

物业管理

【物业管理全覆盖】2021年，琼中县已实施物业管理的住宅小区和商业街项目21个；分别涉及三个乡镇，其中县城区域保障房小区8个、商品房住宅小区12个、商业街项目1个，新建住宅小区物业覆盖率达到100%。

【居民投诉处理】2021年，琼中县对物业企业下发限制整改通知书10次，处理群众投诉事项50次，受理关于物业投诉70件，已有效处理完成。年内，开展安全生产检查20次，出动人数40人次，共发现安全隐患问题35条，已整改30条，剩余5条正在整改中。

【组织疫苗接种】2021年，琼中县严格按照省县新冠病毒防疫要求组织各企业开展防疫工作，扎实推进各物业住宅小区疫苗接种工作，有效实现物业小区居民接种新冠疫苗应接尽接。

住房公积金管理

【概况】2021年，琼中县住房公积金管理局通过加大提取业务稽核力度，联合核查提取信息，改进提取业务审核手段等方式，全面排查各类骗提套取住房公积金行为。经严格审核，全年共列入失信黑名单3人，新增住房公积金缴存单位53家，新增实缴人数1880人。开展退休人员销户提取公积金专项清理工作。

【住房公积金归集】2021年，琼中县实际缴存职工人数15492人，同比增长6.02%，完成年度计划任务15246人的101.61%。新开户单位53家，新增实缴人数1880人。缴存额完成22996.08万元，比上年同比增加1968.10万元，同比增长9.36%，完成年度计划任务22352.74万元的102.75%。年底住房公积金缴存余额达到88681.30万元，比上年同期增加5925.97万元，同比增长7.16%。

【住房公积金提取】2021年，琼中县共办理提取住房公积金8758笔，提取额14445.69万元，提取额比上年同期增加732.67万元，同比增长5.34%。

【住房公积金贷款】2021年，琼中县共向52户职工发放个人住房公积金贷款2317.60万元，完成全年计划1000万元的231.76%，其中保障性住房发放8笔125.2万元，商品房发放42笔2125.4万元，二手房发放2笔67万元；放款量比上年同期减少3300.2万元，下降58.75%。年底贷款余额30949.79万元。个人贷款比率为34.90%，比上年同期下降5.54个百分点，逾期率为0.042‰，低于省局下达控制标准。

交通运输·邮政

公路建设

【概况】2021年，琼中公路分局负责管养琼中县境内公路253.02千米，其中国道83.80千米、省道169.23千米，水泥混凝土路面229.54千米、沥青混凝土路面23.48千米。管养桥梁共84座，按跨径分为大桥8座、中桥31座、小桥545座，其中国道26座、省道58座；管养涵洞756道。2021年，公路路养护工程项目琼中县S336吉营线灾害防治工程（K50+650-K50+680）总投资166.23万元，已完工；琼中县S304牛营线水毁修复工程（K50+350-K51+185），总投资56.06万元，已完工；在建工程项目琼中县S304牛营线灾害防治工程（K32+925-K32+980)，总投资432.99万元；琼中县S304牛营线安全设施精细化提升工程（K27+000-K58+000）总投资643.92万元；琼中县牛营（K45+400）急水毁抢修工程，总投资273.43万元。

【公路养护管理】2021年，海南省公路管理局琼中公路分局完成割草2130.1千米，修剪花卉16.92万株；修补砌体150平方米，修补水泥路面10923平方米；处理路面裂缝12040米；清理水沟510.55千米，清理塌方23处 1895.76立方米；路面保洁7675千米，桥涵养护1130工日，育苗79000株；维修护栏392米、路口桩37根。

加大预防性投入，加强桥梁预防性养护，投入14.39万元对国省干线三类桥梁以及新建桥梁累计30座桥梁进行定期检查,投入28.23万元对国省干线3座桥梁进行动静载检测，投入4.16万元增设管养的国省干线126块公示牌，有效落实公路桥梁信息公开。投入49.26万元对国道海榆中线（K139-K170）路段10座桥梁实施预防性养护，针对桥梁出现的路面裂缝、护栏破损等病害采用改性环氧树脂胶黏剂、玄武岩颗粒、高强聚合物砂浆等新型材料进行修复，进一步提升桥梁的技术状况。加强危旧桥交通管制，对省道什加玛桥（四类桥）采取限宽的措施，有效保障群众出行安全；公路路面病害的整治，投入20万元对海榆中线（K171+800）处及个别路段局部出现露骨、麻面、龟裂等突出问题采用改性环氧树脂胶黏剂、玄武岩颗粒等新材料进行处置，累计修复路面裂缝880米，坑槽1500平方米。投入48.82万元对海榆中线（K130—K156）路段病害严重的局部路面进行换板，有效促进路况水平提升。

抢修水毁公路。受强台风、强降雨影响，省道吉营线（K27+710）和（K32+043）、牛营线（K45+430）出现不同程度的塌方，塌方面积3950.17立方米。启动应急预案及时组织抢险队伍抢修水毁公路，累计投入抢险机械设备16台次，人员122人次。

创建自贸港美丽特色路和党员示范路，将国道海榆中线（K170+000-K181+400）列为美丽特色公路创建路段，将海榆中线（K176+000-K181+400）列为党员示范路创建路段。投入34.7万余元购置6297株花卉对以上路段景点及沿线绿化实施改造，打造层次多样、景色优美的公路。

【工程项目管理】2021年，省局下达琼中公路分局5个工程项目海南省公路管理局，总投资1572.63万元。到年底，2个项目正在建设当中，1个项目正在招标，2个尚未开工（资金尚未下达，正在进行政府采购资金保障流程）。

【路政管理】2021年，海南省公路管理局琼中公路分局上路巡查245次，巡查里程24190千米，出动人员863人次，出动车辆405车次，查处各类案件8宗，结案率100%。收取各类赔（补）偿费25.34万元。稳步推进路政改革工作，做好路政执法人员思想工作，配合属地相关单位做好5名路政执法人员划转工作，确保路政管理工作的连续性和稳定性。加强路域环境综合整治常态化工作。保护公路两侧建筑控制区的路产路权，突出治理公路用地范围内的开设路口、乱堆乱放等现象，对发现的违法行为及时制止，通知责任人到相关职能部门办理许可。深入开展“路政宣传月”“公平竞争宣传”“普法宣传”等活动，走进村镇、学校、企业、社区，向群众大力宣传《中国人民共和国公路《公路安全保护条例》《中国人法》民共和国反垄断法》《公平竞争》，累计悬挂横幅54条，张贴海报89张发放宣传册565份等。

【公路安全生产】2021年，海南省公路管理局琼中公路分局逐层落实安全责任制，与基层道班签订安全生产责任书并做好安全技术交底，累计签订安全责任书25份。以“安全隐患大排查大整治”“消防安全排查”活动为契机，对管养线路范围内的公路、桥梁、涵洞、沿线设施以及对基层道班宿舍楼、应急物资、应急通道等进行安全隐患排查，梳理安全生产重大风险点，累计排查安全隐患21处，整改21处。投人40万元对国省干线模糊的公路标线及管养公路沿线17所学校的人行横道、震动标线进行重新划线:投人22万元对机关办公楼、职工住宅楼累计9栋楼实施抄表到户改造；投人2.5万元对机关办公楼、职工宿舍楼累计30栋建筑物进行防雷装置安全检测，深入开展安全生产月活动，通过悬挂横幅、发放宣传单、张贴海报、LED屏、走进校园宣传等方式开展宣传，累计横幅20条、张贴海报50份、发放宣传册200份等。开展2次消防安全知识培训，有效增强职工预防处置突发火灾事故的自防、自救能力。对分局、道班应急仓库进行排查，投入4.5万元购置一批应急物资，投入7.8万元购置河沙、碎石累计600吨，确保应急物资储备充裕。

【省管县道移交地方政府管理】2021年，海南省公路管理局琼中公路分局完成省管县道的移交工作，共有6条，34.15千米，分别是:百花线7.15千米；又乘线3.32千米；加峒线2.86千米；里中线7.04千米；什横线10.65千米。

交通运输

【概况】2021年，琼中客运站共计发车54058班次，出站人数321882人次，道路客运行业全年未发生重大安全生产事故。查处货车超载66起，非法改装35起，反光标不合格13起，载货超高超长超宽29起，安全设施不齐全2起，逆向行驶1起，未按规定年检1起，驾驶证暂扣时间驾车的1起，为群众出行创造安全畅通的公路通行环境。“双创”工作中取得优异成绩，被海南省精神文明建设指导委员会复查合格，继续保留“海南省文明单位”称号、获海南省爱国卫生委员会颁发的“2020–2022年度卫生先进单位”称号、2021年被海汽集团授予“先进单位”称号、2021年被中共海南海汽投资控股有限公司委员会授予“先进基层党组织”称号。

【基础设施建设】2021年，琼中县推进交通基础设施农村公路六大工程建设，工程建设项目共269个，总投资10.06亿元，其中建安费7.68亿元。六大工程累计完成投资9.84亿元（含工程前期费用），占计划总投资97%。自然村通硬化路工程共53条64千米项目总投资6839万元，完工53条64千米，完成投资6839万元，占总投资100%。窄路面扩宽工程共73条357千米，项目总投资24727万元，完工73条357千米，完成投资24727万元占总投资100%。生命安全防护工程共50条200.97千来，项自总投资7460万元，完成50条200.97千米，完成投资7460万元，占总投资100%。农村公路桥梁建设及危桥改造工程共88座4536千米，项目总投资33685万元，项目主体完工81座，完成投资32895万元，占总投资97%。县道改造工程共3条15.13千米，项目总投资9483万元，完工3条15.13公里，完成投资9483万元，占总投资100%。旅游资源路共2条13.58公里，项目总投资18437万元，完工1条10.05千米，完成投资16973万元，占总投资92%。推进全国“四好农村路”示范县创建。2021年在“四好农村路”年底考核中第二类地区（9个市县）排名第五。实施农村客运和公交基础设施建设。推进县重点项目黎母山、上安两座客运站和公交车站停车场建设。

【运输市场管理】2021年，琼中县加强客、货运输市场监管，继续加大客、货运输市场联合执法力度，县交通运输局联合县综合行政执法局上路执法共240人/次，出动执法车辆60辆/次检查车辆420辆次。查处一超四罚案例共11宗，罚款120000元。查处非法改装车辆21起，载货超高、超长68起，安全设施不全22起，反光标不合格42起，未悬挂号牌1起，车门未关1起，违规停车5起。通过整治，客车在县城乱停靠、上下客等违章行为

海南岛海三高速和万洋高速公路纵横琼中。图为湾岭互通

减少，货车非法营运势头得到遏制。加强驾驶培训、维修行业监管，共出动人员48人次，对县内所有驾校维修厂的经营行为和教练员的教学行为，检查教练车辆120次、维修厂100次。全年共排查安全生产隐患63宗，下达整改通知书35份。

【交通安全生产】2021年，琼中县科学合理调配运力，确保群众安全出行，在疫情期间为确保安全生产工作有序进行，县交通运输局采取“早安排、早准备、早入手”的措施，积极制定方案，成立保障工作领导小组，具体负责道路运输安全生产保障协调工作。根据琼中县疫情情况，分时分段分区逐步关停和恢复琼中县道路客运、公共交通、出租车运营、驾驶培训学校的驾驶教学培训业务，遏制新型冠状病毒感染肺炎疫情扩散和蔓延。有序安排周末及节假日期间中小学生返家客运工作。开设疫情期间接送学生客运专线，合理安排运力，确保学生顺利返家。

扎实开展安全生产培训，县交通运输局以“安全生产月”活动为契机，积极配合上级部门开展了“安全生产月”活动，制订详细方案，落实各项工作。举行交通运输业务安全生产培训，全县各运输企业，运输个体户200多人参加；举行反恐、消防演习，共180人参加。

开展道路交通安全专项整治三年攻坚战，县交通运输将道路交通安全专项整治三年攻坚战落实到日常工作中，重点查漏洞、抓落实，对发现的安全隐患认真分析，及时处理，进一步细化工作措施，把安全隐患消除在萌芽状态。

【农村客运交通】2021年，琼中县共有农村客运线路14条，2条城乡公交线路，54个农村候车站（牌），建制村100%通车。为优化路线，方便出行，发放《琼中县研究县农村客运示意图》、建制村通客车宣传海报、宣传单等资料共1500份。

【海南海汽运输】2021年，琼中县海汽琼中分公司，拥有营运客车132辆，其中海汽快车23辆、责任经营车15辆、定制快线7辆、福祥1辆、出租车13辆、旅游车3辆、托管校车11辆、公交车29辆、慢巴车30辆。经营范围包括班线客运、场站经营、旅游客运、定制客运、出租客运、租包车业务、物流快递、汽车贸易、汽车检测维修、城乡公交、校车运营服务、网络预约出租汽车经营服务、文化旅游等。

邮政

【概况】2021年，中国邮政集团有限公司海南省琼中分公司（以下简称琼中分公司）业务总收入累计完成2944.94万元，同比增加18.74%，全省排名第三；经营利润累计完成99.43万元，同比增长181.88%，排名全省第二；金融业务收入计划的108.31%，同比增加25.75%，全省排名第一。

【邮政经营管理】2021年，琼中分公司推进绿色邮政建设，把邮政营业中心及海榆路邮政支局按绿色网点标准进行建设，相关规章制度上墙，并组织网点营业人员进行业务培训，同时利用网点LED显示屏及海报对外进行宣传。推广新型绿色包装箱，投入300个可循环包装箱用于寄达同城及中部辖区使用，窄胶带实现全覆盖；推行无纸化交接和二维码揽收，所有网点全面推行一联面单。扎实推进安全生产专项整治三年行动集中攻坚，主动适应新时代对安全生产工作提出的新要求，大力弘扬生命至上、安全第一的思想，进一步推动企业安全生产和工会劳动保护工作创新发展，2021年度获评省邮政分公司“平安邮政”暨“安康杯”优秀奖。

【邮政服务改善】2021年，琼中分公司继续开展警邮、税邮、政邮等邮政综合服务，加大日常检查督导力度，巩固建制村直接通邮成果，督促各投递单位和投递员按照普遍服务投递标准投递各类邮件，同时利用普遍服务监督管理系统企业端加强对建制村打卡的监督，确保建制村打卡率达到100%，提升客户用邮体验。加强代办改自办整治，提升网点整体服务水平，通过对乌石、湾岭、松涛等3个代办所改为自办经营，所有网点均实现自办经营，不断提升普遍服务水平。加大普服资金的投入，提升农村的普服能力。在乡镇投递部投入15辆电动三轮车，同时在思河、新伟、乘坡等网点增加1名普邮投递员。

【邮政快递业务】2021年，琼中分公司普包业务量完成11129件，同比增长79.73%；速递业务量完成131949件，同比增长15.38%；2021年绿橙寄递项目共计收寄业务量3.5万件。

金融业

综述

【概况】2021年，琼中县共有9家银行业金融机构，其中政策性银行1家、国有大型商业银行5家、城市商业银行1家，地方法人金融机构2家，保险机构共有9家（含营销部）。年末金融机构人民币各项存贷款余额分别为111.9亿元、76.87亿元，同比增长7.3%、7.5%；金融机构的存贷比为73.9%，同比增长0.2%。县域金融机构发放50万元以下小额贷款共58166.37万元，完成省下达年度任务14786万元的394.4%，其中发放10万元以下（含10万元）符合贴息条件的农民小额贷款27477.1万元，完成省下达年度任务6045万元的454.5%。县域金融机构共给予441户脱贫户发放脱贫人口小额信贷1825.04万元，贷款余额户数覆盖率为15.78%。

【维持秩序稳定】2021年，琼中县发挥央行再贷款职能，强化再贷款政策效用。在确保央行再贷款资金安全的前提下，发放支农、支小再贷款和两项直达实体货币政策工具，发挥再贷款引导支持实体经济的作用。持续以金融支持海南自贸港、化解重大风险。提高信贷政策执行力度，引导县域金融机构加大涉农、小微、扶贫领域信贷投入。加大政策解读力度。在“琼中县政府官网”、“奔格内琼中”微信公众号等陆续发布《琼中县金融支持稳企业保就业政策解读》等增进民生福祉方面的重大政策、权威信息7篇，提升县域市场主体对信贷政策的知晓度，为做好“六稳”工作、落实“六保”任务开展政策宣传。

加强洗钱风险防范。指导金融机构使用反洗钱监管交互平台，帮助解决辖区2家法人金融机构（琼中信用联社和琼中长江村镇银行）反洗钱监管交互平台使用中遇到的问题，加强反洗钱监管信息互联互通，对辖内各金融机构开展反洗钱业务培训与宣传。对辖区特定非金融机构开展反洗钱业务调查，继续关注反洗钱大额交易和可疑交易报告管理方面的工作进展情况，做好备案和报备工作。

组织辖区纪念币发行。中国人民银行琼中支行加强对县工行琼中支行、农行琼中支行、琼中邮储银行2021年贺岁纪念币以及建党100周年纪念币预约兑换工作的督导，联合社会监督员现场指导纪念币兑换工作，有效维持纪念币兑换秩序，避免人群扎堆聚集。

【农村信用体系建设】2021年，中国人民银行琼中支行将农村信用体系建设工作纳入琼中县普惠金融服务示范区建设的一项重要内容，糅合各涉农金融机构的信用评定标准，取最大公约数原则，结合实际起稿《琼中县农村文明信用等级评定管理办法》，坚持统一标准、规范操作。以问题与目标为导向推进各项工作，以农村普惠金融综合服务站为支撑点，采取分片包干的形式，务求实效，掌握全县农户基本信息数据，摸索出一套可复制的农村信用评级模式加以推广。2021年底，已完成35186名农户、119个村委会的信用等级初评，初评率85.67%。

坚持信用体系建设的公共服务性原则，坚持“政府领导，金融支持”“央行牵头，统筹协调”的原则，将农村信用体系建设纳入全县“十四五”社会信用体系建设规则中，坚持统一规划、一体推进。多次组织金融机构和县政府相关单位召开座谈会，讨论部署农户信用评级等相关工作。整合涉农政府部门、涉农银行机构、乡村振兴工作队等力量，协调乡镇政府、村“两委”干部配合。

共建“数字乡村”，推进域内共享的涉农信用信息数据库建设。中国人民银行琼中支行与琼中县乡村振兴局、琼中联通公司共建“数字乡村”系统，经县政府有关部门讨论同意，将农户信用信息及信用等级评定结果纳入该系统子模块，实现农村数据大融合，“数字乡村”系统搭建完成后，琼中支行将继续跟进，协调多方组织各村委网格员、金融机构相互配合做好农村信用评定数据的录入，初步建成农村信息数据库，做好后续信息更新维护和工作督导跟踪、评估工作。

【金融知识宣传】2021年，琼中县建立金融宣教基地，打造特色宣传品牌。琼中支行利用金融知识普及教育基地，坚持公益性、专业性、教育性和开放性的原则，集宣传、培训、教育为一体，除了日常对社会公众免费开放以外，还组织辖区内金融机构开展金融知识宣传和培训活动，定期开展“海南自贸区（港）建设琼中金融大讲堂”活动。通过辖区内各家金融机构轮流邀请金融专家进行专业授课的方式，加快推动海南自贸区（港）建设金融开放、金融创新政策在琼中落地，为服务和支持琼中县经济金融发展做出贡献。2021年，金融知识大讲堂活动以“琼中县委理论学习中心组（扩大）集中学习暨金融大讲堂专题讲座”名义2次登上琼中大礼堂，将金融讲堂的范围扩大至全县副科级以上干部参加学习。全年顺利开展十五期，受教对象涵盖全县金融机构高管、中层干部、业务骨干、金融讲解员及县政府工作人员，受教人数达1500人次。金融知识进课堂，提升校园教育素养。持续开展金融知识纳入国民教育体系工作，县金融服务中心和教育局联合印发《琼中黎族苗族自治县开展金融知识纳入国民教育体系工作全县铺开实施方案》，为辖区内12所学校的五年级全体学生开展金融授课，做到县城和乡镇中心小学全覆盖。2020—2021学年，按照一家金融机构对接一所学校的原则，13家金融机构，29名讲解员共开展金融课堂授课次数47次，县城和乡镇12家中心小学五年级共34个班级1545名学生受到普及。与上学年相比，开课班级数量增加5个，受普及学生增加101人，授课次数持平。助力乡村振兴，深化重点人群宣教。组织各金融机构在各自负责的捐扶联系点，由经支行聘任的金融知识专职讲解员利用政府扶贫电视夜校的时间为村民对国债知识、反假币、防电信网络诈骗、防非法集资、个人征信保护等日常生活、生产所需的金融知识进行普及教育培训，利用有奖知识问答环节等形式提升村民学习热情，引导农村居民科学理财，理性消费，巩固脱贫成果，活动每月至少开展1次，进一步扩大金融知识普及宣传广度和深度。以征信、存款保险知识、非法金融广告、辨识假币、反洗钱、非法集资等为主题，于“3·15”“6·14”等重要时间节点开展线下宣传，号召辖区内金融机构制作原创短视频、图文等数字化宣传资料，有针对性地开展金融知识普及活动。结合“星海计划——金融宣教进百县”“金融知识普及月”活动，引导金融消费者和投资者合理消费和理性投资，自觉抵制网络金融谣言和金融负能量，加大金融知识、红色宣传史的宣传力度。其中，“星海计划——金融宣教进百县”“金融知识普及月”大型宣教活动以琼中电视台直播的形式召开2021年琼中县金融知识培训电视电话会，设置县级主会场和村级分会场，各乡镇政府领导干部、各村“两委”干部、乡村振兴工作队成员、驻村第一书记、各村小组正副组长及部分村民在分会场集中收看，实现全县覆盖。策划新媒体宣传，强化金融宣传效果。中国人民银行琼中县支行协同县金融工作服务中心与琼中县融媒体签订媒体战略合作协议，开设金融宣传专栏，进一步扩大金融宣传覆盖面。

【协调政银企对接】2021年，琼中县按照“政府推动、部门协作、信息共享、金融支持、高效便捷”的原则，建立政银企联席会议制度，发挥人民银行海口中心支行优惠贷款申请平台功能，以“线上+线下”同步对接的方式，打破琼中县中小企业融资难的僵局，有效解决政银企工作信息不对称、沟通渠道不畅通的问题，高效促进琼中县经济社会健康发展，推动金融政策直达实体。

每季度定期召开一次政银企对接工作领导小组联席会议，邀请相关企业负责人参加，向各成员单位通报经济金融运行情况、货币信贷政策情况和琼中县重点项目及企业资金需求情况，组织银企洽谈会或项目推介会。根据需要临时组织召开联席会议，商讨相关事宜。

建立日常信息交流机制。建立政银企对接工作领导小组联络员机制,各成员单位设立信息联络员，建立相关的微信工作群，每个月通报一次工作情况。县金融工作服务中心及时将琼中县产业政策、新项目、招商引资情况通报给人民银行琼中县支行、各银行机构，人民银行琼中县支行、各银行机构则将国家货币政策、信贷重点支持的领域授权授信等情况反馈至县金融工作服务中心。

发挥人民银行优惠贷款申请平台功能。以“线上+线下”同步对接的方式，引导琼中县农户，涉农、小微及民营企业等有融资需求的经营主体，通过人民银行海口中心支行优惠贷款申请平台，申请贷款利率5.5%左右的优惠贷款。

银行业

【概况】2021年，琼中县人民币各项贷款余额827324万元，较年初增加58596万元，增幅7.62%。全县人民币各项存款余额1119004万元，突破110亿元，较年初增加75781万元，增幅7.26%。2021年底，琼中县全金融机构外汇各项存款余额8亿美元。

【服务主体经济】2021年，琼中县银行业金融机构充分运用再贷款，持续加大金融助推县域复工复产力度，在人行琼中支行的指导下了解掌握小微企业复工复产状况及企业资金状况，加大对涉农、小微企业等基础薄弱领域信贷投放，不断优化信贷资产结构，提高资产质量水平。以海南构建热带特色高效农业“3+1”产业发展格局为契机，全力支持特色农村产业项目，加大信贷投放力度，创新信贷产品。持续支持槟榔、绿橙、养蜂产业开展规模化经营、培育品牌、提升竞争力；积极采用信贷支持农村重点产业发展生产，助推新型农村集体经济发展壮大，持续增收，推动乡村振兴工作。

【银行业助力海南自由贸易港建设】 2021年，琼中县各银行充分利用农村普惠金融服务站、金融夜校讲堂、金融教育基地、金融知识进课堂等开展非法集资、网络诈骗及金融政策、个人征信等金融知识普及活动，优化营商环境，加大数字化支付宣传与推广，建设数字支付多样化场景，深度推进大数据等先进互联网技术与金融服务的融合使用，不断拓宽金融服务渠道，提升数字化支付便捷度。

【中国人民银行琼中县中心支行】 2021年，中国人民银行琼中支行积极开展金融支持琼中巩固脱贫攻坚成果和乡村振兴工作，致力打通金融服务农村“最后一公里”，解决农民融资难融资贵问题。以基本实现“乡乡有站点、村村有服务”为目标，在各金融机构人力资源条件允许的情况下，积极推进微型农村普惠金融服务站建设。2021年，琼中县支行牵头联合各银行金融机构在设立30个农村普惠金融综合服务站的基础上，增设70个微型金融服务站，实现全县100个行政村金融服务全覆盖，充分发挥就近营业金融网点和农村普惠金融综合服务站的业务辐射功能，金融支持琼中脱贫攻坚和乡村振兴工作，持续推进琼中金融营商环境建设，打通金融服务农村“最后一公里”。微型金融服务站汇集各金融机构的业务范围、联系电话、金融产品简介等信息，在未设立金融服务站的行政村、琼中县政务中心、海南湾岭农产品加工物流园进行金融信息公示，并指定村委会一名工作人员为联络员，由各金融机构对微型金融服务站进行包点服务，随时接受村民的电话或线上咨询，接到金融需求的要第一时间上门提供金融服务，并每季度至少一次到现场进行开卡、办理贷款、金融知识宣传和防止电信诈骗知识、“云闪付”App注册使用等金融服务。

优化现代化数字支付。扩大数字人民币使用群体，推广全面铺开，琼中支行成立数字人民币试点工作小组，组织召开金融机构试点工作会议，确定试点单位，部署试点银行发动市场主体开通数字人民币服务，在全县商户推广使用数字人民币支付。扩宽数字人民币应用场景，特色“一元畅游”。指导建设银行琼中支行开设百花岭景区数字人民币应用场景，开设“数字人民币一元带您畅游百花岭”活动，通过开展优惠活动，引导群众使用、熟悉数字人民币进行支付，进一步加快数字人民币普及力度。推进数字人民币对公业务，解决技术难题。持续加大与县政府间的沟通和协作，加强对公代发工资业务的推进，组织各运营机构相互学习对公代发工资业务经验。

数字普惠金融和移动便民工程助力乡村振兴。借助数字人民币和“云闪付”等移动支付工具便捷性、安全性的特点，推动工资发放、税收缴纳、行政收费等对公服务场景建设，完善公交、班线车、公缴、菜场等便民场景移动支付受理，为居民提供全面、优惠的便民支付服务。同时利用数字人民币和“云闪付”等移动支付工具的普惠金融属性，从产业链的角度出发，紧紧围绕大旅游、大农业、乡村振兴场景应用为中心，推动特色产业融合发展，把金融资源及相关科技服务配置到农村支付环节的重点领域和薄弱环节，为乡村振兴提供多样化服务。

【中国农业发展银行琼中县支行】 2021年，中国农业发展银行琼中县支行全行各项贷款余额18.03亿元，比年初增加0.84亿元，增幅4.89%；全年累计投放1.71亿元；各项存款余额2.2亿元，比年初增加0.45亿元，增幅25.71%；不良贷款保持“零余额”。

加强粮油信贷资金监控，储备粮油贷款余额705.54万元，全力支持2000吨县级储备粮轮换任务。协调农发行海南省分行与琼中县政府签订合作协议，开展政银深度战略合作；投放6800万元支持琼中海鼎旅游投资开发有限公司建设百花岭景区；投放870万元支持海南中丝发展有限公司发展桑蚕业，推动桑蚕产业健康发展，通过保护价收购模式，确保脱贫户产业增收；投放2000万元支持海南恒烨椰鸽农业开发有限公司的信鸽养殖基地建设项目，通过“龙头企业+合作组织+专业农户”方式经营信鸽养殖，以产业帮扶形式持续巩固脱贫成果；投放7000万元支持海南海里海科技集团有限公司收购农副产品生产海马贡酒；投放120万元支持琼中佳语食品有限公司采购椰子；帮助小微企业度过经营困难期，贷款企业琼中大地农业发展有限公司因受疫情政策影响，存量产品竹狸被全部扑杀，经营出现困难，为大地公司办理无还本续贷至2022年6月，以助力企业度过经营困难期实现可持续发展。

【中国工商银行股份有限公司琼中支行】 2021年底，中国工商银行股份有限公司琼中支行各项存款余额47704万元，其中个人存款余额34060万元，对公存款余额13644万元。各项贷款余额6725万元（不含信用卡消费贷款），其中全年累计发放贷款8697万元，全年累计收回贷款2617万元、个人信用卡消费贷款余额7789万元。落实数字人民币重点推广营销工作，采取上门营销，添加白名单，加大对数字人民币的宣传，大力推进个人及对公数字钱包项目。支持小微企业，主动减费让利。主动组织人员对县内工商企业进行梳理，通过电话或上门营销，充分了解企业金融需求。利用好线上产品的同时积极推广“税务贷”“烟草贷”“个人经营快贷”等信用贷款业务。通过手机银行、工银e支付等业务推广，将金融服务嵌入合作平台场景和流程。抓住疫情期间，工银e政务、物资管理平台等产品营销机遇，营销其继续使用银校通产品；支持县电商龙头企业开户，与该类电商企业加深合作，商谈利用扶贫农产品在工银融e购电商平台扶贫专区购销。

【中国农业银行股份有限公司琼中县支行】2021年，中国农业银行股份有限公司琼中县支行各项存款余额140616万元，较年初增长9981万元。其中对公存款余额35610万元，较年初增长2201万元；个人存款余额105006万元，较年初增长7780万元；各项贷款余额98500万元，比年初增13861万元。其中法人贷款余额86216万元，比年初增长10280万元；个人贷款余额12284万元，较年初增长3581万元；不良贷款余额和不良率实现双降。代理保险期交168万元，趸交673万元。掌银有效新增3078户，净增掌银年动户数9984户；聚合码新增注册675户，交易额共35731万元；新增数字人民币个人17644户、商户419户、对公2990户。2021年底，个人贷款较年初增长1599万元。

加强“党建+信用村”建设。以“信息建档、e贷敲门、综合营销、党信固基”为抓手，大力开展党建共联共建，持续做实惠农贷款投放等相关工作，累计农户贷款余额5565万元，较年初增加2082万元，农户565户，累计发放3551.86万元。新增“党建+信用村”12个，惠农e贷发放3024万元。5月31日，完成发放海南省首笔“新农直通车”贷款，为助力乡村振兴持续输出农行力量。到2021年底，普惠贷款余额5995万元，较年初增长2000万元；新增发放小微企业贷款抵押e贷3户，金额1070万元。

【中国建设银行股份有限公司琼中支行】2021年，中国建设银行股份有限公司琼中支行资产总额73707万元，较上年减幅1.71%；发放贷款和垫款总余额38638万元，比年初增涨89.05%；固定资产余额275万元，比年初减幅13.52%；存款总额70386万元，较上年减幅1.34%。营业收入1866万元，较上年减幅16.69%；利润总额1476万元，较上年减幅34.60%。

2021年，对公客户存款32128万元，较上年减少2616万元，减幅7.52%；个人客户存款38257万元，较上年新增1657万元，增幅4.54%。单位贷款余额22880万元，较上年增长18909万元，增幅476.15%；个人贷款余额19000万元（2020年未统计个人信用卡透支3331万元，2020年个人贷款余额16431万元），较上年减少727万元，减幅3.67%。累计发放普惠型贷款234户，普惠贷款余额7095万元；全年发放贷款27308万元，贷款余额42034万元。共开通裕农通服务点113个，行政村覆盖率达到90%，服务点活跃率达到100%，将金融活水灌注到乡村“最后一公里”。运用善融商务平台开展消费扶贫，销售农产品24.5万元。2021年，定点帮扶村人均收入超过2.3万元，排全县前列。

【中国邮政储蓄银行琼中县支行】2021年，中国邮政储蓄银行琼中县支行各项人民币存款余额17.29亿元，其中公司存款余额0.74亿元，个人储蓄存款余额16.55亿元。各项贷款结余2.08亿元，比上年增长13.64%。全年总计投放小微企业贷款464.7万元，年净增295.54万元，结余442.82万元。全年累计共创建55个“信用村”，采集信用户1844户，发放贷款726笔，金额7051.01万元。加大退役军人保障卡、退伍军人贷款等业务发展。退役军人卡累计开卡358张，存款余额188.43万元，累计向退役军人发放贷款130笔，金额1220万元，结余金额980万元。累计发放小额贷款10294.3万元，年净增2296.81万元，结余12254.28万元。建档立卡脱贫户发放扶贫贷款34笔、94.2万元，累计放款307笔、784.7万元，结余92笔、334.32万元；积极宣传金融知识，提供金融服务，累计开展金融知识下乡活动219次。

【海南银行股份有限公司琼中支行】2021年，海南银行琼中支行存款余额11840.78万元，其中对公存款余额为5976万元，储蓄余额5863.78万元。理财产品销售余额4275.87万元;支行各项贷款余额9057.01万元,其中个人非经营性贷款余额2870.7万元、小微类贷款余额为3601.68万元、对公贷款余额为2584.63万元，支行不良贷款为零。

【琼中县农村信用合作联社】2021年，琼中县农村信用合作联社资产总额79.81亿元，总负债71.54亿元，各项存款余额63.07亿元，市场份额56.36%，存款市场份额继续在琼中县金融机构中排名第一。各项贷款余额45.05亿元，在琼中县金融机构排名第一。该社手机银行年动账率65.78%，完成全年考核指标的156.62%；二维码新增商户1401户，其中有效商户896户，完成全年考核指标（455户）的196.92%；该社社保卡累计发卡218417张，完成发卡任务的101.00%；新增发放社保卡6001张，完成省联社3846张任务的156.03%。累计激活198010张，总激活率90.3%，位居全省第二；年度新增签发电子社保卡29678张，累计签发51592张，签发率38.25%（剔除未成年和老年人持卡人人数），完成省联社签发任务35%的109.29%。

【海南琼中长江村镇银行股份有限公司】2021年，海南琼中长江村镇银行股份有限公司投放信贷14153.46万元，共计933笔，主要对农户、个体工商户以及小微企业给予信贷支持，融入资金共计8600万元。为琼中县

39个村委8407户农户及39个村集体开展信用等级评定工作。创新信贷机制，在内部信贷系统搭建整村授信、批量用信线上功能，积极开发上线配套信贷产品，针对信用户、信用村集体公司等信贷产品，创新出“乡村振兴贷”。支持琼中女足事业发展，赞助琼中女足赛事发展，为琼中女足提供对公管理资金账户，帮助管理女足的教工们代发工资。

保险业

【概况】2021年，琼中县共有9家保险机构（含营销部），15个网点，保险从业人员112人，从业人数较多的为人寿寿险公司42人，平安寿险33人。全年，琼中县各项保险保费收入12624万元，同比增加518万元，增幅4.28%，其中农业保险收入2971万元，同比增加442万元，增幅17.48%；各项保险理赔支出6628万元，同比增加1554万元，增幅30.63%，其中农业保险理赔支出4082万元，同比增加2154万元，增幅111.72%。

【中国人寿保险股份有限公司琼中县支公司】2021年，中国人寿保险股份有限公司琼中县支公司个险部完成首年标保累计达成69.24万元，其中营销47.61万元、收展21.63万元。首年期交保费达成260.33万元，其中营销160.85万元、收展99.48万元。十年期及以上保费达成105.03万元，其中营销76.06万元、收展28.97万元。短险保费达成60.29万。银保部完成达成200万；五年期达成43万；标保13万；短险保费达成11.64万。团险部短期意外险保费收入421.15万，完成省公司下达全年任务的84.23%。其中：个险渠道保费达成60.29万，完成率68.51%；银保渠道保费达成11.64万，完成率129.34%；团险渠道保费达成349.22万，完成率86.66%。截至2021年立案共199件。

【中国人民财产保险股份有限公司琼中支公司】2021年，中国人民财产保险股份有限公司琼中支公司在琼中县各乡镇全面宣传农业保险和惠农政策，实现橡胶价格收入保险全覆盖。到2021年底，支公司累计毛保费收入3962万元。承保天然橡胶价格保险，共计承保天然橡胶价格保险20047公顷；涉及农户15362户，其中脱贫户3620户。全年共计赔付1860.22万元；承保天然橡胶期货价格指数保险10250吨，涉及农户15362户，其中脱贫户3620户。共计赔付797.8万元，两险合计赔付2658.02万元。以上两项险种，平均每户获利1730.26元。

城市建设与管理

城市规划

【**国土空间规划编制**】《琼中黎族苗族自治县国土空间总体规划（2020—2035）》编制工作于2020年10月23日启动。该规划是对琼中县进行现状摸底，结合双评价和双评估，落实上位规划指导，从区域形势、区位条件、现状情况等方面综合分析琼中发展和保护中的优势及存在问题，研究发展战略、空间格局、自然资源保护与利用、耕地保护与利用、国土空间综合整治和生态修复、支撑体系构建和中心城区规划等方面内容。

2021年，琼中县根据《自然资源部国土空间规划局自然资源部耕地保护监督司关于加快推进永久基本农田核实整改补足和城镇开发边界划定工作的函》《海南省永久基本农田核实整改补足工作方案》《海南省城镇开发边界划定工作要点》中相关要求，初步完成三线划定工作，落实自然资源部下发生态红线数据，做好永久基本农田核实整改工作。按照自然资源部办公厅印发的《市级国土空间总体规划编制指南》和海南省自然资源和规划厅印发的《海南省市县级国土空间总体规划编制指南》，编制形成《琼中黎族苗族自治县国土空间总体规划（2020—2035）》（初稿）。

【**村庄规划编制**】2021年，琼中县应编尽编行政村总数100个，均形成规划成果，其中96个行政村村庄规划成果通过村“两会”审议；100个行政村村庄规划成果通过专家评审；61个行政村村庄规划成果通过琼中县国土空间规划委员会审议；5个行政村村庄规划成果经县政府批准实施。

在2021年海南省村庄规划设计竞赛中，《琼中黎族苗族自治县红毛镇番响村村庄规划（2021—2035）》《琼中黎族苗族自治县长征镇新寨村村庄规划（2021—2035）》获二等奖、《琼中黎族苗族自治县黎母山镇南利村村庄规划（2021—2035）》获三等奖、《琼中黎族苗族自治县上安乡村什育村村庄规划（2021—2035）》《琼中黎族苗族自治县中平镇黎明村村庄规划（2021—2035）》获优秀奖。

【**规划管理**】2021年，琼中县做好国土空间规划编制，继续优化国土空间规划初步成果规划方案；以“多规合一”做为上位规划，编制完成琼中县中心城区、湾岭镇区和物流园区控制性详细规划。成立琼中黎族苗族自治县国土空间规划委员会，就国土空间规划建设的重大问题进行审议。在规划编制过程中，落实专家评审、规划意见征求、社会公示等程序，保障规划实施的严肃性、科学性和民主性。做好已批规划录入海南省“多规合一”信息平台备案工作，为项目建设提供规划保障。

【**重点项目用地服务**】2021年，琼中县完善土地供应方式。严格执行《禁止用地项目目录》和《限制用地项目目录》。扩大有偿用地范围，对教育、科研、体育、医疗卫生、社会福利、文化设施等公共服务与公共管理用地，只有一个意向用地者的，可采取协议出让方式供地。对新产业、新业态用地及工业用地可以采取先租后让等方式供应。通过“先租后让”方式取得土地使用权的，土地使用权人可凭不动产登记机构颁发的不动产权属证书办理规划报建、施工许可等手续。探索在百镇千村、共享农庄以及其他旅游项目设施建设中，主体项目周边用地保持原貌的情况下，采取分散化块、点状分布的方式“点状供地”，提升土地利用的精细化、精准化、集约化程度。

【**《琼中黎族苗族自治县土地资源利用和保护“十四五”规划》编制**】2021年，《琼中黎族苗族自治县土地资源利用和保护“十四五”规划》完成编制工作，12月20日通过县规委会审议。《琼中黎族苗族自治县土地资源利用和保护“十四五”规划》编制紧紧围绕“一县三城五地”的发展定位，坚持稳中求进工作总基调，坚定不移贯彻新发展理念，主动融入构建新发展格局，坚决守住生态底线，落实最严格的耕地保护制度，推进国土空间集约均衡布局，合理安排生产、生活、生态用地，实现土地资源利用保护与全县的国民经济和社会发展相协调。

城市基础设施建设

【园林绿化建设】2021年，琼中县建成区绿化覆盖率41.44%，绿化面积2万平方米，绿地率33.54%，人均公园面积12.80平方米，绿化覆盖率、绿地率和人均公园绿地面积逐年提升。绿化保洁有浇水、除草、修剪、病虫害消杀、绿化卫生、补苗、施肥等，对绿化公共设施、座椅、健身器材每天进行全方位喷药消毒，营造整洁、安全、舒适的休闲绿化环境。

【燃气工程建设】2021年，琼中县铺设燃气管线85公里，覆盖用户18000户，完成挂表户数6963户，完成点火通气户数5088户。完成4个乡镇镇墟（湾岭镇、黎母山镇、和平镇、营根镇）、2个农场居（乌石居、阳江居）的管道建设，完成372个自然村（含连队）的管道燃气建设，农村累计铺设管线390千米。村镇覆盖居民用户27431户，其中乡镇覆盖用户6396户，农村覆盖用户21035户，农村完成挂表户14001户，点火通气户7326户，累计完成投资21290万元。

【垃圾处理设施建设】2021年，琼中县完成37个农村垃圾资源化利用项目收尾工作，到2021年底，项目建成32个，由于乡镇征地原因取消建设3个，在建1个。完成县城转运站，建设占地1.47公顷，总建筑面积4424.52平方米投入使用。完成红毛转运站，建设占地0.44公顷，总建筑面积2229.50平方米建设，年底竣工验收。

【供水处理设施建设】2021年，琼中县水务局实施中国地质调查局武汉地质调查中心捐赠的11口抗旱机井配套工程、琼中县饮水项目水源净化设备工程、海南省琼中县2021年农村饮水维修管护工程、琼中县营根水厂应急供水工程等4个供水保障工程项目，项目实施建设超滤膜净水设备、深井潜水泵、消毒设备、输水管道工程、配电工程、蓄水塔防渗补漏、地下水机井周边环境维护改造以及地表水拦水坝维护改造等。其中11口抗旱机井配套工程总投资301.54万元，主要建设有机井泵房、潜水泵、消毒设备、输配水管道工程及附属设施等，受益人口7725人。琼中县饮水项目水源净化设备工程，总投资323.82万元，主要建设配套超滤膜设备一套、潜水泵一台、浸没式设备超滤膜设备工艺、旋流过滤器一套、设备间土建工程，设备间电气安装工程等，涉及2198人。饮水安全问题。海南省琼中县2021年农村饮水维修管护工程，总投资176.69万元，主要建设蓄水塔防渗补漏、地下水机井周边环境维护改造以及地表水拦水坝维护改造等，受益人口8622人。琼中县营根水厂应急供水工程，总投资749.35万元，主要建设新建取水管长约50米，输水管总长634米。新建拦水坝1座、蘑菇形取水头部1座、取水泵房1座等，受益人口2.5万人。

【污水处理设施建设】2021年，琼中县农村生活污水处理设施自然村已建成303个项目，覆盖282个自然村，覆盖率53%；建有污水处理设施的行政村有80个，覆盖率80%，行政村中自然村覆盖率60%的行政村有42个，行政村覆盖率42%。黎母山镇、上安乡、吊罗山乡3个建制镇污水处理项目于2021年11月完成可研EPC招标工作，并开工建设。红毛镇、长征镇、湾岭镇3个建制乡镇污水处理项目完成前期工作达到招标条件，其中红毛镇污水处理项目于2021年11月完成初步设计及概算批复，湾岭镇乌石片区污水处理项目于2021年3月完成可研批复。什运乡、中平镇污水处理项目因已铺设部分管道存在纠纷继续开展前期工作，和平镇污水处理项目继续开展前期工作。

城市管理

【概况】2021年，琼中县全面贯彻《海南省城乡容貌和环境卫生管理条例》和全国文明城市创建标准，组织落实分片区管理制度。采取动态巡查和错时监管机制，完成全县两大片区29个责任区主次干道市容秩序整治提升工作，规范、疏导各类占道经营、流动商贩3080起；拆除擅自张贴悬挂的广告横幅1825处；查纠各类机动车乱停乱放1102起，责令清洗污染路面、槟榔汁855次。联合县公安、住建、环保、乡镇政府及相关部门开展联合执法行动136次，重点整治乡镇镇墟、县城区农贸市场、市政道路交通秩序、建筑工地扬尘污染及打击非法捕捞、拆除乱搭乱建等。

【市政设施养护和景观亮化】2021年，琼中县加快市政基础设施改造维修。全面加强市政道路、人行道和窨井盖的修复，完成国兴大道和营根路人行道地砖的修复，修复长度3公里，修复面积367平方米；完成全县窨井盖更换20个；开展背街小巷太阳能路灯安装工程，对全县47处背街小巷安装太阳能路灯414杆，背街小巷路灯照明全覆盖；对县城市政道路路灯进行检修更换，更换兴教路、龙溪路光衰路灯223盏，维修各街道不亮路灯121盏，电缆维修842米。

【园林环卫管理】2021年，琼中县加强园林、环卫常态化管理。加强对百绿园、湿地公园、三月三广场等公共场所管理，定期对破损地面、公共器材和用电设施定期检查维修，及时消除安全隐患；临水、临塘位置设置安全警示牌；修剪行道树干枯和垂掉树枝280次，处理枯树25株；常态化实施清扫保洁作业，保持县城18座公厕的清洁卫生，清扫县城区主次街道、背街小巷82条，清扫总面积82万平方米。

【广告招牌管理】2021年，琼中县对县城辖区内广告牌招牌进行常态化执法，分别从设置安全、材料安全、结构安全、施工安全、运行管理安全等五个方面进行检查，核查户外广告招牌172次，规范、更换、拆除违规广告招牌共76次。

【占道经营整治】2021年，琼中县针对违法占道经营及违法出店经营现象，县行政综合执法局执法人员常态化定点、定时进行执法巡查，长效保持整洁、有序的市容环境，全年清理取缔辖区内主次干道、农贸市场及学校周边等区域的违法占道经营及违法出店经营共3195次、处罚79起，处罚金额6900元。

【城区道路交通执法】2021年，琼中县行政综合执法局针对辖区内车辆乱停乱放现象，坚持倡导市民规范停车、文明停车，全年治理机动车、非机动车、共享电动车车辆规范停放问题共1290次，处罚16起，处罚金额1300元。

应急管理

安全生产监督管理

【概况】2021年，琼中县未发生较重、特大突发事件，突发事件各项指标均在可控范围之内，总体态势平稳。危化、非煤矿山、烟花爆竹、工贸行业等其他方面组织县商务、县供销社等部门出动检查188人次，检查企业166家次，查处安全生产违法违规行为280项，完成整改265项，安全生产违法违规行为整改率94.6%，行政处罚3次，罚款7.1万元。

【安全生产综合监督】2021年，琼中县防风险降事故方面，完成667处槟榔采摘涉电安全风险点清点，占总风险任务量的57.20%（其中裸导线已完成300处中299处的清点工作，占比99.67%；绝缘导线完成866处中的378处清点工作，占比58.06%），完成283处裸导线和197处绝缘导线隐患点的经济作物清理，全县裸导线穿越挂果的槟榔高危风险隐患点共计13处，全部完成清理整改。

【安全生产专项整治】2021年，琼中县应急管理局出台《琼中黎族苗族自治县党政领导干部安全生产重点工作清单》《琼中黎族苗族自治县全面禁止燃放和销售烟花爆竹方案》《琼中黎族苗族自治县危险化学品安全风险集中治理实施方案》《琼中黎族苗族自治县城镇燃气安全排查整治工作实施方案》《琼中黎族苗族自治县防采摘槟榔触电事故方案》《琼中黎族苗族自治县清除悬空“夺命树”工作方案》《琼中黎族苗族自治县突发事件应急响应工作机制》《琼中黎族苗族自治县值班值守工作机制》等，完善安全生产制度体系，狠抓安全风险防范措施落实，为琼中高质量发展营造平安稳定的氛围。自“安全生产三年行动计划”开展到2021年底，累计集中督查10次，专项督导4次，推动问题整改40多个，聚焦危化品、矿山、道路运输、燃气等9个重点行业领域，边查边改、标本兼治，排查隐患2635项，整改2600项，整改率99%。

【安全生产宣传教育】2021年“5·12”当天，琼中县组织县应急管理局、琼中县消防救援大队、和平镇人民政府、和平镇堑队村委会、海南阳光义工社、琼中县红十字会、三亚蓝天救援队以及和平镇堑队村委会村民群众共100多人开展防灾减灾综合演练。6月16日，县应急管理局、县公安交警大队和县消防救援大队等行业监管部门及相关部门到华中师范大学附属琼中中学思源实验学校开展“6·16”安全宣传咨询日活动，参加人数有500多人，现场为全校师生普及安全知识，向全体师生发放安全生产宣传资料和讲解安全知识，共发放宣传资料1000份，各乡镇、各有关部门悬挂200条宣传横幅，同时在LED屏播放宣传标语等。

2021年，琼中县组织开展1次应急救援装备操作演练活动，通过应急救援装备操作演练及应急救援装备、物资展示，加强相关部门的沟通协调，完善防灾、减灾、救灾应急预案，熟悉应急程序和组织方法，提高相关部门联合救灾的能力，县应急管理局、县消防救援大队、县森林消防大队共计50人参加演练。县应急管理局举办1期综合风险普查应急系统清查业务培训班，相关单位及各乡镇业务人员共计25人参加培训。举办1期突发事件信息报送培训班，琼中县应急委各成员单位共计73人参加培训。组织开展5期应急大讲堂，县应急局全体干部约200人次参加。举办1期琼中县2021年县委理论学习中心组（扩大）集中学习暨安全生产工作专题讲座，县四套班子领导、法检“两长”、各乡镇党委书记、乡镇长及分管应急管理工作的副乡镇长，新市农场负责人；县委各部门、县级国家机关各部门、各人民团体、县属企事业各单位、省驻琼中各单位副科级以上（含副科级）实职领导干部等共120人到场听讲。

【应急和劳动保障执法】2021年，琼中县综合行政执法局承担县劳动保障和安全生产2个部门、2个领域行政执法事项94项。全年办理案件20宗，其中，安全生产类5宗、劳动保障类2宗、其他类13宗，共罚没款9万余元。受理农民工欠薪咨询服务58人次，协调处理31件，涉及农民工252人，追回被拖欠工资380.78万元。

防震减灾

【概况】2021年，琼中地震监测中心站联合县安委办、县教育局、县自然资源和规划局、琼中地震监测中心站开展科普宣传工作4次；协同县教育局参加防震减灾科普示范学校培训1次；2021年12月底，联合省地震局震灾风险防治中心开展琼中县地震灾害风险普查工作。

【地震监测预报】2021年，琼中地震监测中心站加强监测站点数据监控，及时发现并处置各类仪器设备故障，确保辖区内地震监测仪器稳定可靠运行，各测项基本保持较高的运行率,其中测震观测、GNSS陆态网络观测系统、CDSN数字观测系统运行率和完整率100%；地磁观测、子午工程、重力仪和地电场仪运行率超过97%，五指山站水管倾斜仪运、伸缩仪和垂直摆连续率和完整率超过97%。按要求对监测数据进行分析处理，按时按质提交各测项观测报告、月报、年报，确保产出高质量观测产品。完成观测数据跟踪分析工作，加强异常跟踪分析，分析人员参加省台月会商和省地震局年度地震趋势会商并结合台站观测数据分析情况提出意见，提高科学研判震情水平。

【地震台网建设与运行管理】2021年11月21日，琼中地震监测中心站挂牌成立。年内，申请2022年重点台站优化改造项目，推进中心站优化升级，优改方案在中国地震局举办的评审工作中获得通过，资金53万元。派出2批5人到乐东、昌江参与海南地震局地震预警项目设备仪器安装，为做好辖区设备运维工作打基础。顺利申领琼中站国有土地使用证、实施供电线路畅通维护、台站供水管道改造，为开展各项日常观测工作提供基础保障。陆态网络观测系统9月新安装国产的接收机和更换智能电源。12月，更换卫星路由器和室外放大器，恢复卫星传输，测震数据传输为卫星和网络双链路传输。

【防震减灾科普宣教】2021年，琼中地震监测中心站成立琼中站科普小组。利用台史馆资源创建省级科普教育基地，10月在国际减灾日宣传周分别到琼中县第二小学和琼中县湾岭中学开展科普进校园活动，为在校学生和群众普及防震减灾科普知识。11月开展监测站开放日活动，强化科普宣传实效。在“5·12”全国防灾减灾日、“7·28”唐山地震纪念日、“10·13”国际减灾日等重要时段，联合驻地地震局、教育部门开展3次街头宣传。结合工作实际开展丰富的学教活动，制作的微视频《你以为，实则为》获省局机关廉政建设微视频创作比赛一等奖。短视频《在灿烂阳光下》参加“第六届平安中国‘三微’比赛暨优秀政法文化作品征集评选活动”获中国局公共服务司往应急管理部推荐。主题板报获省局机关党委“心声献给党，建功自贸港”主题板报评比三等奖。

【森林防火】2021年，琼中县采取在电视上播放森林防火宣传教育短片、森林防灭火移动宣传车移动宣传、微信群转发宣传信息等创新宣传方式和村广播、悬挂横幅、张贴标语等传统宣传相结合的方式广泛开展宣传工作。同时为使森林防火宣传不留死角不漏一人，还采取乡镇领导包村、村委会干部包组、村组干部包户的方式开展宣传工作并建立宣传工作台账确保宣传工作到村到户，每户都有明白人。全县共出动各种森林防火宣传车辆4527辆次，人员6652人次，张贴“森林高火险期防火工作的通告”、禁火令2840幅、挂森林防灭火宣传横幅、宣传标语3865条、发放《森林防火宣传手册》3680册、宣传传单28000张。

消防救援

【概况】2021年，琼中县发生火灾54起，直接经济损失190.17万元，过火面积6746.92平方米，无人员伤亡；县消防救援大队接警192起，出动消防车348辆（次），出动消防人员1950人次，疏散人员121人，抢救财产价值3198万元；检查单位540家次，发现火灾隐患及违法行为324处，督促整改火灾隐患或违法行为313处，下发责令整改通知书230份，下发行政处罚决定书4份，下发临时查封决定书1份，罚款2.8万元。

【社会消防】2021年，琼中县实施精简审批、还权民众、一枚印章管审批，严格执行公众聚集场所告知承诺制，精简审批程序，放权于企业，还权给民众，同时强化事中事后监管，县消防救援大队联合住建局成立消防技术服务小组，为企业提供消防技术指导和政策法规咨询服务，先后开展消防技术服务70次；县消防救援大队、住建局主动将消防行政许可纳入“一枚印章管审批”，消防行政许可实现“不见面审批”和“群众办事只跑1次”。

【火灾防控】2021年，琼中县狠抓社会单位消防安全“四个能力”的提升。以点带面，全面铺开社会单位“四个能力”建设。县消防救援大队按照“四个能力”建设的标准设立宾馆酒店、娱乐场所、商场和学校四类场所试点，并组织全县消防安全重点单位分类、分批到试点单位参观学习，借鉴并推广经验。到年底，全县52家属于人员密集场所的重点单位，已经全部开展“四个能力”建设，开展率达到100%。开展创建工作，各单位日常消防安全管理水平得到明显提升，“四个能力”成效凸显，“消防安全自查、火灾隐患自除”的消防工作格局已初步形成；加强社会单位从业人员培训，组织社会单位负责人召开动员部署会和“四个能力”现场会，培训密集场所从业人员12000人次，并对社会单位“四个能力”建设检查考评和指导，初步形成“消防安全自查、火灾隐患自除”的消防工作格局。全年培训人员58833人，从业人员基本能达到“三懂三会”的要求。

推动建立农村和社区消防工作机制。将农村消防工作纳入社会治安综合治理防控体系和平安建设等考核内容；推动农村和社区消防组织建设。到年底，全县10个乡镇和2个农场都建立消防安全领导组织，100个行政村和80个农场连队建立消防安全领导小组和志愿消防队，明确消防安全管理人，负责日常消防安全工作。

努力提高消防监督干部和派出所民警的消防监督管理水平。以开展消防监督执法规范化建设试点为载体，不断自我提高和完善，通过“四个加强”（加强素质建设、加强机制创新、加强内外部监督和加强警务公开），实现“四个推进”（推进执法队伍、推进执法基础、推进执法监督和执法服务规范化），全面提升消防监督执法规范化水平。创新工作方法，指导派出所扎实开展消防工作。推动派出所自主开展消防工作；为加大工作指导和业务培训力度，全年举办消防监督执法业务培训班2期，共培训民警320人次。

【防汛抗旱】2021年，琼中县分别投入13.03万元完善应急避难场所标准化建设、12万元建设完成综合减灾示范社区。年初针对寒潮天气，县应急管理局、县民政局、县残联等部门开展防寒御寒工作，向脱贫户、低保户、孤寡老人等困难群众发放棉被910张，防寒服760件等防寒物资。第18号台风“圆规”期间，及时发放100张被子和100张凉席，妥善安置转移的受灾群众。县三防指挥部向全县10个乡镇和28个成员单位制定下发26份指导文件，要求其密切关注天气预报预警，严格遵守值班值守纪律，提前落实12个方面的安全防范措施，做好救援物资及抢险队伍保障工作。

2021年，琼中县有专业抢险救援队伍8支278人，包括县消防救援大队、琼中公路分局应急抢险队、县森林消防大队、琼中供电抢修复电应急队、中国电信琼中分公司通信保障队、县畜牧兽医服务队、卫生防疫应急队、水务抢险救援队等，以及各乡镇级队伍10支6983人（民兵应急分队、基干民兵力量、民间兼职应急救援队伍）、黎母山林场应急救援队伍1支31人等11支业务抢险救援队伍。采购2892820元应急物资，包括汽油发电机组、对讲机、橡皮艇、冲锋舟、救灾帐篷等，其中编织袋4万多件。初步统计，全县有各类应急器材25591件，移动灌溉设备262部，防汛编织袋98600条，救生衣（圈）1890件，粮食储备1750吨，迷彩服2000套，纺织袋9万个、无纺土工布16200平方米、砂石料3000立方米等。

在春节、博鳌亚洲论坛等重大节假日活动期间以及台风、汛期等敏感时期，严格要求各乡镇、各有关部门加强应急值班值守工作，采取部门领导带班干部专人值班的值班值守制度，落实24小时值班和值班电话24小时随时有人接听的工作要求，认真做好值班值守记录和交接班等有关工作。全年通过移动短信平台向有关单位发送值班信息240条，收到道路桥梁、防汛防风、社会安全等各类突发事件信息74起，上报各类突发信息31起，全年没有一起事件演变为重、特大突发事件。结合《琼中黎族苗族自治县突发事件总体应急预案》，研究制定《琼中黎族苗族自治县突发性事件联动响应和信息快速报送机制》《琼中黎族苗族自治县值班带班等级分类规定》。

第一次全国自然灾害综合风险普查方面，应急系统清查、调查任务全部完成，进入数据质量核查工作。共计完成县级自然灾害承灾体、综合减灾能力数据质量核查332个，完成率100%，已将普查数据上报省级。其中公共服务设施调查对象150个、危险化学品自然灾害承灾体19个、非煤矿山自然灾害承灾体2个、政府减灾能力调查24个、企业与社会组织减灾能力1个、乡镇与社区减灾能力调查对象136个。

【消防宣传】2021年，琼中县对重点单位消防安全责任人和管理人、物业服务企业经理人、重点岗位操作员等开展“四个能力”培训，全年培训124场次58833人次。运用消防志愿者平台组织2支志愿者服务队，深入学校、农贸市场、临街铺面、老旧小区、“三合一”场所开展重点宣传，发放宣传手册15000册，张贴海报达10000张。吸取“2·25”海南天明农业环保科技股份有限公司火灾教训，组织全县各乡镇、各部门分管消防安全工作领导及生产经营单位负责人召开现场警示会。在第26个全国中小学生安全教育日开展“知危险会避险，守护安全成长”消防演练现场会。借助2021年“军事日”活动，为参加活动的四套班子领导、法检两长、国动委成员单位送上“消防安全知识”大礼包。在活动现场设置消防体验区，让现场人员零距离接触、体验和学习消防安全自救逃生。消防安全宣传月期间，县消防救援大队举行“落实消防责任，防范安全风险”为主题的“119”消防宣传月活动启动仪式暨亲子活动，将消防安全知识融入亲子活动中，让孩子与家长在游玩中学习消防安全知识；推进“五进”工作，增强孩子们的安全意识，联合县教育局开展“亲子课堂”消防安全教育，消防救援人员走进幼儿园给孩子及老师们带来一节别开生面的消防安全课；邀请全国先进工作者王日为琼中消防代言并拍摄消防宣传海报；组织编排琼中特色快板说唱《预防火灾保平安》，并在全省“119”启动仪式上演出。在省级媒体上投稿73篇（其中视频新闻共27篇）。

气象

【概况】 2021年，琼中县年平均气温23.5℃，与累年同期值相比偏高0.1℃；年极端最高气温38.9℃，出现在6月3日；年极端最低气温3.6℃，出现在1月13日。全年总雨量2151.3毫米，与累年同期值相比偏少7%；日最大降水量187.9毫米，出现在10月18日。雨季开始于4月中旬，属偏早年份，10月下旬结束，属偏早年份。主要气象灾害有大雾、雷雨大风、暴雨、台风、高温、干旱等灾害性天气，对交通、生活、生产造成一定的影响。总体而言，2021年琼中县气温偏高，降水量和日照正常。县气象局获海南省气象部门事业单位集体奖励，获海南省气象部门2020—2021年“先进基层党组织”称号，获琼中县委直属工委颁发的“机关标准化党支部示范点”称号。

【热带气旋】 2021年，琼中县受8个热带气旋影响。分别是6月12日第4号台风“小熊”，7月19日第7号台风“查帕卡”，8月2日第9号台风“卢碧”，9月10日、23日第13、15号台风“康森”、“电母”，10月4日、8日第17、18号台风“狮子山”、“圆规”，12月13日第22号台风“雷伊”。

【气象业务】 2021年，琼中县气象局不断完善各项业务工作规章制度，狠抓业务学习、定期进行仪器维护、观测数据质量监督、观测数据报表审核和网络传输保障等工作，确保基础观测业务的各项工作顺利开展。地面气象观测告别人工观测，迈入全面自动化的新时代。观测业务着重转为自动站维护维修保障，确保气象数据正常上传。根据灾害性天气变化及时发布预警信息，进一步提高灾害性天气预警信号空间分辨率、准确率和提前量，精细到县或乡（镇、街道），暴雨预警信号准确率90%，强对流预警信号时间提前量为39分钟，年内完全做到预报预警气象信息精细化到乡镇，暴雨准确率平均准确率基本达到90%，但强对流预警信号提前量仍有很大进步空间，平均提前量能达到20分钟。

【气象防灾减灾】 2021年，琼中县气象局针对灾害性天气，全力做好气象监测、预报、预警和服务工作，及时向县委、县政府及各有关单位报送气象信息材料，其中重要气象信息快报70期，疫情气象服务专报89期，《一周天气展望》53期，森林防火专题预报26期，春运预报42期，中高考专项预报12期，获县委书记批示1次，县长批示1次。预警信号448期，气象预报预警信息和决策短信112万条等。针对历史罕见的10－11月初影响琼中县的2个台风和2次强降水过程，连续工作29天，做到监测精密、预报精准、服务精细。

【气象服务】 2021年，琼中县气象局围绕服务经济社会发展和保障人民安全福祉等任务提供优质高效的气象服务保障，完成春运、台风、暴雨、高温、干旱等气象服务保障工作，精细化的预报服务得到县领导及相关部门的肯定。每天8时、11时、14时、17时制作发布未来3小时的天气预报，同时提供气象台电话供社会公众拨打查询了解天气，为社会公众提供更好更优质的气象服务。

【气象宣传】 2021年，琼中县气象局围绕“3·23”世界气象日、“科技活动月”、“5·12”防灾减灾日等契机，开展的气象宣传活动，向广大群众宣传当前气象灾害等热点问题和气象科普知识。科普宣传人员深入到中小学校开展气象科普公益课，在县政府小广场、学校、三月三广场等密集人群场所设置展位，展示展板、接受现场咨询，向广大群众发放科普宣传知识等形式，对气象法律法规、防雷减灾知识、探测环境保护、气象科技服务等内容进行系统宣传，发放《如何应对海南气象灾害》《常见农业气象灾害科普手册》《中小学生防雷避险手册》《台风》等各种宣传资料8000多份。

【气象现代化建设】 2021年，琼中县气象局推进琼中国家基本气象站搬迁配套基础设施建设，完成虎岭气象观测站道路硬化铺设，虎岭台站环境美化，富有民族特色和气象文化特色；对全县16个区域自动站完成通信模块和物联卡的升级，全年设备运行稳定性、传输率均处于全省前列。在雷电易发地区新建、更新闪电定位仪，云地闪监测率在80%以上；与海南省气象灾害防御技术中心签订维护维修协议，海南省气象灾害防御中心负责在乘坡、新伟、绿橙基地、吊罗山乡建设4套大气电场仪设备，县气象局负责维护维修，同时与专业气象服务中心合作在琼中虎岭国家基本气象站建设三维闪电定位仪。

【气象服务“三农”】 2021年，琼中县气象局根据中国气象局乡村振兴战略和脱贫攻坚的具体部署，推进现代气象为农服务体系建设，完成基层气象防灾减灾“六个一”业务平台建设，全县台风、雷电、干旱、低温、暴雨灾害风险区划，推进决策气象服务用户信息更新和备案工作，建立“一对一”预警信号叫应制度等工作。通过实地调查及采集水稻样本，了解早稻生长状态。制作春耕春播服务专报，一周天气专报、农业气象服务专报，通过微信、党政平台等渠道发布至涉农相关部门及时向基层转播，为农户送上农业生产期间的天气变化趋势、预报预警等信息，提醒农户合理安排农事，做好气象灾害防御，注意加强病虫害防治，减少不利天气的影响。针对“琼中绿橙”成熟采摘上市期间，开展暴雨、大雾、强冷空气等精细化气象服务，为全县茶叶、咖啡、蔬菜种植生产开展专项气象服务，并开展农作物气候适应性分析和农产品气候品质认证等工作。5月到10月期间，县气象局适时开展人工增雨抗旱作业，投入人力76人次，出动增雨作业车24辆次，开展人工增雨作业19次，发射炮弹30枚，通过人工影响天气作业，琼中县干旱情况得到缓解，降低森林火险等级，保障农业生产，经济效益、社会效益和生态效益明显，趋利避害及减灾作用显著。

教育

综述

【概况】2021年，琼中县有中小学61所，其中公办学校59所，民办学校2所。61所学校中，高中1所，初中（含完全中学、九年一贯制）13所，小学（含教学点）47所；幼儿园39所，其中公办15所，民办24所。教职工2591人，中小学生28081人，义务教育阶段适龄少儿入学率100%，在落实初中升学高职、普高5：5比例分流后，高中毛入学率94%以上；在园幼儿6521人，公办园占57.5%。普惠性幼儿园占比96.1%。

【教育制度改革】2021年，琼中县推进“县管校聘”机制。通过核编定岗、动态流转，完善招聘办法、保证待遇落实，完善岗位考核聘用、实现人员能上能下，教师均衡配置、合理交流轮岗，落实教师退出机制、强化教师编制管理等办法，使全县教师队伍年龄、专业结构趋于合理化，工作能力整体大幅度提升。继续实施“好校长、好教师”引才和培养工程以及特岗教师计划。招聘中小学、幼儿园教师155名，引进学科骨干教师25名、农村基层教育人才15名。

【“双减”工作落实】2021年，琼中县成立“双减”工作领导小组和工作专班，明确落实机制，确保各项工作细化到点，责任到人。召开“双减”工作推进会4次，组织“双减”应知应会知识测试，开展家校联动“四个一”行动，严格审批校外培训机构的授课内容、收费情况和上课时间，对4家无证校外培训机构下发停办整改通知书，转型、注销学科类校外培训机构7家，占比100%。在县第一小学、县第二小学和海口市滨海第九小学琼中附属实验小学开展课后服务，参与学生4178人，参与率94.7%。

【教育基础设施建设】2021年，琼中县39所中小学校“义务教育薄弱环节改善与能力提升项目和办学条件标准化建设项目”全部开工，完成2020年安排资金的乌石学校、湾岭学校、加钗中心小学、新进中学和新进中心小学教师周转宿舍建设，全年安排资金的长征中心小学、长征学校和什运中心小学教师周转宿舍以及2020年、2021年安排资金的学前教育项目全面开工建设。

【教育优惠政策落实】2021年，琼中县出台《琼中县2021年度巩固拓展脱贫攻坚成果同乡村振兴有效衔接教育帮扶实施方案》等文件，加强教育帮扶工作统筹指导。组织全县24所辖区学校教师走村入户进行精准识别学生就读情况，建立家庭经济困难学生信息库，实行动态管理。全年全县识别脱贫不稳定户家庭学生、突发严重困难户家庭学生、边缘易致贫户家庭学生、相对稳定脱贫户学生、农村低保户家庭学生、农村特困救助供养家庭学生2683人，发放教育补助451.33万元。落实“双线”“七长”责任制，建立疑似辍学学生“1237”跟踪排查制度，对1天不到校的由班主任电话询问，2天不到校的由班主任和科任教师家访追踪，3天内未返校的由学校组织劝返，7天内仍未返校的由劝返工作组联合劝返。

【学校安全工作】2021年，琼中县教育局联合县应急管理局、县消防救援大队等部门组织全县中小学（幼儿园）校（园）长及全体民族思源学校师生共2000人，召开全县第26个“全国中小学生安全教育日”启动仪式暨消防演练现场会；协助县应急管理局组织开展“安全生产月”安全知识进校园主题宣传活动，协调县消防救援大队、县红十字会、海南省蓝天救援队安排专业人员对全县中小学校（园）长、学校600多名师生现场开展现场演示教学。利用校园广播、主题班会、板报等各种形式对学生进行防溺水、交通安全、消防、禁毒、食品卫生、防地质灾害等安全知识教育；通过县融媒体中心、校讯通、班级家长微信群等发送《防溺水和交通事故致学生家长一封信》；建立健全联防联控工作机制，检查校外培训机构11家，发现火灾隐患38处，现场督促整改26处，责令限期改正12处；全县61所中小学校、39所幼儿园（含民办）基本达到封闭化管理要求。

基础教育

【学前教育】2021年，琼中县22所幼儿园申报等级评定，评出县级示范园3所，县一级幼儿园8所，县三级幼儿园8所，未获等级幼儿园3所；对全县民办幼儿园开展年检考评，参评年检幼儿园23所，考评优秀等级3所，合格等级11所，暂缓通过9所。

【义务教育】2021年，琼中县持续巩固控辍保学攻坚成果，严格落实“双线”“七长”责任制；成立以教育局班子成员为组长的五个控辍保学督导组，分赴全县10个乡镇，和当地分管教育的领导实行“双线”发力，精准劝返56名学生，帮助12名学业困难生接受职业技能学习；对因身体原因无法正常就学或随班就读的54名残疾儿童送教上门。

【普通高中教育】2021年，琼中县琼中学籍录取普通高中1330名，录取率50.71%；华中师范大学琼中附属中学高一录取1209名，录取分数591分，比上年高出60分；高考本科上线420人，本科录取380名，录取率38.5%，“985”“211”类大学录取30人，大学录取人数882名，录取率89.5%。11月，华中师范大学琼中附属中学通过省一级（乙等）学校省级评估。

【海口市滨海第九小学琼中附属实验小学】海口市滨海第九小学琼中附属实验小学（以下简称“滨海九小琼中附小”）是由琼中黎族苗族自治县人民政府和海口市滨海第九小学根据2020年12月双方签订的“合作办学协议书”创办的一所全日制公办小学，其前身为“琼中县实验小学”。滨海九小琼中附小通过运用海口市滨海第九小学先进的教学理念、丰富的办学经验、科学的管理方法和优质的教育资源，发挥琼中综合资源优势，努力打造一所独树一帜、特色鲜明、改革创新、质量优异的创新型实验学校。学校位于琼中县营根镇四季路西侧，占地7.6公顷，工程总投资1.53亿元。学校建有教学楼2幢、综合楼2幢、风雨操场1幢、食堂1幢、学生宿舍1幢，建有含400米塑胶跑道的田径场。学校教学区、运动区、生活区划分明确，配套设施齐全，各教室配备交互式电子白板、网络宽带、电子监控、数字广播等。

学校下辖1所完全小学（加钗八一爱民小学）、2个乡村教学点（里龙教学点和城文教学点），总计50个教学班（含4个与琼中女足合办的足球特色班），学生总计2001人，其中寄宿生253人。学校在岗教师137人，其中高级教师14人，省级骨干教师5人，县级骨干教师14人。学校实行一校四区“捆绑式”办学，以强带弱，在管理模式、教学方式、课程实施、活动开展上实行统一步调。

规范日常教学教研管理，校长带头，加大校领导随堂听课、常规检查、个别指导力度。增设早读课，改变学生上课注意力不集中、上课睡觉的不良习惯。毕业班期末考试成绩明显提高，学生贝狄娥成绩优异，被海南中学录取。重抓“内涵提升工程”，助力教师专业成长，开展合作办学跟岗、送教等活动。全年海口滨海九小送教琼中附小20人次，琼中附小派往海口滨海九小参加教育教学培训49人次。举办“携手共进杯”教学节，邀请海口滨海九小6名骨干教师参与研讨沙龙活动，围绕主题切磋交流，共求高效课堂之道，提高在岗教师的教育教学能力。

教师全员参加“双减”“五项管理”及考试管理学习培训4次，举办“双减”背景下作业设计讲座5次，线上线下学习培训6次；组织教师参加道德与法治培训、网络全员培训、普通话培训、海南省“四个常规”培训、朗诵培训、作业设计培训等9次，参加培训教师达900人次。

全面贯彻教育方针，以学生发展为本,落实立德树人根本任务，坚持“五育”并举的素质教育，深化教育改革，多方面提升校内教育教学质量，贯彻落实“双减”“五项管理”及考试管理工作。借助课后服务时间，有效减轻学生过重作业负担和校外培训负担，帮助家长解决放学后接送学生的实际困难。有计划地开展课后延时服务，助力“双减”落地。参加课后延时服务学生1806人（含村完小和教学点），服务教师112人，设有46个基础托管，15个特色托管，学生参与率90.25%。课后延时服务的基础托管班，由语、数、英三科老师按课表轮流在教室辅导学生写作业，辅助学生完成难题，提高学生作业质量，减轻学生回家的作业量。特色托管以“满足学生个性发展需求，促进学生健康成长”为宗旨，以“让多彩的课堂伴随孩子的童年，让美丽的校园成为孩子的舞台”为目标，以校本课程为载体，做到“五定”，即定训练时间、定训练地点、定训练内容、定训练教师、定训练人员。而且有学期计划，有上课点名，有活动小结记录，推动各个社团活动的有效开展，推进素质教育，培养学生兴趣特长。

学校师生在各级各类比赛中屡获佳绩。共有400名以上师生获得各类省、县级个人奖项；在2021年琼中县教师节表彰活动中，刘莎宁校长被评为“十佳校长”，11名教师分别被评为优秀教育工作者、优秀乡村教师、优秀教师、优秀班主任。2021年学校获得省、县级集体奖15项，包含：海南省第十届中小学艺术展演活动小学组班级合唱三等奖、海南省“新时代好少年 红心向党”主题教育读书活动“优秀组织”奖、省“数学文化节优秀组织”奖、琼中县“科普小先生”演讲比赛“优秀组织”奖、琼中县“先进基层党组织”称号、琼中县党建工作“标准化建设工作示范点”、2021年琼中县中小学“党旗接力红色故事”主题征文暨演讲比赛“优秀组织奖”、琼中县“教育教学先进集体”、海南省第十三届小学体育课堂教学评比观摩活动“优秀组织奖”、2021年琼中县首届中小学生游泳比赛“优秀组织奖”、琼中县2021年庆祝建党百年暨六一“三进校园”五年成果汇报演出“优秀表演奖”、2021年度“我眼中的蓝朋友消防”文创作品比赛获得“优秀组织单位”奖、2021年海南省第十届中小学生艺术展演“优秀组织奖”、琼中县“禁毒示范校”、2021年全国青少年校园足球特色学校等。

教学科研

【体教融合】2021年，琼中县建设符合国际标准的足球场地11块及其配套设施，总建设规模113380平方米，地下设施面积8920平方米。高标准规划设计与建设琼中足球训练基地，将足球训练基地打造成中国女足冬训常驻地以及国内外队伍冬训或集训的重要基地。2021年11月在琼中挂牌成立中国青少年足球南方训练基地和中国女子足球南方训练基地。12月海南女子足球队暨中国足球协会青少年女足训练中心在琼中县揭牌成立。琼中女足建成女足职业俱乐部，在2021年全国青少年校园足球大学生女足联赛暨中国足球协会女子乙级联赛中获得亚军，并晋升甲级。

2021年国务院副总理孙春兰到琼中女足管理中心考察调研体教融合发展情况。

【课堂教学评比】2021年，琼中县组织中小学音乐、体育、美术、信息技术、心理健康以及小学数学、初中生物、中学化学等学科的课堂教学展示活动，推荐20人参加全省课堂教学展示活动，有3个学科3人获得二等奖，4人获得“海南省第四届教学能手”称号。

【教育课题研究】2021年，琼中县举办教学论文评比，全县一线教师共提交384篇研究性论文，推荐参加省级评选87篇，15篇获二等奖。4项省级教育规划课题结题，均获得二等奖；1项小课题获得省一等奖，7项省级教育规划课题立项，12项省级“减负”专项课题立项；36项小课题结题，47项小课题立项，逐步形成“人人讲课题，人人有课题”的良好局面。

科学技术

【概况】2021年，琼中县有农业科技110服务站11个，其中挂靠在乡镇农业办的6个，挂靠到农资店的5个。为提升农业科技110服务人员的技术水平，组织农业科技110服务站的相关人员参加“三区”科技人员专项培训、2021年海南省中西部农业科技110观摩培训会和槟榔黄化灾害防控及生态高效栽培关键技术研究与示范培训班。100名科技特派员线上线下指导农户500人次。开展琼中县第十七届科技活动月暨新能源汽车下乡车展活动。通过开展现场培训、咨询和发放宣传资料等方式开展科普宣传活动，共计开展17场现场活动，现场参与人数1000多人，发放宣传资料2000多份。

【高新技术企业培育】2021年，琼中县根据《海南省人民政府关于印发海南省支持高新技术企业发展若干政策（试行）的通知》等文件要求，制定《琼中黎族苗族自治县加快高新技术产业发展若干措施》。组织企业申报高新技术企业，按照《海南省高新技术企业认定委员会办公室关于开展2021年度高新技术企业认定工作的通知》《海南省科学技术厅关于高新技术企业现场核查有关工作要求的通知》要求，组织县内符合条件的企业进行申报，其中琼中鑫森混凝土有限公司和海南农垦热作产业集团有限公司顺利申报，实现琼中县高新技术企业零突破。

【科技型中小企业培育】2021年，琼中县6家企业申报科技型中小企业，分别是海南山栏酒庄有限公司、琼中鑫森混凝土有限公司、大丰母山咖啡产业集团有限公司、海南中丝发展有限公司、海南万安农业开发有限公司、海南兆新科技发展有限公司。

【科研项目】2021年，琼中县委托琼中中海龙高新技术研究院研制槟榔园多功能维护一体机、槟榔园微型运输喷药履带车、割胶机器人、新型多功能绿橙园管理机、新型槟榔采摘机器人和水库大坝检测机器人，6个项目共投资538.3万元。

【省级创新型县（市）申报】2021年，琼中县编制《琼中黎族苗族自治县创新型县建设方案（2022—2024）》，成功申报省级创新型县。

【科技人才队伍建设】2021年，琼中县做好科技特派员日常管理工作。加强科技特派员工作，助力科技精准扶贫，服务乡村振兴战略实施，带动农村经济发展和农民增收致富。举办3期科技特派员培训班，对科技特派员进行种养殖等农业技术培训，并选派10名优秀科技特派员到外地考察学习先进农业科学技术。推进农业科技110服务站工作。支持农业科技110服务站建设，不断扩大农业科技110服务站（点）的覆盖率，让科技信息进入千家万户，提升服务能力，通过农业科技110服务平台，承接科研院所、高校、科技型企业科技成果转移转化，通过科技下乡、科技咨询和科技服务，全面提高琼中县农业科技服务水平，推进先进实用新技术的推广应用，促进农民增收。为提高农业科技110服务站人员农业科技水平，举办2期农业科技培训班，对农业科技110服务站人员进行种养殖等农业技术培训。不断扩大农业科技110服务站（点）的覆盖率，让科技信息进入千家万户，全面提高琼中县农业科技服务水平，促进农民增收。加强研发人员引进。结合县委、县政府关于人才工作有关政策进行宣传，鼓励企业引进研发人才。加强对本地研发人员进行培育，阶段性的对本地研发人员进行培训，鼓励有条件的企业积极组织研发人员到外参加培训。科技管理部门落实县委、县政府关于人才工作有关政策，协调住建、医保、教育等部门，在住房、医疗、子女上学等方面形成合力，确保政策落实到位。

文化场馆

【图书馆】2021年，琼中县图书馆纸质图书总藏量11万册，电子图书14万种，图书资料及声像资料数据全部录入自动化管理系统，可随时供读者免费查阅，实现采编、典藏、流通、公共查询等业务全程自动化管理。图书馆年订阅报纸20余种、杂志190种，报刊年入藏量1000册，新书入藏量5000册。图书馆馆内有计算机54台，其中有50台电脑（其中有4台触摸屏）可供读者免费查阅，3台歌德电子图书借阅机(含少儿电子图书借阅机1台）、1套户外LED显示屏、1台自助办证机、2台自助借阅机、1面智慧墙、2台自助图书杀菌机、1台会议一体机、1台宏基投影机、1台无线麦克风、1台奔达调音台、1台移频功放、1对奔达语音音箱，并建有移动图书馆、图书馆网站、图书馆微信公众号、文化云网站、公共数字图书馆建设已完成，实现社保卡自助借阅的功能。图书馆内设有外借室、报刊阅览室、少儿阅览室、电子阅览室、地方文献资料室、采编室和文化信息资源共享工程琼中县支中心等。

年内，琼中县图书馆利用有限的资金，完善“移动图书馆平台”“琼中县图书馆微信公众号”“公共数字图书馆”。实现移动OPAC，让读者可在手机、平板电脑等移动设备上自助完成馆藏在线借阅、查询、预约、续借、到期催还等业务，还实现与图书馆主页信息同步发布。让读者不受时间和空间的限制，随时随地获取图书馆知识及信息。

实现社保卡自助借阅的功能，让读者们能用好社会保障卡一卡通，更好的便民惠民。发挥图书馆二楼、三楼20个宣传橱窗，户外LED显示屏以及宣传图片展板等，根据各种文件精神和图书馆工作，以满足读者为出点发开展多样的形式宣传推广活动，使图书馆业务工作、新书与服务推介、文献信息资源的检索利用方面得到进一步的深化。年内，编辑出版宣传栏30期，25000字。利用户外LED显示屏播放爱国主义影片80部、各种政策宣传片19部、科普知识专题片21部、阅读推广视频讲座28次。利用图书馆宣传展板开展主题为“我们的中国梦，文化进万家”年俗、民俗文化图片展，“传承雷锋精神，践行社会主义核心价值观”学习雷锋好榜样图片展，“世界读书日”知识图片展，“建党百年，峥嵘岁月”，“书香琼中”等各种主题图片展览13次。

图书馆全年流通人数16.7万人次（含线上13.5万人次），书刊外借册数达3.1万册次（含线上）。

琼中县图书馆先后创建6个“流动图书室”，每个季度更换新书1次，每次更换图书300册。2月7~26日，联合畅想之星开展2021年春节民俗文化线上展；2月23－28日，开展“我们的节日·元宵”——金牛喜迎春灯谜闹元宵线上灯谜竞猜有奖活动；3月15－31日，联合超星推出“我们的中国梦”——文化进万家“建党百年，峥嵘岁月”名师讲座打卡活动；4月12－30日，联合畅想之星举办的“阅读马拉松，打卡赢好礼”活动；6月14－30日，联合一网读尽公司举办书香端午·“粽”享阅读好时光 寻找数字阅读达人活动；9月19－23日，联合超星信息技术有限公司举办“我们的节日中秋”知识竞答有奖活动；10月13－15日，联合畅想之星公司开展“重阳节知识大考验”线上有奖问答活动；10月27日，联合畅想之星公司开展网上精神文明创建活动，促进网络文明传播；11月18日，联合畅想之星公司开展网上“保护未成年，助力自贸港”活动，线上阅读打破时间、空间、地域的限制，让阅读更快捷方便。

2021年，投入24万元购买3000种纸质图书和6万种电子图书，投入4.1万元订购20种报纸、190种杂志进馆，编目上架，供读者查阅。

琼中县图书馆组织业务人员进社区、乡镇、学校发放全民阅读倡议书8万份，还利用本馆网站、微信平台、“公共电子阅览室”，分批在街道悬挂110条“全民阅读”宣传横幅，并通过琼中电视台、琼中新闻网、《今日琼中》报等新闻媒体大力倡导全民阅读。以“流动图书车”的形式，组织“流动图书队”，开展阅读推广活动。把一批读者喜闻乐见的新书和杂志，先后以“我们的中国梦书香进万家”“建党百年峥嵘岁月”“全民阅读暨普通话推广”“弘扬社会主义核心价值观”“绿书签行动”等为主题到各乡镇、乡村、社区、部队、学校等进行巡回新书展览和全民阅读推广活动30次。赠送《琼中黎族苗族自治县市民文明守则》《琼中黎族苗族自治县文明旅游公约》《海南文明大行动文明手册》《海南省文明行为促进条例》及各类科普知识等图书资料5000册。利用图书馆馆藏文献资源的优势,组织业务人员到琼中县城公务员小区、政府小广场及学校开展有奖猜谜、看图猜成语、脑筋急转弯等趣味知识游戏活动，举办新书、图片展、图书大赠送等活动，让广大市民、读书人在欢庆的文化氛围中受感染、受熏陶、尽情享受、尽情欢乐，提高图书馆在社会上的影响，扩大知名度。以“图书馆服务宣传周”为契机，在琼中县第一小学开展2021年琼中县“书香童年”主题演讲、经典诵读比赛活动。利用中国共产党成立100周年的契机开展“砥砺前行光辉百年”党史学习教育专题宣讲、“童心永向党书香伴成长”亲子阅读、“学习百年党史□书香伴我成长”讲党史故事、“遇见文明的自己书香伴成长”阅读分享、“以诚信为友，做美德少年”道德讲坛等活动践行和弘扬社会主义核心价值观。

【文化馆】2021年，琼中县文化馆举办协办各类文艺演出以及比赛活动、各类综合文化活动70场，其中下乡惠民演出活动50场；举办2021年琼中三月三（琼中分会场）主题晚会；琼中三月三特色广场舞比赛；琼中三月三闭幕式晚会；组织“5·20”蜜蜂日演出活动；参与第九届海南乡村文化旅游文化节开幕式；组织庆祝中国共产党成立100周年暨七一表彰活动；参与庆祝中国共产党成立100周年优秀舞台艺术作品展演黎族山歌剧《呦呦鹿鸣》剧目；举办一台“百姓大舞台，我们一起来”文艺展演等演出活动。举办广场舞培训班2期共100人参加；免费开放少儿舞蹈、形体培训班；中国舞考级和爵士舞培训班2期共100人参加。参加全省第18届东西南北中文艺会演比赛，其中舞蹈《橙乡黎妹》获得一等奖；舞蹈《稻香》获二等奖；舞蹈《山涧帕扣》获海南省第十届中学生艺术展演活动舞蹈专场比赛二等奖。

【农家书屋】2021年，琼中县农家书屋100家，分布在全县10个乡镇100个村委会，每个书屋都由村委会负责管理，正常开放。每年都对书屋及时进行图书的补充和更新，从根本上解决农村老百姓买书难、借书难、看书难的问题。挂牌成立新时代文明实践中心1个、文明实践所10个和文明实践站100个。切实把新时代文明实践中心打造成为宣传群众、教育群众、联系群众、服务群众的“最后一公里”平台。全县举办文明实践阅读活动180场，涵盖人数9000人。5月，开展琼中县未成年人思想道德讲坛活动8场；7月26日，开展“童心永向党·书香伴成长”亲子阅读活动；全年结合党史学习教育开展宣讲活动280余场。

文化活动

【概况】2021年，琼中县文化活动主要有：开展第十届黎族苗族文化示范村文艺会演（决赛）暨元宵文艺晚会、“三月三”开闭幕式主题文艺晚会、“三月三”黎苗特色广场舞比赛、“五一”期间到各景点景区黎苗歌舞表演、首届海南苗族民歌大赛、“永远跟党走” 第18届海南省东西南北中广场文艺会演暨广场舞展演（中部片区）、庆祝中国共产党成立100周年大合唱比赛、“永远跟党走” 庆祝中国共产党成立100周年晚会暨“七一”表彰活动、庆祝中国共产党成立100周年合唱音乐会等；开展“六一”亲子悦读游园、“我们的中国梦·书香进万家”全民阅读、“一村一品”服务推广活动等线下活动和春节民俗文化展、年俗展、元宵灯谜竞猜、“建党百年·峥嵘岁月”名师讲座、“阅读马拉松·打卡赢好礼”等线上活动，举办黎族民歌、苗族民歌、黎族织锦、苗族蜡染、少儿中国民族民间舞蹈、“南海系列”人才“传帮带”、黎族医药（骨伤疗法）、少儿非遗文创手工技艺等11期不同专题的培训活动，组织传承人定期开展“非遗进校园”专题黎锦传习培训活动，举办“文化与自然遗产日”非遗培训暨非遗宣传展示展销活动。

【第18届海南省东西南北中广场文艺会演暨广场舞展演（中部片区）】2021年6月5日晚，由中共海南省委宣传部指导，海南省旅游和文化广电体育厅、琼中黎族苗族自治县人民政府主办的“永远跟党走”——第18届海南省东西南北中广场文艺会演暨广场舞展演启动仪式及中部片区会演在琼中县三月三广场举行。

东西南北中广场文艺会演是海南文化的一张名片，深受广大群众的喜爱，自2001年创办以来，已顺利举办了17届，共计开展广场文艺演出近百场，演出节目1300多个，其中原创节目超过500个，惠及线上线下观众人数200多万人。海南原创广场舞展演也是海南省著名群众文化品牌，其作品的创作、推广、普及是从2014年开始的，短短的7年时间，共创作推出并普及100多个原创作品，极大丰富城乡人民群众的文化生活。

【群众文化系列活动】2021年，琼中县组织文艺下乡、进校园50场次，送图书下乡、进校园11场次，送电影下乡1487场次，送琼剧下乡演出4场次，受益群众范围遍布琼中县各乡镇、行政村、村小组。琼中县文化馆组织文艺骨干下乡采风及辅导全县64个文化示范村文艺队，通过老师授课、作品展演、比拼、现场指导等多种途径，普及黎苗传统文化和技艺，提升文艺人才技艺水平。

【电影下乡】2021年琼中县针对农村公益电影放映工作抓住放映的黄金季节，农村电影放映队在放映优秀故事影片的同时，放映森林防火、农业科技、安全生产、禁毒宣传、扫黄打非等一系列科教影片，并结合建党100周年党史学习教育系列活动，播放《建党伟业》121场。全年放映影片48部，完成放映场次1487场。

文学艺术

【文艺创作】2021年，琼中县在文学艺术方面创作《锣·汝》《橙乡黎妹》《稻香》《山涧帕扣》《乡村振兴之歌》《今天是个好日子》《请到琼中来》《琼中处处风景美》《琼中女魂》《预防火灾保平安》《我们是光荣的纳税人》等舞蹈、音乐节目40个，作品运用和提炼人民群众喜欢的语言、风格、样式结合少数民族风俗和乡村振兴内容，以浓郁的歌舞艺术形式，展现琼中自然风光、黎苗文化及乡村振兴道路上的点点滴滴。

【文艺作品展】2021年，琼中县文化馆创作的黎族歌曲《乡村振兴之歌》、苗族舞蹈《锣·汝》参加省群众文化艺术优秀作品展演展览活动，以乡村振兴为主题，突出黎苗特色，用艺术的形式加强对民族文化的保护与传承。

【摄影】2021年3月，琼中县文化馆创作摄影作品《春糍粑做年》入选“美丽海南”。举办“我在海南做年”群众摄影作品展览活动并获评三等奖，获得本年度群星奖展演。摄影作品《母亲的红背带》入选参展2021年海南省群众美术书法摄影骨干创作培训成果及“跟着画笔学党史”——海南省群文美术写生创作作品展览活动（海南省群众艺术馆举办）。

【音乐】2021年，琼中县创作舞蹈音乐《锣·汝》《橙乡黎妹》获海南省东西南北中广场舞文艺会演一等奖；《稻香》获海南省东西南北中广场舞文艺会演二等奖。创作歌曲音乐《扶贫政策暖人心》《今天是个好日子》《请到琼中来》《琼中处处风景美》《琼中女魂》《预防火灾保平安》《我们是光荣的纳税人》。

【舞蹈】2021年，琼中县文化馆编排舞蹈类节目40个，参加海南省第18届东西南北中文艺会演比赛。其中舞蹈《橙乡黎妹》获得一等奖；舞蹈《稻香》获二等奖；舞蹈《山涧帕扣》荣获海南省第十届中学生艺术展演活动舞蹈专场比赛二等奖。《锣·汝》在第18届艺术节群星奖展演。

文化遗产保护

【非物质文化遗产申报】2021年，琼中县根据生态环境和文化发展实际，启动“海南省文化生态保护区”项目申报工作，经过专家评审、公示等程序，琼中县现已正式设立为“海南省中南部少数民族文化生态保护区”。以“黎族民歌”为重点，琼中县组织开展2021—2023年“海南省民间文化艺术之乡”申报工作，于2021年8月被海南省旅游和文化广电体育厅正式命名为2021—2023年“海南省民间文化艺术之乡”，并经海南省旅游和文化广电体育厅推荐，于2021年11月被国家文化和旅游部公布命名为2021—2023年“中国民间文化艺术之乡”。省级传承人王取荣因积极推广和宣传黎族民歌，被海南省旅游和文化广电体育厅授聘为“2021年海南省民间文化艺术季活动传播官”。2021年1月，琼中县旅游和文化广电体育局启动新一批县级非物质文化遗产代表性传承人申报（推荐）工作，经申报、评审等流程拟命名25位传承人，年纪最小的30岁。申报李政富为“海南苗族射弩”代表性传承人，解决琼中县“海南苗族射弩”有项目无代表性传承人的窘境。

【非物质文化遗产传承保护】2021年，琼中县举办非遗传承培训班8期，其中，黎族民歌传唱培训班（第一期），1月11日至1月14日举办，学员40人；非遗传承人综合素质能力提升培训班，6月7日至6月10日举办，学员94人；琼中县少儿非遗文创手工技艺培训班，7月12日至7月14日举办，学员30人；琼中县文化馆（第一期）苗族民歌传唱培训班，7月23日至7月26日举办，学员37人；琼中县文化馆农民文艺队编导培训班，8月26日至8月28日举办，学员50人；琼中县文化馆黎族医药（骨伤疗法）培训班，9月6日至9月8日举办，学员20人；海南苗族传统刺绣蜡染技艺培训班，9月14日至9月18日举办，学员25人；黎族传统纺染织绣技艺培训班，10月15日至19日分别在什运乡、红毛镇、上安乡3地举办，学员共95人。联合依文众承手工坊文化（北京）有限公司举办2021年琼中非遗手工艺产业订单式培训班（第一期），培训对象为传承人及徒弟等共60人，以此促进琼中县非遗手工艺产业提升。

【非遗宣传与推广】2021年6月，文化和旅游部主办的“百年百艺·薪火相传”中国传统工艺邀请展在上海举行，琼中县“海南苗族传统刺绣蜡染技艺”省级传承人赵海金的3件传统手工艺品选《金山银山》《百花园》《鸳鸯双色戏话语》代表省级项目入选展览。2021年4月30日至5月2日海南省旅游和文化广电体育厅举办海南非遗助力乡村振兴展示展销会，琼中县选派王金梅、赵海金、王玉珠、王永积4人代表琼中县传统工艺振兴目录“黎族传统纺染织绣技艺”“海南苗族传统刺绣蜡染技艺”“黎族酉并酒酿造技艺”“黎族医药（骨伤疗法）”参加活动。2021年9月24日国家民族事务委员会举办的“党的光辉照边疆 各族儿女心向党——全国兴边富民成就展”在北京举行，琼中县省级传承人王金梅、赵海金的黎锦和苗绣作品在展览中亮相。2021年琼中县通过海南黎族苗族传统“三月三”节、“文化和自然遗产日”等重要节日共开展2场次非遗宣传展示活动，活动设非遗展销区、技艺展示区、民歌民舞展演区，非遗保护成果展版以及黎族苗族服饰走秀等多种形式的活动内容，共吸引游客和群众围观逾3000人，积极宣传琼中县非遗保护成果。2021年9月黎族民歌省级传承人王取荣因积极推广宣传和扩大影响，被聘为2021年海南省民间文化艺术季活动传播官。利用好每年的文化和自然遗产日非遗宣传展示活动，2021年的非遗宣传展示活动中，琼中县制作推广一批国家级、省级非遗宣传制品和书籍著作。主要有：拍摄《海南苗族“三月三”节》纪录片、印制“海南苗族三月三”宣传册及广告品、整理编撰《黎族民歌调》非遗书籍。

【**非遗技艺比赛**】2021年，琼中县选派非遗传承人参加省级比赛，在2021年海南省黎族苗族传统节日“三月三”主会场黎锦苗绣技艺比赛中，黎锦组有1人获二等奖、1人获得三等奖、1人获得优秀奖，苗绣组有1人获得一等奖、1人获得二等奖、1人获得优秀奖的好成绩。在2021年“百年技艺·薪火相传”海南黎锦技艺、苗族刺绣邀请赛中，黎锦组有2人获三等奖、1人获得三等奖及1人获苗绣一等奖、1人获得三等奖、1人获得优秀奖的好成绩。举办2021年琼中县首届海南苗族民歌大赛，来自中平镇的蒋日安获比赛一等奖，湾岭镇南毛村的邱建东获比赛三等奖，通过比赛活动进一步推动海南苗族民歌的保护与传承。

【**校园非遗传承基地建设**】2021年，琼中县积极推进黎锦进校园及校园非遗传承教学基地建立工作。在华中师范大学琼中附属中学开设《黎锦技艺兴趣班》课程，邀请省级传承人王金梅，县级传承人王雪娟、王亚秋3人担任授课老师进行授课；在琼中县民族思源学校开设《黎锦技艺学生班》课程，邀请县级传承人王琼花进行授课。黎锦进校园共授课224课时，授艺学生400人/次，培养学生对黎族传统工艺的兴趣和认识。

大众传媒

【**概况**】2021年，琼中县融媒体中心融合传统媒体和新媒体矩阵，传统媒体涉及广播、电视、《今日琼中报》纸媒，其中《琼中新闻》《合家欢》分别为县融媒体中心电视、广播类自办节目；新媒体平台有“奔格内琼中”微信公众号、视频号、“奔格内琼中”App、“奔格内琼中”抖音号、“快看琼中”快手号、《今日琼中报》数字版。全年 主动宣传推送图文稿件共4611篇，为全县“双城驱动、三业支撑、五带协同”发展汇聚精神力量，宣传琼中声音。

【**广播电视**】2021年，琼中县开展广电系统安全自查整改工作，全力保障广播电视传输安全、播出安全。重大节日前对播控系统逐一排查，“边自查、边整改”，制定工作制度，更新升级老旧设备，全年完成18场次重大直播转播、13场次大型活动直播、4场次省重大项目集中开工签约直播活动，实现零播出事故的目标；推进播出系统各项安全技术改造。组织开展铁塔维修维护安全改造、中国共产党成立100周年重保期安全播出技术培训、网络安全改造等各项安全培训演练23次，参训人数230人次，为做好安全播出工作提供了有力保障。

【**新闻信息**】2021年，省级各媒体播出琼中县新闻报道346篇，其中《海南新闻联播》58篇、海南新闻频道132篇、海南新闻广播48篇、《绿色农业进行时》8篇、刷屏文旅圈8篇、中部演播厅播发92篇。县融媒体中心开设《疫情防控进行时》《学党史 悟思想 办实事 开新局》《查堵点 破难题 促发展》等多个系列报道，大力宣传琼中县经济社会的发展成效，琼中广播电视共刊播新闻928篇，各类公益广告269期。其中：央视13新闻频道《奥运一点通》栏目邀请琼中女足总教练肖山做客直播间，向全国观众展示了“铿锵玫瑰”一路来的艰辛历程和卓越风采，扩大琼中女足的知名度。中央、省级主流新闻媒体关于琼中新闻的刊发量分别为：“学习强国”学习平台刊发56篇，《海南日报》117篇，人民网92篇，“今日头条”177篇，海南日报客户端180篇，南海网、新海南客户端487篇。奔格内琼中客户端、微信公众号共发布新闻1035篇，其中点击率超万人次新闻2条，点击率超千人次的新闻5条。

地方志

【**概况**】2021年，琼中县委党史县志研究室研究制定了《琼中黎族苗族自治县史志工作规划（2021至2025年）》《琼中黎族苗族自治县乡镇志总体编纂工作方案》，印发《关于开展〈琼中年鉴（2020）〉征稿工作的通知》，编纂出版《琼中年鉴（2021）》，完成《营根镇志》25万字的终审稿，完成全年工作目标和任务。

【**方志编修**】2021年，琼中县委党史县志研究室继续进行《营根镇志》编纂工作，对《营根镇志》稿件进行补充、完善，到年底已完成25万字的

《营根镇志》终审稿，并组织专家进行评审。落实海南省委党史研究室（地方志办公室）关于《海南扶贫志》编撰任务，组织方志工作业务骨干协调县乡村振兴局落实编写任务，完成了《海南扶贫志》（琼中部分）的稿件撰写，完成海南省委党史研究室下达编撰《我所经历的脱贫攻坚》的组稿任务，其中王华宁、王丽强、王志平等3人撰写的《我所经历的脱贫攻坚》被录用。

【年鉴编纂】2021年，琼中县印发《关于开展〈琼中年鉴(2021卷)〉征稿工作的通知》，启动2021年年鉴编纂工作。为高质量完成编纂工作，县委党史县志研究室优化《琼中年鉴（2021）》篇目框架设计，结合年度大事记资料、县委县政府年度重点工作，重点采集全县社会发展重要信息，形成组稿指导意见。优化组稿模式，组织全县供稿单位的分管领导和撰稿人建立琼中年鉴微信工作群，便于撰稿人员在编纂过程中就遇到的问题相互交流，促进提高稿件质量。通过微信工作群通报年鉴编撰工作进度、对未按时交稿的单位直接沟通，及时解决问题，确保按时收齐稿件。严把审校关口，对收集到的稿件进行多轮修改打磨，严把政治关、保密关、史实关、数据关、文字关、出版关。到2021年底，顺利完成《琼中年鉴（2021）》编纂工作，送出版社完成出版印刷。按时完成“一年一鉴”印刷出版目标。

【资料年报工作】2021年，琼中县委党史县志研究室根据《中共海南省委党史研究室(海南省地方志办公室)关于印发〈海南省史志资料年报制度实施细则（试行）〉的通知，向全县各单位收集2021年年报资料，整理后按时将材料报送海南省委党史研究室（海南省地方志办公室）；收集琼中红色文化记忆材料、收集琼中历史大事记，服务县委、县政府工作大局；收集水央村相关历史资料，服务于水央村田园综合体项目建设；收集整理琼中县红色遗址资料开展红色资源调研工作。

档案

【概况】2021年，琼中县档案馆接收纸质档案1792卷加56799件，数码照片172张，纸质照片4册（卷）172张。年内，馆藏共计217个全宗，纸质档案83349卷加263033件，数码照片1947张，纸质照片4卷172张，音像档案21盘，实物档案145件。

【档案业务监督指导】2021年，琼中县档案馆布置开展年度文件材料整理归档工作。抓好精准扶贫档案及疫情防控档案整理工作，配合出台《琼中黎族苗族自治县精准扶贫档案工作实施方案》。下达档案全宗号给疫情防控指挥部办公室，多次到县乡村振兴局及县卫健委指导精准扶贫档案及疫情防控档案的整理，加大精准扶贫档案工作及疫情防控档案指导督促力度。按照省档案局和省工改办的要求做好工程建设项目档案验收工作，进一步提升档案工作服务海南自贸港建设的能力和水平。监督指导全县新冠肺炎疫情防控档案工作。于2021年11月接收疫情防控档案进馆，共计文书档案1674件，数码照片172张，纸质照片4卷172张。抓好红岭水库移民安置档案指导与验收工作。建立移民安置档案970卷，于2021年11月通过档案专项验收。

【档案业务培训】2021年，琼中县档案馆做好文书档案培训工作。4~6月，举办全县文书档案业务培训7期。4月19日，全县精准扶贫档案工作培训会议在琼中宾馆召开；5月24~25日，全省脱贫攻坚档案工作培训班在琼中云湖农庄举行。年内，举办疫情防控档案培训2期、会计档案培训2期、照片档案培训1期、水利水电工程移民档案培训1期。组织档案工作者参加全省档案与文秘工作培训班培训学习，2名档案馆副馆长到山东参加海南自贸港建设档案工作培训班培训学习。

【档案规范和建设】2021年，琼中县档案馆坚持“安全第一、预防为主”的工作方针，筑牢安全防线确保档案安全。加强来访管理，规范人员进出登记管理，确保档案安全。做好档案“十防”工作，严格按照要求将温湿度控制在标准范围内，保持库房清洁卫生，档案排列整齐，并在库房挂上档案存放示意图，编制存放索引和目录标签，确保档案存放和调取准确无误。加强馆藏档案管理，定期检查并做好登记，杜绝档案霉变或虫蛀现象的发生。对档案库房及相关设施设备进行全面彻底的大排查，及时排除各种隐患和险情。2021年10月，琼中县综合档案馆业务建设通过省档案局专家组的评价检查，综合成绩居全省前列。

【档案利用】2021年，琼中县档案馆组织人员开展档案计算机著录工作，实现档案目录的计算机查询，提高利用服务水平。全年接待机关工作者和社会公众2108人次，为各类工作查考、经济建设、编史修志、学术研究等提供档案资料利用5337卷次加2801件次。配合县委宣传部于“三月三”期间举办《建党100周年暨琼中开发建设成就图片展》，为县融媒体中心拍摄建党百年专题片提供档案资料素材。

文化市场管理

【概况】2021年，琼中县文化部门联合县公安局、县市场监督管理局，县综合行政执法局开展拉网式大排查。排查出10家场所安全通道堵塞，灭火器报警、应急灯损坏等安全隐患，执法人员已现场要求整改。全年出动检查人员315人次。检查经营场所236家次，出动执法车236辆次。

【法规宣传】2021年，琼中县文化部门坚持采取多种形式，开展《中华人民共和国行政处罚法》《娱乐场所管理条例》《互联网上网服务营业场所管理条例》的宣传，增强广大公民依法治理文化市场的意识。

【娱乐场所和网吧监管】2021年，琼中县文化部门强化娱乐场所、网吧监管力度。坚持日常监管到位，注重部门相互配合，坚持开展对娱乐场所、网吧的管理，采取巡查和日常抽查相结合，开展对经营的监督，包括环境卫生、制度上墙、安全生产等方面进行治理监管。

体育

体育设施

【概况】2021年，琼中县建设全民健身中心、全民健身路径及健身步道，提倡全民健身；县域内建设足球场地、篮球、排球、乒乓球、羽毛球、游泳等运动场地，体育场地总面积579840平方米，人均拥有体育场地面积3.2平方米。为琼中县运动员提供训练场地，同时为群众提供运动锻炼场地，丰富群众体育健身活动。

【全民健身中心】琼中县全民健身中心位于营根镇万泉路南侧（琼中县民族体育中心旁），项目总用地面积为10961.19平方米，总建筑面积为3206.05平方米，建筑总占地面积2486.93平方米，于2020年12月建成投入使用并对群众开放，共有1个12片室内羽毛球标准场地、1个室内篮（排）球场，1个健身中心，内有乒乓球室、器械健身室、舞蹈室、瑜珈室、武术室等，可以开展羽毛球、排球、篮球、乒乓球、武术、健身、棋类等体育运动项目。

【虎岭游泳场】2021年有游泳教练员2名，场地管理人员2名，游泳队在训运动员20人，年龄9~17岁。

足球运动

【校园足球】2021年，琼中县打造校园足球特色文化，将足球作为义务教育阶段体育课必修内容并纳入课间活动，在全县各中小学校开设足球课堂，加快编制校园足球校本教材，全面普及足球知识和技能，各中小学校均成立校园足球队，在校生每周足球活动时间不少于2小时。到2021年底，琼中县有29所学校成立校园足球队83支，参与足球运动学生1.8万余人，占在校生总数的70%以上，且呈逐年增长趋势。2021年度被教育部认定为全国青少年校园足球特色学校3所、全国足球特色幼儿园示范园1所。海南琼中国际足球特色学校。该校集小学、初中和普通高中为一体，系12年一贯制学校，在校生规模为2280人，截至年底，已与华中师范大学就双方共建足球学校达成一致意见，由华中师范大学选派优秀的足球教师团队，对现有的琼中女足合作办学的足球班进行全方位专业指导。

【琼中女子足球队】2021年，琼中女足有47名队员被评为国家一级运动员，93名队员被评为国家二级运动员，60名队员凭借优异的足球运动水平考上大学，6名队员在职业足球俱乐部效力，6名队员入选国家青少年女子足球集训队，其中4名队员加入U15及U16国家女子足球队。琼中女足先后获“全国优秀少先队集体”“中国青年五四奖章集体”“全国巾帼文明岗”“2017—2018影响世界华人盛典希望之星”等称号。

【琼中国际足球产业集聚区】琼中国际足球产业集聚区主要包括琼中女足示范基地、生态体育公园、琼中足球特色学校、“足球+”产业集群扩展区域等。产业集聚区以四个中心、两个基地、一所学校、一个公园为核心支撑，即中国足球协会女足青训中心、国际青少年/女足赛事中心、国际足球交流培训中心、国际足球运动康复中心，中国青少年足球南方训练基地和中国女子足球南方训练基地，琼中足球特色学校，生态体育公园，引入社会资本拓展打造“足球+”产业集群。产业集聚区坚持高起点规划、高品质设计、高质量建设、高水平运营，由国内外顶尖团队规划设计，打造集足球训练、比赛、培训、教学、运动康复、健身休闲、旅游度假等于一体，以足球青训、足球赛事、运动康养、旅游休闲、健身娱乐为主题的世界一流国际足球产业集聚区。

【国家级体教融合（琼中女足）示范项目】2021年琼中县利用三年时间全力推动琼中体教融合产业发展（琼中女足）示范区项目建设。该项目总投资14.76亿元，建设内容包含足球训练基地标准11人制足球场、体教融合产业发展（琼中女足）示范区风雨足球场、体教融合产业发展（琼中女足）示范区（一、二期工程）、国际足球特色学校等5个项目。国家级体教融合（琼中女足）示范项目为当地居民提供免费标准的足球锻炼、比赛场地，同时也可解决琼中县校园体育设施不足、办学条件不足等问题；通过职业化团队与校园足球相结合，提升校园足球可持续发展能力，为琼中女足提供优质的办赛及训练条件做坚实的保障；借助琼中女足职业化团队，打造国际、国内赛事中心，为足球产业搭建交流平台；全面推进足球产业升级，带动体育旅游业发展，推动海南自由贸易港建设。

体育产业

【体育旅游示范区】2021年3月25日，国务院副总理孙春兰实地调研琼中女足"体教融合"等工作，之后多次对琼中女足作出指示批示，2021年11月27日批示同意海南省委、省政府呈报《做大做强琼中女足工作方案》。国家体育总局、教育部、中国足协等有关部委领导多次到琼中女足一线调研指导、对接具体支持事项。海南省委、省政府主要领导支持做大做强琼中女足，省政府印发做大做强琼中女足工作方案及任务分工表，并建立联席会议制度，每月研究解决重点难点问题。

强化组织保障，工作责任全面压实。琼中县成立由县委书记任组长的琼中女足工作方案领导小组，组建工作专班，下设办公室及足球选才育才、项目建设及要素保障等7个专项工作组，逐一明确工作职责和主要任务，研究出台《琼中黎族苗族自治县关于做大做强琼中女足三年（2021—2023）行动计划》，全力推进各项工作落实。成立由县委书记、县长任双组长的县体教融合工作领导小组，设立县体教融合发展研究中心，聘请国家级体教专家专职开展琼中体教融合政策和规划制定，学生体能训练、科学选才、运动表现、运动康复与营养专项研究，以及大数据统计分析等工作，拟制《琼中体教融合发展五年规划》《琼中关于深化体教融合全面加强和改进新时代学校体育工作的实施方案》。

聚焦人才培养，队伍根基逐步夯实。做好足球人才引进工作，利用海南自由贸易港的政策优势，引进国内外高水平教练员到琼中女足工作，充实执教队伍，引进专业足球教练员共37人。其中引进天津中学教师（前国脚）訾晶晶担任琼中女足俱乐部主教练，积极备战女甲联赛，强化人才梯队建设。完善"校内（班级、年级）联赛 校际联赛 片区联赛"校园足球竞赛体系，通过"以赛选苗"方式，从全县中小学挑选出5级梯队学生280名，并面向全省遴选U7梯队50人、U8梯队23人，共同组成10个足球班，由女足管理中心负责队员足球技能培养，学校负责文化课教学，配合训练时间制定专门课程表。定期为全县97名体育教师开展足球专业培训，确保各中小学体育老师都具有丰富的足球知识和过硬的技术。

【"琼中女足约战海南赛"文化交流活动】2021年4月、7月，全省中学女子、初中男子校园足球联赛分别在琼中县举行，面向全国校园队伍、俱乐部职业梯队、体校队伍、青训机构队伍等发出邀请，每周六、周日在琼中女足青少年足球训练基地组织不同的球队与琼中女足队伍进行约战海南友谊赛，赛事现场直播，不断提升琼中女足的社会影响力。自2021年7月开赛以来，"琼中女足约战海南赛"受到省内外众多球迷的关注，琼中融媒"奔格内琼中"App、抖音号、微信公众号等新媒体平台直播赛事40余场，累计观看人数42万人次。冲甲期间，琼中融媒体直播观众680万人，其中决赛170万人观看。

【"足球+N"体教融合发展路径探索】2021年，琼中县在"双减"背景下，以琼中女足为引领，完善"健康知识+基本运动技能+专项运动技能"的学校体育教学、训练模式，通过在全县中小学引进、开发多项体育运动项目，帮助学生掌握2~3项运动技能，形成"一校一品""一校多品"的课外体育活动发展新格局。2021年全县中小学生的体能素质平均成绩同比增长8%，中考综合评价指数为460.32分，比上年提高42.13分。

2021年琼中县级群体赛事活动统计表

表3

序号	赛事活动项目	赛事活动名称	比赛形式（线上、线下）	赛事活动规模（人次）
1	篮球	2021年“元宵杯”篮球球赛	线下	3000
2	乒乓球	2022年“元宵杯”乒乓球赛	线下	8000
3	象棋	参加2022年海南省象棋公开赛	线下	200
4	围棋	参加2021年海南省围棋公开赛	线下	200
5	羽毛球	参加2021年海南省青少年羽毛球公开赛	线下	300
6	自行车	参加2021年全运会自行车项目	线下	1000
7	广场舞	参加第十三届海南省全民健身运动会	线下	2000
8	足球	海南省公安系统第二届“忠诚杯”足球联赛（中部赛区）	线下	200
9	足球	琼中女足、清华大学女足友谊赛	线下	200
10	足球	琼中女足“约战琼中”友谊赛	线下	200
11	足球	2020年海南省中学生足球赛暨中学女子校园足球联赛	线下	1000
12	足球	2021年海南省中学生足球赛暨初中男子校园足球联赛	线下	1000
13	足球	“硕克杯”2021年海南省青少年足球冠军联赛（女子U10，U12组）	线下	3000
14	足球	“硕克杯”2021年海南省青少年足球锦标赛（女子乙组）	线下	4000
15	象棋	2021年迎三月三“长明杯”中国象棋公开赛	线下	300

综述

【卫生医疗机构与人员】2021年，琼中县有7个县直属医疗机构（琼中县人民医院、琼中县中医院、琼中县疾病预防控制中心、琼中县妇幼保健院、琼中县卫生健康服务中心、琼中县石龙医院、琼中县皮肤性病与精神卫生防治中心），11家乡镇卫生院，阳江医院及其分院（新进和大丰）、岭头医院4家原农场医疗卫生机构，2个社区卫生服务机构（营根社区卫生服务中心、加钗社区卫生服务中心），1家属地管辖医疗机构（海南医学院第二附属医院乌石分院），32家个体诊所，2个卫生所，1个医务室，1家门诊部，发放医疗卫生许可证的卫生室83家。全县医疗卫生专业技术人员1353人。职称分布情况：正高职称6人（4人为基层线），副高职称73人（48名为基层线），中级职称149人，初级827人，无职称96人；注册执业（助理）医师689人，注册护士694人。学历分布：研究生3人，本科311人，大专461人，中专及中技481人，高中及以下97人。

全县卫生机构实有床位1086张，每千人床位数为6.02张，其中医院实有床位816张，占总床位的75.14%；卫生院实有床位174张，占16.02%；无营利性医疗机构床位。

全县乡村医生99人，其中营根镇16人，长征镇8人，湾岭镇18人，中平镇6人，和平镇9人，红毛镇11人，黎母山镇13人，上安乡7人，什运乡5人，吊罗山乡6人。村医学历分布：本科1人，大专8人，中专70人，高中10人，初中10人。其中：有乡村全科执业助理医师证15人，有执业助理医师证4人，有防疫员证1人，具有乡村医师资格证79人。

【基层卫生人才队伍建设】2021年3月，琼中县发布《琼中黎族苗族自治县2021年面向全国医学高等院校招聘备案制工作人员》公告，计划招聘医疗卫生人员46名，共有202人报名（县中医院计划招聘麻醉、耳喉鼻、ICU等岗位临床医生各2人，县妇幼保健院计划招妇产临床医生2人、五官、B超岗位各1人），资格审查初审合格167人，资格复审进入面试83人。通过面试、体检、政审环节，聘用26人，实际到岗上班24人。10月发布《海南自由贸易港招才引智活动——琼中黎族苗族自治县2021年面向社会考核招聘医疗卫生备案制人才》备案制人才144人，共有241人报名，通过资格审查153人。县人民医院部分岗位因无人报名取消的岗位有儿科医生、中医院取消的岗位有变通外科、眼科、耳鼻喉科、麻醉科、重症医学科共8人。核减的岗位有县人民医院外科医生、急诊及重症医学科医生、眼耳喉鼻科医生3人。符合招聘职数有132人。截至年底102名备案制人员已报政府，待审批。10月发布《海南自由贸易港招才引智活动——琼中黎族苗族自治县2021年面向社会公开招聘医疗卫生事业单位人才》编制内8人的公告，其中2个岗位面向琼中黎族苗族自治县服务期满且考核合格的高校毕业生“三支一扶”计划支医人员、“大学生愿服务中西部计划”服务期满的项目人员（以下简称项目人员）。共有通过资格审查34人，参加笔试23人，进行面试14人（含2个项目人员），招录8名事业编制人员。加大引才力度，组织引进中、高层次医疗卫生人才来琼中县服务。引进1名柔性高级职称眼耳喉鼻科专家到县中医院工作，刚性引进高级职称1人，从外市县调入中级职称1人。落实国家免费定向医学生相关政策，有10名国家免费定向全日制本科毕业生入编卫生院工作。根据《海南医学院关于落实该校与琼中黎族苗族自治县人民政府战略合作协议任务的通知》，通过“财政出资、订单培养”模式，连续5年每年支助20名医学生，2021年与2020级4名、2021级2名海南医学院在校生签订协议。落实《琼中县2020—2023三年乡村全科执业助理医师培训方案》，由海南省卫生健康职业学院对琼中县在岗中职以上学历未获得执业助理医师资格的基层卫生专业技术人员进行为期6个月的能力提升培训。培训共分四个阶段，利用周六、周日进行授课。通过集中面授辅导和实践技能训练，进一步提高基层卫生专业技术人员执业助理医师考试通过率。全年有33名村医参加，有3人通过乡村全科执业助理医师考试。开展进修培训，提高医疗服务质量。采取培训、进修学习等方式提升基层医务人员的诊疗服务水平，全年住院医师共有27名（其中选派2名参加全科医生转岗培训、县人民医院选派10名住院医师、县中医院选派5名住院医师和10名国家订单定向医学生）参加全科医师规范培训。全年赴省级及以上医院培训进修共有16名（其中县人民医院8名，县妇幼保健院3名，基层医疗机构5名），基层医疗机构到县级医院进修13名。做好各类专业技术人员职称考试初审工作，完成2021年度护士现场确认58人，通过13人；初、中级职称现场确认232人，通过77人；医师资格考试各类别报考人数现场确认132人，通过15人；卫生系列高级职称初审33人，评审通过省级高级职称1人，基层线高级职称通过16人。组织人员参加技能比赛。琼中县中医院吴小曼、陈海丽、苏洁敏三位医生参加2021年海南省中医青年医师急救技能竞赛，获得单项二等奖及团体第七名。林觉义、王传能获评海南十佳基层医务人员；李益敏获评海南十佳基层医疗机构负责人；吊罗山乡卫生院被提名为海南十佳基层卫生机构。冯庆锋参加2021年海南省“基层健康杯”首届基层医务人员省级竞赛获得外科组二等奖。王传能参加2021年海南省“基层健康杯”首届基层医务人员技能竞赛获得乡村医生组二等奖。

【医疗卫生项目工作】2021年，琼中县人民政府累计投入3亿元用于改善各级医疗卫生机构基础设施建设，划拨3.95公顷土地用于建设县中医院异地新建项目，总建筑面积24963.18平方米，已竣工验收；先后在县人民医院内新建县人民院职工周转房及食堂、住院大楼、感染科楼等项目，总面积26588.63平方米，职工周转房及食堂、住院大楼等项目竣工投入使用；在县疾控中心内新建一栋面积3572平方米的业务用房，竣工投入使用；全面完成省级下达的22家基层医疗卫生机构标准建设任务，并购置一批医疗设备，到2021年底，全县健康帮扶患30种大病专项救治管理对象有578户601人，其中监测对象患有30种大病人员96户104人。高血压管理对象有300户314人，糖尿病管理对象有181户184人，肺结核管理对象有83户84人，精神病管理对象有418户441人。

【老年人便医服务】2021年，琼中县各级医疗机构全面核查本辖区老年人就医便利服务工作情况，及时对老年人就医便利工作进行全面排查梳理，及早发现问题、及早整改到位，均设立老年人优先就医窗口，建立老年人“无健康码”绿色通道，为65周岁以上老年人普遍建立健康档案，开展健康管理服务，通过“敬老月”“老年健康宣传周”开展走访慰问高龄和困难老人、义诊、老年人体育竞赛等活动。通过老龄工作委员会各成员单位的共同努力，琼中县营根镇营东社区创建为2021年全国示范性老年友好型社区。

医疗卫生服务

【医疗卫生体制改革】2021年3月，河南省郑州大学医学院与琼中县人民医院组建医联体，并签订托管合作协议，县人民医院增挂“郑州大学琼中医院”牌子。河南省郑州大学医学院前后共派驻42名医疗专家和管理骨干进驻县人民医院开展工作，将河南省郑州大学医学院先进的服务和管理理念融入，通过查房带教、手术示教、业务培训等形式开展传、帮、带，县人民医院的专科能力建设得到加强，专科救治能力进一步提升，诊疗服务进一步规范，医务人员技术水平进一步提高。同时开展急性脑梗死溶栓治疗、颅内血肿清除术等11项新技术，填补琼中县的医疗技术空白。出台紧密型县域医共体建设方案。根据国家卫健委基层司印发《关于推进紧密型县域医疗卫生共同体建设的通知》及省医改办印发《海南省全面推开城市医疗集团和县域医共体建设实施方案的通知》，结合琼中县医疗卫生事业发展实际，制定并印发《琼中黎族苗族自治县开展紧密型县域医共体建设实施方案》，进一步明确改革方向。医疗质量工作稳步推进。为提高医疗质量管理，减少医患矛盾纠纷，成立医疗、护理、院感、药事、病案、影像等10个专业的医疗质控中心。印发《关于开展2021年度琼中县医疗机构医疗质量督导检查的通知》，抽调县级专家，对全县医疗机构（含民营机构）医疗、护理、药品、院感、检验等医疗质量安全管理方面进行督导检查，对医疗质量进行评价和指导。全年派出215人次，检查60家医疗机构，发现247个问题，整改247个问题，全年无医疗事故及院内感染事件。实施药品“零差率”，全面落实国家基本药物制度。全县公立医疗机构所有药品均实行网上统一采购、统一配送，并实行“零差率”销售。全年下拨基本药物资金补助共计388万元，县级公立医院药品零差率补助资金共计219.75万元，强化资金监管，夯实国家基本药物制度保障机制，减轻群众就医负担。

【县域五大中心建设】2021年，琼中县聚焦“大病不出县”，瞄准医疗服务短板，完善胸痛中心等五大中心建设方案，县人民医院胸痛中心、卒中中心等三个中心建设初具成效，胸痛中心通过海南省胸痛中心联盟预审，准备迎接国家验收及评审。卒中中心完成溶栓病历47例。创伤中心已经完成基础数据上报、流程优化等工作，参加国家初级创伤中心评审。基层医疗卫生机构“达标年”活动成效初显。按照省卫健委工作部署，全年开展基层医疗卫生机构“达标年”活动，全县16家乡镇卫生院、社区卫生服务中心、农场医疗机构达标的有

14家，81家村卫生室达标的有77家。

【**健康乡镇建设**】2021年，琼中县上安乡列入健康乡镇建设试点，营根镇大朗村委会和番沟村委会、湾岭镇新坡村委会、黎母山镇新林村委会、上安乡行干村委会为健康村试点。各试点村镇通过改善基础设施条件，深入开展环境卫生整治行动，加强医疗卫生服务，提高群众文明素质等，健康村镇试点工作初见成效。到2021年底，创建健康县城1个、健康乡镇3个、健康村26个。

【**基层医疗机构5G物联网使用率提高**】2021年，琼中县98家基层医疗卫生机构共安装321台5G远程设备，全部正常投入使用，累计使用6547次。

疾病预防控制

【**概况**】2021年底，琼中县无甲类传染病报告，报告乙、丙类传染病11种1351例，发病率为741.46/10万，与2020年同期相比上升92.18%（1351/703），报告及时率为100%、及时审核率99.6%、重卡率为0，综合率99.76%。

【**传染病控制**】2021年，琼中县传染病疫情网络直报单位27家，网络直报率覆盖100%。琼中县全年网络报告突发公共卫生事件2起，事件类别分别是阳江学校水痘疫情1起、思源实验学校食源性疾病事件1起。传染病预警共78起，均排除突发传染病疫情。做好染病监测与数据分析，按省年初工作部署，琼中县重点承担登革热、手足口病、狂犬病暴露后处置等传染病的监测，全年监测登革热疑似病例5例、手足口病病原学36例、狂犬病暴露后处置145人次。

处置学校幼儿园聚集性疫情，2021年处置学校幼儿园聚集性疫情15起，主要有长征童星幼儿园手足口病疫情、红毛幼儿园水痘疫情、营根实验学校水痘疫情、县城机关幼儿园手中足口病疫情等。

定期对艾滋病患者开展随访、CD4检测等干预工作，全年对全县各类人群HIV抗体检测38426人。实际随访且接受CD4检测比例为93.75%；新发现及既往发现有配偶或性伴HIV抗体检测比例为100%；当年新发现病例完整并及时报告率为100%，及时完成首次流调率为100%。按时完成2021年1—6月孕产妇哨点监测602人份。

做好结核病患者发现和治疗管理工作，全年接诊可疑肺结核病人356例，发现病人195例（195/168），完成全年任务116.1%，其中发现涂阳病人78例（78/84）完成全年任务92.9%，发现涂阴病人117例（117/84），完成全年任务139.3%；全年医疗机构结核病专报信息网络报告转诊患者169例，追踪到位患者160例，总体到位率94.7%，达到省级下达的94%的工作指标；全年结防所共对涂阳病人密切接触者215人进行筛查工作，未发现活动性肺结核病人；县结核门诊发现涂阳肺结核78例，培养93例，培养阳性9例，快速诊断261例，发现5例耐药结核病患者。县疾控中心于2021年7月起对全县18个乡镇（包含农场）医院结核病防治工作进行督导检查，走访24个村卫生室及连队卫生所，访视患者31例，督导工作包括项目管理、病人发现、转诊、督导、发放宣传资料，促进了工作的顺利进展。做好学校结核病防控工作，全年发生学校结核病6例，其中学生5例，教师1例。接到报告后，县疾控中心立即组织人员赴学校开展结核病流行病学调查，对密切接触者进行筛查，按照《中国学校结核病防控指南（2020）版》要求，指导学校落实防控处置措施。

【**慢性非传染病防治管理**】2021年，琼中县对老年人健康管理12373人，健康管理率83.59%（达标率80.98%），规范管理率92.45%（达标率80%）；高血压病健康管理11440人，健康管理率46.18%（达标率45%），规范管理率81.19%（达标率70%）；完成糖尿病健康管理4770人，健康管理率35.67%（达标率35%），规范管理率80.40%（达标率70%）；死亡报告率588/10万（达标率500/10万），审卡及时率95%、审核通过率100%。启动居民心血管监测项目，完成实验室材料采购，完成调查名单摸底工作。

【**碘缺乏病防治**】2021年5月15日，由琼中县政府组织，县卫健委牵头，县疾控中心、县残联、县教育局等多个成员单位，开展形式多样的碘缺乏病防治宣传活动。活动现场接受群众咨询1000多人，悬挂主题标语44条，张贴海报200张，发放宣传折页2万张，补碘指南手册2000份，口袋书4000份，发放礼品1100份。教育部门开展上一堂碘缺乏病的健康教育课。2021年碘缺乏病监测工作中，全县采样检测儿童及孕妇家中食用盐共312份，其中合格碘盐307份，不合格碘盐5份，碘盐覆盖率100%，合格碘盐食用率98.4%（国家标准90%碘盐合格率98.4%）。继续做好重点人群碘营养监测工作。在开展碘盐监测的同时开展孕妇尿碘监测，共抽取孕妇尿样105份，监测结果：孕妇尿碘中位数为126.58ug/L（标准≥100ug/L）。采用触诊法调查207名8～10岁儿童甲状腺肿大情况，8～10岁儿童甲状腺肿大率为0（标准<5%）；儿童尿碘检测207名，8～10岁儿童尿碘中位数为225.3ug/L（标准≥100ug/L）。

【**计划免疫**】2020年12月28日，琼中县启动重点人群新冠疫苗接种，到2021年底，全县共设立17个疫苗接种点，增设县人民医院1个临时接种单位，共设立46个预防接种台。参与接种的接种人员有108人；参与预检、登记、告知人员125人；参与组织保障人员106人；参与医疗救治人员92人。共累计接种新冠疫苗401115人次。其中第一针累计接种170744人次，接种率98.2%；第二针累计接种167525人次，接种率为96.1%；第三针累计接种62846人次，接种率为54.95%。

适龄儿童基础免疫接种。2021年全县共计出生儿童1450人，其中本地儿童1319人，流动人口儿童131人，全部入册1450人，入册率100%。从各预防接种单位每月上报常规报表录入国家免疫规划信息系统导出数据统计：BCG（卡介苗）基础免疫实接种1249针次，应种对象1255人，实种1249人，接种率为99.52%；HBV基础免疫实际完成4564针次，其中乙肝疫苗完成第三针应接种1722人，实种1722人，接种率为100%；OPV基础免疫实接种7045针次，其中完成第三针应接种对象1676人，实接种1676人，接种率100%；DPT基础免疫实种6762针次，其中完成第三针应种对象1667人，实接种1667人，接种率100%；米米V基础免疫应接种1796人，实接种1796人，接种率100%；乙脑基础疫苗应种1798人，实种1798人，接种率100%；流脑A群疫苗第一针应接种1770人，实接种1770人，接种率100%，流脑A+C群疫苗第一针应种1812人，实接种1812人，接种率100%，甲肝疫苗应种对象1323人，实接种1323人，接种率100%。适龄儿童“八苗”基础免疫全程接种率99%以上，达到国家和省规定的指标要求。

适龄儿童加强免疫接种，从各预防接种单位每月上报常规报表录入国家免疫规划信息系统导出数据统计：全年DPT（百白破疫苗）第4针（加强）应接种1826人，实接种1826人，接种率100%；米米V（麻腮风苗）第2针（加强）应种1891人，实接种1889人，接种率99.89%；乙脑疫苗第2针（加强）应接种1798人，实接种1798人，接种率100%；第2针A+C流脑（6岁组）应接种1918人，实接种1918人，接种率100%；白破二联应种对象1849人，实接种1847人，接种率99.89%。达到国家和省规定的指标要求。

全县有8个接种单位监测上报发热、出疹病例8例，完成率是省规定的工作任务指标的200%，经省疾控中心实验室检测，全部为其他疾病，没有发生麻疹、风疹病例。没有监测到14以下儿童疑似AFP病例，没有完成省规定的每两年上报1例的指标任务。全年共监测疑似预防接种异常反应共80例，18家预防接种单位都报告病例，报告单位覆盖率达到100%。疑似预防接种异常反应主要以接种疫苗后出现发热、接种部位红肿、腹泻的一般反应为主，占不良反应的92.6%，异常反应以全身出现过敏性皮疹为主，还有少许的心因性反应和偶合症。全年无发生疫苗接种事故和严重不良反应或死亡病例，发生的不良反应均得到及时处理，治愈率100%。

2021年开展2轮适龄儿童脊灰疫苗的查漏补种工作，累计应补种脊灰疫苗儿童295人，实补种295人，补种率100%。

【健康教育宣传】2021年5月中旬，琼中县举办1期全县医疗机构健康教育骨干培训班，参加培训人员90人。各乡镇辖区卫生室每2个月举办一期健康讲座，利用健康扶贫对慢性病患者发放慢性病处方及工具包，健康促进学校共验收7所学校。县疾控中心印刷宣传资料21种126800份。其中宣传海报8种5100份，宣传折页、手册13种121700份。印发新冠宣传折页10000份、宣传海报800张。开展健康巡讲活动，健康教育所及县级健康教育巡讲专家库成员先后到10个乡镇（村委会、学校、机关）等开展琼中县健康教育知识专题讲座24次，发放宣传资料8600份，参加讲座人数2153人。利用媒体开展健康教育，在琼中广播电视台设有健康教育专栏，邀请专家讲课；每天四个时段7:00、12:10、20:00、22:00播放公益广告，宣传健康饮食、卫生健康及防病知识；在《今日琼中》报刊设立固定版块共更新31次内容；在“琼中县疾病预防控制中心”微信公众平台宣传及推送健康教育相关知识123条。

2021年举办1期医疗卫生机构控烟行动培训班，参加培训人员40人。结合5月31日世界无烟日组织开展“承诺戒烟共享无烟环境”为主题的控烟宣传咨询活动。现场发放宣传折页3000份，发放海报50张，发宣传品800份，活动接受咨询200多人。到加钗中心小学对小学生做一期“无烟校园、健康你我”健康巡讲，参加讲座的人数达100人；到红毛镇金屏村开展“吸烟有害健康”巡讲参加讲座的人数达30人。对全县43个无烟学校、24个无烟医疗卫生机构进行督导检查，发现问题及时提出整改意见和建议；开展全县无烟单位建设工作考核验收。全县无烟学校覆盖率100%、无烟医疗卫生机构覆盖率100%、无烟党政机关单位覆盖率60%。

结合卫生主题日，做好重点疾病的卫生宣传工作。采用宣传海报、横幅、宣传折页、宣传单、专家义诊咨询、宣传专栏、电视节目等多种形式，进行卫生知识的全面宣传，开展宣传咨询活动14场次。参与组织开展宣传活动人员238人次，悬挂宣传横幅23条，发放和张贴宣传资料12500份，摆放宣传展板12块，发放宣传品9种52400份，接受群众咨询4670人次，电视宣传报道7次。

举办健康素养监测工作培训班1期，参加培训15人；5个乡镇监测点均完成名单、画图、入户调查及470份问卷调查；同时开展结核病、碘缺乏病、艾滋病3种内容的专题监测。

举办全县医疗机构健康教育骨干培训班1期，参加培训人员90人；对全县18个健康教育项目执行单位进行督导检查；为顺利开展创建国家卫生县城健康教育工作，及时掌握各相关单位的专兼职健康教育人员联系方式，开展学生、居民健康知晓率的调查。

【寄生虫防治】2021年，琼中县完成1878张血片，占总任务量183.93%，其中本地血片1794张，流动人口血片84张，在本地血片中主病例侦血片469张，占26.14%（469/1794），被动病例侦血片1325张，占73.86%；县疾控中心镜检室抽取基层阴性血片复检255张，占年任务量的225%，无错检和漏检出现，送省疾控中心复检阴性片210张，占年任务量的338%。选派4名骨干到省疾控中心学习镜检技术，开展对各项目单位的督导检查2次，保障18个疟疾监测点的正常运转和物资供应。

2021年，在什运乡、和平镇、中平镇、吊罗山乡、上安乡等5个乡镇以粪检方法，对农村居民进行肠道线虫调查，检查1028人，完成任务的102.8%。发现患病人数19人，其中钩虫病14人，鞭虫病2人，其他3人，全部给予规范治疗3人；开展居民生活饮用水调查250户、厕所情况进行调查250户。开展土源线虫防治健康教育宣传，张贴海报125张，发放宣传单1500人份，发放毛巾1325条。

在营根镇南丰村以诱灯的方法开展媒介种类监测，每月监测3个晚上，全年72个晚上，捕获358只蚊，其中库蚊263只、按蚊94只、伊蚊1只；呈现出春、冬季密度较低，夏、秋季密度较高。在疟疾流行季节选什运乡牙训村、营根镇什金钗村、湾岭镇长边村开展传疟媒介密度调查。

全年鼠监测6次18个点，蟑螂监测6次90个点，苍蝇及成蚊为全年监测，其中苍蝇监测12次96个点，成蚊监测全年12次120个点，监测任务全部完成。

开展省级登革热媒介伊蚊监测，以乡镇为单位，分上旬、下旬开展监测，全县10个乡镇均开展监测，监测乡镇覆盖率100%。所监测的48个自然村（队）中大部分布雷图指数都小于10%，达到登革热防控安全标准。在红毛镇组织人员捕抓野鼠207只，以牛诱法捕抓三带库蚊2000只，在营根镇野外环境捕抓白蚊伊蚊1000只，完成2021年的任务指标。

按年度按工种收集整理1955年以来的疟疾防控资料，共有890册。观看省疟疾视频会议3次，县卫生健康委举办培训2次；到各乡镇农场疟疾项目执行单位指导检查3次，撰写自评报告，制作疟疾防控史展板，制作疟疾防治App。

【卫生与消杀】2021年，琼中县开展对琼中县各被抽样单位进行食品安全风险监测抽样送检工作，监测点覆盖率100%；全年共有偿采样153份，任务完成率100%。到年底，及时审核上报食源性疾病病例264例，其中县人民医院报告159例，其他医疗机构报告105例，21家日常哨点医院网络报告食源性疾病病例的单位有14家，达到67%，监测过程发现食源性疾病暴发事件1起，及时处置1起。委托第三方对2个乡镇共4个村委会，180户居民进行膳食（80户）和非膳食（100户）调查，完成574人的调查和数据上报。

2021年，县卫健委配合监督部门完成双随机监测工作，共监测8家公共场所和9份水质。

全年完成7家医疗放射诊疗机构及1家非医疗机构放射性危害因素的检测、基本情况和放射防护情况调查。完成对县人民医院职业性放射性疾病监测，配合省疾控中心完成4批次医疗机构放射人员个人剂量卡的监测工作。

全年完成15家企业的工作场所危害因素检测及数据的上报工作；配合县卫健委完成49家用人单位负责人及管理人员共79人的培训。通过职业病危害监测系统，及时审查上报职业健康检查机构报告用人单位有毒有害作业工人健康监护情况，未发现疑似职业病和禁忌症病人。

全年对5家医疗机构进行消毒效果检测，合格率100%。

疫情防控

【防输入输出】2021年，琼中县严格按照《关于开展常态化疫情防控、做好“三再”工作的通知》要求，实行疫情防控工作常态化，乡镇和社区、居（村）委会要继续完善社区网格化管理措施，完善群防群控机制，建立常态工作机制，保留疫情防控队伍和足够的工作人员，确保疫情不出现反弹。

【应急物资储备】2021年，琼中县在全县设置123个核酸应急采样点并配备饮用水、食品、常用应急药品等应急物资，确保发生疫情时，琼中县能够快速开展全员核酸检测，满足疫情防控需求。存储的物资，可确保在疫情发生时，应急物资能满足全县满负荷运行3个月的需要。

【疫情防控专项检查】2021年，琼中县结合疫情防控工作实际，制定工作方案，确定由县卫健委牵头，联合县医院、县中医院院感专家、县综合执法局组成专项检查小组，对全县辖区基层医院、个体诊所、民营医院、民营门诊部共53家医疗机构（其中基层医院17家，个体诊所34家，民营医院1家，民营门诊部1家）进行疫情防控专项检查，主要检查基层医院预检分诊导诊流程、发热门诊诊室、手卫生设施、个人防护装备、门诊日记登记情况、处方用药、医疗废物的处置、个体诊所及民营医院、门诊部有无接诊发热患者等内容。现场检查时，基层医院都设有预检分诊导诊，落实预检分诊责任制，个体诊所设有体温测量点，现场检查没有发现个体诊所、民营医院、民营门诊部接诊发热患者，现场抽查测量个体诊所输液患者体温，没有发现患者体温异常。

【常态化疫情防控】2021年，琼中县开展常态化核酸检测。对辖区市场经营的进口冷链食品、冰柜、冷库及门把手等外环境检测。全县累计检测场所109次，共计采样5041份，其中食品842份、食品外包装3367份、环境检测164份、从业人员668份，核酸检测结果均为阴性。在各医疗机构组建流调及消杀队伍，储备64名具有专业技能的工作人员，组织县人民医院、县疾病预防控制中心检测技术人员开展专业技能培训。成立并及时调整疫情处置领导小组，配备宣教、物资保障等应急小组，发生疫情时，确保2小时内快速到达现场的应急处置能力。至年底快速处置学校、幼儿园疫情5起，包括水痘疫情、手足口病疫情、食源性疾病疫情等。无重症死亡病例，疫情状况平稳。

【疫情防控“四道防线”加强】2021年，琼中县加强哨点医院监测、预警，县哨点医院为县人民医院。按相关文件要求设立预检分诊处，规范发热门诊诊疗流程，加强医护人员个人防护及规范监督。

发热门诊（诊室）建设和运行管理。琼中县发热门诊正常运行的有14家，均执行上级部门发热门诊（诊室）管理有关规定，根据国家卫生健康委《发热门诊建筑装备技术导则（试行）》《二级及以上医院发热门诊建设管理标准（试行）》《基层医疗机构发热门诊（或诊室）建设管理标准（试行）》等技术标准，结合现有条件，规范发热门诊（诊室）位置、分区、隔离病房、设施设备、人员配备、管理制度等设置。发热门诊（诊室）均实行24小时工作制和首诊负责制。

2021年，县卫健委受理关于疫情方面的“12345”工单301件，已办结301件。

【“7+3”项目建设】2021年，琼中县加强发热门诊收治能力建设。县人民医院旧门诊楼改造项目总投资375.9万元。该项目已竣工，并投入使用。琼中县基层医疗发热门诊建设项目，主要针对11个基层医疗卫生机构作发热门诊改扩建，总投资226.33万元，年底全部竣工并投入使用。琼中县中医院发热门诊建设项目，总投资893.93万元，3月底开工，12月底竣工。

医疗废弃物处置能力建设。琼中县人民医院与第三方公司对接，对所有特殊涉疫情医疗废弃物都进行专门打包。消毒统一运送到第三方公司统一处理，医疗废水经过消毒后排入污水管网，环保部门日常进行抽样检测。

琼中县公共卫生防控救治能力建设项目总投资1056.04万元，11月底竣工。加强应急队伍建设，琼中县要求所有医疗机构医护人员全员都要进行核酸检测采样培训，培训687人，同时要求每个医疗机构需组建不少于两组流调和消杀队伍，每组流调队伍不少于3人，消杀队伍不少于2人，共有16名取得核酸检测资质的专业技术人员。

【全民防控意识提升】2021年，琼中县开展疫情防控宣传普及工作，由县委宣传部牵头安排接种宣传工作、宣传内容，录制疫苗接种宣传音频；利用“奔格内琼中”微信公众号发布《新冠疫苗接种系列宣传片》《新冠疫苗接种问答》《新冠疫苗接种早知道》等科普内容，加强宣传，推动接种工作进程。制作《新冠疫苗接种十三问》宣传单共4万份，在全县范围内散发宣传，扩大宣传覆盖面。利用村委会广播宣传发动村民及早接种，针对未及时接种的村民，定时点名通报，确保宣传无死角。

卫生监督

【医疗机构卫生监督】2021年，琼中县对104家医疗机构开展疫情防控卫生监督检查，出动车辆128辆次，出动人员352人次，下达监督意见书32份。

【打击非法行医】2021年，琼中县卫健委联合县执法局打击非法行医1宗。

【放射卫生监督】2021年，琼中县开展放射诊疗的医疗机构7家，发放《放射诊疗许可证》的有7家，监督率100%。

【公共场所卫生监督】2021年，琼中县辖区内公共场所132家，其中住宿场所56家（县城38家、乡镇农场18家），美容美发场所70家（县城50家、乡镇农场20家），KTV5家，电影院1家。疫情防控期间，加强公共场所卫生监督，加强公共场所疫情防控，加强体温测量点测量体温工作，加强公共场所扫行程码、健康码管理，不得接待发热旅客和疫区旅居史人员。

【学校卫生监督】2021年，琼中县完成6所学校学生常见病和健康危害影响因素监测，其中包括1922名儿童青少年近视现场调查及数据录入上报工作，学校环境健康影响因素调查，同时完成2021年学生常见病防治督导任务。

【生活饮用水卫生监督】2021年，琼中县监测生活饮用水210份，其中农村饮水安全工程枯水期和丰水期共监测84份，枯水期和丰水期饮用水达标率分别为95.2%、79%；学校自备水6份，枯水期和丰水期饮用水达标率分别为100%、33.3%；省级监测点共48份，枯水期和丰水期饮用水达标率分别为25%、25%；城市饮用水监测项目点18份，枯水期和丰水期饮用水达标率分别为67%、11.1%。

【“双随机”工作】2021年，琼中县开展国家双随机监督抽检单位40家，其中公共场所双随机监督任务执行单位9家，完成9家，完结率100%；放射卫生执行1家，完成1家，完成率100%；医疗卫生6家，完成6家，完成率100%；传染病防治执行5家，完成5家，完成率100%；妇幼健康执行9家，完成9家，完成率100%；学校卫生执行8家，完成8家，完成率100%；生活饮用水双随机监督任务执行单位共2家，完成2家，完成率100%。

【卫生计生协管】2021年，琼中县卫生计生监督协管单位18家，每季度进行一次监督检查，上半年出动执法人员12人次，车辆5辆次，完成率100%；下半年出动执法人员12人次，车辆5辆次，完成率100%。

【医疗废物收集转运】2021年，琼中县医疗废弃物转运站工作人员每周二、四、六、日（一周4次）分两条线，分别到24家医疗机构统一收集医疗废弃物，要求每个医疗机构的医疗废弃物要严格按要求分类和预处理后，才予以收集、运送至集中暂存点管理，暂存点上墙《医疗废物管理制度》《医疗垃圾暂存工作人员职责》等制度，规范医疗废弃物的收集和管理，确保医疗废物48小时内转运。2020年11月，县疾控中心与光大环保能源（屯昌）有限公司签订全县医疗废物处置协议书，由全县医疗废物集中暂存点负责收集本地区各医疗机构的医疗废物，收集后统一交由光大环保能源（屯昌）有限公司进行回收处理，确保在48小时内及时收取医疗废弃物。

2021年，基层医疗机构产生的医疗废弃物总量中，由医疗废弃物处置单位集中处置的有19447.49千克；县人民医院医疗废弃物处置单位集中处置的有89902.9千克。

中医药事业

【中医药服务能力建设】2021年，琼中县以县中医院为龙头，全面提升基层乡镇卫生院和村卫生室的中医药服务能力，为群众提供推拿、火罐、敷贴等6种以上便捷和安全价廉的中医药服务，10个乡镇卫生院和2家社区卫生服务中心均能提供中医药服务，75%的村卫生室能够提供中医药适宜技术项目服务。在基层医疗机构建设中医综合服务区和国医馆，采用中式风格装修并张贴中医院宣传图片等，营造中医药科普文化浓厚氛围。

【中医药知识宣传普及活动】2021年，琼中县组织县中医院义诊专家团队到28个村委会开展普及和中医中药中国行进乡村进社区进家庭活动，惠及人数8043人次，免费发放宣传资料1万份。

【中医药诊疗技术提升】2021年，琼中县发挥中医药特色，以及中医药在疾病预防的优势。县中医院妇产科开展雷火灸、隔姜灸、穴位贴敷；康复理疗科开展小儿推拿、湿热敷、耳石症复位、无痛治疗面瘫；眼科开展子午流注治疗眼科疾病。项目开展以来接受治疗患者13156例，临床开展后，患者反馈良好。以服务、质量、安全为重点，采取多种形式发挥中医药特色优势，中医治疗率进一步提高，并拓展中医特色项目，在新冠疫情期间，县中医院还为广大群众、隔离酒店和重点卡点免费发放“中药防感汤”5000包。

爱国卫生运动

【爱国卫生月活动】2021年4月是第33个爱国卫生月，琼中县爱卫办联合县文明办印发《关于开展第33个爱国卫生月活动的通知》，要求各单位、各乡镇结合工作实际，围绕“文明健康、绿色环保”为主题，以文明健康始于心、低碳环保践于行、绿色家园齐守护、病媒生物防制等行动为主要内容，有序推进各项活动落实。县城区设主会场，各乡镇设分会场，统一开展专题现场活动，发放《海南省文明行为促进条例》《文明健康绿色环保生活方式手册》《爱国卫生宣传手册》《防蚊手册》《病媒生物防治折页》《市民文明手册》《新冠肺炎公众预防指南》等宣传资料。此次活动月共计张贴宣传海报800张，发放宣传折页4200份，以及病媒生物防制药物套装1200盒；各乡镇、各单位动员干部职工、村委会干部、村小组干部和村民整治村庄及周边环境卫生，并动员村（居）民对自家屋内、房前屋后进行大扫除，营造绿色、环保、干净、整洁、健康的村庄和居家环境。清理滋生地480处，清理卫生死角458处，清洁水体90处，清理垃圾680.2吨。

【全域卫生创建（巩固）工作】2021年，琼中县开展创建卫生县主体采取“日巡查，月通报，季度排名”的方式，加强对县城区、各乡镇墟和村庄，各个点位的环境卫生巡查，以及市容市貌、待建工地、餐饮店等专项检查，针对存在问题下发共计20期督查通报、限期整改通知书，并跟踪和督促各相关单位整改落实。指导22家巩卫责任单位做好巩固国家卫生县城技术评估材料和共性材料的收集建档工作。同时完成对湾岭镇巩固国家卫生镇技术评估材料和共性材料的收集建档工作。指导黎母山镇、和平镇启动国家卫生乡镇创建工作，确保到2022年至少创建成功1个国家卫生乡镇。完成2021年需复审的3个乡镇、17个省级卫生村和6个省级卫生先进单位的复审工作，并于6月和9月

社会生活

人口与家庭发展

【人口构成】2021年，琼中县（户籍人口）总户数7.25万户，总人口21.28万人。其中，男性11.25万人，女性10.03万人。在总人口中，城镇人口5.80万人，乡村人口15.48万人。

【出生人口性别比综合治理机制完善】2021年，根据海南省出生人口信息平台数据，琼中县出生婴儿总数1092人，其中男婴儿584人，女婴儿508人，出生平台性别比为114.96，比上年同期的107.49增长7.47比值。出生人口数据可比性不够，2021年出生的婴儿比2020年有所减少（2020年出生人口数为1191人，其中男婴儿617人，女婴儿574人）。从全员人口统筹管理信息系统统计报表统计2021年出生人口1456人，其中男孩768人，女孩688人，报表的出生人口性别比为111：100。

【优生优育服务】2021年，琼中县新建标准化妇幼保健院项目立项，印发《关于印发琼中黎族苗族自治县危重孕产妇专项救助工作实施方案的通知》，成立孕产妇安全管理领导小组，同时也是危重孕产妇专项救助基金管理领导小组，及时制定琼中县危重孕产妇住院救治方式和标准。继续加强基层妇幼队伍建设，县卫生健康委组织基层医疗机构医务人员70人参加母婴保健技术培训班。组织无相关证件的人员参加母婴保健资格证考试，其中27人通过考试，18人取得母婴保健资格证，增加基层母婴保健技术人员数量，有利于基层医疗机构开展婚前医学检查、助产技术、结扎、终止妊娠手术等项目。

依托琼中县孕前优生健康检查项目，在全县开展免费孕优和婚检“一站式”服务，5月份县卫生健康委印发《关于做好2021年国家免费孕前优生健康检查和婚前医学检查项目工作的通知》，加大婚前医学检查宣传发动力度，引导准备结婚的男女双方自动接受婚检，提高婚检率。全县结婚登记夫妇973对，参加婚前检查夫妇87对，婚检率39.77%，比上年增长29.77%。

开展孕前优生健康检查。参加孕前优生健康和孕前地贫筛诊检查人数804对，孕期地中海贫血初筛573对，送检基因检测283对。可能生育高风险地贫儿孕妇26例均已发动到海南医学院附属第一医院参加产前诊断；阻断可能生育中间型地贫儿1例，阻断可能生育重型地贫儿6例（5例单胎、1例双胞胎）。

【三孩政策出台】2021年，琼中县委、县政府坚决贯彻落实《中共中央国务院关于优化生育政策促进人口长期均衡发展的决定》文件精神，及时督促相关单位对生育政策不合时宜的文件进行清理，坚持“谁制定谁清理”“谁实施谁清理”的工作原则，由县卫生健康委牵头负责收集琼中县现行与《中共中央、国务院关于优化生育政策促进人口长期均衡发展的决定》、修改后的人口与计划生育法和《海南省人口与计划生育条例》不适应不协调不衔接不一致的涉计划生育党内法规和规范性文件，经县司法部门法律审查，建议清理12份文件，其中失效文件6份，废止文件4份，修改文件2份。落实三孩政策配套文件。县卫生健康委起草《关于优化生育政策促进人口长期均衡发展实施意见》《琼中县关于印发优化生育政策奖励措施的意见》，向各部门征求意见。琼中县配套文件针对国家卫健委人口工作会议、省卫健委家庭处工作指导，相应设置育儿补贴、出生人口性别比综合治理、特殊家庭全方位扶助等内容。及时处理计划生育一二三孩生育服务证、独生子女父母光荣证办理权限。2021年11月，全县审批事项下放乡镇，县卫生健康委立即制定下放权限衔接措施，部署乡镇安排2名专人负责下放事项，并及时上报请示省卫建委，协调落实账号变更，权限变更事项，并在2天内补发积压的审批事项。琼中县百佳超市、县中医院、万家惠商城、海汽车站、同仁医院海南分院（琼中县人民医院）、县妇幼保健院、政务服务中心都设立母婴室，配备婴儿护理台和桌椅，并结合创文巩固契机，督促用人单位做好母婴室日常维护。全县应建母婴室5个，已建立7个，完成率140%。

【人口监测和家庭发展业务培训】2021年，琼中县卫生健康委共举办4期计划生育培训班，其中5月31日三孩政策落地后，立即组织1期专门三孩政策培训班，及时将中央、省的生育政策意义传达到基层。

【婚姻和收养登记】2021年，琼中县受理婚姻登记办件1612件，其中结婚1077件，离婚285件，补发结婚证214件，补发离婚证34件；办理收养登记1件（人），办结率100%。

【殡葬管理】2021年，琼中县开展殡葬领域突出问题专项整治行动。重点对殡葬领域非法圈地建墓、卖墓、炒作墓地牟取暴利等乱象进行摸底排查。对殡葬服务、中介服务和丧葬用品销售中存在的违法违规行为进行整治，着力提升殡葬管理服务水平，保障群众丧葬权益。建设湾岭公益性公墓，实行省公益性公墓建设标准，建设生态公墓。推行绿色殡葬五年行动计划。严格按照省殡葬改革的有关政策，进一步深化殡葬改革工作，根据管辖区域实际制定工作措施压实责任，主要领导为整治工作第一责任人，实行责任包干。并与全县各乡镇签订殡葬改革管理目标责任书。

劳动就业

【职业技能培训】2021年，琼中县开展常规技能培训。面向全县农村富余劳动力、农民工、下岗失业人员等重点群体开展免费职业技能培训，有针对性地开展挖掘机操作、家政服务等本地特色工种和实用型工种培训。全年开展叉车操作、挖掘机操作、海南菜肴制作等培训班52期4370人次；对已参训的挖掘机操作、叉车操作、建筑砌墙、家务操持等培训班的5615名学员进行职业技能鉴定考核，5301人合格（脱贫劳动力1318人），合格率94.40%。推进“军训+技能”培训。坚持以实施乡村振兴战略为引领，以培育新型农民为根本，组织农村富余劳动力开展军事训练，帮助群众坚定致富信心，军民携手助力乡村振兴。2021年开展14期“军训+建筑砌墙”“军训+保安守护勤务”等培训班，参训1080人次（脱贫劳动力251人）。开展新兴行业技能培训。结合农村劳动力就业意愿和培训需求，开展新能源汽车充电桩安装维修、地摊经营、直播培训等新兴工种培训。2021年开展新能源汽车充电桩安装维修1期，参训76人（脱贫劳动力4人）；地摊经营培训2期197人（脱贫劳动力24人）；直播培训2期，参训149人（脱贫劳动力9人）。

【就业】2021年，琼中县实现城镇新增就业1010人，完成省级任务（1000人）的101%；城镇失业人员实现再就业1466人，完成省级任务（550人）的266.55%；就业困难人员实现就业473人，完成省级任务（250人）的189.2%；农村富余劳动力转移就业3415人，完成省级任务（3400人）的100.44%；城镇登记失业率2.16%，控制在规定的4%之内。开展挖掘机操作、家政服务等实用性较强的线上线下职业技能培训71期5872人，完成省级任务（4300人）的136.56%；举办线上线下招聘会20场，完成年度计划（20场）的100%。失业保险参保32338人（其中实际缴费15820人），完成省级任务（31158人）的103.79%；新增安置52名见习生上岗就业，完成年度计划（50个）的104%；技能提升专账资金支出953.181万元，完成省级任务（324.98万元）的293.30%。全县已创建13家就业帮扶车间（基地），带动就业845人。

【就业再就业扶持政策】2021年，琼中县发放就业困难人员灵活就业社保补贴15454人次共1640.27万元；发放公益性岗位补贴和社保补贴5307人次共949.69万元；发放脱贫家庭劳动力外出务工交通补贴5541人共262.21万元；发放脱贫家庭劳动力外出务工收入奖励补贴4236户共1025.9万元；发放职业技能培训生活补贴4169人共262.545万元；发放创业补贴4人共4万元；发放见习补贴45.409万元；发放就业帮扶基地（车间）运营补贴等各类补贴93.24万元。

【就业再就业服务】2021年，琼中县为实现稳定的就业局面，印发《琼中黎族苗族自治县劳务服务专班工作方案》，成立以县委、县政府、县直各有关部门和乡镇为成员的劳务服务专班领导小组。实行副乡（镇）长班长负责制，组织各村（居）委会做好农村富余劳动力务工服务需求、培训需求等情况摸排，抓好本镇（乡）劳务专班队伍组建，引导农村劳动力就近就地就业和跨区域外出务工。建立“两本”台账，夯实工作基础。聚焦农民工主体，联合各项目行业主管部门和各乡镇开展农民工信息收集工作，建立《琼中农村富余劳动力劳务专班人员花名册》，对有参与工程建设项目意愿的农民工，通过政策宣传和积极动员，提高就业意愿。同时对接用工需求，收集各项目工程务工人员需求，建立《琼中县项目工程用工岗位需求表》，实时掌握项目用工情况。落实“三类”资金，强化工作保障。严格按照《海南省就业补助资金管理办法》等文件精神，履行就业补助资金、技能提升行动资金、失业保险基金等“三类”资金管理使用责任，严格落实发放工作，充分发挥各项资金使用效益，切实做到政策惠民利民，为琼中县就业工作保驾护航。

【农村劳动力转移培训】2021年，琼中县打造特色劳务品牌，促进劳务输出组织化。落实省人社厅关于打造“一县一品”就业劳务品牌的部署，打造（国际/国内）海员劳务输出品牌。首次采用“金融+培训就业”的模式，让学员通过办理零元贷款入学、就业后偿还等模式进行培训，培训结业后领取合格证书的学员，即可直接实现签约上岗。到年底，累计输送13人赴福建泉州海事学院参加水手培训项目。由县劳务服务专班工作小组统筹组织各乡镇劳务专班队伍到项目、企业务工。到2021年底，分8批次组织393名劳务专班人员到琼中县种植基地、旅游景区、种养专业合作社、以工代赈项目等各类工程项目进行务工，人均工资200～350元/天不等，切实解决企业用工“缺”和劳动力就业“难”的问题。推行订单培训，促进劳务输出规模化。以就业输出为导向，整合资源，与海南航空物业管理公司合作开展保洁、母婴护理、老人护理等培训项目，实现培训即就业。到2021年底，开展2期母婴护理、1期老人护理培训共273人，培训后上岗就业45人。

兜底保障，着力稳固就业岗位。统筹用好村级公益岗位，实行“四类人员+公益性岗位”安置就业模式，采取“一岗一户一人”的安置办法，开发村级保洁员、安全饮水管理员等14类村级公共服务岗位，帮助一批有转移就业意愿、有劳动能力的“四类人员”实现就近就地就业。2021年，全县各村庄累计安排上岗3163人次。统筹做好城镇公益岗位安置，解决脱贫劳动力家庭无法外出务工就业难的实际问题，确保农村脱贫劳动力搬得出、能就业。累计安排上岗451人次。统筹管好帮扶车间。继续做好就业帮扶车间（基地）的建设和管理，同时积极发展“一村一品”特色产业，发展农产品加工、手工工艺、来料加工等投资少、见效快、能够直接受益的项目，吸纳周边农村富余劳动力就业。全县创建13家就业帮扶车间（基地），带动就业845人。

【劳动关系】2021年，琼中县建立由人社、工会和工商联合会组成的协调劳动关系三方委员会，健全劳动关系三方协调机制，制定劳动关系重大政策措施，其中包括制定关于开展“和谐同行”千户企业培育共同行动，建立劳动关系领域舆情信息和重大事件沟通协调机制等，引导企业与劳动者正确处理劳动纠纷。同时发挥三方机制在协调处理劳动关系重要事项和重大劳动争议等方面的作用。

【劳动关系协调机制】2021年，琼中县分析研判劳动关系形式，建立劳动关系风险监测预警机制。紧盯突出矛盾和重点项目；坚持以日常巡查和联合执法为基础，狠抓突出矛盾，紧盯重点项目，对矛盾隐患较大的用人单位要重点监督，加强沟通协调措施，定期上报矛盾化解情况；对拖欠农民工（职工）工资数额较大的企业，做到重点监控，及时做好稳控措施，防止发生欠薪等行为。实施劳动合同制度。由县劳动关系三方共同推进集体协商和集体合同制度，逐步完善工资指导线制度，加强对集体协商过程的指导，督促企业和职工履行集体合同。同时全面实行劳动合同制度，通过贯彻落实《中华人民共和国劳动合同法》等法律法规，加强对企业实行劳动合同制度的监督、指导和服务，在用工季节性强、职工流动性大的行业推广简易劳动合同示范文本，依法规范劳动合同订立、履行、变更、解除、终止等行为，切实提高劳动合同签订率和履约率。

【劳动保障监察】2021年，琼中县人社局在劳动保障监察工作深入研究，紧密部署，按照根治欠薪、信用惩戒、普法宣传的工作思路多管齐下，切实保障农民工合法权益，扎实推进和谐劳动关系工作，维护社会稳定。

根治欠薪方面，建立琼中县根治拖欠农民工工资工作领导小组工作制度，明确各部门职责，协同精准发力，实现联合监管，形成“职责清晰、分工协作”的工作格局。同时制定关于《开展“零欠薪市县”三年行动实施方案》《根治欠薪冬季专项行动实施方案》《琼中黎族苗族自治县处置农民工集体讨薪事件应急工作预案》，保障根治欠薪的纵深发展。组建由县人力资源和社会保障局、县综合行政执法局、县住房和城乡建设局、县交通局、县水务局等多部门联合检查小组，对全县各类工程项目进行“纵向到底、横向到边”大排查，形成整改台账，做到边排查、边梳理、边整治。全年受理举报投诉欠薪事项25件，到年底已全部协调处理，涉及人数396人，追回被拖欠工资688.1217万元。

信用惩戒方面，印发《关于开展2021年琼中黎族苗族自治县劳动保障守法诚信等级评价的通知》，对全县用人单位开展企业劳动保障守法诚信活动，推进劳动保障守信激励及失信惩戒工作。推动黑名单管理制度。对无故拖欠农民工工资数额较大、时间较长、性质恶劣、拒不支付工资支付的建设施工企业，依法依规纳入拖欠农民工工资“黑名单”，并对其实施联合惩戒，使得欠薪企业“一处违法、处处受限”。2021年，未有建设施工企业被列入“黑名单”。

普法宣传方面，借助“根治欠薪夏季和冬季专项行动”“12·4”法治宣传日等为契机，组织开展劳动保障监察宣传活动。联合县住房和城乡建设局、县综合行政执法局等单位开展普法宣传活动7次，发放宣传材料1万份，悬挂宣传横幅24条，解答群众咨询450次。通过举办用人单位劳动保障政策法规培训班，详细解读《海南省贯彻落实〈保障农民工工资支付条例〉的实施意见》《中华人民共和国劳动合同法》《中华人民共和国劳动法》相关条款以及劳动关系领域相关法律，现场解答有关业务疑难问题，指导用人单位规范管理依法用工。全年举办开展劳动保障法律法规培训班3次。通过日常的两网化检查和劳动合同备案检查，深入工地、乡镇、企业进行宣传，发放《中华人民共和国劳动法》等相关材料。深入工地、乡镇、企业宣传87次。

【劳动保障监察执法】2021年，琼中县开展三项劳动保障监察执法专项，打击违反劳动保障法律法规行为，预防和减少侵害劳动者合法权益现象的发生，保障劳动者的合法权益。开展“用人单位遵守劳动用工专项监察”。主要检查用人单位内部规章制度的制定和执行情况、劳动合同签订情况、社会保险缴纳情况、工资支付等，现场解答用人单位在招工用工、合同签订等方面提出的问题，涉及制造业、建筑业、居民服务业等行业。全年开展日常巡查49次，共检查用人单位164家，员工5563人。开展“双随机、一公开”监管专项行动。对琼中县劳动用工领域实施“双随机、一公开”监管，建设完善“一单两库”，录入检查对象名录库15家企业，执法人员3人，共抽查用人单位132家；联合县住建部门对20家用人单位发起联合检查；联合市监部门开展抽查2次，抽查单位2家。开展根治欠薪冬季专项行动。依法维护农民工劳动保障报酬权益，重点查处建筑领域、餐饮等行业恶意拖欠农民工工资行为，让被欠薪的农民工及时拿到应得的工资返乡过年，确保不发生因欠薪引发的重大群体性事件或恶性极端事件，维护社会和谐稳定大局。全年综合执法部门发出劳动保障监察询问通知书41份，送达劳动保障监察限期整改指令书9份。

【劳动人事争议调解】2021年，琼中县以构建和谐劳动关系为目标，以加强劳动人事争议处理效能建设为主线，以提升仲裁质效指标为重点，劳动人事争议仲裁结案率91%，调解率61%，完成省人社厅下达的结案率90%以上、调解率60%以上的指标任务。各基层劳动争议调解组织受理劳动争议调解案件12件，涉及劳动者12人，涉及金额5.6万元。

【劳动人事争议仲裁】2021年，琼中县劳动人事争议仲裁委员会受理各类劳动人事争议仲裁案件254件，涉及劳动者254人，涉及金额196万元；结案231件，结案率91%，达到省厅下达的90%以上的指标。其中，裁决结案83件；调解结案141件，调解成功率61%，达到省厅下达的60%以上的指标；撤诉结案7件。探索推行“要素式”办案模式，强化庭前引导，优化庭审程序，融合传统庭审中相对独立的调查和辩论环节，庭审过程聚焦案件要素，围绕双方存在争议直奔主题，快速有序推进裁决，提高庭审效率，缩短结案周期。2021年，适用“要素式”办案模式办结案件13件，涉及劳动者13人，平均办结时间27天，办结时限缩短36%。推行仲裁建议书制度。2021年，向15家用人单位送达劳动仲裁建议书15份。

【劳动法律法规宣传】2021年，琼中县编印并发放《劳动法知识手册》《劳动合同法知识手册》《调解仲裁法知识手册》《劳动关系常见问题解答》《劳动合同常见问题解答》《经济补偿金常见问题解答》等宣传手册。加强与劳动保障监察部门、各乡镇劳动人事争议调解中心的联动，定期深入各乡镇、企业、建筑工地开展送法律、送服务、送指导等活动，通过发放宣传材料、悬挂横幅标语、设立咨询点等方式，加大劳动保障法律法规政策宣传力度。2021年，联合开展普法宣传活动3次，发放宣传材料1万余份，悬挂宣传横幅30余条，解答群众咨询400余次。

收入与分配

【概况】2021年，琼中县城乡居民收入继续保持平稳增长的态势，全体居民人均可支配收入23243元，比上年增长10.3%，增速较上年提高2.1%。其中城镇居民人均可支配收收入36109元，比上年增长8.1%；农村居民人均可支配收入15951元，增长13.0%。随着收入水平的提高，城乡居民消费支出也随之增长，全体居民人均生活消费支出17695元，比上年增长19.2%。城镇居民人均生活消费支出23999元，比上年增长18.1%；农村居民人均生活消费支出14122元，增长20.1%。

【城镇常住居民收入】2021年，琼中县城镇居民人均可支配收入继续呈上涨趋势，增速低于全省0.3个百分点，增速全省排名第十。四大项收入均呈现上涨态势，其中工资性收入、经营净收入、财产净收入、转移净收入分别为27688元、1356元、246元、6819元，增速分别为7.6%、17.4%、14.4%、8.0%。工资性收入拉动居民收入增长的贡献率最大，达到72.6%。

【农村常住居民收入】2021年，琼中县农村居民人均可支配收入继续呈较快增长，增速高于全省2个百分点，增速全省排名第一。四大项收入均呈现上涨态势，其中工资性收入、经营净收入、财产净收入、转移净收入分别为6278元、6579元、325元、2769元，增速分别为10.0%、17.5%、21.3%、9.0%。经营净收入拉动居民收入增长的贡献率最大，达到了53.3%。

【城镇常住居民支出】2021年，琼中城镇居民人均生活消费支出23999元，比上年增加3675元，增长18.1%。增速高于全省1.1个百分点，位居全省第七。

【农村常住居民支出】2021年，琼中农村居民人均生活消费支出14122元，比上年增加2361元，增长20.1%。增速高于全省2.5个百分点，位居全省第五。

【居民消费价格总水平】2021年，琼中县居民消费价格总水平（CPI）比上年上涨0.3%，涨幅较上年同期回落4.6%，比全国平均水平低0.6%，与全省平均水平持平。从构成来看，食品价格下降3.4%，非食品价格上涨1.5%；消费品价格上涨0.1%，服务价格上涨0.5%。能源价格上涨9.5%，居住（扣除自有住房）价格上涨2.4%。

【八大类商品及服务价格】2021年，琼中县构成CPI的八大类商品和服务价格呈“六升二降”。其中交通和通信、教育文化和娱乐、居住、生活用品及服务、衣着和医疗保健价格分别上涨5.1%、1.3%、1.0%、0.2%、0.1%和0.1%；食品烟酒和其他用品和服务价格分别下降2.0%和1.3%。与上年同期涨幅相比，上涨面扩大，其中居住、生活用品及服务、交通通信价格由上年的下降转为上涨；其他用品和服务价格由上年的上涨转为下降。

社会保险

【养老保险】2021年，琼中县城镇职工基本养老保险参保人数59910人，比上年增加1561人，增长2.7%，其中机关事业单位在职参保人数5140人，比上年增加37人，增长0.7%；企业在职参保人数23773人，比上年增加993人，增长4.4%；退休参保30997人，比上年增加531人，增长1.7%。

【医疗保险】2021年，琼中县职工基本医疗保险参保人员51825人，比上年减少216人；城乡居民基本医疗保险参保人员143997人，比上年增加2587人，增长1.83%。

【工伤保险】2021年，琼中县工伤保险参保人员20073人，比上年增加760人，增长3.94%。

【退休人员年度资格认证】2021年，琼中县全面取消领取社保待遇资格集中认证。通过与公安、民政、医院、银行、交通等部门实现数据共享、信息比对等方式，实施“静默认证”。线上提供手机App等多渠道认证方式，线下推行社区认证、银行窗口认证，方便群众在家或就近办理认证手续。对高龄、重症或行动不便的老人提供上门服务，让群众不跑腿即可完成领取待遇资格认证，全年开展上门认证73人。

【社会保险基金管理】2021年，琼中县企业基本养老保险基金收入22376万元，比上年增收6727万元，增长43%，年度预算数为22226万元，完成年度预算的100.7%。比序时进度快0.7%；全县企业基本养老保险基金支出91126万元，比上年增支4472万元，增幅5.2%，年度预算数为94926万元，完成年度预算的96%。比序时进度慢5%。

县机关事业单位基本养老保险基金收入10486万元，比上年增收289万元，增幅2.8%，年度预算数为10376万元，完成年度预算的101.1%，比序时进度快1.1%；全县机关事业基本养老保险基金支出21466万元，比上年增支3279万元，增幅18%，年度预算数为19863万元，完成年度预算的108.1%，比序时进度快8.1%。全县工伤保险基金累计收入407万元，比上年增收303万元，增长291.3%，年度预算数为348万元，完成年度预算的117%，比序时进度快17%；全县工伤保险基金累计支出628万元，比上年减支25万元，减幅3.8%。

职工基本医疗保险费累计收入14868万元，比上年增收1784万元，增长13.6%，年度预算数为14543万元，完成年度预算的102.2%，比序时进度快2.2%；全县城镇职工基本医疗保险基金累计支出18854万元，比上年增支597万元，增幅3.3%，年度预算数为18880万元，完成年度预算的99.9%，比序时进度慢0.1%。

城乡居民基本医疗保险费收入4494万元，比上年减收2324万元，减幅34.1%。年度预算数为4384万元，完成年度预算的102.5%，比序时进度快2.5%；城乡居民基本医疗保险基金累计支出11364万元，比上年增支1824万元，增长19.1%，年度预算数为11195万元，完成年度预算的101.5%，比序时进度快1.5%。

【退休人员调资】2021年，琼中县贯彻落实《海南省人力资源和社会保障局海南省财政厅关于2021年调整海南

2021年，县社会保险服务中心开展社保医保政策宣传
（县社会保险服务中心　供图）

省退休人员基本养老金的通知》，及时调整2020年12月31日前机关事业单位和企业退休人员基本养老金，调整机关事业离退休人员2708人，调整后人均养老金5807.21元，比2020年同期增加197.21元；调整企业离退休人员27761人，调整后人均养老金元2537.63元，比2020年同期增加127.63元。

【社保关系转移】2021年，琼中县对社保关系转移流程进行优化调整，将养老、医疗关系转移两项业务打包成“一件事”，申请人填写“一表一书”（“社保关系转入申请表”和“委托书”），到一个窗口即可办理，将社保关系转移“一次申请、全程代办”制度创新适用范围从引进人才拓展至所有参保人。实施制度创新以后，社保关系转移工作办结时限从原先的法定45个工作日缩短至4天。

【跨省异地就医结算】2021年，琼中县持续深化异地就医跨省联网直接结算，进一步破解异地就医备案难的问题。2021年在省外长期居住的琼中县参保人，可通过微信小程序“国家异地就医备案”或下载手机App“国家医保服务平台”办理异地就医备案；在琼中县长期居住的外省参保人的也可在琼中县内10家定点医疗机构开展跨省联网普通门诊及住院直接结算报销。

【打击欺诈骗取医疗保障基金】2021年，琼中县社保局以开展“打击欺诈骗保行为、维护医保基金安全”集中宣传活动为契机，配合县医疗保障局对全县22家定点医疗机构、81家村卫生室开展检查，持续保持打击欺诈骗保高压态势，加强日常网审、智能监控和日常稽查行为规范。对违法违规行为坚持发现一起、查处一起，绝不姑息迁就。通过事前提醒、事中控制、事后处罚的方式，促进定点医疗机构规范管理；强化与有关部门协作联动机制，共同发力，多管齐下，形成打击欺诈骗保的强大合力，确保医保基金安全。

社会救助

【城乡居民最低生活保障】2021年，琼中县在册城乡低保共有2299户5266人，发放低保金2492.42万元。其中农村低保1826户4473人（属于建档立卡脱贫户702户1923人，低保纳入建档贫困户的有623户1709人，属于2021年1—12月份新增纳入的有41户147人，占建档立卡贫困户总人数的8.0%，占农村低保总人数的42.99%），共发放1970.49万元；城镇低保473户793人，共发放低保金521.93万元（该项工作审批权限于2019年6月下放至各乡镇）。

【特困人员供养】2021年，琼中县有特困人员475人（其中建档立卡特困人员67户69人），集中供养70人，集中供养率14.7%；分散供养人员405人；为提高特困人员、孤儿、重大疾病患者、残疾人等特困群体保障水平，从2020年开始全县特困人员生活补助金从原来每人600元/月，统一提高到每人690元/月，同时县级财政给予参加集中伙食的集中供养特困人员每人400元的伙食补助。全年共发放补助金374.19万元，做到应补尽补、应救尽救。

【临时救助】2021年，琼中县生活困难家庭335户1271人，给予发放临时困难救助金117.37万元，其中贫困对象53户240人，发放救助金20.4万元。

【低收入家庭救助】2021年，琼中县落实教育保障，为645名非建档立卡脱贫户的农村低保家庭困难学生、农村特困供养学生发放教育补助资金207.25万元，实现与建档立卡脱贫户家庭学生教育补助资金同步发放。落实医疗保障，为2923名非建档立卡低保对象、特困供养对象代缴城乡居民基本医疗保险。落实住房保障，经排查，2021年没有农村低保家庭和分散供养特困人员家庭符合条件。落实产业扶持，下拨资金217.13万元到7个乡镇用于产业发展。

【流浪乞讨人员救助管理】2021年，琼中县采取分类施策开展救助工作，对被救助的流浪乞讨未成年人实行一对一谈心、思想引导和心理矫治服务，对特殊对象建立未成年人救助返乡回访制度，通过电话等方式联系其家人或亲属进行回访。全年，共救助流浪未成年人2人。对生活确有困难的未成年人，联系乡镇、村（居）委会给予支持帮助，防止再次外出流浪，确保全县街面无流浪未成年人。

社会福利

【养老服务】2021年，琼中县发放80～89岁高龄补贴54635人，90～99岁高龄补贴7360人，100岁高龄补贴217人次，共发放长寿高龄补贴660.09万元。

【儿童福利】2021年，琼中县组建“儿童督导员+儿童主任+乡镇社会工作站社工”为主体的基层未成年人保护工作队伍，进一步加大对未成年人的关爱和服务工作。对儿童福利院进行升级改造。投入352887.75元对琼中县营根福利中心儿童福利楼墙面及天棚修补翻新、屋面防水保温、外围栏等升级改造；统筹协调491470元用于采购儿童床、电视机、图书、儿童站立架等居室、教育、康复设备，进行走廊儿童扶手、加厚防撞墙、加厚地面等设施改造。为247名困境儿童发放生活补贴共59.78万元；为16名孤儿发放生活补贴共25.92万元；为16名事实无人抚养儿童发放生活补贴共17.09万元。2021年开展未成年人保护宣传活动3场次，印发资料37987份，制作宣传物品36700件，张贴宣传海报768张，悬挂横幅768条，户外播放宣传片2次，简报13篇，电视台宣传报道1篇。

【残疾人“两项补贴”】2021年，琼中县有重度一级残疾人1260人，重度二级残疾人1124人，困难残疾人1660人，其中建档立卡脱贫户256人，全年发放残疾人“两项补贴”资金738.02万元。

【福利彩票销售】2021年，琼中县有电脑票投注站点13个，到2021年6月销售福利彩票115万元，其中双色球销售102万元，3D销售7万元，七乐彩销售6万元。

慈善事业

【社会工作】2021年6月，琼中县乡镇社工站项目全面运营，设立10个乡镇社工站，每站配备3名专职社工，以提升服务为理念，将全县社会救助、一老一小关爱列入社工重点工作。带动实施一批民政领域社会工作服务项目，全面提升社会救助服务水平。社工站职能职责主要涵盖基本民生保障、基层社会治理、基本公共服务三大领域，经自评，90分以上社工站10个，占全部社工站数量的100%。

【志愿服务】2021年，琼中县指导海口友善义工、琼中县乐善义工和琼中县爱家居家养老服务中心等多家社会组织，开展2021年琼中县“汇聚社工力量，助力乡村振兴”社会工作主题宣传活动，为群众免费理发、测量血压；开展“防弱水安全和绿化校园”活动主题宣传活动，发放宣传手册250份；每月分别到各乡镇敬老院慰问老人，帮助老人理发、打扫卫生、洗衣服、义诊和老人交流谈心，开展文艺活动等。

社会事务

【红色地名文化】2021年，琼中县挖掘革命遗址文化资源内涵，红色地名的历史背景和历史地位，通过图片、文字、实物和视频等展示地名的来历、含义、沿革和相关的红色故事，进一步提升地名品位，传播地名文化，进行革命传统教育，将红色地名作为文化遗产予以保护。充分利用红色地名这个独特的历史文化资源，大力发扬红色传统、传承红色基因，赓续共产党人精神血脉。全年制作完成红色地名宣传视频1个，红色宣传图片1张，红色地名故事2篇。

【社区治理】2021年，琼中县开展2021国际禁毒日主题活动。“6·26”国际禁毒日，县民政局组织工作人员参加“护航自贸港—禁毒在行动”主题活动，到场发放禁毒宣传品及社会救助宣传品。累计发放宣传品400份。联合县人民检察院、县妇联、县司法局在琼中第二小学举办宣传进校园的主题活动。以此为契机，对学生、家长进行禁毒宣传，通过向学生、家长发放禁毒宣传品500份，使学生和家长深入了解毒品的相关知识、法律和政策。通过观看展示宣传，使同学们进一步了解毒品的危害，增强广大中小学生禁毒意识和自我防范能力。开展禁毒宣传进‘农村’进‘社区’活动。联合县司法局、海口友善社工机构、县老陶义工社开展禁毒、自贸港法宣传活动。6~12月累计开展活动20多场，活动发放宣传品共计3000余份。加强对各乡镇村（居）委会进行宣传，督促村委会推出一期禁毒知识宣传专栏，各村委会悬挂不少于5条禁毒宣传横幅，使禁毒知识教育真正落到实处。

【社区网格化管理】2021年，琼中县新增66个网格点，57名网格员，3名县监管中心机房管理员，实现网格全域覆盖。整合16个部门的相关工作职责，为形成“综合大网格”奠定基础和力量。网格员履行辖区内人、房屋、楼栋、法人信息采集录入工作、治安巡查、矛盾纠纷排查调解、特殊人群走访服务、重点点位管控、便民服务、政策法规宣传、流动人口走访等工作职责。

网格化服务工作管理。2021年网格员通过网格“E通”采集实有人口共15.75万人，完成人头像采集13.44万人，楼栋信息采集3.67万条，法人信息采集1502条。为琼中县防疫排查、疫苗接种、人口抽样等工作提供数据支持。对特殊人群累计走访4000人次、各类事件上报共计1030件、转办“12345”市民热线20多起，为60岁以上老年人办理老年优待证3283张、协助开展高龄老人刷脸6000人次、不见面审批代办服务数据录入5.8万人、协助县就业局采集录入14万人口数据和就业情况、协助人口抽样调查3万人、协助法院裁决书送达3次、协助气象局对21个气象监控点进行走访查看、协助统战部对18个宗教场所进行情况排查和摸底。

“雪亮工程”暨网格化三期项目建设。琼中县“雪亮工程”暨网格化三期项目于2020年2月20日开工建设，到2021年底，项目建设分七部分内容：前端视频监控建设、后端平台软件部分、中心机房及乡镇监控中心扩容改造、存储系统建设、网络及安全设备、运维管理系统、网格化三期等，项目总体工程进度累计完成总工程量的88.4%。

琼中县综治中心信息化平台建设暨琼中网格服务综合信息平台，已建设三期，建成网格监督模块（矛盾纠纷上报处置系统）、网格管理模块（网格数据和网格员日常工作考勤）、网格服务模块（网格员便民服务模块）、决策分析模块、综治信息模块、综治考核模块、综治大数据模块、网格“E通”App（网格员工作手机端系统）、平安琼中App、系统维护模块，均正常运行。2021年7月，琼中县“雪亮工程”暨网格化三期项目获2021年法治日报社举办的“2021政法智能化建设创新案例汇编”智慧治理创新案例。

【社会组织管理】2021年，琼中县有社会组织79家，其中社会团体44家、民办非企业35家。新登记注册社会组织9家，其中社会团体6家、民办非企业单位3家。4月，完成琼中县8家行业协会商会的脱钩；5月，县民政局、县教育局联合组成专项联检小组对24家幼儿园开展年检活动；开展打击整治非法社会组织活动。6月，琼中县社工站成立。7月，组织琼中县社工工作人员参加老年社会工作者线上培训；7月，开展行业协会商会乱收费专项清理整治行动；8月，开展整治“僵尸型”社会组织专项行动。开展社会社会组织登记和备案。在街心公园开展第5次残疾预防宣传。

【界线界标管理】2021年，琼中县对市县行政区域界线和五个双面界桩及标志物进行实地检查。采取主要实地查看、清除障碍、现场打卡及信息上传等方式进行界线界桩巡检工作，检查界线两侧地貌、地物是否明显变化，界线实地位置是否清晰可辨，界桩是否丢失、损坏，界桩方位是否移动，界桩方位物是否齐全，把界桩周围杂草等遮挡物进行清除，用红漆漆新界桩名称，运用界管宝App现场打卡、对每个界桩和方位进行拍摄上传照片，登录界管通对界桩信息及上传的照片进行审核。本次巡检市县区域界线总长110.8千米，检查界桩5个，对发现存在界桩丢失问题着手补换，并将拍摄界桩、参照物象、处理意见等档案归档。

民族宗教事务

【少数民族发展资金使用监管】2021年，琼中县少数民族发展资金及省级配套资金1451万元（其中中央第一批为524万元，第二批373万元；省级资金554万元），已下达琼中县财政局账户。具体资金主要分配到中平镇、红毛镇、什运乡、吊罗山乡4个乡镇，资金到位率100%，拨付率100%。支出率100%。资金主要用于村基础设施和生活条件改善两个方面，项目共有19个，项目受益群众1578户6396人，其中脱贫户453户，2034人。少数民族发展资金对提升琼中县农村的生产生活条件和助力产业发展方面起到了很好的促进作用，同时也解决群众产业行路难和安全饮水难问题。

【少数民族考生资格审核】2021年，琼中县做好少数民族考生资格审查认定工作。按照国家有关照顾政策，严格审核把关，切实把少数民族优惠政策落实到位。民族宗教事务局会同教育等部门做好高考、中考相关报名工作，把握好少数民族学生高、中考等加分政策，保障少数民族考生的合法权益。没有因审核而出现错误及上访情况。申请审核享受少数民族政策照顾加分的考生911人次，其中，高中660人次，中招251人次。审核考上“双一流”高校考生和毕业研究生共计50人，其中本科生45人，研究生5人，发放奖励补助金20.6万元，依法依规审核办理民族成分变更3人次。

【民族团结进步宣传教育】2021年，琼中县在全县开展宣传月活动，在县城主要街道、各部门和各乡镇的主要街道悬挂横幅标语120条，制作宣传栏2个，发放宣传册100册，利用县广播电视台、“今日琼中”等媒体和网络为平台展开宣传，联合共青团县委组织志愿者深入机关、社区宣传活动。同时，联合县司法局利用普法车深入县城各主要街道、湾岭、黎母山、长征、和平等乡镇巡回开展宣传活动，宣传月活动以县城为中心呈放射状推向乡镇、社区，使民族团结进步元素更加深入人心。开展推荐全国民族团结进步示范区示范单位工作。向全县各系统各部门开展推荐第九批全国民族团结进步示范区示范单位，经县人民政府同意，推荐什运乡便文村第九批全国民族团结进步示范区示范单位。开展乡村振兴民族宗教政策培训工作。开展民族宗教政策培训班共9期，培训人员有第一书记、网格员、村（居）“两委”干部及群众等750人，发放学习资料750册。开展2021年度民族团结宣传教育活动工作。为弘扬爱国主义精神，传承中华民族优秀传统，紧紧围绕实现中国梦和社会主义核心价值体系这条主线，弘扬民族团结主旋律教育，2021年10月29日，组织华中师范大学琼中附属中学七年级62名学生到五指山革命根据地纪念园参观学习，缅怀革命先烈，追忆革命历史活动。开展全省民族团结进步示范区示范单位和全省民族团结进步教育基地的推荐工作，严格按照推荐类型、推荐要求、评选条件等，经发文征求各单位和各乡镇人民政府的意见，并发文得到琼中县人民政府同意，分别申报湾岭镇中学、中平镇南坵村委会为全省民族团结进步示范区示范单位；申报琼中黎族苗族自治县女子足球队管理中心为全省民族团结进步教育基地。

【“三月三”系列庆祝活动】2021年，琼中县参加“三月三”主会场活动，主要包括开幕式、闭幕式；原生态民歌对唱；“三进校园”成果展示大赛；黎绵苗绣技艺展示及比赛；黎祖祭祀庆典等5个部分。原生态民歌对唱和“三进校园”成果展示大赛。4月13日，参加在五指山举行的黎祖祭祀庆典活动；4月14日，参加在昌江县举行的参加原生态民歌对唱及黎绵苗绣技艺展示比赛活动。琼中县参赛选手邓梅玉、盘小霞分别获苗绣组一等奖、二等奖，王雪娟、王汝易荣获黎锦组二等奖、三等奖。举办2021年“三月三”分会场民族传统体育竞技及民俗趣味体育比赛活动。活动包括顶棍、押加、背媳妇、挑粮比赛、赶“猪”赛跑、夫妻竞速等6个项目。

【宗教政策宣传】2021年，琼中县委统战部（县宗教事务局）健全管理网络，按照宗教工作“主体在县，管理在乡镇，落实到村，规范到点”的要求，各乡镇、村居委会落实属地管理责任，进一步建立健全县、乡、村三级管理网络，在各乡（镇）配备由宣传委员任专（兼）职的统战委员，各村委会配备一名专（兼）职宗教联络员（网格员），使宗教工作延伸到全县各个角落。发挥三级网络作用，把责任明确到基层，把工作落实到基层，把矛盾化解在基层。不定期深入有关乡镇和宗教活动场所，开展摸底排查工作，查找宗教领域可能对社会稳定带来的负面影响，维护琼中和谐稳定。编印《民族宗教基本知识和政策法规》宣传材料2000册，开展民族宗教法律法规培训班共9期，培训第一书记、网格员、村（居）“两委”干部以及群众等850人次。各乡镇配合县委统战部（县宗教事务局）在村级开展宗教政策法规宣传、乡村宗教事务管理等工作，利用各村公开栏、宣传栏等形式，积极开展党和国家政策法规、安全知识、爱国爱教等宣传，努力增强信徒自觉抵御和反对邪教意识。

【宗教事务管理】2021年，琼中县委统战部（县宗教事务局）定期做好琼中县各教堂点教职人员与信教群众的线索核查与信息登记工作，并配合好省部做好各类非法宗教活动的摸排取缔工作。县委统战部联合县公安局国保大队、县“扫黄打非”领导小组成员单位，深入全县宗教场所，调查教堂点、集会场所、教职人员、信教人群、“候鸟”信教人群等信息，排查打击私设教堂点及非法集会、非法传教活动等，确保宗教领域和谐稳定。依法管理宗教场所，通过开展“和谐寺观教堂”创建工作为12个教堂点制作旗杆和国旗台，实现国旗进教堂。

生态环境

环境质量

【概况】环境空气质量有效监测天数351天，优良天数356天，空气质量优良率达100%，超过省下达目标空气质量99%的指标，达到国家一级标准。

【大气环境质量】2021年，省下达琼中县空气质量细颗粒物(PM2.5)指标值为13微克／立方米，琼中县空气质量细颗粒物（PM2.5）实际控制在12微克/立方米，完成省下达空气质量年度指标任务。环境空气质量有效监测天数356天，优良天数351天，空气质量优良率达100%，各项监测指标均达到国家一级标准，在全省各市县排名第六。

【水环境质量】2021年，琼中县23个水体断面（2个国控断面，19个省控断面，2个城镇内河断面）以及16个乡（镇）村饮用水水源地水体均满足国家水环境要求；城市（镇）集中式饮用水水源地水质达标率为100%，城镇内河（湖）水质明显改善（营盘溪琼中中学断面），水质达标率为100%。全省主要河流、水库水质总体保持稳定，在全省各市县地表水质量排名第三。

环境保护

【水资源保护】2021年，琼中县编制完成《琼中黎族苗族自治县2020年度集中式饮用水水源环境状况评估报告》。对全县16个乡镇级及以下的饮用水水源保护区进行巡查，建立水环境问题清单，逐项销号，形成闭环管理。上报省政府撤销琼中县湾岭镇乌石农场地下水饮用水保护区、黎母山镇加伦岭水沟饮用水保护区。对琼中县百花岭水库饮用水保护区进行排查，编制完成《琼中黎族苗族自治县百花岭水库饮用水水源保护区规范化建设方案》，争取到省级资金1547万元。开展百花岭水库、黎母山林场黎母山白溪沟、和平镇长兴村俄虎岭等11个饮用水水源保护区宣传牌（界桩、交通警示牌、隔离防护网）项目；并谋划启动新划定的湾岭镇里寨水库、和平镇乘坡河、长征镇什仍溪、红毛镇罗解河、中平镇白马岭河、上安乡什暗溪饮用水水源保护区6个宣传牌（界桩、交通警示牌、隔离防护网）项目。对琼中县湾岭镇乌石农场、长征镇长征农场、长征镇地下水型集中式饮用水水源地保护区水质进行全面治理，确保水质达标。对什候河流域开展全面排查，并编制《琼中黎族苗族自治县什候河流域水污染防治总体方案》《琼中黎族苗族自治县什候河流域水环境综合整治工程可行性研究报告》。组织协调和督促南渡江流域（琼中段）沿河乡镇、各相关职能部门开展生态环境保护工作，推动建立上下游市县联防联控工作。探索推动腰仔河加花岭村监测断面水质联防联控工作，建立水污染联防联控长效机制，加强信息共享，共同推进水污染防治各项措施落实，确保南渡江流域水质稳定达标。

【土壤污染防治及固体废弃物污染防治】2021年，琼中县开展固体废物污染环境防治和生活垃圾管理。开展固废、危废专项检查，共排查87家产良企业，下发整改通知书23份，移交执法部门8宗。对17家危险废物产生单位进行排查，发现问题隐患8个，现场下发整改通知书8份，未发现重大安全隐患，进一步规范琼中县危险产生单位危险废物记录台账、暂存和处置的行为。

开展土壤污染防治工作。配合省环境监测中心站对琼中县土壤污染状况调查、例行监测、农产品产地壤重金属污染调查工作，未发现新增污染地块。开展污染治理与修复工作，对中平镇厚皮□村污染地块开展调查，争取中央资金220万元用于该村污染地块环境风险管控项目建设。

开展农业污染防治，加大对农资农药店、生产基地的宣传引导，鼓励农药经营企业、生产基地使用高效低毒农药，减少农药使用频次，从源头上减少农业固体废弃物数量。引导生产企业依法履行农药废弃物妥善收集回收，2021年回收农药包装废弃物4700千克，废旧农膜回收2850千克。

乡 镇

营根镇

【概况】营根镇是琼中县政治、经济、文化、交通中心。行政区域面积335.8平方千米，管辖16个行政村、5个社区、含2个居、2个镇属农场、79个自然村，100个村小组，有64个党支部，1854名党员。2021年，全镇户籍总人口57101人，全镇城镇常住居民人均可支配收入从2016年底的10212元增加到2021年的15645元，年均增长9%；农村常住居民人均可支配收入从2016年底的8962元增加到2021年的14590元，年均增长8.7%。

2021年，营根镇围绕农业增效、农民增收、农村增绿这个中心，以优化产业结构调整为重点，进一步扎实推进农业农村各项工作，取得明显的成绩。该镇橡胶种植面积0.59万公顷，开割面积从2016年的0.35万公顷增加到2021年的0.41万公顷；槟榔种植面积从2016年的0.23万公顷增加到2021年的0.41万公顷，收获面积0.31万公顷，产量从2016年的5310000千克增加到2021年的8800000千克，产值从2016年的5841万元增加到2021年的18960万元。在巩固好传统产业的基础上，调整产业结构，发展桑蚕、养蜂、益智等特色产业，促进农民增收。到2021年底，全镇种桑68.33公顷，建设蚕房116间，共饲养蚕8145张，产鲜茧4.01万千克，产值161.12万元；全镇养蜂9450箱，产值567万元；全镇种植益智、斑斓叶等面积0.06万公顷，发展畜禽业和淡水养殖业。加大资金扶持力度，落实各项惠农政策，引导带动农户发展畜禽业及淡水养殖业。2021年，全镇生猪出栏量3.8万头，大型畜牧业（牛、羊）出栏量0.7万头，三鸟出栏量7.6万只，总产值11630万元，渔业养殖279公顷，产量4012吨，产值5405万元。累计举办各类农民技能培训班112期，参加人数7436人次，切实提高农民群众的职业技能水平。累计整合投入资金816.84万元发展壮大集体经济，用于发展养蜂、桑蚕、种茶、红米、光伏发电等，切实解决“无钱办事”问题。

【社会治理】抓好矛盾纠纷排查调处工作，累计排查案件448宗，调处448宗，调处成功394宗，调处成功率87%；抓好重点人员管理工作，累计全镇社区矫正人员161人，落实安置帮教对象251名、安置率达100%、帮教率100%，刑满释放对象121人。抓好禁毒工作，利用“6·26”国际禁毒日、“禁毒宣传月”等契机，开展禁毒宣传教育和社区矫正活动。畅通群众反映渠道，累计受理群众信访件212件，已办结212件，累计受理“12345”热线工单1164件，办结1164件，群众满意率98%。开展食品安全监管，累计开展食品安全专项检查约110次，覆盖4家农贸市场、6家大型超市、24家学校（幼儿园）食堂,对环境卫生脏乱差的餐饮店下达责令整改通知书，为广大群众能用上安全食品提供保障。

【小城镇建设】2021年，营根镇始终把项目建设作为推动经济发展、改善乡村风貌的有力抓手，统筹各方资金，累计投入1.6亿元，建设排水沟、乡村道路、挡土墙等135个基础设施项目，建设富美乡村、整村推进村庄39个，乡村环境面貌较以往大为改观；累计投入1160万元，实施饮水安全项目，农村饮水保障得到落实；累计实施危房改造1918户，改造厕所3696户，群众居住条件不断提高。抓好和谐征地。解决百花岭综合旅游开发区、省道304，黎母山大道、万泉河大道、新城区道路等后续遗留问题，完成满天星训练基地、营盘溪项目、县委党校项目、百花岭公路、琼中县安居房、营根洋旧城改造等项目征地工作，各项目顺利开工。抓好“两违”工作。全镇累计“两违”图斑3586宗，销号2104宗，累计进行农业设施备案359宗。抓好报建审批手续。落实“逢建必报”，2016—2021年受理报建申请1021宗，完成审批1021宗，审批率100%。推进乡村规划建设。2021年开展15个村的村庄规划工作，已完成初步成果。深入开展垃圾分类工作，投入18万元，在新朗、朝参、朝根3个村建设垃圾分类屋进行垃圾分类试点。

【民生事业】2021年，营根镇开展生态环境六大专项整治行动，落实17件。第二轮中央环保督查“回头”看交办问题整改，巩固整改成果，严防问题反弹。开展“六个严禁两个推进”工作，加强禁止焚烧秸秆、露天焚烧垃圾、烟花爆竹禁燃禁放等大气污染防治宣传，累计悬挂横幅600条。推进气代柴薪、秸秆综合利用工作，大气污染防治取得明显成效，空气质量常年良好。抓好“两基”巩固、控辍保学工作，适龄儿童入学率和巩固率均达100%。人口计生工作扎实有效开展。计生各项指标达到要求。强化社会服务保障工作。把关爱低收入家庭、残疾人等弱势群体工作列入议事日程，按“逐步发展、应保尽保”的原则，建立各类台账，优化社会救助服务。推进低保对象动态调整工作，经过入户调查及民主评议等程序，严格审批申请纳保人员。2021年底，在册低保451户980人，在册特困户67户67人，在册低收入家庭36户115人。文化工作开创新局面。红岭村苗绣传承人赵海金入选第一批“南海系列”育才人选，并当选海南省公益美术协会理事；推进农家书屋建设，累计完善农家书屋15间；为16个村委会配备健身器材及体育用品；组织各村文艺队参加各类文艺会演共计82场次，农村电影放映725场次，组织庆“五一”“七一”等各类主题活动55场次，参与人员26980人次。全面打响疫情防控阻击战。坚持落实属地原则，以村（社区）为单位，组织人员开展全面排查，严格管控风险地区返琼人员。稳妥有序推进新冠病毒疫苗接种，组织人员对辖区范围内户籍人口、常住人口、办理居住证人员进行摸底，做到底数清、情况明。通过悬挂横幅、张贴海报、发放宣传册、出动宣传车等方式开展宣传，利用“三月三”传统节庆活动、端午、“五一”等假期，在“三月三”广场、车站等人流量大的公共场所设置疫苗接种流动点，在村（社区）安放健康码二维码泡沫板100张，查看常住人口及流动人口是否接种疫苗，疫苗接种工作全面铺开，动员群众主动接种新冠疫苗，累计接种45000人次，筑牢全民免疫防线。

湾岭镇

【概况】湾岭镇地处琼中县东北部县城往海口15公里处，坐落在乌那线与海榆中线交汇点，同时是海南省田字型高速公路交汇点，是海南岛中部主要交通枢纽之一。2021年，湾岭镇辖区有18个行政村，2个社区1个居103个自然村131个村民小组以及50个居民小组，户籍总人口33585人（含社区和居）。

2021年，全镇农业总产值达到5.41亿元，比上年增长10.61%，农村居民人均可支配收入18831.51元，比上年增长15.1%。粮食作物继续保持稳定，农业耕地面积0.25万公顷，水稻播种面积0.07万公顷，玉米播种面积218公顷，豆类播种面积84.47公顷，蔬菜及食用菌播种面积1229.8公顷；橡胶种植面积0.72万公顷，开割面积0.44万公顷，产量875890千克，产值0.11亿元；槟榔种植面积0.27万公顷，收获0.02万公顷，产量263930千克，产值0.11亿元。在巩固传统产业的基础上，继续抓好种桑养蚕、养蜂等特色产业。2021年全镇有100户农户养蚕，养蚕14批640.93张，总产蚕量3.06万千克，产值119.98万元；养蜂5100箱，产量2.81万千克，产值448.8万元。有规模场养殖14家，全部落实封闭式管理，生猪产量已全面恢复并有所提高。生猪出栏43605头，存栏18053头，牛出栏1028头，存栏824头，羊出栏3316头，存栏1692头，三鸟出栏19.34万只。

2021年秋季，湾岭镇有322名学生享受县级教育特惠性补助共39.85万元，其中发放学前教育学生29名1.45万元、小学段脱贫学生143名17.16万元、初中阶段脱贫学生92名13.34万元、高中阶段学生18名0.9万元、中职阶段学生40名7万元。共发放贷款45户，贷款额度达175.8万元。新增农村低保34户79人、城镇低保5户9人、特困人员6户6人，停保26户52人，经审批通过临时救助232户，发放临时救助金90.5万元。

【万亩沉香园建设】2021年，海南大观沉香产业发展有限公司在湾岭镇投资兴建“大观沉香产业园区”项目，项目包括连片良种沉香种植基地“大观沉香产业园区”项目集科研育种、育苗、种植、造香、加工、销售于一体，并在湾岭农副产品加工物流园区建设全球领先的沉香产业加工园区。

科研赋能。大观沉香公司自成立以来，始终坚持强强联手、合作共赢的理念，与多家单位建立长期的合作关系——与中国热带农业科学院共同创办“海南良种沉香实验基地”和“世界沉香种质资源圃”；与中国中

2021年11月13日，琼中黎族苗族自治县人民政府、海南省对外经济发展促进会与海南毓秀沉香产业发展有限公司在琼中签署战略合作框架协议，三方将调动整合有关方面资源，形成合力推进琼中沉香产业基地项目建设（湾岭镇　供图）

医科学院开展沉香在传统医学应用方面的研究合作并取得丰硕成果；与中国国家图书馆和故宫博物院达成沉香文创产品开发的合作意向；与上海鲸势科技有限公司研发全球首个芯片植入式沉香区块链溯源系统，并在基地与中国热带生物技术研究所进行育种育苗、种植管理、生态造香和产品开发的全方位合作。公司科研团队在沉香产学研领域从基础科研开始，与国内沉香科研专门机构开展长期战略合作，涵盖沉香的全产业链，并获得8项沉香领域的专利和14个注册商标，更有6项发明专利、14项实用新型专利和21个商标进入审查阶段。

科学种植。“大观沉香产业园区”项目园区内建设有良种沉香苗木繁育基地、人工结香技术种植基地、生态种植基地、林下种养殖示范基地和香林研学基地。良种沉香苗木繁育以当地优势沉香品种培育为重点，建设标准化、规模化、专业化苗圃，以提升沉香树种品质、繁育能力、科学化程度，为项目产业发展提供基础。生态种植基地采用了智慧农业系统，采用无人机和生物防治病虫害和标准化有机种植管理模式。2021年种植200公顷、40万株海南良种沉香，完成育苗150万株。

共同富裕。大观沉香公司以自有的0.13万公顷标准化沉香种植基地为核心，通过免费提供优质种苗、免费提供技术服务、签订保护价收购协议并每年提前支付一定预付款的形式，扶持当地农户种植0.53万公顷良种沉香，达到0.67万公顷种植面积。2021年镇政府多次召开专题会议协调推进合作，大观沉香公司与南久村村办企业达成合作意向。

【水央村田园综合体建设】2021年，湾岭镇坚持抓项目、稳投资、促发展，发扬湾岭镇区位优势，以重点项目为工作基础加速经济发展。结合“查堵点、破难题、促发展”活动，成立项目推进组，主动服务，推动水央田园综合体等项目建设，完成湾岭镇墟旧城改造项目前期摸底调查工作、园区38座塔基征地、应急储备中心和金林通用机场等省县重点项目累计163.22公顷征地工作，协调解决项目用地等堵点难点问题15个。

【农村人居环境】2021年，湾岭镇投入2497万元实施大平上村挡土墙、北排村漫水桥等13个乡村振兴项目和湾岭镇墟街景路灯改造、美湖庄园电力迁改等环境提升项目23个，农村“五网”设施建设不断完善。定期开展“四爱”大扫除活动，每月组织开展环境卫生评比活动，农村人居环境显著提升。全镇卫生清扫保洁收运体系全覆盖，生活垃圾转运13800万千克，垃圾车转运2800辆次，城乡环境综合整治成效显著。大平村、水央村生活垃圾分类示范点成效明显，2021年11月湾岭镇代表琼中赴东方市参加由省住建厅举办的农村生活垃圾分类现场会并做经验交流。加快美丽乡村建设步伐，累计创成富美乡村示范点28个、乡村旅游村寨11个，“星级”美丽乡村2个，三椰级乡村旅游点1个。继续创建休闲农业示范点1个、共享农庄1个，培育文明向上之风，建成

【鸭坡村民营经济】2021年，湾岭镇鸭坡村坚持“农旅”结合，大力开展绿橙采摘、套鸭、赶猪比赛等娱乐活动，使游客有不一样的体验。鸭坡村在保持古树、古屋、古建筑、民居风格等原有风貌的基础上，对村内老房子进行加固修缮，建设“瓦屋家”“盒子书屋”，发展民宿经济。鸭坡村的“瓦屋家”和“盒子书屋”成为海南乡村旅游的特色亮点，与书结缘的黎族山村也在书房里找到了振兴发展的“致富经”。这些被称作“瓦屋家”“盒子书房”的特色民宿，吸引越来越多游客慕名前来。

鸭坡村推出“鸭坡村—白鹭湖度假区—湾岭风情小镇—乌石茶场”乡村旅游线路，将特色黎家宴、户外露营等元素串联起来，成为骑行客、背包客、亲子游等游客必到之处。大批游客的到来，不仅让乡村焕发生机，更为不少村民解决了就业问题。随着富美乡村建设，原本藏在深山里的好山好水好风景已转化为人民群众实实在在的收益。

2021年7月10日，由东方卫视和百视TV联合推出的明星旅行生活综艺《完美的夏天》第二季，“夏天旅行团”的李汶翰、于小彤、利路修、飞行嘉宾马天宇、金晨，参加鸭坡村夏季“赶猪大赛”。嘉宾和游客们都耳目一新，鸭坡村村民所谓的“赶猪”，其实是用木棒推椰子，推到对面再抱起来往回跑，谁用时最短谁就获胜。看起来并不难的“赶猪”实际操作起来却没那么简单，需要手脚并用，还要能抵挡旁人的干扰。

黎母山镇

【概况】黎母山镇地处琼中县北面，位于黎母山脚下，东连屯昌县，西接儋州市，南邻琼中县湾岭镇，北与澄迈县毗邻，是一个黎、苗、汉多民族聚居的乡镇。全镇行政区域面积449.39平方公里（含黎母山林场），到2021年底，辖有12个行政村、不设居民社区的1个、设居3个（阳江、大丰、新进共99个居民小组）和1个镇农场，共计92个自然村，97个村民小组。总人口47167人（第七次全国人口普查登记人口）。林地面积16644.65公顷，耕地面积2327.11公顷，其中水浇地56.37公顷，水田722.17公顷，旱田118.79公顷，旱地1091.14公顷，临时性耕地395.02公顷。经济主要以农业发展为主，农业主要以橡胶、槟榔、水稻为主导产业，种桑养蚕、粽叶等中短期经济作物为辅。橡胶种植面积1.32万公顷，开割0.65万公顷，干胶产量1407.02万千克，槟榔面积0.25万公顷，收获面

图为黎母山镇 林下种植棕叶产业

积0.09万公顷，青果产量241.43万千克。种桑养蚕面积37.7公顷，共13批，产值64万元，种植棕叶351公顷，年产值810万元，益智种植面积653.33公顷，收获面积392公顷，年产值529.2万元。增养生猪4151头、牛131头、羊1019只、鱼塘养殖4426.9条，“三鸟”禽类32869只。打造建设大塘村脚田、大丰无土栽培、腰仔麦子洋等3个“菜篮子基地”常年蔬菜基地。大塘村脚田“菜篮子”，种植线椒、菜椒、豆角等蔬菜4.13公顷，流转农户共23户；大丰无土栽培“菜篮子”基地1.33公顷大棚投入蔬菜生产，产值80万元；腰仔麦子洋“菜篮子”常年蔬菜基地主要栽种上海青、黄白、黑叶白等品种的蔬菜无土栽培，到年底已建大棚面积7.33公顷。

2021年共救助248户921人，发放农村低保金3323371元，发放城镇低保金2150870元，发放五保金662400元。脱贫户发放临时救助105700元，低保户发放临时救助253760元，一般户发放临时救助806740元，特困户发放临时救助1060元，低收入发放临时救助金4240元。发放小额信贷资金58笔，共计196.79万元。

建成村庄硬化道路57条，实现村庄出入主干道100%通硬化路，村中环村道100%全硬化，户户通道路100%硬化，行政村100%通客运。

完善8个整村推进村小组的供电设施，实现村小组电网全覆盖，整体环境面貌明显改善。

全年辖区共发生治安案件112宗，查结56宗，拘留35人，刑事案件受理43宗，侦破13宗。

【打造共享农业模式】2021年，黎母山镇打造共享农业新模式。

母山咖啡绿色低碳共享农庄，位于琼中县黎母山镇原国营阳江农场5队，系由海垦母山咖啡有限公司投资开发建设，农庄总面积136.92公顷，主要种植有母山咖啡。

琼中新进世外橙园，位于黎母山镇新进农场32队，系由琼中新进世外橙园种养专业合作社投资开发建设，农庄总面积106.67公顷，生产区域面积77公顷，主要种植绿橙等水果。2021年带动周边18户就业，其中脱贫户5户。

黎母山沉香共享农庄，位于黎母山镇水上村，由海南嘉喜河森养公园投资有限公司投资开发建设，农庄总面积60公顷，主要种植沉香，2021年带动周边13户20人就业。

【棕叶产业】2021年，黎母山镇边三村扬信农机粽叶专业合作社有325户村民加入，其中脱贫户63户，粽叶种植面积351公顷，年产值810万元。

中平镇

【概况】中平镇位于琼中黎族苗族自治县东部，距县城30千米。东邻琼海市会山镇，南连琼中县和平镇，西与琼中县营根镇接壤，北与屯昌县乌坡镇毗邻，境内有白马岭林场、国营乌石农场南方分场。全镇辖区面积2.47万公顷，辖6个村委会、2个社区含居、45个村民小组、38个居民小组。辖区户籍人口15495人，是黎族苗族聚居地和革命老区。中平镇境内多山，海拔500米以上的山岭11座。有丰富的森林资源，天然林、公益林面积1.13万公顷，林地面积占全镇面积的64.45%。水能蕴藏量大，有合口、黎明、青梯3座水电站，国家重点项目红岭水库主坝就坐落在境内黎明上水村。

2021年，全镇有橡胶面积0.59万公顷，开割0.07万公顷，产值4096万元；槟榔面积0.18万公顷，产值1.6亿元；益智收获面积477.53公顷，产值1166.80万元；种桑面积115.88公顷，产值151.26万元；种植山兰稻面积33.95公顷，产值64.4万元；全镇生猪出栏量0.85万头；大型畜牧业（牛、羊）出栏量0.24万头；三鸟出栏量7.85万羽，总产值达到3166.73万元。2021年全镇人均纯收入18360.63元，比上年增长9.49%。

2021年，中平镇聚焦平安建设，提升社会安全稳定水平。受理矛盾纠纷67宗，成功调解67宗，调处率100%。接收社区矫正对象2人，累计在册社区矫正对象6人；在册安置帮教人员47人。受理治安案件43宗，移交1宗，终止调查4宗，查处32宗，调查中6宗，行政拘留51人，其中19名未成年人涉及治安案件，14人不予执行行政拘留，5人责令监护人加以管教；发生刑事案件38宗，立案33宗，撤案4宗，1宗待立案，破获11宗，22宗调查中，刑事拘留8人。

稳步推进低保对象动态调整工作，严格审批申请纳保人员。全镇在册低保126户301人，在册特困户33户33人，办理临时救助117户380人，发放救助金372020元，全镇医疗保险参保率99.45%，养老保险参保率96.32%。

全面施行林长制，各级林长开展

巡查45次，排查出森林违法图斑42宗，全部处置整改到位；占用林地建房12宗，已整改11宗，剩余1宗已移交县综合行政执法局立案；开展违法用地和违法建筑分类处置，核查“两违”图斑683个，总销号宗数611个总销号完成率89.5%，拆除违法建筑13宗3376平方米。

【乡村振兴与新农村建设】2021年，中平镇发放相对稳定脱贫户、农村低保户、特困户和监测对象教育补助312人共53.2万元，发放雨露计划补助43人共7.525万元，做好控辍保学工作，全镇无适龄儿童辍学。全镇脱贫人口和监测对象2375人，均购买2021年和2022年基本医疗保险，参保率100%；累计办理医疗救助8人次，发放救助金1.50万元，兜底保障9人次，发放金额6.81万元。紧盯住“四类”重点人群住房情况，对所有脱贫户、监测对象、低保对象、特困户住房进行“回头看”，均实现安全住房保障。排查全镇饮水工程，做好水源消毒、水塔清理等工作，确保村庄饮水不出问题。做到困难群众应保尽保，共将困难群众纳保14户24人，其中脱贫户3户9人，累计办理临时救助87户，发放救助金37.2万元。发放务工交通补贴328人次共15.1万元，发放家庭务工奖励补贴258户共621万元。组建劳务专班23个共206人，设立公益性岗位228个；举办职业技能培训班5期，参训395人次，举办招聘会1期，全镇外出务工脱贫人口897人。全年开展线下消费集市17场（其中镇级3场，村级14场），发动帮扶单位和帮扶联系人线下购买，累计实现消费帮扶25.56万元，受益脱贫户达到1555户次。实现新增小额信贷35户，贷款金额148万元。纳入监测对象37户98人，其中缘易致贫户3户3人、突发严重困难户34户95人2021年，中平镇通过省级交叉检查和国家第三方评估考核。

【“禾墅”乡村民宿建设】“禾墅乡村民宿位于中平镇白马岭脚下，毗邻七步水风景区，是天然的疗愈之地。禾墅依山地起伏而建，设施配置妥贴，景致舒适惬意，2021年设有家庭亲子套房、双床观景大平台标间、康养大床房+茶室”三类房型。

和平镇

【概况】和平镇位于琼中县城的东南部，距县城30公里，东与万宁市相邻，南与吊罗山乡接壤，西与长征镇、上安乡相交，北至加器岭国有林区，是琼中的“东大门”。2021年行政辖区有9个行政村，一个镇农场，2个社区含居，39个自然村。全镇土地总面积383.8平方公里、其中水田270公顷，农村常住人口共4510户11030人，实现全镇总产值4.33亿元，脱贫户人均纯收入21810.96元，常住居民人均收入39258元。

2021年发放农民小额贷款327户，金额3820.7万元，扶贫小额信贷43户，金额184万元。发放农村、城镇最低生活保障金、特困人员供养金、高龄补贴、孤儿养育津贴、困境儿童补贴、重度残疾护理补贴和困难补贴、临时救助金额共624.83万元识别新增低保户4户10人，特困人员6人。脱贫人口和监测户住院费用实际报销达90%以上，慢性病门诊医疗报销率达80%以上，防贫综合保险参保率99%以上，发放耕地力补贴、农民一次性种粮补贴、种桑养蚕价格补贴共86.86万元。

2021年，复绿农村裸露土地3.42公顷；投入300万元开展槟榔病虫害产业项目3个，开设农民实用技术、槟榔栽培管理及病虫害防治培训班，参训760人次，实现槟榔产量491.93万千克，产值2.26亿元。排查公益林、天然林下违法套种经济作物40宗，清理15宗；森林督查图斑61个；毁林专项行动图斑116宗，销号103宗。森林防火方面，宣传流动广播遍布全镇各村小组和连队，共出动483人次、430车次，发放宣传手册3500张，张贴高火险公告和禁火令公告80张，喷写标语250条，悬挂横幅140条，累计广播宣传850小时。

2021年，投入63.04万元用于和平镇政府办公楼环境提升，项目内容为和平镇入口天门景观改造、开旗台、休闲廊架、挡土墙、绿化、路面照明等配套设施。其中:新增观景石一处；新建升旗台一座；对原有岗亭外立面翻新面积25.02平方米；新建廊架长度98米；新建挡土墙长度

2021年10月26日，和平镇推行乡村振兴社会治理平台。图为在长沙村委会入户对农户进行评分测试（和平镇 供图）

30.1米；新建投光灯68个、洗墙等35米、开关电源3台；栽种红花木棉4株、橄榄树4株、桂花树10株、鸡蛋对急细节花5株、海南小竹20瓜、炮仗花73株、三角梅610株、大叶油草960平方。

2021年，开展法治学习11次，开展宣传活动140次，法治授课3次，发布系列短视频11条。强化依法治理成功调处化解各类纠纷140件；成立交委会，查扣未成年驾驶摩托车飙车、非法改装等违法行为20起，开具罚单458张，当场纠正交通违法行为600次，并在各村路口集中开展“交通安全整治”活动；社区矫正在册19人，接受矫正8人，解除2人；会商万宁市三更罗镇人民政府和兴隆华侨开发区，推动三地健全完善禁毒区域联席会议“三联”制度，现有在册吸毒人员，均正常管理；侦破刑事案件5宗，查结治安案件15宗；开展禁毒宣传54次；成功调处信访2件，无上访事件；召开扫黑除恶会议11次。常抓“三无船舶”整治工作，对辖区重点流域215艘船舶进行编号并管控；打击禁渔期非法拦河网等行为，销毁拦河绝户网、灯光网15张。

【乡村振兴与新农村建设】2021年和平镇乡村建设不断优化。统筹实施建设项目19个，投资总额2615.17万元。其中槟榔培训示范基地、入股公司等产业类项目5个，产业路等基础设施类项目14个。开展农村危房动态监测，对2016年以来实施危房改造的840座房屋开展危房改造质量“回头看”，确保质量达标；对一般农户的住房情况进行排查鉴定，全镇农户住房安全均已得到保障。累计办理完成报建（含新建、扩建和翻建）108户。聚焦在新农村培养新村民目标。在和平镇乡村振兴基层治理数字化平台开发“乡村治理综合考评”模块制定《和平镇乡村振兴考核评分细则》，考核评分内容有生产生活、生态保护、卫生健康、教育培训、精神

2021年9月4日晚，2021年和平镇山兰稻乡村音乐节乡村歌谣专场现场
（和平镇　供图）

文明、村务自治6大类共70项具体考核指标。引入积分考核制管理，对村民的日常行为和综合表现进行全方位的量化积分考核，考核结果与红黑榜、年终分红、评先评优等挂钩。“平台”每月对村民得分进行排名得分排名前15%的村民进入红榜公示表彰，得分后10%的村民进入黑榜公示批评。以此激励村民形成“比学赶超”的氛围，以“先进”促“后进”变“后劲”。村民积分设“优秀、较好、良好、差、较差”等次，每个等次可获得相应的兑换积分，1个积分价值1元人民币，村民在“平台”选择所要兑换的产品，即可在村内指定的积分兑换点领取产品，提升村民参与自治的积极性。

【全国乡村治理体系示范村】2021年9月，和平镇堑对村被认定为第二批全国乡村治理示范村。堑对村每月根据《和平镇乡村治理体系平台入户评分操作指南》对村民进行评分，对村“两委”干部、村小组长、优秀村民进行表彰，实行正向激励。上述积分制管理机制也是堑对村在全省首创的乡村治理新模式。该村先后获得全国文明村镇、全国生态文化村、国家森林乡村、省级五星级美丽乡村等称号。

【和平学堂开设】2021年，和平镇加强与省委党校等单位的沟通，举办为期三个月的2021年和平镇工作人员公文写作、礼仪形象及执行力提升培训班，共设47.5个学时，邀请省委党校教授、知名专家学者、新媒体行业的领军人物等对和平镇工作人员（含镇、村干部、基层所站）进行培训培养适应自由贸易港建设需要的干部队伍。

【稻田音乐节活动】2021年9月4日9月18－19日，和平镇在对村委会南北队亲水平台处，以该村千亩山兰稻田为舞台，举办2021年和平镇稻田音乐节系列活动。举办乡村歌谣专场、海南歌谣专场、黎苗歌谣专场乡村音乐节，参与现场活动人数3000人，线上观看45.29万人次。

【和平镇乡村振兴社会治理数字化平台开发】2021年，和平镇开发并逐步推广和平镇乡村振兴社会治理数字化平台，加强宣传和培训，以积分制的形式对村民进行量化考核，引导广大村民确立自治、法治、德治的“三治”思维观念，主动学习和宣传党和国家的政策方针，树立文明生活理念，共建和谐美丽的新乡村。

【宣传途径创新】2021年，和平镇在原有的“琼中县和平镇人民政府”微信公众号基础上，新增”“和平视窗“和平之声”，抖音、小红书、快手等系列官方账号，策划拍摄“我的家乡和平镇”和“和平镇政务宣传“产业知识小课堂”系列短视频，宣传党

的方针战略、政务信息、民生改善等内容。全年发布信息553条，政务网发布信息103条，共656条；发布琼中县和平镇政务宣传系列、产业知识小课堂短视频共25条。

【“团帮带”新体构建】2021年，和平镇通过“先进户+互助对象+帮扶联系人+村“两委”干部+村小组组长”的“互助社”，依托槟榔大户和致富带头人，组织有意向发展产业的村民抱团成立“共富社”，及各党支部给党员划分“责任田”，实现先进帮后进、以多帮一和党群结对局面。

长征镇种桑养蚕技术员刘金海在指导农民预防蚕苗生病技术
（县融媒体中心　供图）

长征镇

【概况】长征镇地处琼中县城中部偏南，辖区东西最大距离26.74公里，南北最大距离12.97公里，总面积179.05平方公里，人口密度为每平方公里45人。人民政府驻长征镇墟，距琼中县城11公里。全镇辖2个社区含居、9个行政村，43个自然村，57个村民小组，其中黎族村小组47个，苗族村小组5个，汉族村小组3个。全年平均气温27° C，气候凉润宜人。年平均降雨量2200毫米，降雨多集中在7-10月份，相对湿度84%~86%，雨量充沛，干湿季明显。

2021年，发放扶贫小额信贷38.5万元，县域金融机构共给予该镇发放小额贷款701.76万元，符合贴息条件的农民小额贷款30.75万元，惠及农户213户。审批纳入农村低保6户14人，审批纳人特困供养4人，城乡低保停保11户23人，特困停保3人，城乡低保增员4人，减员8人。受理医疗救助申请5人次，受理临时救助申请114户454人次，共审批发放救助金45.373万元。申报生产奖补184户（含脱贫户、监测户），发放奖金18.4万元；复产自救项目帮扶85户发放补贴8.02万元。推动脱贫劳动力稳岗就业，设立村级公共服务岗位260个，实现脱贫户务工358人，发放脱贫人员外出务工交通补贴136人，补贴金额6.45万元。持续开展消费帮扶活动，组织消费帮扶集市镇级1场，村级6场，消费金额1.84万元脱贫户受益37户次。2021年累计发放耕地地力补贴金额150万元，涉及耕地425.32公顷、农户1465户；累计发放实际种粮地力补贴7.2万元，涉及土地177.91公顷、农户832户。

全年开展专项整治行动4次，发现安全隐患20处，下达整改记录3份。受理刑事案件18宗，侦破10宗；受理行政治安案件24宗，查结15宗抓获18人，现场调解矛盾纠纷5起:排查出各类矛盾纠纷18宗，已调解矛盾纠纷18宗，调解率100%。受理接办信访事项6件，已答复6件，无一起集体上访事件。

全镇生产总值60460.72万元（其中2021年农业生产总值48125.72万元），比上年增加4560万元，增长9.3%，农民人均纯收入16563元，比上年增加1560元，增长8.3%。全镇橡胶种植面积0.41万公顷，开割面积0.26万公顷，总产量152.46万千克，产值5078万元；槟榔种植面积0.17万公顷，收获面积0.11万公顷，总产量358.56万千克（鲜果），产值3亿元。益智种植面积508.8公顷，产量22.90万千克（干果），产值1030万元；粽子叶种植30公顷，产量20万千克，收益156万元。投人1000万元在烟园村鱼塘建设光伏电站，打造“渔光互补+立体综合产业基地”。组织65期4590人次的种桑养蚕、养蜂、橡胶、槟榔等实用技术培训，印发槟榔防治知识手册和宣传折页3000份，指导农户清除病源、施肥管理，为农户增产增收、乡村振兴工作打下坚实基础。

【康养乡村旅游模式发展】2021年长征镇探索“乡村文化+旅游发展模式，依托云湖、琼中女足训练基地等平台探索发展森林康养、观光旅游、农业采摘、休闲垂钓等旅游项目，因地制宜发展一批特色农庄，让旅游产业成为群众脱贫致富奔小康的新引擎。

【特色产业】2021年，长征镇发展种桑养蚕等特色产业，养蚕户438户桑园面积152.51公顷，产茧量11.8万千克，累计产值500万元，户均增收1.14万元。对9个村委会376户养蚕户发放2020年度蚕茧差价补贴202.1万元。全镇生猪出栏2.97万头；活禽养殖（鸡、鸭、鹅）20.35万只，其中合利合作社蛋鸡养殖配备2条生产线，养殖蛋鸡达到6万只，每日产蛋3.66万枚。

红毛镇

【概况】红毛镇位于琼中县西部五指山山脉北麓，东邻营根镇，南接上安乡，西连什运乡，北与黎母山镇交界，行政区域总面积146.7平方公里，是白沙起义策源地，黎族领袖王国兴的故乡。全镇11个行政村，2个社区，46个自然村，51个村民小组，户籍户数4167户，户籍人口12964人；常住户数2993户，常住人口10041人。环境资源优越，森林覆盖面积90%，生态保持较为完好。

2021年，全镇实现农业生产总值16378万元；农民人均收入13633元，比上年增长14.60%。红毛镇养蚕120公顷，2021年出售15批次，涉及农户293户，共养蚕1148.9张，产量6.04万千克，产值227.32万元；养蜂4251箱，蜂蜜产量3.48万千克，产值556.8万元；绿橙种植基地2个，绿橙种植面积52.17公顷；生猪出栏11206头，牛出栏297头，羊出栏125头，鸡出栏19714只，鸭出栏4353只，鹅出栏275只。2021年农业生产总值16378万元。

推广菜篮子工程建设项目，全镇瓜菜种值18.67公顷，全年收获苦瓜8批，先后向广东汕头地区销售苦瓜37.6万千克，产值120.33万元，涉及草南、毛西和坎茂3个行政村5个村小组共84户群众，除去种苗及农资费用后户均增收10493元，成为红毛镇群众增收的新渠道。

发展中长期产业。2021年，红毛镇种植益智0.13万公顷，收获0.1万公顷，产值1514.1万元；种植槟榔0.12万公顷，全年红毛辖区内共有32个收购点，产量859.5万千克，产值2654.8万元；种植橡胶0.3万公顷，收获9428.3千克，产值241.4万元；种植椰子175.28公顷；种植红毛丹3.49公顷。

2021年，全镇共发放56笔小额贷款206.8万元，无逾期未还贷款情况。2021年教育补贴发放325万元。特殊对象实现100%医保参保率。民政服务站受理5户12人新增低保申请，审批通过已纳入低保的有2户4人。全镇有低保户170户466人，其中101户273人是脱贫户，占比59.4%。特困人员管理工作，共受理1户1人新增特困供养人员申请，为22名特困户完成特困人员换证工作。低收入认定工作，受理26户54条居民家庭经济状况预警信息办理临时救助21户，发放救助金额66220元；接待救助咨询236人次，对符合事实无人抚养儿童条件办理事实无人抚养生活补贴1人，对218位领取高龄补贴老人进行生存状况核查，为符合要求的34位老人办理80岁高龄老人补贴。

2021年，红毛镇脱贫户外出就业1313人，高于上年务工人数。引导脱贫户入股本地企业、农民专业合作社，分红91.92万元。举办镇村消费帮扶活动5场，销售金额15.67万元。基础设施建设项目8个，总投资1022万元，全部已完成，建设内容包括：新建生产道路9公里，挡土墙0.14公里，排水沟及护栏等；新建文化室两座共130平方米，总投资50万元；零星建设项目40个，总投资192.5万元，建设内容包括道路修补、水沟、挡土墙、监控、排污等。2021年规划所在全镇区域共批建房屋53间，农户满意度96%。

2021年，排查调处各类矛盾纠纷事件132件，成功调解122件，调解率92.4%，全年没有发生一次性死亡3人以上的安全事故，无因民间纠纷引发非正常死亡和民转刑案件发生；接待来访咨询群众8人次，其中初访3人次，收到信访案件4件，其中上级交办4件，已办结4件，信访案件办结率100%；在册登记吸毒人员均正常管理全年无吸毒肇事人员。2021年开展缉枪治爆活动收缴违禁物品20支。开展道路交通安全整治行动34次；镇墟道路两旁新划停车线，有效规范停车秩序。高度重视采摘槟榔防触电工作，整改裸导线41处，绝缘导线27处，处理槟榔1201棵。

【蓝莓特色产业】琼中蓝莓产业园位于琼中县红毛镇，规划种植面积17.33公顷，是技术密集型与劳动密集型相结合的特色高效林果产业项目。由红毛镇党委托海南省丽百瑞生态农业科技有限公司承担实施，一期（什寒村）2.67公顷已完成建设和种植；二期（番响村）14.67公顷启动规划设计，6月底完成建园，年底投入正常生产。该产业园按照“政府+村集体+公司+农户”模式，通过签订产业发展合作协议，发挥和调动各自优势，辐射带动全镇11 个行政村贫困人口基数857 户共计3389 人。产业园根据本地气候特征，筛选引进美国、澳大利亚最新研究培育的南高丛蓝莓优良品种。产业园申报自主发明专利一项《一种热带雨林蓝莓定植的方法》，获得发明专利授权一项《一种有机蓝莓盆景的培育方法》，蓝莓种植实用新型专利16 项，注册商标四个：《丽百瑞》《好莓丽》《莓好蔚来》《优圣莓帝》。产业园采用智能水肥一体化和专用避雨大棚设施，发挥本地得天独厚的温、光、气、水等自然禀赋优势，以避雨、防鸟、全进口基质、容器栽培最新模式，致力于种植口感好、果个大、早熟、丰产、耐储运的生态有机蓝莓，供应和满足中高端消费者需求，同时带动产业振兴，打造美丽乡村。

【什寒奔格内乡村旅游模式】2021年，什寒村作为“奔格内”乡村旅游扶贫示范点，实施“基础设施、环境风貌整治、亮化净化美化”三大工程，完善旅游基础设施配套建设，建成游客咨询服务中心、什寒文化广场、黎锦苗绣坊、待内典驿站等一批旅游服务功能基础设施。同时依托“党员驿站”党建服务品牌，创新推行“旅游+扶贫”模式，构建“政府+企业+合作社+农户”管理模式，将农户闲置的房屋等资源作为资产入股到企业，由企业负责改造成民宿、茶吧等，并携手农户统一运作管理，员工均从本村聘用，民宿经营收入60%归农户、35%归投资企业、5%归村集体，实现多方互利共赢局面。

【红毛希望小学】红毛希望小学坐落在红毛镇。学校兴建于1993年，由中国青少年基金会援建，校园占地面积20979.4平方米，是海南省较大的一所希望小学。在校学生422人，有12个教学班，在岗教职工62人，其中专任教师44人。在专任教师中，本科学历16人，专科学历25人，中专学历3人；高级教师2人，中级教师13人，初级教师29人，省骨干教师3人，县级骨干教师6人。学校处于海榆中线旁交通便捷，自然环境优美，硬件设施设备满足教学需求，有教学楼一栋，综合楼一栋，师生食堂二栋，师生宿舍楼六栋。红毛希望小学秉承“以生为本，以师立校”的办学理念，以“勤奋活泼团结向上”为校训，以“规范进取求实创新”为校风，以“敬业爱生乐教和谐”为教风，以“诚信踏实博学善思”为学风，以“向上”为校园精神，以“开好每一门课程，建好每一个班级，教好每一名学生，成就每一位教师”为办学宗旨，在历届领导班子和教职工的努力下，积淀了丰厚的文化底蕴。学校是全国快乐希望学校、全国青少年校园足球特色学校、全国希望工程快乐阅读基地、海南省校容校貌先进单位、海南省德育工作先进集体、海南省德育教育基地、海南省科技教育示范学校、海南省足球特色学校、海南省模范希望小学、琼中县规范化学校、琼中县关心下一代先进学校。近年来，学校全面实施素质教育，成立了舞蹈队、合唱队、武术队、足球队、鼓号队、手工组、写生组等兴趣小组，并坚持开展丰富多彩的活动，硕果满枝。累计有200名学生在全国、省、县书画、文艺、科技等竞赛中获奖，30名教师的教育教学论文获国家、省、县级奖励。2021年11月8日，经全国红军小学建设工程理事会研究决定，红毛希望小学被命名为“中国工农红军海南琼中红军小学”。

注重对学生的红色文化教育，2018年，学校在改造旧宿舍的基础上建设了王国兴王玉锦陈列室，陈列室中展示了白沙起义领导者王国兴幼年、青年、老年的200多幅图片，图文并茂的介绍了白沙起义的历史，并且将海南的发展也以各种图片形式展示出来。陈列室自建成之日起，成为红毛希望小学红色文化教育基地，2021年，红毛希望小学积极开展“学党史”系列活动，不断淬炼党员干部，让党员干部在全体教职工中起到模范带头作用，让学生“传承红色基因，争做时代新人”。

什运乡

【概况】什运乡地处鹦歌岭山脚，东与红毛镇相连，南与五指山市水满乡接壤，西连五指山市毛阳镇，北接白沙县元门镇。全乡山、林、水资源丰富，境内有海南第二高峰 鹦哥岭，辖区内什运河、南流河属昌化江干流，森林覆盖率达85%以上。行政区域总面积127.2平方公里，下辖6个行政村，24个自然村，30个村小组。是一个少数民族聚居的乡镇，居民以黎族为主。2021年，全乡总人口5181人，

2021年，什运乡大力发展桑蚕、瓜菜、山鸡等特色产业，不断促进农民增收。农民人均纯收入14014.57元，比上年增长11.8%。全乡667名农户参加橡胶价格收入保险，投保面积610.54公顷，投入336.59万元采购复合肥、橡胶专用复合肥、槟榔病虫害药物、割草机等物资发放给573户脱贫户、低保户和监测户。全乡种桑面积185.98公顷，养蚕15批7.11万千克，产值277.56万元。稳步推进“菜篮子”工程，打造青祖湾、红一、红二村常年蔬菜基地，瓜菜种植面积65.57公顷，总产量207.42万千克，总产值200万元。引导农户发展“三禽三畜”产业，全年猪、牛、羊出栏1803头，存栏2981头；肉禽出栏54654羽，存栏34374羽。做好种粮工作，完成种植番薯、花生等其他粮食69.46公顷，种植水稻67.11公顷，对老化的桑田和种在农田里的槟榔苗进行清理，盘活撂荒地6.67公顷，扩大粮食播种面积，提高粮食生产效益。采取“政府+企业+农户”模式发展光伏发电产业，增加贫困户收入共12.2万元，逐步实现“造血”式帮扶；投入336.59万元采购发放复合肥、电动割胶刀、益智苗等生产物资；组织引导有劳动能力脱贫人口外出就业993人，提供就业公益岗位共12类179名。组织开展就业技能培训10期549人次。落实“四类人员”家庭学生教育补贴64.22万元，发放大学圆梦奖学金18人2.3万元。狠抓控辍保学，实现适龄青少年入学率100%；脱贫户、监测对象危房改造全部完成；“四类人员”城乡居民基本医疗保险代缴率100%，家庭医生签约率100%，住院报销超过90%，门诊报销80%；全乡30个村小组供水检测报告合格率100%，“三保障”及饮水安全水平提升；帮助2284名“四类”人员代缴防贫综合保险，动员2638名一般户参与购买防贫保险，落实2021年防贫综合保险赔付金3户5.78万元；帮助有资金需求的46名脱贫户申请小额贷款共发放扶贫小额信贷贷款资金167.7万元；开展帮扶集市活动8次，帮扶产品销售总额达14.59万元；落实外出务工人员务工交通补贴262人13.04万元，家庭务工

图为富美乡村光一、光二村　（什运乡　供图）

收入奖励补贴162户41.5万元、生产奖补474户47.4万元；全年发放最低生活保障金、特困供养金227.97万元，发放临时救助金44.4万元，发放老龄补贴、残疾人补贴共39.84万元。审批新增农村低保10户33人，对基本生活物资存在困难的贫困群众发放106件防寒大衣、棉被等御寒物资。全年开展各类文艺会演8场次，播放影片66场次，开展各类文明实践志愿服务活动25次，获评选县级文明家庭、最美家庭8个。

2021年，什运乡投入200万元建设什运村委会牙训村、什运一二三队（平顶村）以及什龙村3个美丽乡村项目；持续完善基础设施建设，全年投入964.87万元完成山村、红一、红二村，什贡村和什运村等8个经济路建设项目，硬化道路8.26公里，完成南平村、阶二村、方板村等3宗饮水水利设施建设，铺设饮水管道7.8千米、建拦水坝1个、修建水利设施1000米逐步实现农村"五网"全覆盖，城乡环境面貌明显改善。核实新增违法图斑4宗，新增整体拆除3宗，局部拆除1宗，处置率100%。全面落实"河长制"，规范河道采砂管理累计巡查1600人次，打击非法采砂3起；加快村庄污水站的建设力度完成28个污水处理站建设；开展禁塑检查6次。调处矛盾纠纷30件，查处各类治安案7宗；开展采摘槟榔防触电、道路交通安全、防溺水、禁毒等专项检查活动50次，发放安全防范、禁毒等宣传材料800份；开展劳动者维权投诉举报案件处理工作，全年调解拖欠农民工工资案件2件85900元劳动争议调解率100%；全乡未发现涉黑涉恶情况。

【黎锦技艺】什运乡黎锦传习所于2020年12月挂牌成立，位于什运乡什统村委会番道村，传习所占地面积100平方米，主要负责人王金梅。王金梅系省级非物质文化遗产传承人，2019年获"南海工匠"称号，她多次参加省内外培训，与地少各区数民族代表探讨少数民族纺织技艺，对海南中部杞黎黎锦纺织有着独到的见解。传习所师资力量雄厚，有王亚秋、王雪娟、王春妹、王月梅、王兰等5名老师系县级非物质文化遗产传承人，每年定期安排各类织锦技艺培训班传授海南中部杞黎最原始的黎锦纺织技艺。从最原始的纺具制作、纺线工艺到复杂的双面编花、筒裙拼接合缝等传统黎锦手工艺课程应有尽有，开创"点线制图"编织法，让没有经验的学徒也能很快上手，更好复原传承"千年活化石"黎锦编织技艺。传习所挂牌成立至2021年，举办培训班21场次，培训织锦人员700多人次。

【少数民族特色村寨光一、光二村】光一、光二村隶属什运乡什统村委会，位于海榆中线179千米入口400米处，是个中国少数民族特色村寨。原光华）兵工厂旧址在光一、光二村，光华厂是制造子弹的兵工厂，于1964年在该村建立，1989年搬离光华厂，在光村的25年间，村民和光华厂军工长期生活在一起，生活上互帮互助，精神上互相激励，军民情深厚，在物质匮乏的艰苦年代，发扬自力更生、艰苦奋斗的革命精神。什运乡将依托光一、光二村是少数民族特色村寨优势，打造红色文化和黎族文化旅游村落。

上安乡

【概况】上安乡位于琼中县南部，距离县城24公里，区域面积2.05万公顷，辖区有7个行政村，39个自然村，其中黎族村庄38个，苗族村庄1个。农村人口人均纯收入12860元比上年增长27.07%。2021年全乡总人口达到6669人，出生61人，其中男孩33人，出生女孩28人。县下达国家免费孕前优生参检任务30对，实际参检47对，参检完成率156.7%。

全乡金融机构共发放10万元以下农民小额贷款782笔，贷款金额2801万元；其中发放给脱贫户72笔金额323.4万元。农村低保112户298人，发放低保金136.58万元，城镇低保2户2人，发放低保金1万元，特困供养人员22户24人，发放供养金19.87万元。送电影下乡累计82场，开展文艺会演9场，组织3支村级文艺队参加县文艺晚会比赛。

2021年全乡发生刑事案件6宗，破获2宗，刑拘2人，行政案件受理43

资金，推动产业园区与湾岭镇进行统筹规划，推动产城融合发展，实现生态、生产、生活“三生融合”。从2021年7月至年底，园区平台公司收储土地五块项目用地共计13.25公顷，土地款4430万元。

通用航空产业方面，公司通过与海南金林集团合作，成立海南金林湾岭通用机场投资公司，投资4亿元建设海南中部地区的首座金林通用机场。年底，金林集团通用机场项目进展顺利，完成项目用地地形勘察、图纸设计等工作。

清洁能源产业方面，公司与东方世纪胜农业开发有限公司、弘光能源（东方）有限责任公司合作建设农光互补光伏发电项目，占地133.33公顷，配套种植金铃花油茶，项目总投资8亿元。年底完成52.2公顷土地清理，并完成项目审批。

民生产业方面，完成吉祥花园第三期保障性住房252套主体工程及电梯安装、家馨北苑旧污水沟、琼中生态科技产业园供水项目、加钗21队公租房项目、新伟17队职工饮水工程项目、新伟茶厂道路景观改造项目、新伟一队茶园道路改造项目等一批民生工程。启动琼中加钗农场职工住宅小区旧房改造项目和新伟安居房一期项目等工作。

【征地确权】2021年，海南加钗投资控股发展有限责任公司由宏洋测绘公司配合完成指界，土地面积17979.29公顷，已确权发证土地12293.45公顷。开展新建液化气站项目、新中医院扩征项目、国泰酒店项目、QZ-2021001号项目、QZ-2021002号项目、琼中县QZ-2020019号项目、光伏发电项目等征地、青苗工作。

【安全生产】2021年，海南加钗投资控股发展有限责任公司强化责任落实，严格执行“安全第一、预防为主、综合治理”的工作方针，狠抓安全生产工作落实。层层签订安全生产责任书、森林防火责任状等。邀请省防灾减灾专家到公司开展安全生产和森林防火培训2次。对工地、水库、茶厂及住宅区等重点区域开展安全生产检查工作2次。加大安全生产宣传。发放安全生产和消防安全宣传资料200份，悬挂横幅40条，广播安全知识60次。落实法定节假日期间、“三防”期间都落实干部24小时值班值守。全年公司没有发生重大或特大安全生产事故。

新市农场

【概况】2021年，新市农场全场总人口1179人，主要以种植橡胶为产业的县属全民所有制自负盈亏企业。

【橡胶生产】2021年，新市农场抓好橡胶“两病”防治和胶园“管、养、割”工作，干胶报酬以任务内5：5分成，超产干胶8：2分成，向一线胶工倾斜让利，全年完成干胶90000千克，收入117万元，农场槟榔承包收入85万,全年经济收入202万元。

【综治信访】2021年，新市农场成立农场综治工作中心、矛盾纠纷调处中心和劳动纠纷调解委员会，农场与各连队签订信访、综治责任状，工作重心下移基层生产队，突出抓好矛盾纠纷排查调处化解，同时，抓牢“黄赌毒”治理、防火工作；严格落实信访工作责任制、领导包案接访和干部代访工作机制，切实为职工群众排忧解难。全年接转办“12345”平台办件5件，办结5件；信访件2件，办结2件，办结率100%。

【生育服务管理】2021年，全场育龄妇女171人，人口出生9人，一孩出生3人，二孩出生2人；多孩出生4人，人口出生率7.4%，自然增长率4.14%；孕前优生健康检查3个指标，完成3对夫妇参加免费孕前优生健康检查，已完成下达任务指标；开展“三查”工作105人次。

【民生工程】2021年，新市农场开展“查堵点、破难题、促发展”活动，指定专人负责，切实压实工作责任。同时结合党史学习教育、作风整顿建设年，梳理出涉及照明、饮水、道路3个堵点问题，已完成机关住户活动场所照明、九队和十二队饮水难、十队割胶道路修善3个堵点问题，办结率100%。“五一”期间场工会慰问农场职工245人；为四队、九队、十二队移民安置无岗位职工37人发放过渡生活费每人每月600元；为2021年考取大学的职工子女发放助学金1万元。

海南热带雨林国家公园管理局黎母山分局

【概况】海南热带雨林国家公园管理局黎母山分局位于海南岛中部琼中县境内，是海南省林业局（海南热带雨林国家公园管理局）直属公益一类正处级事业单位，也是国家天然林保护工程实施单位之一。森林资源管理责任区域跨琼中、白沙、儋州、五指山两县两市，总面积5.13公顷，含盖天然林资源保护工作、省级重点公益林管护两个项目。其中天保管护责任区3.44公顷，省级重点公益林管护区1.69公顷，森林覆盖率99%。最高海拔1411.7米，年均降雨量2343.1毫米，年均气温21.5℃，林区人口有395户1200人。

【森林资源管理】2021年，海南热带雨林国家公园管理局黎母山分局承担辖区内的生态保护、自然资源资产管理、特许经营管理、社会参与管理、宣传推介等事务性工作；负责辖区内基础设施建设、安全生产、森林防火及病虫害防治工作；组织开展科研活动、资源调查、生态环境监测和评价等工作；组织开展生态体验、科普教育等活动；配合地方政府做好相关工作，承办上级部门交办的其他工作。

落实森林资源管护责任。海南热带雨林国家公园建立后，管护责任实行分局领导—公司—管理站—护林员四级负责制。共有森林管护岗位233个，其中天保岗位129个、公益林岗位94个。2021年，落实签订森林管护合同书233份，森林管护合同，实行一人一年一签，责任明确，岗有人站，林有人护，责有人担。管护责任区始终做到全覆盖，并督导落实林班指界工作，确保森林管护工作的连续性和稳定性。

强化业务技能培训，提升管护效率。对管理人员、护林员业务技能和科普知识开展强化培训，共筹划和举办培训班三批次，累计参加人员410人/次，内容有林业法律法规、林业基础知识、森林防火知识、安全生产知识、有害生物知识、林业科普知识、预防职业犯罪等。

做好木材检查站工作。全年累计检查进出车辆达上千辆，人员6.7万人次，查扣烟花爆竹200多件，维护进入林区木材产品流通秩序和削除林区森林防火等各种潜在安全隐患。

指导组建巡护系统监控平台建设。海南热带雨林国家公园的建立，公园内原由地方管理的1.69公顷省级重点公益林均移交分局管理，随着管护任务、护林人员的增加，为便于天保和公益林间的管理，指导职能部门组建增设公益林奥维系统监控平台，并完善了巡护信息等录入。同时为加强天保和公益林护林员的监督管理，对原有《森林巡护奥维系统使用管理制度》等制度进行不断完善，对加强护林员监管、森林资源巡护力度和质量均得到较好的提升，促进森林巡护工作的有序运行。

开展清山专项活动。依据分局《海南热带雨林国家公园管理局2021年天然林资源保护工程专项资金预算明细表》，制定专项清山行动方案，结合各管理站森林管护工作中发现的违法毁林或天然林下套种槟榔等经济作物行为进行整治。累计清除违法在林地内套种行为52宗，面积地块8.13公顷，其中通过宣传教育村民主动移苗15宗，面积 2.8公顷；与地方政府相关部门联合移除37宗，涉及面积5.33公顷；有效打击毁林侵占林地的行为，累计组织出动人员500多人次。

林业涉林案件调查。为落实管护责任，开展打击各种涉林毁林等行为，特别是海南省召开全省打击毁林专项行动部署会议后，及时组织资源管理部、各管理站、护林员开展森林管护岗位的排查，持续两个月，累计排查涉林毁林案件137件，其中131件属公益林移交前发生的案件，6件为新发生的案件。在这些案件当中移交给行政综合执法办理案件99件，林区森林公安21件，已刑事拘留嫌疑人6人。

【**森林防火**】2021年，海南热带雨林国家公园管理局黎母山分局落实森林防火工作责任，与乡镇政府、村委会、基层各管理站、各涉林单位层层签订森林防火责任状15份，与周边乡镇、各村委会签订联防协议25份，逐级落实、层层压实森林防火责任。严控野外火源管理，做好重点时段、重点部位、重点人群区域防控工作。针对春分、清明，林区内上坟扫墓和农村农事用火逐步增多，全国“两会”、黎母文化节、博鳌亚洲论坛、五一劳动节、端午节等游客进山活动量大，给森林防火工作防范造成极大的压力，为消除潜在安全隐患，及时调整防火工作部署。组织6个管理站护林员在管护辖区主要路口和重点路段设立防火检查临时卡点26处，向过往人员发放防火宣传单、天然林保护宣传册，对进出人员车辆进行严格检查登记，严禁携带火种、烟花爆竹等易燃易爆物进入林区。严格落实领导带班制度，根据分局印发《2021年森林防火高火险期防火工作方案》，分局领导、各科室负责人、公司领导班子人员分别下到各自责任区，亲临一线监督指导森林防火工作，确保森林防火工作责任的落实到位。组织开展森林火灾隐患排查，切实消除各类火灾隐患问题。各管理站加强敏感地带防火巡护，加大瞭望频度，充分利用防火视频监控和检查站防火二维码，做到火情早发现，早处置。开展森林防火应急综合技能业务培训和演练。全年开展森林防火应急综合技能业务培训和演练2期。严格执行每日值班报告制度和节假日值班平安报告制度。严格按照相关规定做好元旦、春节、清明节、博鳌年会、中秋、国庆和国家重大会议，重大活动期间的值班工作，坚持领导带班，落实遇事请假、交接班时段的报告制度，确保场领导及时掌握林区社会动态信息。在森林高火险期、各法定节假日该分局严格执行领导带班和24小时值班制度，严格落实森林火灾“日报告”“零报告”以及执行“有火必报、报扑同步”的火情报告制度，确保森林火灾“早发现、早报告、早扑灭”，不迟报瞒报，做到有序处理火情，及时准确上报森林火情。做好森林防火宣传工作。全年累计深入到周边社区、乡镇、村委会、村庄、农户宣传次数65次，出动防火宣传车辆1200辆次（含摩托），出动人员数1600人次。2021年在林区景点和周边乡镇悬挂森林防火横幅363条、张贴森林防火海报30张、张贴宣传标语各962条、发放森林防火宣传单41176万张。

【**病虫害防治**】2021年，海南热带雨林国家公园管理局黎母山分局开展松材线虫病工作，邀请中国热带农业科学院环境与植物保护研究所2名专家，组成专项调查组对松树林松材线虫开展常规性调查，调查覆盖率达

100%，没有发现松材线虫病害；加强林区松木及其制品检查排查工作，在5月初，发现在林区某经营企业，在项目建设当中运进未经省林业相关单位检疫或复检的松木制品，及时向上级主管单位进行了报告，并责成该企业全面进行整改；指导监督有害生物薇甘菊、红火蚁防治工作，落实防治面积13.33公顷；持续开展非洲猪瘟疫情监测防控工作；指导职能部门按时通过监测系统填报有害生物预测预报等工作，确保信息上通下达，提高预测预报水平。

【黎母山保护区建设】2021年，海南热带雨林国家公园管理局黎母山分局在海南热带雨林国家公园建设试点验收工作中履行工作职责，全力配合省林业局（海南热带雨林国家公园管理局）做好试点验收工作；积极谋划、报送热带雨林国家公园建设项目，完成鹦哥傲分站桥梁建设项目及海南热带雨林国家公园勘界项目（一期）申报；做好海南国家公园研究院专家住宅楼工程建设和资产划转工作，完成建设并划转至海南省林业局名下。完成护林防火站点输电线路工程前期工作，2021年11月10日项目资金下达，12月2日开工建设，全年可完成总工程量的60%，工程预算总投资494.75万元。完成宣传标识牌建设项目前期工作，2021年11月10日项目资金下达，12月2日开工建设，项目预算总投资177.99万元。完成污水处理及再生利用设施项目初步设计和概算编制和评审工作，项目预算总投资1147.91万元，已向省局申报项目资金。

【社会治安综合治理】2021年，海南热带雨林国家公园管理局黎母山分局夯实安全生产和社会治安综合治理工作责任。按分局制定的《海南热带雨林国家公园管理局黎母山分局安全生产专项整治三年行动实施方案》，有序开展专项整治工作。主要排查整治林区内小卖部烟花爆竹、食品安全、不可降解一次性塑料制品、民宿火灾隐患、用电安全等，坚持发现一起，整治一起，共排查安全隐患15处，完成15处。做好安全生产和综合治理宣传工作。通过培训宣传、召开座谈会、悬挂横幅、张贴标语、发放宣传单等多种形式开展宣传工作。全年累计到分局周边社区、乡镇、村委会、村庄、农户宣传次数达65次以上，宣传人数1600人次，努力营造和谐、平安的的林区社会氛围。

海南省白马岭林场

【概况】海南省白马岭林场位于琼中县东部，北纬19°05′~19°21′、东经193°59′~194°05′之间，面积0.43公顷，场部驻地在中平镇政府所在地思河墟，人口155人。林场年平均气温23.3℃，年平均日照时数1600~2000小时，年均相对湿度80%~85%，年均降水量3039.5毫米，年平均蒸发量1778.6毫米。辖区内南茂岭、白马岭属于五指山脉，山陡坡险，坡度25°以上的山地占总面积的90%，最高海拔南茂岭1270米，最低为原林场场部旧址，海拔仅25米；共有3条较大的溪流流入万泉河。南茂岭天然林是牛路岭水库的主要水源林。

辖区内植被有五大类型：热带山地雨林、热带湿润雨林、次生热带雨林、灌丛地与草地镶嵌分布或与次生林镶嵌分布、草地。主要珍贵乔木树种有野荔枝、蝴蝶树、油丹等几十种，林下层为红白藤、刺葵等灌木，以及益智、砂仁、百部等药用植物。人工林有加勒比松、橡胶树、马占相思、槟榔等。植物分布最显著的特点是有国家二级保护植物桫椤，且品种多，一些桫椤植株体呈现多株分叉形状，这与其他地方明显不同。

野生动物有：海南山鹧鸪、小灵猫、蟒蛇、野猪、野山羊、金钱龟、穿山甲、水鹿、果子狸、水獭、白鹇等，白马岭滴水石壁处有3~4群猕猴分布。

【森林资源管护】2021年利用宣传车广播、张贴标语、悬挂横幅、在林区主要路口、重点部位制作竖立永久性宣传碑、利用挡土墙刷写永久性宣传标语等形式，宣传实施天然林保护工程的重要意义，悬挂防火宣传横幅221条；保护野生动物宣传海报200张，严格按照国家林草局有关文件要求，积极推广防火码，在白马岭林区内实现防火码覆盖，加强森林防火宣传力度和野外火源管理和火源可追溯，新修建2块大型硬化生态防火宣传碑，清理防火隔离带10公里；全年未发生森林火警。送林业政策、法律法规进村，开展宣传教育。到周边的中平镇、营根镇、长征镇、和平镇等地深入黎村苗寨大张旗鼓开展宣传教育活动，宣传《中华人民共和国森林法》《海南省林地管理条例》等林业法律法规，配合森林公安宣传禁食野生动物。坚决制止毁林占用林地种植经济作物的违法行为，对近期蚕食林地、毁林开垦、占用林地种植的经济林木，动员村民限期迁移，逾期不迁就采取措施强行清理。实行毁林点恢复责任制。

【基础设施建设】2021年，海南热带雨林国家公园管理局黎母山分局在白马岭林区维修林区道路13公里、维修道路建设（坡度高、陡、营林队）共1100米、护林便道维修共5公里、护林站点防雷检测及更换避雷针、饮水管道维修、护林总站及各站维修完善80平方米。

松涛林场

【概况】松涛林场经营总面积1884.73公顷，其中公益林管护面积

1442.47公顷，森林覆盖率91.16%。2021年已签订土地承包经营168户，面积589.2公顷，其中场职工及亲属90户304.27公顷，外包78户284.93公顷，全年已收缴土地承包金53万元。

【建设项目】2021年，松涛林场辖区内迈湾水利枢纽是国务院批准建设的172项重点水利工程之一，也是海南省最大的水利工程项目。根据县政府《关于印发海南省南渡江迈湾水利枢纽工程（琼中县）征地补偿和移民安置工作方案的通知》，林场成立征地工作组，根据项目规划选址对101米淹没线以下的土地、青苗及地上附着物进行征地宣传、放线定点、青苗清点等相关工作。为尽快完成征地工作，林场投入20万元用于制作宣传牌、印制宣传单3000份，悬挂横幅30条；购置GPS、摩托车，办公电脑，无人机等办公设备，为15名工作人员购买劳保用品和油漆、砍刀等办公用品及租赁车辆运输器材等，经过宣传发动、配合县资规局实地测量、苗木清点和地上附着物，工程涉及松涛林场南渡江沿岸面积 13.89公顷，测算土地补偿费1128万元，测算青苗和地上附着物补偿费3749万元，已进行张榜公示3次，并将补偿情况上报县资规局。

【生态保护】2021年，松涛林场加强林业巡查，保护森林资源。建立上下联动、齐抓共管的常态化森林资源保护管理机制，加强护林队巡山工作，循环轮岗，定期开月例会，定期交叉检查，整治乱砍乱伐现象，查处林下套种1宗，林业纠纷案件1宗。申请办理采伐证32张，完成林木采伐面积76.1公顷，采伐蓄积7408.2立方米，出材量5329.8立方米，采伐后恢复植被32.1公顷。在场内每日广播防火宣传，对周边农村防火宣传450人/车/次，悬挂横幅3次共90条、发放禁火令、致农户公开信等1000份，提高群众防火意识，维护林区治安的稳定。召开森林防火联防联控专题会议,与相邻的黎母山政府、黎母山林场、阳江农场、阳江橡胶公司签订联防责任书；召开周边农村座谈会2次。投入1万元购置森林防火器材，通过全场上下对森林防火的齐抓共管，实现全年森林火灾“零”目标管理。

【民生工程】2021年，松涛林场妥善解决安全饮水问题。2020年大旱，由于松涛林场饮水工程设备老化陈旧，居民面临饮水混浊困境，不能饮用。2021年向国家自然资源部争取赠送10万元水过滤净化装置一套，联系水务局更换全场自来水管，解决多年自来水管破损问题。妥善解决400户林场居民生活饮水问题，对全场林区道路进行维护10公里，方便职工安全生产及出行。

海南农垦乌石农场有限公司

【概况】海南农垦乌石农场有限公司（以下简称“乌石农场公司”）是海南省农垦投资控股集团有限公司（以下简称“海垦控股集团”）旗下二级企业，注册资本5000万元。

【机构改革】乌石农场公司前身是原海南省国营乌石农场，创建于1957年7月，2009年3月原海南省国营乌石农场和原海南省国营南方农场、原海南省国营岭头茶场重组为新的海南省国营乌石农场；2016年11月转企改制为乌石农场公司；2021年4月，按照海垦控股集团业务单元整合的要求，阳江农场公司、长征农场公司与乌石农场公司进行整合，整合后作为乌石农场公司的子公司独立运营。乌石农场公司下辖乌石、南方、岭头3个分场，阳江农场公司下辖阳江、新进、大丰3个分场，长征农场公司下辖长征、乘坡、太平3个分场，地域范围与琼中县营根镇、湾岭镇、黎母山镇、长征镇、中平镇、和平镇、吊罗山乡均有交集，土地面积5.08万公顷。

【特色产业】2021年，乌石农场公司在长征农场公司种植琼中绿橙20.67公顷、橡胶林间种植粽叶17.33公顷，在阳江农场公司种植咖啡66.4公顷。在岭头分场建有一座占地面积450平方米的蜂蜜加工厂、具备日产1000千克蜂蜜的生产能力，在南方分场建有一座年加工量30万千克的鲜鱼加工厂。注册农产品商标有百花蜂蜜、白马溪鱼、乌石红绿橙、白马金莲等。

【经营效应】2021年，乌石农场公司实现营业收入1.43亿元，利润总额3475.54万元，分别比上年增长15.7%、8%；完成农用地承包租金收缴1502.05万元，增长22.6%；完成资产租赁收益589.7万元，乌石、阳江、长征分别完成412.2万元、62.8万元、114.7万元，分别增长28.4%、236.8%、56.4%，有效提升资产管理效益；追回历史欠债808.45万元，乌石、阳江、长征分别追回159万元、500万元、149.45万元；完成乌石绿橙加工厂加工设备、厂房等资产以及4名管理人员、5名技术人员移交给海垦果蔬集团管理工作。

【民生工程】2021年，乌石农场13队、19队符合红岭水库移民安置条件的75户移民搬迁入住红岭水库乌石19队移民安置点。

阳江农场公司完成迈湾水库涉及阳江农场公司权属内33.03公顷土地上的青苗及地上附着物调查工作，需对青苗及地上附着物进行补偿43户，已完成40户青苗及地上附着物的清点调查及公示，补偿金额4883556元。黎母山镇支持大丰咖啡产业种植基地主干道建设，道路拓宽1.25米、长1271米；和平镇支持乘坡25队、16队自然灾害点选址搬迁建设；湾岭居支持农场公司花池硬化改造650平方米，安装路灯8盏。

【垦地融合发展】2021年11月，乌石农场公司促成琼中县、海垦控股集团签订垦地融合发展协议，形成垦地融合发展三年行动计划以及联席会议制度，构建垦地融合发展、携手共建新机制。同时乌石农场公司加强与辖区乡镇、“居”之间的横向联动，与湾岭镇、黎母山镇、和平镇、吊罗山乡、湾岭物流园等单位召开垦地融合发展座谈会，共商双方关注的产业发展规划、道路建设、地质灾害点选址搬迁、项目推进等事宜。已与琼中县民政局、湾岭镇等6个社区居委会办公场所和服务中心选址建设用地事宜进行沟通，完成1.72公顷土地的划转手续。

海南天然橡胶产业集团股份有限公司乌石分公司

【概况】海南橡胶乌石分公司2021年完成干胶390.90万千克，完成计划111.05%；完成非胶椰子种植54.92公顷，完成计划102.9%；完成资产租赁收入60万元，实现胶工人均收入57191元，比上年增收5278.9元。

【经营生产】2021年，海南橡胶乌石分公司总收入3559.91万元，其中橡胶主营收入3420.35万元，其他收入139.56万元，成本费用4246.33万元，净利润686.42万元，胶工全年户均收入42518元。

胶园建设。完成当年橡胶定植79.58公顷，完成计划119.4%，完成橡胶更新倒树234.93公顷，完成计划125.9%；完成备地20.13公顷，中小苗往年抚管1329.4公顷，投资1127.47万元。

胶园土地规范管理。完成被占地回收789.81公顷，完成计划任务100.4%、完成土地租金追缴33.1万元，规范土地租赁“三过”问题管理4宗。

2021年增加橡胶肥料投入，完成施有机肥602.97万千克（其中开割胶园施有机肥157.59万千克，中小苗施445.38万千克），开割胶园施尿素12.6万千克；施橡胶专用肥950.5吨，使用草甘磷1.3万千克。

【“两病”防治工作】2021年，海南橡胶乌石分公司橡胶白粉病对照区最终病情指数33.7，炭疽病对照区最终病情指数13.6。1月31日至4月3日，橡胶白粉病施药3.5轮，累计防治面积达0.76万公顷，白粉病防效率94.3%，挽回干胶损失11.26万千克，减少经济损失123.9万元；橡胶炭疽病共施药3.2轮，累计防治面积0.7万公顷,防效率96.3%，挽回干胶损失4.03万千克，减少经济损失44.33万元。

海南天然橡胶产业集团股份有限公司阳江分公司

【概况】海南天然橡胶产业集团股份有限公司阳江分公司位于琼中县黎母山镇境内，隶属于海南天然橡胶产业集团股份有限公司（简称“海胶集团”），是一家从事天然橡胶生产、种植、加工、销售、仓储，农业种植，养殖业等方面的企业。2021年有土地总面积0.94万公顷。其中橡胶开割面积60.41万公顷、开割131.5万株；未开割面积0.20万公顷、94.6万株。干胶产量完成404.76万千克，完成计划的103.6%。完成橡胶更新种植126.11公顷，完成计划的73%；完成绿橙种植144.17公顷，完成计划的108%。完成被占地回收952.07公顷，占计划755.2公顷的126%。

【经营管理】2021年，海南天然橡胶产业集团股份有限公司阳江分公司制定全年收购保底价14元/千克，4月开割时收购价为18元/千克。胶工年平均工资21766元，比上年增长10.7%。新胶工经考核通过且上岗割胶满3个月后，每人给予600元的培训补贴。分公司对满岗胶工、中小苗抚管工、退休人员继续割胶的，给予核减一定比例的产量；对空岗两年以上树位，有新上岗割胶的胶工，分公司给予每株0.6元控萌补贴。2021年底分公司上岗率86.7%。

【土地管理】2021年，海南天然橡胶产业集团股份有限公司阳江分公司需完成胶园管理755.2公顷，分公司最终完成952.07公顷，占计划的126%。

海南天然橡胶产业集团股份有限公司长征分公司

【概况】2021年，海胶集团长征分公司橡胶种植面积0.59公顷，其中开割面积0.45万公顷，中小苗面积0.15万公顷。

【胶园建设】2021年，海胶集团长征分公司新建胶园林间道路23.67千米，胶园林间桥涵4座，橡胶更新种植10.55公顷，橡胶中小苗抚管1084.65公顷，完成超龄苗改造18571株。

【胶园管理】2021年，海胶集团长征分公司施用有机肥250.2万千克，化肥27.8万千克，使用硫磺粉8.74万千克，全面完成胶园管护任务；加强技术监管，开展全面割胶技术检查2次。

【土地管理】2021年，海胶集团长征分公司完成被占地处置面积503.47公顷，强制回收胶园面积16.25公顷。

海南天然橡胶产业集团股份有限公司加钗分公司

【概况】2021年，海胶集团加钗分公司橡胶种植面积3432.13公顷，其中开割胶园面积1986.67公顷（加钗片1080.4公顷，新伟片906.27公顷），开割橡胶株数693000株（加钗片350000株、新伟片343000株）。中小苗胶园面积1445.47公顷，其中加钗片1092.47公顷、新伟片353公顷，橡胶中小苗株数643000株（加钗片491000株、新伟片152000株）。公司各项经营指标实现总营业收入3214万元，完成国有公司胶产量113万千克，全年总完成干胶202.7万千克，实现主营业务收入2542万元。

【经营生产】2021年，海胶集团加钗分公司“两病”防治总成本投入67.36万元，最终防效白粉病98%，炭疽病防效达99%，为公司2021年干胶生产打下坚实基础，全年完成干胶产量202.7万千克，超出完成计划的110%。严抓割胶技术规程，开展全体胶工技术大比武活动，并每月进行技术检查，排查耗皮、乱割等行为，全年胶工割胶技术合格率99.8%。抓好橡胶施肥管理工作，上年总部下达开割胶园施肥9.4万株、中小苗施肥35.5万株的计划任务，公司全部按时、按质、按量地完成施肥任务。抓好橡胶中小苗管理，全年橡胶中小苗平均增粗6.01厘米，完成年度计划任务5.93厘米的101.3%；橡胶中小苗1～3年保苗率完成年度计划任务93%，4年以上保苗率完成年度计划任务97.16%；橡胶中小苗均匀度完成年度计划任务86.5%。

【土地管理】2021年，海胶集团加钗分公司开展胶园土地规范管理工作，成立土地回收专项工作小组，全年完成2021年总任务目标的76%，为土地规范管理工作打开新的局面。有效地、规范地开展土地承包金收缴工作，全年收缴各项费用40.69万元，完成公司收缴指标任务40万的102%。非胶项目土地租金收入174.7万元。

海南农垦烨运宏实业有限公司

【概况】2021年，海南农垦烨运宏实业有限公司实现收入274.5万元，其中租金73.5万元、主营201万元。公司辖区社会职能和公共服务事项就近移交给琼中县营根镇营北居委会，从根本上解决居民办事难问题。

【安全生产】2021年，海南农垦烨运宏实业有限公司坚持“安全第一，预防为主，综合治理”的工作方针，建立健全安全责任追究机制，调整安委会成员，切实做到“党政同责、一岗双责、齐抓共管、失职追责”和坚持“谁主管，谁负责”“管生产，必须管安全”的管理原则，确保安全责任落实到位。全年主要领导带队检查6次，开展安全生产会议12次，开展安全生产教育培训2次，组织安全隐患排查6次。制定《烨运宏公司2021年安全生产工作计划》《烨运宏公司2021年安全生产专项投入计划》《烨运宏公司2021年安全生产培训计划》《烨运宏公司“三防应急”预案》《烨运宏公司生产事故应急预案》等一批规章制度，与各部门和租赁户签订安全生产责任书13份。

2020年和2021年琼中县国民经济和社会发展主要指标对比情况表

表4

项　目	单位	2020年	2021年	项　目	单位	2020年	2021年
人口与就业				固定资产投资			
年底户籍人口	人	214184	212797	固定资产投资增长情况	%	19.1	4.8
从业人员（含农垦）	人	8.41	8.43	全社会新增固定资产总额	万元	316030	331145
生产总值	万元	588094	663226	商贸			
第一产业	万元	211461	220508	社会消费品零售总额	亿元	17.16	19.92
第二产业	万元	86845	113769	旅游			
第三产业	万元	289788	328949	接待旅游总人数	人次	553969	1358000
人均生产总值	万元	32581	36693	财政金融			
农业				地方财政收入	万元	56162	81950
农业总产值（现行价）	万元	410954.01	422493.87	地方财政支出	万元	457412	439428
粮食产量（含农垦）	吨	25037.39	25646.98	全社会存款年末余额	万元	1043223	1152405
橡胶产量（含农垦）	吨	27904.65	27242.41	全社会贷款年末余额	万元	768728	756049
水果产量（含农垦）	吨	31579.75	35614.95	人民生活			
瓜菜类（含农垦）	吨	33040.5	33238.7	农村居民人均可支配收入	元	14116	15951
肉类产量	吨	15797.43	15504.58	城镇居民人均可支配收入	元	33403	36109
工业							
工业产值（当年价）	万元	32747	81780				
发电量	千瓦时	17868.62	18756				
运输邮电业							
货物周转量	万吨/千米	2599.95	2016.65				
旅客周转量	万人/千米	8393.63	5193.87				
邮政业务量	万元	2480.15	2944.94				

2020年和2021年琼中县生产总值及构成对比（不含农垦）

表5　　　　单位：万元

年份	全县生产总值	第一产业	第二产业	第三产业	全县人均生产总值
一、生产总值					
2020	588094	211461	86845	289788	3.26
2021	663226	220508	113769	328949	3.67
二、构成（%）					
2020	100	35.96	14.77	49.27	
2021	100	33.25	17.15	49.60	

2020年和2021年琼中县总人口对比表

（公安局户籍统计数）

表6　　　　单位：万元

年份	总户数（户）	总人口（人）	按性别分		按农业、非农业人口分		按民族人口分					
			男	女	农业（乡村）人口	城镇人口	汉族	黎族	苗族	壮族	回族	其他民族
2020	73201	214184	113385	100799	151053	63131	76690	113769	15598	6518	71	1538
2021	72478	212797	112504	100293	154775	58022	75803	113367	15599	6498	70	1460

2020年和2021年琼中县各乡镇总户数

（公安局户籍统计数）

表7　　　　　　　　　　　　　　　　　　　　　　　单位：户

年份	合计	营根	湾岭	黎母山	长征	和平	中平	红毛	什运	上安	吊罗山
2020	73201	20888	11522	16112	4223	4445	5235	4172	1674	1996	2934
2021	72478	20694	11376	15857	4169	4508	5172	4167	1652	1981	2902

注：合计户数包括：各乡镇派出所户数、县城派出所户数和各农场派出所户数。

2020年和2021年琼中县各乡镇人口总数

（公安局户籍统计数）

表8　　　　　　　　　　　　　　　　　　　　　　　单位：人

年份	全县总合计	营根	湾岭	黎母山	长征	和平	中平	红毛	什运	上安	吊罗山
2020	214184	57375	33617	45585	13113	14239	15599	12932	5717	7096	8911
2021	212797	57101	33585	44948	13003	14203	15498	12964	5609	7079	8807

注：全县总合计人口包括各乡镇派出所人口数、县城派出所人口数和各农场派出所人口数。

2020年和2021年琼中县主要农作物播种面积

表9　　　　　　　　　　　　　　　　　　　　　　　单位：公顷

年份	粮食作物	水稻	早稻	晚稻	山兰	玉米	番薯	大豆	其他杂豆
2020	4414.8	3493.3	2480	1013.3	14.3		713.33	126.6	56.7
2021	4537.33	3600.07	2533.99	1066.08	152.31		743.32	140.37	47.56

年份	油料	花生	甘蔗	糖蔗	果蔗	药材	瓜菜类	蔬菜	其他作物	木薯
2020	1360.41	1360.21	294.7	2	292.7	4648.35		3823.87	2571.93	299.73
2021	1275.05	1274.15	289.41	2.23	287.18	4749.74		3831.65	2593.42	295.02

2020年和2021年琼中县主要农作物总产量

表10　　　　　　　　　　　　　　　　　　　　　　　　　　　　　单位：吨

年份	粮食作物	稻谷	水稻	早造	晚造	山兰	玉米	番薯	大豆	其他杂豆
2020	25037.39	21902.9	21902.9	16800	5102.9	38.86		2570	325	183.37
2021	25646.98	22595.08	22595.08	17375.05	5220.03	307.85		2596.44	298.2	153
年份	油料	花生	芝麻	甘蔗	糖蔗	果蔗	瓜菜类	蔬菜	木薯	
2020	3131.48	3131.24	0.24	11107.87	110.95	10996.92		33043.33	6808.18	
2021	2951.33	2950.25	1.08	10735.21	106.45	10628.76		33238.7	6550.64	

2020年和2021年琼中县年末耕地面积及人均占有耕地

表11　　　　　　　　　　　　　　　　　　　　　　　　　　　　　单位：公顷

年 份	年末耕地面积	水旱田	水田	旱田	旱地	全县人口人均耕地面积(公顷/人)
2020	9959.62	5186.09	4423.38	762.71	4773.53	0.05
2021	9968.83	5199.34	4436.30	763.04	4769.49	0.05

2020年和2021年琼中县热带作物面积和产量

表12

指标名称	单位	2020 年	2021 年	指标名称	单位	2020 年	2021 年
热带作物面积	公顷	72678.28	74065.05	胡椒面积	公顷	127.69	127.09
收获面积	公顷	45444.03	45888.91	收获面积	公顷	90.28	93.87
橡胶面积	公顷	56509.43	50103.77	总产量	吨	206.33	212.09
收获面积	公顷	36180.12	36341.82	槟榔面积	公顷	13938.9	21496.32
总产量	吨	27904.65	27242.41	收获面积	公顷	8763.92	9023.23
椰子面积	公顷	802.79	981.33	总产量	吨	24781.95	23361.53
收获面积	公顷	285.94	280.7	咖啡面积	公顷	244.47	261.54
总产量	万个	202.41	195.8	收获面积	公顷	45.35	53.45
				总产量	吨	38.12	56.28

表13

2020年和2021年琼中县水果生产情况

项目	2020 年	2021 年	项目	2020 年	2021 年
一、水果年末实有面积合计(公顷)	3259.43	3352.46	龙眼年末实有面积（公顷）	134.76	136.74
当年收获面积（公顷）	1813.12	2114.99	当年收获面积（公顷）	111.01	112.02
总产量（吨）	31579.75	35614.95	总产量（吨）	462.83	471.62
菠萝年末实有面积公顷）	45.16	42.11	石榴年末实有面积公顷）	32.13	30.4
当年收获面积（公顷）	43.62	47.6	当年收获面积（公顷）	26.47	25.8
总产量（吨）	767.51	793.26	总产量（吨）	460.21	449.37
芒果年末实有面积（公顷）	33.59	34.23	柑桔橙年末实有面积公顷）	1463.72	1516.42
当年收获面积（公顷）	14.13	13.35	当年收获面积（公顷）	644.94	824.67
总产量（吨）	101.96	97.87	总产量（吨）	14733.24	17216.91
香蕉年末实有面积（公顷）	570.52	588.17	其他水果年末实有面积(公顷)	437.16	422.27
当年收获面积（公顷）	452.19	456.05	当年收获面积（公顷）	257.99	246.65
总产量（吨）	8714.84	9098.43	总产量（吨）	2577.09	2655.97
荔枝年末实有面积（公顷）	292.31	295.9			
当年收获面积公顷）	112.09	201.74			
总产量（吨）	885.64	1703.33			

2020年和2021年琼中县工业总产值及增长速度

表14 单位：万元

年份	工业产值（当年价）	经济类型		工业增加值（当年价）	工业销售产值
		国有	集体		
2020	32747	—	32747	23337	32747
2021	81780	43861	37920	29139	81695

2020年和2021年琼中县全县普通中学教职工人数

表15 单位：人

年份	教职员工人数	专任教师						专任教师中	
			中学高级	中学一级	中学二级	中学三级	其他	女	少数民族
2020	1074	892	200	274	313	1	104	397	285
2021	1284	970	227	292	280	6	165	468	283

2020年和2021年琼中县普通中学高中初中学生人数

表16 单位：人

年份	高中			初中		
	招生人数	毕业生人数	在校学生人数	招生人数	毕业生人数	在校学生人数
2020	1097	768	2905	2845	2346	8319
2021	1211	945	3273	2781	2666	8233

2020年和2021年琼中县小学学校数和学生人数

表17

年份	学校		招生人数（人）	毕业生人数（人）	在校学生人数（人）
	学校数（所）	教学点（个）			
2020	37	21	2570	2962	16710
2021	37	20	2381	2778	16245

2020年和2021年琼中县农村小学学校数和学生人数

表18

年份	学校		招生人数（人）	毕业生人数（人）	在校学生人数（人）
	学校数（所）	教学点（个）			
2020	32	21	1721	2100	11473
2021	32	20	1495	1950	10843

2020年和2021年琼中县全县幼儿园学生和教职员工人数

表19

年份	幼儿园数(所)	入园人数(人)	离园人数(人)	在园学生人数（人）	教职员工人数（人）	专任教师（人）	专任教师中					
							小学高级（人）	小学一级（人）	小学二级（人）	其他（人）	女（人）	少数民族（人）
2020	44	2057	2117	6546	993	420	6	63	28	323	413	187
2021	44	1603	2338	6356	1002	425	11	95	12	307	413	207

2020年和2021年琼中县医疗卫生机构、床位数及人员分类

表20

年份	机构数（个）	医院（个）	卫生院（个）	床位数（张）	医（张）	卫生院（张）	人员总数（人）	卫生技术人员（人）	医生（人）	执业医师（人）	执业助理医师（人）	护士（人）	其他卫生技术人员（人）	管理人员（人）	工勤人员（人
2020	150	9	13	1040	841	174	1695	1296	483	289	194	528	186	95	224
2021	147	8	13	1086	896	174	1731	1353	520	319	201	561	272	146	221

（以上数据由县统计局提供）

人物

道德模范选介

【唐鸿南】男，黎族，1985年9月出生，海南省乐东人，本科学历，中共党员。中国作家协会会员、中国少数民族作家协会会员、海南省作家协会会员、琼中黎族苗族自治县作家协会常务副主席。作品散见《民族文学》《星星》《散文诗》《山东文学》《中国诗人》《中国民族报》《海南日报》等多家刊物200多篇（首），收入《新时期中国少数民族文学作品集·黎族卷》《中国年度优秀散文诗》《中国散文诗年选》《中国散文诗精选》等多种重要年度选本。鲁迅文学院第18期少数民族文学创作班学员、海南首批“南海乡土人才”培养人选、海南省其他类高层次人才、第三届中国曹植诗歌奖、参加第12届全国散文诗笔会、出版散文诗集《在山那边》散文诗合集《奔腾的心》散文诗集《一个黎人的心经》入选2018年度中国作协少数民族文学重点作品扶持项目。个人出版的文学专著《在山那边》是海南黎族第二本散文诗集，该书出版对于海南黎族文坛具有特殊的意义和收获，海南电视总台新闻广播《百草园》节目为其举办个人散文诗集发布会和作品朗诵会，《海南日报》以标题为《黎族作家唐鸿南：写作灵感来自内心的反馈和感动》进行专题宣传推介，获得一定的关注和好评。

2016年12月，唐鸿南为了引领带动当地文化事业发展，参与筹备成立琼中黎族苗族自治县作家协会，担任县作家协会常务副主席。他积极参与本土文化建设，挖掘和发现本土文化人才，截至2021年底扶持6位本土作者出版个人文学专著，2部散文集入选中国作家协会少数民族文学重点扶持项目，20多名会员创作的100余篇（首）作品在地市级以上报刊发表、获奖和入选各类重要的文学选集。他先后组织参加13次采风活动，为编写和主编《琼中县民俗文化记忆》一书而深入到全县有关村寨访问，配合海口、五指山等地省作协会员采访琼中美丽乡村、黎族苗族传统文化，开展送书进校园活动等等。

琼中县作家协会成立以来，唐鸿南主持创办和出版6期《黎母山》杂志，通过多次改版，每期都有亮点，第3期集中推出琼中本土作家专辑，第4期以大量版面推出“黎族作者专辑”，使内容更丰富、特色更鲜明、黎苗文化底蕴更厚重、名家与新秀犹如百花齐放夺人眼球，因而获得广泛好评。同时激发当地作者创作诗文的热情，调动和发挥各地作家诗人以琼中县为题材而创作诗文的积极性。

琼中县作协从无到有，队伍由小到大，截至2021年底本地会员已发展到50多人，其中加入海南省作家协会的有9人，中国作家协会会员1人。唐鸿南带动本土文化人才出版诗文集。叶传雄的诗词集《黎山寻梦》唐鸿南的散文诗集《在山那边》刘霞的散文集《常闻泥土芬芳》王斌的文集《醉梦黎山》，先后由正规出版社出版。廖堃出版的网络小说《鬼叫门之人皮灯笼》《兰宫密码——盗墓贼的诡异经历》等，黄世训出版的民歌体人物传《歌颂黎族领袖王国兴》，独具特色，获得专家的肯定。

唐鸿南带头主办首届琼中文学研讨会，来自海南文学界知名作家学者县内作协会员参加研讨。通过研讨，大家看到琼中县文学发展的美好前景，从而更加坚定文学创作的信心。

2016年以来，唐鸿南组织作家协会会员到海口、陵水、保亭等市县学习同行经验，海口、陵水、保亭等市县同行传经送宝。通过交流，取长补短，达到共同进步的目的。特别值得一提的是，2018年5月《海口日报》作品副刊就以“黎母山”同题诗专版推出海南作家诗人琼中采风的创作成果。

唐鸿南在普及文学知识、繁荣创作、开展专题采风活动、培养人才等方面，为琼中发展乡村振兴助推文化扶贫正能量，取得显著的成效，对于宣传琼中，树立琼中文化品牌，提高琼中知名度，起到积极作用。

【王日】女，黎族，1974年7月出生，海南省琼中人，中共党员，函授本科学历。曾任琼中县长征镇中心小学教师、县第一小学教导主任、常务副校长、营根中心小学校长，琼中县第二小学校长。她是海南省小学语文骨干教师、省级学科带头人、省级骨干校长、省基础教育网络教研先进个人、省基础教育课程改革实验先进个人、省级“党旗飘扬：纪实人物”、省第六次、第七次党代表、省级少数民族和贫困地区人才、省委联系服务重点专家。她的学生叫她“校长妈妈”，老师称她“以校为家的校长”，面对她的学校，她的教职员工，她的学生，她的家长，她总是耐心、耐心再耐心，她就像她的名字一样，总是带给教职员工、学生、家长最亲切的问候，最亲近的交流，最灿烂的笑容。

1992年，她师范毕业被分配到琼中县长征镇中心小学任教。当时，她带三年级，有61名学生，学生来源复杂。由于上学路程遥远，学生常常迟到或者旷课。学生不听课，不读书，学习基础差。为了掌握第一手材料，摸清学生的底细，能对症下药。她利用课余时间、周末时间对本班的学生进行家访、信访。周末时常不回家，而是到学生家里和家长拉家常，劝家长督促孩子按时上学，工夫不负有心人，第二年，班里有五位同学以优异的成绩被琼中县第一小学录取。

收获融于担当付出，心怀感恩培育新人。有了对教育最深沉的爱，她就有了前行的坐标和不歇的动力。于是她脚踏实地，倾注心血，挥舞智慧，负重地攀登一个又一个高峰。她从一名普通教师到教导主任，常务校长，乡镇校长，省级骨干教师，省级学科带头人，省级骨干校长，省委联系服务重点专家。她不断地创造奇迹，精神得到洗礼，智慧得到提升，不断地成长，并走向成熟。在省内、县内、校内做示范课、汇报课、研究课、讲座和送教下乡，累计60多节。为了打造一支勤业、敬业、爱业、乐业的高素质教师团队，作为党支部书记、校长的王日，她充分利用海南省骨干校长工作室平台、学科带头人工作室团队、名师工作室平台，定期聘请省内外名师、教育专家团队到学校指导年轻教师，定期开展教育教研活动，定期开展课题研究，为每一位教师铺路、加油、呐喊。她指导二十多位年轻老师参加省调教、课题研究及其他的教育教学比赛活动，多次获得省级、县级一、二等奖。

肩扛一校之长担子，甘愿把校当家来爱。2016年，她不顾丈夫的反对，参加乡镇学校竞岗，并成为一名乡镇校长。她永远忘不了那一天——2016年3月21日！这是她从县城学校到乡镇学校报到的日子。她亲眼见证了家长的蛮横，学生的野蛮，教职员工的“硬骨头”，校园脏、乱、差，校园文化空白无力。让初来乍到的她举步难行，但内心强大的她又怎能退缩？她坚信教育需要奉献，更需要深爱。

2017年，她亲自走进里龙、城文教学点听课、指导、调研、规划，最后确定以“精”“细”“准”的校园文化建设为抓手，构建具有农村教学点特点的校园文化建设体系。面对一、二年级的农村孩子，当他们走进校园里，能激发他们读书的热情。她把校园文化和学生的实际生活串联起来，让农村孩子爱上学校，让校园生活健康而有活力。2018年、2019年，省督导组、国家督导组到两所教学点检查工作，给了很高的赞誉。

2017年10月，在加钗八一爱民小学她提出“爱”和“美”的新田园教育哲学。2018年4月，得到田园课程专家、导师关心凤的引领，顺利开发“百香园特色课程”，并实施、验证、推广，海南省教育研究培训院每年定期在这里举行新田园教育现场会。

“百香园特色课程”从无到有，从有到优，从优到特色，从特色到推广。这一路走得很艰辛，但是看到农村学校、老师、学生、家长发生翻天覆地的变化，她所有的付出、这个“以校为家的校长”名副其实，值了。

“百香园特色课程”她提供的是有精神、有科学和有梦的教育，让学生的“种子”有生长的时空和养料，她成就农村孩子们的“诗和远方”。

2020年，王日带领琼中县第二小学和高田小学两所学校更是取得优异成绩。高田小学的“田园飘香”“万物生长”课程建设，得到省课程专家、学科带头人、省级骨干教师及教育界人士的高度评价和赞誉，高田万物生长课程两次荣登《中国教育报》。2020年，累计共有教育界人士336人次到高田小学回访、参观、学习。组织学生参加县级、校级各类比赛，共有856人荣获奖项，指导老师参加论文评比共有13人荣获一、二、三等奖，琼中县第二小学被评为2020—2022年度海南省先进卫生单位。

除了做好学校的管理工作之外，王日还组织部署和落实教育扶贫工作，她坚持行走在营根镇各个村委会，将学校骨干教师分成若干组定期每周一送教到村委会，给贫困户做专业指导，增加贫困户对孩子教育的责任感、紧迫感和使命感。不管是节假日、放学期间，还是双休日，只要接到任务，王日便带领老师按照工作部署，走村窜巷调查信息、资金发放、宣传扶贫政策，竭力把教育扶贫工作做到最好，2020年共下村20余次。

作为新时代山区教育的领路人，王日敢想，敢做，敢担当，她引领一支勤业、敬业、爱业、乐业的团队在教育的康庄大道上奔跑着，辛劳耕耘着。

从教27年来，王日用爱和青春为民族山区的教育架设希望之桥，为民族山区的教育教研奉献智慧和力量。

【郑裕旭】男，汉族，1967年9月生，广东省汕头市人，中共党员。郑裕旭1996年6月毕业于广西卫生管理干部学院（专科），2015年01月毕业于海南医学院（函授本科），1996年至2021年一直在琼中人民医院工作，长期坚守在临床一线，从事内科临床诊疗工作以及传染防控工作。他热爱本职工作，二十几年如一日地在自己平凡的岗位上兢兢业业，刻苦专研，恪守职业道德，以强烈的事业心和责任感为山区百姓的健康奉献自己的青春。

“医为仁术，必怀大爱之心”。在长期工作中，亲身经历，感同身受，面对相当部分患者，因受病痛的折磨而情绪急躁、焦虑、抑郁。因此，在详细诊治患者的过程中，他尽量为患者营造友好的气氛，争取患者的信任和配合，并且耐心、细致的与患者交流、沟通，安抚患者，消除患者的疑虑，增强患者战胜疾病的信心，调动患者及其家属配合治疗的积极性。在日常工作中，把患者当做朋友对待，无论贫富，都一视同仁，言语始终和风细雨、体贴入微，尽力为患者解除病痛，急患者之所急，遇到疑难杂症，经常废寝忘食地查找资料，或请教资深的同行，想方设法为患者解决病痛,时刻将“高疗效、短疗程、低费用”为宗旨，为山区百姓的健康保驾护航。

除日常的临床工作外，自2010年开始，他每年都积极配合琼中县卫健委给相关人员培训传染病的防控和诊治知识。2016年被海南省卫计委（现卫健委）聘为健康巡讲专家；2017年被琼中县卫计委（现卫健委）聘为健康巡讲专家，并配合琼中县疾病预防控制中心，还经常性地到社区或乡镇给居民做健康知识讲座。通过这几年的努力，居民对健康的认识明显提高。

2017年和2018年，他进村入户，到黎母山镇对患有慢性病的患者进行精准甄别，为琼中县的健康扶贫提供可靠的依据。2019年和2020年，根据琼中县的工作安排，他帮扶琼中县上安乡什坡村委会卫生室，定期到卫生室巡诊，指导村医的工作，为当地村民解决看病难做了一定的贡献，同时也提升村医的业务能力。

2020年新冠疫情暴发，他主动要求到发热门诊。湖北成为重灾区，他主动请战，并于2020年3月15日，被医院任命为琼中县人民医院第一批援鄂医疗队队长，带领其他9名队员参加海南省第五批援鄂医疗队出征武汉。他主动要求首先进入方舱收治患者，和队友们并肩战斗，圆满完成抗疫任务。

【黄明军】1979年出生，汉族，是琼中县长征镇南丰村委会里龙村人，现就职于海汽琼中公司，是一名驾驶员。

忽逢噩耗，父亲患癌。黄明军育有一子一女，男孩十岁，被诊断为轻度自闭症。母亲在1996年时受到刺激，导致精神上受到创伤，生活不能完全自理。因母亲和儿子存在健康上的问题，所以由黄明军的妻子在家照顾生活起居，黄明军便与父亲黄汉光一起工作养家，虽然家里有两个病人，生活上遇到许多沟沟坎坎，倒也过得平安幸福！

但天不随人愿，幸福的日子总是那么短暂。2020年下半年父亲黄汉光被查出患食管癌晚期，黄明军知道消息后震惊的同时又悲痛不已，他和他家人都知道父亲已时日无多。也许正是因为生活上曾经遇到过许多沟沟坎坎的风雨，理解家里有病人的苦难，黄明军很快调整心态，他深知与其活在悲伤和恐惧中，不如与父亲好好的珍惜余生的日子，他积极鼓励安慰父亲，与他一起坦然面对生活，黄明军的兄弟姐妹也纷纷从省外回来陪伴父亲。

强忍悲痛，劝父亲捐献器官。父亲黄汉光，心地善良，乐于助人，黄明军在父亲的影响下，经常做好事，经常参加公益活动。黄明军曾多次参加无偿献血，于2012年登记加入中国造血干细胞库，成为一名造血干细胞捐献志愿者，入库9年来，他一直在等着捐献机会的出现，期待有一天能够实现捐献造血干细胞救人的愿望。在一次外出工作期间，黄明军了解到人去世后，眼角膜可以捐献，可以帮助到看不见的人，让他们人重见光明。这一信息触发他生出想动员父亲捐赠器官的念头，但他知道这对一个农村人来说，是一个大逆不道的念头，他在挑战传统观念。

2021年2月，黄明军正式就捐赠器官一事与父亲黄汉光进行沟通。起初内心还是忐忑不安，内心深处更多的是不舍得父亲的离去，更不愿在爸爸离开后还去打扰他，但他与父亲促膝长谈过后，善良开明的老父亲黄汉光很快同意捐献，他了解儿子的用心，也乐于造福他人。

签署器官捐献志愿登记表，将爱传递。患癌后的父亲身体每况愈下，最后住进了医院。在黄明军和家人的陪伴下，在县红十字会工作人员的见证下，父亲黄汉光于2020年12月3日在病床上填写了《中国人体器官捐献志愿登记表》。父亲黄汉光在黄明军的劝解下原本是想捐献全身器官，但因为是胃癌晚期，全身大部分器官都已经被癌细胞侵蚀，只有角膜可用于捐赠。

2021年3月26日凌晨3点多，69岁的父亲安详走完他的一生。黄明军忍着悲伤和不舍，拨通了红十字会人体器官捐献协调员的电话，告诉协调员他的父亲已经去世了！本着黄明军和他家人的大爱，县红十字会和县医院医务人员争分夺秒，在早晨7时完成对父亲黄汉光角膜捐献摘取手术。而父亲黄汉光的眼角膜也于4月14日移植到一位因事故失明二十多年的女患者身上，让她时隔多年再度重获光明，再次看见美丽的世界，重新燃起生活的希望。

在办理好父亲的后事后，黄明军调整心情于4月7日在省、县红十字会和县委宣传部的共同见证下，黄明军毅然签署了《中国人体器官捐献志愿登记表》，承诺将遗体和全部器官在身故后捐献出来。

【王燕】女，汉族，1981年9月，汉族，海南农乡牧生态农业开发有限公司董事长。曾于2019年获得首届海南自贸区（港）女性创新创业大赛二等奖，在2020年疫情期间被评为“最美巾帼奋斗者”。她与丈夫长期从事农业生产经营工作，以高度的责任感及担当，带动一方产业发展，热心公益慈善活动，得到当地广大群众的好评和赞誉。

辛勤劳作，艰难创业。2009年王燕与丈夫到琼中县红毛镇自主创业。2009—2012年因连续三年遭受自然灾害的影响，资金链断缺无法持续生产，被迫停产，王燕与丈夫不离不弃才坚持下来。一次偶然的机会，在琼中红毛镇什寒村的老乡家里吃到了本土山鸡肉，然后回去跟丈夫商量，改做养殖琼中山鸡。但是养殖山鸡以后，销路成了问题，在经过一年的饲养繁育，王燕将山鸡饲养规模发展到4000多只，夫妻俩开始往市场营销，最初是跑各大菜市场，可是一天也卖不了几只山鸡，说贵了，说太小了，说不好吃。那时，夫妻俩常背着孩子们去赶集摆摊卖鸡卖鸡苗，还经常被市场管理人员赶来赶去，不让摆摊，王燕背着大女儿拖着鸡笼到处跑，晚上回到家身心疲惫。

王燕回家认真总结，认为销售方向错了，于是她转换思路开始拉着鸡往酒店农家乐送。她与丈夫一家家地跑，拼命向酒店农家乐推销自己的山鸡，遇到价格不合适的，她就送给他们试做。在她的不懈努力下，终于打通销路，琼中多家酒店农家乐开始订购山鸡，生意也逐步步入正轨。

扩大产业，反哺乡亲。从2017年开始，王燕与丈夫在琼中利用农民土地资源发展林下经济，在5年内建设一个万亩生态养殖示范基地（2021年底建成3000余亩），统一种苗供应，统一技术管理，统一饲养标准，统一渠道销售，统一打造品牌，计划年饲养量50万只，销售产值5000万元。并将本地居民、贫苦户吸纳进合作社，培训贫困户、低保户共计50场次，3000余人，以产业发展带动脱贫致富。

王燕了解到当地的妇女基本上都懂做黎家糯米酒以及山兰酒，她便利用自己的资源帮她们销售米酒，然后收购酒糟用以喂养山鸡及五脚猪，降低饲养成本提高产品质量，带动相关产业发展，鼓励妇女自己在家也可以创业发家致富。在政府的支持下，王燕在推动产业扶贫模式，带动当地贫困户及低保户共937户（4548人），贫困户年收入2万元。其中红毛合作社基地于2019年获得中国全国妇女联合会颁发的“全国巾帼脱贫示范基地”称号。

心系社会，热心公益。王燕与丈夫在发展产业的同时，始终不忘企业所应承担的社会责任，始终热心于各项公益事业。

王燕早年加入琼中乐善爱心社，并时常参加爱心社组织的各类活动，去敬老院看望老人、打扫卫生，到福利院给孩子们表演节目。在孩子们放假的时候，王燕常常会带他们外出进行社会公益活动。2020年，王燕在家关注疫情得知多地已成隔离区，急需物资，几经周折，联系海口市商务局，捐赠1万枚山鸡蛋和绿壳蛋。王燕先后被评为“社区杰出奉献义工”“爱心小义工”“爱心企业”等。

2021 年琼中县获厅局级表彰奖励情况表

表21 **注：排名不分先后**

序号	受表彰对象	受表彰称号	受表彰时间（年月）	授予机关
1	琼中黎族苗族自治县	琼中县（黎族民歌）被评为 2021—2023 年度“海南省民间文化艺术之乡”	2021 年 8 月	省旅游和文化广电体育厅
2	琼中黎族苗族自治县	海南省农村危房改造工作激励对象	2021.09	省住房和城乡建设厅、省财政厅
3	琼中黎族苗族自治县	2019 年度森林资源保护和发展目标责任制考核，获优秀等次	2021 年 2 月	省林业局、省财政厅、省自然资源和规划厅、省交通运输厅、省生态环境厅省应急管理厅、省统计局
4	黎母山镇党委	海南省先进基层党组织	2021 年 7 月	省委办公厅
5	和平镇党委	海南省脱贫攻坚先进基层党组织	2021 年 6 月	省委办公厅
6	县行政审批服务局（县人民政府政务服务中心）	第六届海南省文明单位	2021 月 2 月	省委办公厅、省人民政府办公厅
7	县财政局驻南久村工作队、营根镇朝参村驻村工作队、新林村委会、和平镇党委、南垭乡村振兴工作队	海南省脱贫攻坚先进集体	2021 年 6 月	省委办公厅、省人民政府办公厅
8	黎母山镇、和平镇	第六届海南省文明村镇	2021 年 2 月	省委办公厅、省人民政府办公厅
9	海南琼中民族思源实验学校团委	2020 年度“海南五四红旗团委”	2021 年 4 月	共青团海南省委
10	琼中黎族苗族自治县太平学校团支部	2020 年度“海南五四红旗团支部”	2021 年 4 月	共青团海南省委
11	经济犯罪侦查大队、禁毒大队、治安管理大队	2020 年度全省公安机关专案专项及年度工作集体二等功	2021 年 2 月	省公安厅
12	县科学技术和工业信息服务中心	入选2022 年省级“创新型县（市）”	2021 年 12 月	省科学技术厅
13	县统计局、县财政局	海南省第七次人口普查先进集体	2021 年 9 月	海南省人民政府第七次全国人口普查领导小组办公室
14	海南琼中思源实验学校、海南琼中民族思源实验学校	海南省文明校园（继续保留）	2021 年 2 月	省精神文明建设指导委员会

牢基层“战斗堡垒”。高质量高标准完成10个乡镇领导班子、123个村（社区）“两委”换届工作任务，村（社区）书记、主任全部实现“一肩挑”，总体达到“一降六升一提高”目标。抓好干部队伍建设这个关键，注重从急难险重工作一线选任干部，先后调整干部44批819人，给予公务员职级晋升354人、嘉奖653人、记三等功158人。强化“内培外引”，举办各类培训班753期5.7万人次，选派挂职干部39人，选派到自贸港跟班学习14人，引进卫生、金融等领域高层次急需人才1672人。县委老干部局获全省唯一“全国老干部工作先进集体”称号。抓好纪律作风建设这个保障，统筹推进“作风整顿建设年”和“查堵点、破难题、促发展”活动，推动各级各部门查摆整改作风问题369个，解决堵点问题280个，周末“不打烊”等多个亮点做法和成效得到省活动办肯定。加强党对反腐败工作的集中统一领导，召开县委常委会等会议研究部署全面从严治党工作7次，开展5轮巡察推动完成问题整改553件，查处违反中央八项规定精神及“四风”问题109起139人，给予党纪政务处分118人。持续保持惩治腐败高压态势，全县纪检监察机关运用“四种形态”处理413人次，分别占比56.17%、33.42%、5.81%、4.6%。政法队伍教育整顿工作得到中央第十一督导组充分肯定，学习教育环节评估排名全省第二。

——答好“第一张考卷”，统筹推进疫情防控和经济社会发展取得阶段性胜利。累计投入14.39亿元全面落实“六稳”“六保”和疫情防控工作任务，筑牢三级书记抓疫苗接种工作机制，建立24小时重点企业用工调度机制、“县镇校”复学工作三级战斗体系和数据比对“三道关口”，量身定制16条学生专线，在县内建成核酸检测PCR实验室2个、设置疫苗接种点18个，疫苗接种做到应接尽接，县域顺利实现复工复产复学，2020年度市县高质量发展综合考核在第二平台排名第二。城镇、农村常住居民人均可支配收入分别为36090元、15670元，年均增长8%、11%。

——答好“第二张考卷”，推动脱贫攻坚与乡村振兴有效衔接。产业、住房、教育、医疗、安全饮水、就业、社会兜底保障等政策全面落实，全县建档立卡贫困户5938户23797人、贫困村44个全部如期实现脱贫退出，率先在全省建立防贫综合保险制度等防返贫机制，动态监测473户1506人，守住规模性返贫底线。推进组织振兴，成立县委实施乡村振兴战略领导小组，设立五个专项组，将县扶贫办重组为乡村振兴局，将原帮扶队伍整合为乡村振兴工作队，选派乡村振兴工作队110个、队员324人，帮扶单位111个、帮扶联系人1626人，实现工作无缝衔接。和平镇堑对村获评“全国乡村治理示范村”。推进产业振兴，将16家县属国企分类整合成乡村振兴控股、加钗投资控股、中部菜篮子3大平台公司，开工建设水央村田园综合体等产业示范项目9个，培育一批特色优质产业集群。实施“企业进村”战略，推进人才振兴，实施“领头雁”培养工程，培养农村致富带头人320名，南海乡土人才韦秀芳、黎族民歌传承人林玉英荣获“海南省优秀农村实用人才奖”。创新“政府+人力资源公司+农村劳动力”工作模式，举办就业技能培训111期11947人次，推进农村剩余劳动力转移就业27036人次。推进生态振兴，编制完成79个行政村村庄发展规划，创建国家级生态文明村7个，建成农村分散式污水处理站303个，“气代柴薪”实现372个自然村点火通气，农村公路畅通率、垃圾无害化处理率、无害化卫生厕所普及率均达100%，获评“四好农村路”全国示范县、“农村生活垃圾分类和资源化利用示范县”。推进文化振兴，2020年镇（村）社会文明大行动测评全省第四，创建“中国少数民族特色村寨”6个、“全国文明村镇”7个、“全国民族团结进步模范集体”4个、省级美丽乡村示范村72个、“椰级”乡村旅游点2个。

——答好“第三张考卷”，主动融入和服务好海南自贸港建设。自贸港早期政策安排部分核心指标实现零突破，注册登记外商投资企业6家，货物进出口贸易额、服务进口额累计1909.2万元。15个纳税人享受自贸港税收优惠政策，免征税款2679.17万元。生态文明建设向上向好，高标准编制“三线一单”生态环境分区管控实施意见，创新建立“河湖长+区域行政综合执法长”“河湖长+检察长”等机制，两轮中央环保督察57件信访件全部办结。营商环境持续优化，成立优化营商环境工作专班，创新推出“五大服务”“审批服务四个一批”等系列服务组合拳，“12345+N”机制连续3次被全省通报表扬，营商环境被列为全省首个正面典型案例宣传推广，县工商联获评全国“五好”县级工商联，全县新增市场主体4063家，引进项目签约81个，落地项目40个。民生福祉不断增进，每年投入民生资金占财政支出80%以上，每年省县为民办实事事项全部完成，我县首个残疾儿童康复机构建成使用，3名琼中籍残疾运动员在全国第十一届残运会暨第八届特奥会再创佳绩，其中王超阳勇夺4金。琼中女足品牌建设得到国家和省大力支持，实施做大做强琼中女足三年行动计划，海南省琼中“体教融合”产业发展（琼中女足）示范区项目启动建设，成立了海南省女子足球队，中国足球协会青少年女足训练中心在琼中挂牌，琼中女足俱乐部创造了“当年成立当年冲甲成功”的历史。以旅游业为龙头的现代服务业持续壮大，百花岭成为海南中部首家国家AAAA级景区，第九届海南乡村旅游文化节等系列特色旅游活动顺利举办，累计接待旅游过夜人数114.57万人次，实现旅游收入11.89亿元。琼中黎苗文化时尚秀亮相中国国际时装周，相继在央视新闻联播、人民日报等主流媒体报道，荣获“中国民间文化艺术之乡”“全国群众体育先进单位”等称号。热带特色高效农业综合效益显著，启动10万亩沉香种植园项目建设，建成高标准农田1.14万亩，建成槟榔病虫害防控示范点1.2万亩，试点投用槟榔园多功能维护一体机、槟榔采摘机器人等智能设备，引进种植无花果、燕窝果、蓝莓等“新奇特优”水果，湾岭镇4.3万亩土地入选全国首批天然富硒土地，我县被评为“全国县域农业农村信息化发展先进县”。园区发展加热升温，落实“特别极简审批”，组建服务专班，建立“联企秘书”服务机制，设立海口海关技术中心湾岭工作站，成立中部科技协同创新中心、园区法治服务中心，湾岭金林通用机场、省应急物资储备中心等项目征地工作基本完成，“1+4+X”产业规划布局逐步构建，2021年引进企业27家，目前在园企业50家，完成园区总产值4.95亿元，同比增长125%。城市建设提质扩容，县中西路、三月三大道等市政道路建成通车，加鑫广场、鼎隆商业综合体基本建成，兆南城、海鼎百花天地等重点项目深入推进，新建项目开工48个，续建项目竣工86个。基层教育、医疗等工作得到孙春兰副总理高度肯定，顺利与郑州大学开展合作办医，与海口滨海九小开展合作办学，华中师大琼中附中通过创省一级（乙等）学校审核，“教育回流”现象成为全省义务教育均衡发展新亮点，先后3次在全省教育大会作经验交流。民主法治建设成效显著，支持设立乡镇人大代表、政协工作联络站，将人大代表议案建议、政协委员提案办理纳入督考范畴，推动办结人大代表建议384件、政协提案166件。网格化三期项目被评为2021年政法智能化建设智慧治理创新案例，县法院诉讼服务质效评估5次排名全国第一，我县连续两年被评为信访工作“三无”县。五年砥砺奋进，成绩来之不易。这是党中央和省委、省政府正确领导的结果，是历届县委班子接续奋斗的结果，是全县上下共同努力的结果。在此，我代表县委，向全县广大党员干部群众、驻县军警部队官兵，以及关心支持琼中发展的各级领导、社会各界人士、离退休老同志，表示衷心的感谢并致以崇高的敬意！

五年奋斗之路，我们深刻体会到，办好琼中的事情、开创美好未来，关键在于做到“五个必须”：一是必须坚持和加强党的全面领导。东西南北中，党政军民学，党是领导一切的。只要坚持以习近平新时代中国特色社会主义思想为指导，拥护核心、维护核心、紧跟核心，就一定能战胜一切艰难险阻，不断从胜利走向新的胜利。二是必须毫不动摇实施“生态立县”战略。好生态就是金饭碗，保护生态就是发展生产力。只要树牢和践行“两山”理念，坚持生态保护优先，在保护中发展、在发展中保护，就一定能把生态优势转化为发展效益，把绿水青山变成金山银山。三是必须全面深化改革开放。改革开放是发展海南的关键一招，是海南自贸港建设的灵魂。只要勇于冲破思想观念的束缚和利益固化的藩篱，以改革破解难题，以创新塑造优势，以开放激发活力，就一定能在海南自贸港建设中勇立潮头，闯出一条富有琼中特色的高质量发展新路子。四是必须坚持以人民为中心的发展思想。江山就是人民，人民就是江山。只要始终把人民利益作为一切工作的出发点和落脚点，紧抓党史学习教育、作风整顿建设年和“查堵点、破难题、促发展”等活动转作风办实事，让更多改革发展成果普惠于民，就一定能得到全县各族人民的拥护和支持，汇聚起推动事业发展的强大合力。五是必须强化“督考合一”狠抓落实。“督考合一”是节省行政成本、明确职责分工、推动工作落实的有力举措。只要立起“风向标”、用好“指挥棒”，以严格的督考奖惩压紧压实责任，推动干部队伍发扬斗争精神、增强斗争本领，持续“跟上、盯住、办好”“比学赶超”，就一定能推动各项工作走在前列、争创一流。这些经验是我们的宝贵财富，必须长期坚持、不断发展，才能在奋进新征程中实现新跨越！

二、立足新的起点，锚定琼中打造“绿色高地”的奋斗目标

未来五年，是我们贯彻落实“十四五”规划、阔步迈向2035年远景目标的开局奠基期，也是我们投身海南自贸港建设、2025年前实现全岛封关运作的升级转段期，更是我们推进“一县三城五地”建设、打造海南自贸港“绿色高地”的提速换挡期，时机特殊、意义重大、影响深远。我们必须胸怀“两个大局”、心怀“国之大者”，深刻认识和把握我县面临的机遇和挑战，锚定奋斗目标，用更加积极有为、奋发作为的实际行动，向全县各族人民交出一份新的更加出色的答卷！

综合判断，未来五年是我县发展腾飞的关键时期，机遇与挑战并存，但机遇远大于挑战。从国家层面看，当前正值“两个大局”交织、“两个百年”交汇的关键时刻，面对严峻复杂的全球疫情和经济形势，以习近平总书记为核心的党中央准确把握国内国际两个大局，统筹推进“五位一体”总体布局，协调推进“四个全面”战略布局，推进“一带一路”建设顺应经济全球化潮流，推行新发展理念引领高质量发展，加快形成新发展格局，增强发展的内生动力和韧性，为我们塑造竞争优势、延伸产业链条提供了有利环境和重大机遇。从全省层面看，随着海南自贸港建设加快推进，特别是海南自贸港法、海南自贸港跨境服务贸易负面清单的发布实施，海南自贸港制度体系“四梁八

柱”已初步建立，“零关税、低税率、简税制”等政策叠加优势和效应持续放大，改革开放程度极大提升，海南处在国内国际双循环战略交汇点的特殊作用更加凸显，掀起了消费“大回流”、投资“大汇流”、项目“大建设”的新热潮，为我们打造“绿色高地”提供了政策支撑、注入了强大动能。就琼中自身而言，经过多年来的发展，我县综合实力明显提升，比较优势和竞争优势前所未有：我们处于海南岛中部核心交通枢纽地位、琼中女足上升为国家战略、拥有湾岭国际农产品加工物流园、还有以百花岭热带雨林为代表的国家级全域森林康养示范县优势，特别是我们集成自贸港政策和自身优势禀赋，紧扣法治化、国际化、便利化要求，采取超常规的举措打造便捷高效、康体养生、美丽幸福的一流宜商宜居环境，为我们打造“绿色高地”奠定了坚实基础。但是，我们也清醒地认识到，琼中总体发展水平离高质量发展要求还有不小差距，主要表现在：县域经济体量小，财政收入结构不优，培育支撑性税源任重道远；资源环境约束趋紧，大项目支撑不足，创新发展仍需加力；农业生产科技含量不高，农业产业抵御市场风险能力不足，农民增收渠道有待进一步拓宽；城镇化水平低，县城常住人口少，辐射带动能力不强；部分干部思想不够解放，作风不够扎实，服务意识欠缺，执行力亟待提升，等等。我们一定要正视问题、抢抓机遇，用足优势，化机遇优势为强大动力，补齐短板弱项，推动琼中在新时代新征程中实现绿色崛起！

今后五年全县总体发展思路是：坚持以习近平新时代中国特色社会主义思想为指导，深入学习贯彻党的十九届六中全会、习近平总书记关于海南工作的系列重要讲话和指示批示精神，全面落实海南自贸港系列政策文件要求，把握新发展阶段、贯彻新发展理念、融入新发展格局，坚持稳中求进的工作总基调，坚定不移实施“生态立县”战略，紧扣海南自贸港全岛封关运作目标，按照“双城驱动，三业支撑，五带协同”的发展思路，深化改革创新，优化营商环境，保障改善民生，加快建设“一县三城五地”，努力把琼中打造成为海南自贸港“绿色高地”。（“双城驱动”，即以县城为区域绿色发展核心、湾岭为产业集群极点，优势互补、同频共振、循环互促，打造经济增长新极核。“三业支撑”，即突出用好用活琼中女足、湾岭园区、全域森林康养示范县三大重点产业品牌优势，做大做强体育旅游、园区经济和森林康养经济，推动产业结构持续优化，提升高质量发展“绿色”含量。“五带协同”，即营根—湾岭产业带，是坐拥中部生态保育发展、联动南北两极经济圈和洋浦港西部陆海新通道的“极核”引擎，重点依托海三高速、万洋高速、海榆中线交通枢纽，突出以百花岭热带雨林文化旅游、海南湾岭农产品加工物流园为核心吸引物驱动发展；黎母山—中平产业带，是联动海南自贸港东西两翼的前沿阵地，重点依托万洋高速，突出以黎母山国家森林公园、红岭水库环湖旅游为核心吸引物驱动发展；长征—和平产业带，是联通万宁、琼海等东翼组群的重要门户，重点依托省道S304、万泉河水路，突出以云湖共享农庄乡村旅游、乘坡河谷生态旅游为核心吸引物驱动发展；红毛—什运产业带，是联动“大三亚”旅游经济圈的排头兵，重点依托琼乐高速，以白沙起义红色文化旅游、什寒“最美中国乡村”为核心吸引物驱动发展；上安—吊罗山产业带，是联动陵水、三亚构筑“山海互动、蓝绿互补”的生态廊道，重点依托省道S215，以东五指山上安仕阶温泉旅游、吊罗山国家森林公园为核心吸引物驱动发展。）

未来五年，全县工作的主要奋斗目标是：县域综合实力显著提升。主要经济指标增速高于全省，地区生产总值年均增长10%以上，力争到2025年达到100亿元；一般公共预算收入年均增长5%左右；人均GDP超过全省人均水平。发展质量效益显著提升。高质量发展体系更加完善，三大重点产业形成强大支撑力量，产业集群、产业链、产业生态基本构建；消费对经济增长贡献率持续提升；创新能力有新进展，研发经费投入逐年稳步增长。生态环境质量保持一流。大气、水、土壤等污染得到有效整治，单位生产总值能耗下降、二氧化碳和PM2.5等主要污染物减排总量控制在省下达的指标内，绿色低碳发展方式加快形成，为全省实现“双碳”工作优等生目标作出琼中贡献。城乡建设水平显著提升。县城管理水平、经济辐射带动能力明显增强，常住人口大幅增加，创建海南岛中部中心城市、全国文明城市、国家森林城市；城乡基础设施不断完善，人居环境明显改善，城乡区域发展协调性进一步增强，户籍人口城镇化率加快提高。社会治理效能显著提升。群众法治意识不断增强，依法治县迈出坚实步伐；社会公平正义进一步彰显，向上向善、诚信互助的社会风尚更加浓厚，共建共治共享的社会治理体系更加健全，基层基础更加稳固；突发公共事件应急处置能力显著增强，各类风险可防可控。民生保障能力显著提升。城乡居民收入差距进一步缩小，共同富裕达到新水平；基本公共服务均等化水平大幅提升，全覆盖、可持续社会保障体系更加完善；脱贫攻坚成果巩固拓展，乡村振兴取得重要成果，人民群众的幸福感、获得感显著增强。

2022年主要预期目标是：全县生产总值增长10%以上，一般公共财政预算收入增长10%以上，固定资产投资增长10%左右，社会消费品零售总额增长11%左右，城镇和农村常住居民人均可支配收入分别增长9.5%左右、10%左右，居民消费价格指数控制在3%左右。

三、落实重点任务，开创琼中打造“绿色高地”的崭新局面

要紧扣未来五年奋斗目标，坚持立足整体、长短结合、远近衔接的系统观念，锚定每年预期目标，制定具体工作任务，以“开局即冲刺、起步就快跑、全程不懈怠”的精神劲头，推动经济社会各项事业高质量发展。2022年重点抓好“七个推进”：

（一）推进全面深化改革创新，打造高质量发展新引擎。要加大科技创新力度。以省级创新型县申报创建工作为抓手，加强与上海交大、海南大学等高校科研院所合作，培育一批科技含量高、示范效果好的高新技术产业项目，推动2022年底实现科研经费投入翻番，高新技术企业新增3家以上，培育一批科技型中小企业。要创新国资监管方式。全面梳理经营性国有资产，将产权清晰、流通性强、变现性好的国有资产注入县属平台公司管理运营，推动平台公司战略性重组和市场化整合，实现经营性国有资本集中统一监管。要坚持以“多规合一”改革成果强化用地保障。加快编制县城、园区、黎母山镇等地区收储土地的综合利用方案，落实先租后让、混合用地、弹性年期等用地政策，推动土地资源合理配置。在园区推行以“对赌协议+极简审批”为核心的“标准地”制度改革，构建“标准地”的投入、产出、税收等出让控制性指标体系，推动土地资源集约高效利用。要深入推进农业农村改革。推广农村“三块地”改革模式，加快完成731个村组农村产权制度改革工作任务，盘活农村闲置土地和住宅，试点推进湾岭镇水央、石头堀，营根镇牛古湾等3个村庄的集体建设用地入市。要启动新一轮垦地融合改革。实施垦地融合三年行动计划，打造一批垦地融合发展示范项目，推动农垦土地空间规划、产业规划与琼中“多规合一”有效衔接，开创垦地融合发展新模式。

（二）推进营商环境优化，不断提高发展竞争力。要持续提升营商环境法治化国际化便利化水平。全面落实海南自贸港法和跨境服务贸易负面清单、放宽市场准入22条特别措施等政策，细化落实《海南自由贸易港营商环境重要量化指标赶超国内一流实施方案（1.0版）》。要持续提升政务服务水平。深化“事前服务指导、事中加速审批、事后跟踪推进”工作协调机制，发挥工程建设项目服务专班作用，及时为企业和项目提供全流程帮办代办服务。深化“一枚印章管审批”“零跑动”等改革，继续实施“三减一优”“靠前服务”“告知承诺”“容缺受理”“零审批”等举措，最大限度压缩办理时限、简化审批流程，实现2022年底“零跑动”事项可办率达65%以上。要持续提升项目有效投资。坚持“项目为王”理念，落实全省“投资新政三年”等相关规定，围绕项目谋划、要素保障、调度督考等方面构建联合推动机制，掀起“大抓项目、抓大项目”工作热潮。继续开展项目建设“比学赶超”活动，聚焦“县重点项目问题清单”，集中攻坚一批项目堵点难点问题，推动形成更多实物工作量及有效投资。启动2022年省县重点项目谋划筛选工作，严格把关项目申报，注重提高产业投资比例，确保一批重点项目纳入年度省县投资计划。要持续提升招商引资实效。建强专班队伍，做大做强招商“朋友圈”，围绕琼中女足、农产品加工贸易、森林康养旅游等特色产业，引进一批实力雄厚、带动力强的优质企业，助力我县三大重点产业发展。继续落实服务企业“三项清单”制度以及代办工商注册等相关手续，为企业提供全程“保姆式”服务，加快推动一批重点跟踪项目签约和签约项目履约进度。

（三）推进“生态立县”战略，厚植高质量发展“绿色”底色。要突出标志性工程引领。持续推广清洁能源汽车，探索“政府+桩企”“物业+桩企+电力”等充电设施建设模式，争取全县总体车桩比在2.5:1以下。开展塑料减量化模式，大力推广全生物降解塑料制品。全面推广装配式建筑，严格执行绿色建筑标准。启动国家森林城市建设三年行动计划，积极申报国家级碳中和试点示范城市，推动建设碳中和先行区。要科学精准溯源治污。编制环境空气质量分阶段提质方案，以及“重点流域突发水污染事件环境应急”“一河一策一图”，加大对扬尘污染、河流污染物排放的治理力度，确保空气优良天数、地表水达标比例为100%。严控土壤污染源头，开展食用农产品“治违禁、控药残、促提升”三年行动，实现农产品农药残留检测合格率达99%以上。加快存量和新增“两违”图斑处置，推进昌化江、万泉河等重点河流中上游河岸生态保护修复工程，加大石场矿山综合整治和生态修复力度。

（四）推进做强三大重点产业，塑造高质量发展新亮点。要发展壮大森林康养旅游。加快推进全域森林康养试点建设县创建工作，重点推行“森林康养+”模式，制定出台琼中全域森林康养产业发展规划及年度实施方案，加快建设一批森林康养林、森林康养基地、森林康养人家、森林康养特色小镇，创新发展林下特色种养经济，探索开发森林浴、森林课程、森林冥想、南药康养等特色森林康养服务，积极开展热带雨林徒步、越野跑、马拉松、定向运动等森林康养运动项目，推动形成“一心一园两带四区多点”的全域森林康养空间布局。做强生态旅游、红色旅游和民俗旅游，推进百花岭热带雨林文化旅游区创建国家AAAAA级景区，白沙起义红色文化旅游区、黎母山抽水蓄能电站生态旅游区、琼中女足体育主题公园创建国家AAAA级景区，云湖乡村旅游度假区创建省级旅游度假区，提升“奔格内”乡村旅游精品线路，完善旅游服务设施配套，推动形成

"红绿相融、蓝绿互动"的全域旅游发展态势。要全力发展琼中女足招牌产业。开工建设国际足球特色学校和足球文化特色酒店等项目，力争完成体教融合产业发展（琼中女足）示范区项目一期，同步启动二期项目建设，确保2022年建成9片足球场地并投入使用，高标准引进策划国内国际足球赛事不少于3个。加快足球相关产业链招商引资导入，围绕足球用品制造业、足球服务业等足球相关产业布局，引进足球产业基金、龙头企业研究机构，打造集国际体育竞技、运动康复、足球教育、健身休闲、旅游度假为一体的国际足球产业集聚区。要加快建设海南进口农产品加工产业园。积极争取国家和省里支持，培育1—2家企业作为试点，利用加工增值30%免进口环节税等自贸港优惠政策，重点发展海鲜干货、坚果、奶制品和休闲食品等不受配额限制、关税较高的品种。积极谋划与巴西、智利等国家开展"飞地经济"，争取设立中国拉美产业园海南分园，将园区打造成为农产品加工贸易领域国内国际双循环的重要交汇点和反应炉。围绕"1+4+X"产业布局，引进主导产业企业30个，集聚发展椰子、南药、果蔬等农产品加工链集群，打造国家高端食品加工园区和全国应急物资储备综合体。

（五）推进乡村振兴和新型城镇化建设，实现城乡融合跨越发展。要科学编制城乡规划。以"多规合一"为引领，启动生态修复规划编制，推进国土空间总体规划编制报批工作，2022年完成百花岭总规控规报批，以及实用性村庄规划编制等工作。要全面提升城市功能品质。加快玉锦大道南延长线、营河北路延长线等市政道路建设，推进县城污水管网、景观亮化等市政功能建设，完成1200套棚改任务，不断提升县城公共服务水平。要全面推进乡村振兴。巩固提升44个脱贫村、5938户脱贫户脱贫质量，完善易返贫致贫人口动态监测和精准帮扶机制，健全低收入人口常态化帮扶机制，确保不发生规模性返贫。继续实施"企业进村"战略，充分发挥县属平台公司作用，盘活闲置资源，引进社会资本，升级打造一批交通便利、环境优美、宜居宜游的村庄，推动脱贫攻坚与乡村振兴有效衔接。要做大做强热带特色高效农业。全力抓好粮食和重要农产品生产供应，巩固提升橡胶、槟榔等传统产业效益，壮大桑蚕、养蜂、茶叶等特色优势产业，做好蓝莓、燕窝果等水果试种推广，扩种2万亩益智和5000亩斑兰叶，加快10万亩沉香种植园、5万亩绿橙标准化示范基地、5000亩高标准农田、1.9万亩槟榔病虫害综合防治示范区等项目建设，推动海口海关200亩热带农业种质资源成果转化基地建成投产，形成一批具有竞争优势的热带高效产业。

（六）推进保障改善民生，让人民群众共享发展红利。要落实就业优先政策。探索"创业导师+专业孵化+天使投资"新型创业服务模式，加大高校毕业生、农民工、退役军人等重点群体就业创业扶持力度，发挥劳务专班作用，确保2022年新增城镇就业700人、转移农村劳动力6000人。持续开展"军训+技能"等培训，举办各类培训班75期。要持续优化教育资源。深化巩固"一市（县）两校一园"工程，与华中师范大学合作共建国际足球特色学校，与海南师范大学合作共建民族思源学校和湾岭学校，完成60所学校薄改提升工作，新增学位700个。面向全国招聘基层优秀教育人才、特岗教师、骨干教师等100名，全面提升我县教育品质，提高教学质量，优化农村教师队伍。要加快健康琼中建设。启动运行以郑州大学琼中医院为龙头的紧密型县域医共体，提升基层医疗卫生服务能力，实现小病不出乡、大病不出县。压紧压实常态化疫情防控责任，加快推进疫情防控"7+3"项目建设，启动县疾控中心现代化微生物实验室升级改造，推动县妇幼保健院异地新建和海南省中部区域（琼中）中医医疗中心建设。实施卓越人才引进计划，引进医疗人才10名。要建立多层次社会保障体系。加大全民参保力度，推动城镇职工实现法定人群全覆盖。持续开展根治欠薪专项行动，确保案件结案率达90%以上。加快推进残疾人综合服务设施和康复托养机构、城北新区和县城食品厂安居房建设，完成创建全国未成年人保护工作示范县。要推进精神文化事业发展。稳步推进海南中部（琼中）新华文化产业消费园区、琼中"四馆合一"建设，深入开展"九大专项行动"和"五大创建"工作，实现创建工作取得新成效。

（七）推进全面依法治县，建设更高水平的法治琼中。要着力防范化解重大风险。建立健全风险防控各项工作机制，全面建立"风险官"制度，积极防范化解思想作风懈怠、意识形态、生态、公共安全、民生保障和廉政等重点领域风险，确保社会安全稳定。加快推进"雪亮工程"和社管平台项目建设，实现对人流、物流、资金流、数据流的实时监控。要纵深推进社会治理。启动实施"八五"普法，以海南自贸港法为重点开展"五进"活动，营造尊法守法学法用法的良好氛围。常态化开展扫黑除恶斗争，深入推进四大行业领域整治，铲除黑恶势力滋生土壤。持续推进新一轮禁毒、交通安全整治、安全生产专项整治等大行动，力争全县现有吸毒人员占常住人口比例降至0.5‰以下、车辆超限超载率明显下降、安全态势平稳可控。要加强民主法治建设。贯彻落实中央和省委人大工作会议精神，支持人大、政协依法履职尽责，督促"一府一委两院"依法行政、依法监察、公正司法。支持民主党派、工商联和无党派人士发挥作用，强化工会、共青团、妇联等群团组织桥梁纽带作用。积极创建省级双拥模范县，促进军民融合发展，推动武装工作再上新台阶。

四、深化管党治党，凝聚琼中打造“绿色高地”的奋进伟力

要全面贯彻落实新时代党的建设总要求，坚持党建引领海南自贸港建设，结合琼中实际探索党建新模式，推动党建工作与各领域工作深度融合，为琼中打造“绿色高地”提供坚强政治保证。

（一）持之以恒加强思想政治建设。要强化理论武装。巩固用好党史学习教育成果，依托各级党委（组）理论中心组、县委党校、理论宣讲团等载体，学深悟透习近平新时代中国特色社会主义思想，强化对党中央和省委重大会议精神的学习培训和宣传解读，不断提高政治判断力、政治领悟力、政治执行力。要严明政治纪律和政治规矩。严格落实民主集中制，严肃党内政治生活，推进政治监督具体化常态化，坚持“五个必须”，反对“七个有之”，拥护“两个确立”，增强“四个意识”，坚定“四个自信”，做到“两个维护”。要牢牢掌握意识形态工作领导权、管理权、话语权。全面落实意识形态工作责任制，坚定不移抓规范、防风险，筑牢守稳各类意识形态阵地，进一步加强网络安全管理，确保网络舆论环境风清气朗。

（二）着力建设堪当重任的干部人才队伍。要树牢干事创业风向标。落实省委“五个大力选拔”要求，选任在自贸港建设、乡村振兴、疫情防控等重大斗争实践中表现优秀的干部，统筹使用优秀女干部、少数民族干部和党外干部。持续完善干部考核评价体系，用好容错纠错机制，注重挖掘受处理处分后表现优秀的干部，营造鼓励担当、宽容失误的氛围。要锤炼建设自贸港的过硬本领。实施“建设海南自由贸易港能力提升计划”，深入推进“自贸港党员素质提升工程”，选派更多优秀干部到省内外发达市县挂职或跟班学习，有计划、分层次把各领域干部培优训强。健全“督考合一”机制，继续推行执行力第三方评估考核，推动干部提升抓工作落实能力。要激发人才队伍活力。编制琼中人才发展中长期规划，探索制定乡村振兴人才专项培养计划及重点领域人才培养计划，健全人才激励和服务保障机制，加强与知名高校、科研院所战略合作，深挖用好“候鸟”人才资源，吸引更多高层次人才及人才团队入驻。深入推进基层教育卫生专业技术人才激励机制改革，通过项目、企业和市场带动，柔性引进农业、旅游、现代服务业等领域急需紧缺人才。

（三）全力打造坚强有力的基层堡垒。要增强基层党组织的组织力。大力推进机关党支部标准化建设，深入开展“机关党建+五服务”活动，不断增强组织力和战斗力。加强党支部标准化规范化建设，常态化抓好“比学赶帮超”考核机制，持续排查整顿软弱涣散党组织，创建省级农村示范党支部至少1个，县级农村示范党支部至少10个。加强对组织制度执行情况的督查，完善“一核两委一会”乡村治理结构，落实好“四议两公开”等制度，不断提升党建引领基层治理能力。抓好村干部资格联审，防止村干部“带病”上岗。要提升城市基层党建工作水平。优化升级城市基层党建格局，提升党建引领城市基层治理水平。成立商圈楼宇党建联盟，积极谋划直播销售、快递物业等领域开展党建工作，持续推动党的组织和党的工作全覆盖。贯彻落实《海南省园区党建工作管理办法（试行）》，以党建促园区健康发展。

（四）坚定不移正风肃纪反腐。要更加突出政治监督。把监督贯穿于党领导经济社会发展全过程，创新监督方法，抓住“一把手”和领导班子监督这个关键环节，对乡村振兴、生态环保、粮食购销、工程建设等重点领域，持续开展监督检查，做到有责当尽责、失责必问责。精准运用“四种形态”，牢牢把握“三个区分开来”，充分体现严管厚爱。要坚决抓好作风建设。严格贯彻落实中央八项规定精神，巩固深化“作风整顿建设年”和“查堵点、破难题、促发展”活动成效，加大明察暗访和查处问责力度，对享乐主义、奢靡之风露头就打，对“四风”隐形变异、改头换面等新动向时刻防范。要持续深化反腐败斗争。坚决做到“五个讲清楚”，一体推进不敢腐、不能腐、不想腐，深化标本兼治，做实以案促改、以案促治，助力清廉自贸港建设。重点查处不收敛不收手的违法违纪和群众身边的微腐败问题，持续深化重点领域突出问题专项整治，深挖细查涉黑涉恶腐败和“保护伞”。

1.一县三城五地：“一县”即国家生态文明建设示范县。

“ 三城”即创建海南岛中部中心城市、全国文明城市、国家森林城市。“五地”即海南自贸港中部旅游消费胜地、海南自贸港农产品加工物流集散地、海南自贸港应急物资储备基地、海南自贸港生态康养目的地、海南自贸港中部文化体育聚集地。

2.“137”督办工作制度：“1”即当天下达任务，当天研究部署；“3”即3天内反馈办理情况；“7” 即原则上7天内要落实解决，暂时不能解决的要及时反馈情况，并提出解决方案和完成时限。

3.服务企业“三个清单”：落地运营企业服务清单、已落地正办理手续企业服务清单、有意向来投资的企业服务清单。

4.一降六升一提高：平均年龄下降，妇女书记、35岁以下年轻干部、两委干部大专学历、党组织书记大专学历、女性干部、少数民族干部占比提升，退役军人比例提高。

5.数据比对“三道关口”：公安户籍数据比对关、计生系统人口数据比对关、入户摸排数据核对关。

6.三线一单：生态保护红线、环境质量底线、资源利用上线和生态环

境准入清单。

7. 1+4+X：以特色农产品为核心，通过有机种养、精深加工、物流仓储、自由贸易四轮驱动，构建绿色产业链与科技生态圈。

8. “三块地”改革：农村土地征收、集体经营性建设用地入市、宅基地制度改革。

9.三减一优：减环节、减材料、减时限、优化审批服务。

10.疫情防控“7+3”项目：“7”即提升发热门诊收治能力建设、提升可转换传染病区收治能力建设、提升可转换ICU收治能力建设、提升实验室能力建设、提升传染病检测能力建设、提升医疗废弃物处置能力建设、提升急救能力建设。“3”即做好重大疫情救治保障、应急医疗物资保障、应急医疗资源启用预案保障。

11.九大专项行动：文明教育行动、文明交通行动、环境治理行动、文明旅游行动、文化惠民行动、诚信教育实践行动、志愿服务行动、军民融合行动、网络文明行动。

12.五大创建：创建文明城市、文明村镇、文明单位、文明家庭、文明校园。

13.五个必须：必须维护党中央权威；必须维护党的团结；必须遵循组织程序；必须服从组织决定；必须管好亲属和身边工作人员。

14.五个大力选拔：大力选拔政治过硬、信念坚定、对党忠诚，坚决贯彻落实中央大政方针和省委决策部署的好干部；大力选拔能力过硬、本领高强、实绩突出，更好适应海南全面深化改革开放需要的好干部；大力选拔责任过硬、勇于担当、善于作为，在自由贸易港建设中解放思想、敢闯敢试、大胆创新的好干部；大力选拔作风过硬、坚韧不拔、真抓实干，自觉践行以人民为中心的发展思想的好干部；大力选拔纪律过硬、清正廉洁、无私奉献，在工作和生活中能够为人表率的好干部。

15.标准地：带着建设规划、能耗、环境、投资强度、亩产税收等一系列标准进行出让的建设用地，企业拿地后通过“一窗受理”即可开工，建成投产后按照法定条件和既定标准进行验收。

16.五个讲清楚：讲清楚党中央和习近平总书记的要求；讲清楚海南全面深化改革开放和中国特色自由贸易港建设的正确政治方向；讲清楚全面从严治党对海南自由贸易港建设的基础性作用；讲清楚全面从严治党对海南全面深化改革开放的推动作用；讲清楚清明政治生态和亲清政商关系是优化营商环境的重要内容。

17.一心一园两带四区多点：“一心”即把琼中县城周边打造为集旅养结合、黎苗文化、南药文化、热带雨林文化、体教融合产业发展为一体的森林康养产业发展核心；“一园”即湾岭农产品物流加工园；“两带”即琼中高速绿色产业带和一河两岸碧道康养带；“四区”即综合服务区、热带雨林康养区、休闲体验康养区和农业体验康养区；“多点”即通过开展康养林、森林康养基地、森林康养人家、自然教育基地和森林氧吧等建设，多点组合全域康养。

18.五进：进机关、进乡村、进社区、进企业、进学校。

19.四馆合一：图书馆、科技馆、博物馆、规划馆有效融合。

20.三个区分开来：把干部在推进改革中因缺乏经验、先行先试出现的失误和错误，同明知故犯的违纪违法行为区分开来；把上级尚无明确限制的探索性试验中的失误和错误，同上级明令禁止后依然我行我素的违纪违法行为区分开来；把为推动发展的无意过失，同为谋取私利的违纪违法行为区分开来

琼中黎族苗族自治县人民政府工作报告

——2022年1月11日在琼中黎族苗族自治县第十六届人民代表大会第一次会议上

琼中黎族苗族自治县人民政府县长　蒋莉萍

一、本届政府工作回顾

过去五年，是琼中发展进程中充满挑战、极为不易的五年，也是砥砺奋进、卓有成效的五年。面对经济下行压力、政策性财政减收、疫情严重冲击等不利因素，县人民政府在省委、省政府和县委的正确领导下，在县人大、县政协的监督支持下，始终坚持以习近平新时代中国特，色社会主义思想为指导，全面贯彻党的十九大、十九届历次全会和中央12号、8号文件精神，团结带领全县各族人民，沉着应对、主动作为、攻坚克难，积极推进“一县三城五地”[1]建设，全县经济社会各项事业发展取得阶段性成果，基本完成本届政府工作目标任务。预计2021年，全县地区生产总值65.8亿元，是2016年的1.3倍，年均增长5.6%；一般公共预算收入2.57亿元；社会消费品零售总额19.75亿元，是2016年的1.4倍，年均增长6.8%；城乡居民人均可支配收入分别达36090元、15670元，年均分别增长7.7%、10%。

过去五年，是抓规划、谋长远，发展布局更加科学的五年。编制实施《琼中县总体规划（空间类2015—2030）》《湾岭镇镇墟总体规划》等镇（村）总、控规（修编）98项；《琼中县国民经济和社会发展“十四五”规划和2035年远景目标纲要》《琼中县“十四五”农业农村发展规划》等经济社会发展综合、专项规划62项，形成“多规合一”一张蓝图，为推动县域高质量发展提供了科学依据和重要保障。

过去五年，是战贫困、奔小康，实现脱贫攻坚与乡村振兴有效衔接的五年。如期全面建成小康社会。整合涉农资金17.4亿元，实施扶贫项目1612个，开发公共服务岗位3387个，全县44个贫困村全部脱贫出列，5938户23797名贫困人口全部脱贫退出，贫困发生率从2016年的10.79%降至0，成为全省第一批脱贫摘帽县，产业、健康、教育、就业等扶贫经验在全国全省会议上交流，荣获“中国全面小康扶贫十佳县市”“十佳精准扶贫创新县”等称号。“五年过渡期”政策有效落实。将县扶贫办重组为县乡村振兴局，原帮扶队伍整合为乡村振兴工作队，选派乡村振兴工作队110支324人，帮扶单位111个1626人，实现工作无缝衔接。防返贫致贫动态监测和帮扶机制不断健全，动态监测473户1506人，全县脱贫户“两不愁三保障”持续巩固提升，教育、健康和保障兜底实现“应享尽享、应补尽补、应保尽保”，危房改造率、农村饮水安全率均达100%，实现“零”致贫、“零”返贫。

过去五年，是抓保护、重治理，生态底色更加浓郁的五年。累计投入23.72亿元推进生态文明建设，国家重点生态功能区县域生态环境质量监测与评价排名连续三年全省前二，获得国家重点生态功能区财政转移支付资金居全省首位。中央环保督察和省环保百日大督察反馈问题全面完成整改。完成“三线一单”生态环境分区管控实施意见编制，森林防火连续三年全省第一，大气、水污染防治连续三年、土壤污染防治连续两年全省优秀，“两违”整治连续三年全省前三。配合推进海南热带雨林国家公园建设取得显著成效，创建“省级森林城市”，荣获中国生态魅力县、全国生态文明建设典范城市、中国天然氧吧、国家全域森林康养试点建设县等称号，琼中抽水蓄能电站获得全省首个“国家水土保持示范工程”称号。

过去五年，是抓改革、优服务，营商环境加速优化的五年。改革红利持续释放。顺利完成行政体制、机构、农村集体产权制度、国资国企、农垦体制、财税金融体制、“多规合一”等重点领域改革。普惠金融服务示范区创建工作入选《中国普惠金融典型案例》。“放管服”改革不断激发新活力。创新推出县领导联系服务企业2小时问题解决机制、“三个清单”管理机制和“五大服务”等组合拳，“一枚印章管审批”“证照分离”“不见面审批”“零跑动”等改革持续深化。“海南省一体化平台”

覆盖率、使用率均达100%。先后推出“四个一批”“一业一证”“一件事一次办”等审批“瘦身”改革事项771项，审批提前办结率达99%。新增市场主体7610家，占现存市场主体的58.7%。“12345”琼中分平台被授予“全国巾帼文明岗”称号，“民声+政务”服务体验员、未办成事协调服务窗口等经验做法在全省推广。自贸港早期政策安排落地见效。注册登记外商投资企业8家，引进外籍人才5名，货物进出口贸易额、服务进口额累计1909.2万元，两个15%所得税等多项自贸港政策实现首单业务“零”的突破。

过去五年，是转方式、调结构，现代产业体系更加完善的五年。预计三产比重由40.86:14.95:44.19调整为33.25:17.26:49.49。全域旅游发展稳步推进。百花岭热带雨林文化旅游区成为海南中部首个国家AAAA级景区，白沙起义纪念园获评AA级旅游景区，“奔格内”乡村旅游品牌享誉省内外。举办2017年海南“三月三”主会场节庆活动、第九届海南乡村旅游文化节等大型旅文活动10场次，累计接待游客总人数645.68万人次，旅游年收入从5.14亿元增长到6.93亿元，年均增长7%。热带高效农业蓬勃发展。累计农林牧渔业增加值104.61亿元，年均增长3.4%。橡胶、槟榔种植规模达171万亩，发展琼中绿橙等优势产业6.6万亩，引进推广蓝莓等高附加值特色产业1900亩。发展合作社549家、共享农庄8家，创建省级现代农业示范园3个，成功申报“三品一标”16个，琼中绿橙被国家市监总局列入地理标志运用促进工程项目，琼中山鸡等农特产品被列为国家极地科考专供食品。建成高标准农田1.14万亩，推广统防统治等农业新技术27万亩，湾岭镇4.3万亩土地入选全国首批天然富硒土地，获评“2021年全国县域农业农村信息化发展先进县”。园区基础设施和配套服务日趋完善。完成园区场地平整1335亩、路网建设6.6公里，建成标准化厂房2.7万平方米和配套设施1.2万平方米。全面实行“特别极简审批”制度，设立海口海关湾岭工作站、法治服务中心等园区服务机构，建立“联企秘书”服务机制，新增入园企业45家。中国（海南自贸港）国际农产品加工产业园申报工作稳步推进。高新技术产业发展平稳开局。新增高新技术企业2家、科技型中小企业6家，完成槟榔采摘机器人等科研项目6项，新增有效发明专利4项，被列为2022年省级创新型县。

过去五年，是抓项目、促投资，经济发展基础不断夯实的五年。实施省、县重点项目343宗，完成投资162.1亿元，年均增长3.9%，其中组织自贸港建设项目集中开工14批次76宗，完成投资34.09亿元，2020年投资增速位居全省第五；2021年“1·13”“3·13”项目总投资分列全省第五、第三。万洋高速、抽水蓄能电站等一批重大基础设施项目竣工投产，四季馨园保障性住房等一批民生项目竣工使用，湾岭金林通用机场、省应急物资储备中心、百花岭旅游综合开发项目（一期）等新建重点项目加快推进。

过去五年，是抓统筹、促协调，城乡高质量融合发展的五年。城镇建设品质不断提升。县城、10个乡镇立面改造及9个城镇老旧小区、10个棚户区改造全面完成。县城获评中国人居环境范例奖、“国家卫生县城”“省级文明城市”，湾岭镇等9个乡镇获评“国家、省级卫生乡镇”。城乡“五网”设施不断完善。县城区黎母大道等8条道路建成通车，荣获“四好农村路”全国示范县称号。率先在全省完成住宅小区电力抄表到户，各项供电指标稳步提升。4G网络实现行政村全覆盖、光网实现“户户通”。率先在全省开展“气代柴薪”试点，工作进度排名全省第一，被列入全省首批“气代柴薪”试点县。农村自来水集中供水率达98%，高于省定指标10个百分点。乡村产业基础不断夯实。实施“企业进村”战略，引进17家企业启动建设水央村共享农庄等“村企共建”示范点17个。乡村人才支撑作用不断凸显。创新推行“政府+人力资源公司+农村劳动力”模式，开展各类技术技能培训1706期12.4万人次，乡村人才队伍素质显著提升。乡村人居环境不断改善。建成农村污水治理项目303个。农村卫生厕所普及率达100%。率先在全省开展农村垃圾分类试点，创建垃圾分类试点示范村55个，获评全省唯一“农村生活垃圾分类和资源化利用示范县”“全国农村人居环境整治成效明显激励县”“海南省农村危房改造工作激励对象”等称号。乡风文明程度不断提高。2020年镇（村）社会文明大行动测评排名全省第四，获评“全国文明村镇”94个、“中国少数民族特色村寨”7个、星级美丽乡村72个，文明生态村实现自然村全覆盖。

过去五年，是守初心、惠民生，人民生活幸福指数不断攀升的五年。民生支出累计180.4亿元，占一般公共预算支出83.25%。71件为民办实事全部完成。就业形势总体稳定。新增城镇、农村劳动力转移就业6269人、58370人，城镇登记失业率始终控制在省定的4%以内。教育发展取得新成效。“一县两校一园”“全面改薄”顺利完成。与海口滨海九小合作办学，“义务教育发展基本均衡县”通过国家认定，华中师大琼中附中本地生源考取北京大学“零突破”，被评估认定为省一级乙等学校。“教育回流”、基础教育综合改革经验在全国全省交流推广。文体事业持续繁荣。建成村文体活动室108个、乡村大舞台139个、农家书屋101个，顺利申报非物质文化遗产保护项目18项，打造非遗传承村4个，培育非遗传承人89人，获评“中国民间文化艺术之乡”“海南省中南部少数民族文化生态保护区”等称号。启动实施做大做强琼中女足三年行动计划，海南（琼中）体教融合发展示范区项目加快推进，与省旅文厅以琼中女足为班底共建省女子足球队，中国足协青少年女足训练中心顺利在我县挂牌，琼中女足俱乐部创造了“当年成立当年冲甲成功”的历史。2021年3月，国务院孙春兰副总理赴琼中考察调研，对琼中体教融合模式高度肯定，并先后三次作出批示，推动琼中体教融合模式在全省全国推广。获评“全国青少年校园足球满天星训练营”“全国群众体育先进单位”等称号。医疗卫生水平大幅提高。疫情防控有力有效，自2020年1月28日后再无新增确诊病例，新冠疫苗接种工作2次在全省会议上作经验交流。与上海同仁医院、郑州大学医学院合作办医，引进新技术新项目31项，泌尿外科获评省级重点专科。县中医院成功创建二级甲等医院。紧密型县域医共体建设扎实推进。基层医疗卫生机构标准化建设工作在全省作经验交流。社会保障体系更加健全。建成保障性住房2862套、棚户区改造房172户，启动建设基层教师、医务人员城北新区等安居房758套。城乡低保、特困供养等人员基本生活保障标准大幅提高。城乡居民基本养老保险、医疗保险实现应保尽保。基本完成符合条件的退役士兵社保交缴工作。社会救助工作综合考评位列全省第二，入选全国社会救助综合改革试点县、全省首批乡镇社工站项目试点县。平安琼中建设扎实推进。“扫黑除恶专项斗争”和“禁毒三年大会战”成果丰硕，刑事、治安案件数量逐年下降，连续五年未发生较大以上安全生产事故、森林火灾、突发事件，社会局面持续和谐稳定。获评“全国信访工作三无县”。“菜篮子”工程建设成绩喜人。组建“菜篮子”平台公司，蔬菜、猪肉自给率超额完成省定目标，综合食品指数同比下降1.26%，蔬菜价格降至全省平均水平以下。

过去五年，是转作风、提效能，政府自身建设全面加强的五年。“勇当先锋、做好表率”专题活动、“不忘初心、牢记使命”主题教育、党史学习教育深入推进，“作风整顿建设年”“查破促”“比学赶超”等活动扎实开展，政府系统政治建设、作风建设取得明显成效。严格执行中央八项规定及其实施细则精神，严肃查处了一批违纪违法案件。坚决落实过紧日子要求，“三公”经费支出下降52.87%。严格落实“督考合一”、“137”马上就办等工作机制，政府执行力显著提升。法治政府建设全面推进，严格执行议事决策规定、合法性审查等制度，自觉接受县人大、县政协的监督，人大代表建议、政协委员提案办结率100%。“七五”普法成果显著，专职人民调解员、村（居）法律顾问实现行政村全覆盖，黎母山司法所被评为全国模范司法所。

与此同时，我们积极推动气象、防灾减灾、统计、审计、编制、外事、机关事务、公务接待、退役军人、优抚双拥、民族宗教、修志编鉴、档案等各项工作不断取得新成效。工会、团委、妇联、工商联、科协、残联、侨联等群团工作也取得较好成绩。

各位代表，艰难方显勇毅，磨砺始得玉成。回首五年发展历程，成绩来之不易，经验弥足珍贵。这是省委、省政府和县委科学决策、坚强领导的结果，是县人大、县政协有效监督、鼎力支持的结果，是全县人民和衷共济、团结奋斗的结果。在此，我谨代表县人民政府，向全县各族人民，向各位人大代表、政协委员，向全县广大干部职工、离退休老同志、武警部队官兵、消防指战员、公安司法干警，向省驻琼中各单位，向所有关心、支持和帮助琼中发展的各界朋友，致以最崇高的敬意和最衷心的感谢！

在总结成绩的同时，我们也清醒地认识到，全县经济社会发展仍存在不少问题短板，如财政收支矛盾仍较突出，培育支撑性税源任重道远；大项目支撑不足，固定资产投资增长后劲不足；园区经济发展质量不高，带动能力不足；农业产业抵御市场风险能力不足；营商环境仍待优化；民生事业发展与群众期盼仍有较大差距；一些部门仍然存在懒政庸政怠政现象等等。这些问题，我们将本着对人民高度负责的精神，采取有效措施加以解决。

二、新一届政府的奋斗目标和主要任务

按照县第十四次党代会的战略部署，今后五年政府工作的总体要求是：坚持以习近平新时代中国特色社会主义思想为指导，深入学习贯彻党的十九大、十九届历次全会尤其是习近平总书记对海南工作的重要讲话和指示批示精神，以及省第七次党代会、省委七届历次全会精神，全面落实海南自贸港系列政策文件要求，坚持稳中求进工作总基调，把握新发展阶段、贯彻新发展理念、融入新发展格局，以推动高质量发展为主题，紧扣海南自贸港全岛封关运作目标，坚定不移实施“生态立县”战略，按照“双城驱动，三业支撑，五带协同”的发展思路，深化改革创新，优化营商环境，保障改善民生，加快建设“一县三城五地”，努力把琼中打造成为海南自贸港“绿色高地”。

今后五年政府工作的主要目标是：县域综合实力显著提升。主要经济指标增速高于全省，地区生产总值年均增长10%以上，力争到2025年达到100亿元；一般公共预算收入年均增长5%左右；人均GDP超过全省人均水平。发展质量效益显著提升。高质量发展体系更加完善，三大重点产业形成强大支撑力量，产业集群、产业链、产业生态基本构建；消费对经济增长贡献率持续提升；创新能力有新进展，R&D经费投入逐年稳步增长。生态环境质量保持一流。大气、水、土壤等污染得到有效整治，单位生产总值能耗下降、二氧化碳和PM2.5等主要污染物减排总量控制在省下达的指标内，绿色低碳发展方式加快形成，为全省实现“双碳”工作优等生目标作出琼中贡献。城乡建设水平显著提升。县城管理水平、经济辐射带动能力明显增强，常住人口大幅增加，创建海南岛中部中心城市、全国文明城市、国家森林城市；城乡基础设施不断完善，人居环境明显改善，城乡区域发展协调性进一步增强，户籍人口城镇化率加快提高。社会治理效能显著提升。群众法治意识不断增强，依法治县迈出坚实步伐；社会公平正义进一步彰显，向上向善、诚信互助的社会风尚更加浓厚，共建共治共享的社会治理体系更加健全，基层基础更加稳固；突发公共事件应急处置能力显著增强，各类风险可防可控。民生保障能力显著提升。城乡居民收入差距进一步缩小，共同富裕达到新水平；基本公共服务均等化水平大幅提升，全覆盖、可持续社会保障体系更加完善；脱贫攻坚成果巩固拓展，乡村振兴取得重要成果，人民群众的幸福感、获得感显著增强。

围绕上述目标，新一届政府将着重做好以下工作：

（一）坚持创新驱动发展战略，高水平融入自贸港建设。围绕自贸港建设“6+1+4”制度体系安排，深入开展重点领域和关键环节改革。持续推进农业农村、国资国企、农垦等重点领域改革。深化基础设施领域投融资改革，抓好要素市场化配置，激发社会投资活力，推动有效市场和有为政府更好结合。持续优化营商环境，不断拓展对外招商合作。强化科技创新，加强“高技术、高成长”企业培育，打赢科技翻身仗。推进“智慧琼中”建设。坚持把人才资源开发放在最优先位置，创新人才激励和服务机制，着力夯实创新发展人才基础。

（二）坚持生态立县战略，厚植绿色发展优势。坚决打好蓝天、碧水、净土保卫战，构建以生态文明为导向的管理、评价、责任追究等制度体系和以“三线一单”为核心的生态环境分区管控体系，力争各项生态环境指标排名全省前列，确保生态环境质量始终保持全省一流水平。探索引入社会资本参与生态环境治理，补齐生态环境基础设施短板，提升生态环境监测体系与监测能力现代化水平。落实自然资源资产产权制度和有偿使用制度，力争率先开展水权和碳汇上市交易。实施碳排放达峰行动，推进国家低碳试点城市、国家级碳中和试点示范城市、海南热带雨林国家公园先行示范区建设，争创国家生态文明建设示范区和绿水青山就是金山银山践行区。开展“无废”城市试点建设，完善覆盖县域的再生资源回收网络。引导培育绿色低碳生活方式。

（三）坚持绿色发展战略，加快构建现代产业体系。聚焦“3+1”现代产业体系，依托琼中女足品牌、海南湾岭农产品加工物流园、热带雨林生态环境三大优势，构建以体育旅游、园区经济和森林康养经济为支撑的现代绿色产业格局。大力发展以康养旅游为龙头的森林康养经济。推行“森林康养+”模式，整合热带雨林、黎苗文化、南药等多种资源要素，发展以森林康养旅游为主导，以乡村旅游、红色旅游、文化旅游等特色旅游为补充的全域旅游产品体系，构建“一心一园两带四区多点”的全域森林康养经济发展格局，把森林康养经济打造成推动高质量发展的“新引擎”。壮大培育以琼中女足为引领的国际化体育旅游产业。以建设海南自贸港中部文化体育聚集地为目标，以深化体教融合模式为抓手，实施“足球+”体育产业发展战略，用好用足海南自由贸易港政策，加强国际合作交流，着力构建集足球学校、训练基地、精品赛事、培训教学、运动康复、旅游度假为一体的国际足球产业集聚区，把体育旅游打造成推动高质量发展的“加速器”。做大做强以海南湾岭农产品加工物流园为核心的园区经济。立足海南“建设国内国际双循环重要交汇点”战略定位，以全产业链培育为抓手，加强与周边园区合作开展一体化招商，完善园区“1+4+X”产业布局，争创中国（海南自贸港）国际农产品加工产业园，把园区打造成推动高质量发展的“顶梁柱”。做精做优以绿色农业为主题的热带高效农业。持续深化农业供给侧结构性改革，坚持走资源节约、环境友好、产出高效、产品安全的农业可持续发展之路，把热带高效农业打造成推动高质量发展的“稳定器”。实施品牌兴农战略，聚焦“高端、小众、精品”，打造“绿色琼中”系列农业品牌。实施科技兴农战略，发展数字农业、智慧农业，提升农业科技含量和装备水平。实施质量兴农战略，加快完善新型农业经营体系，强化农产品质量安全监管，建立健全农业标准化体系，对农产品的生产、加工、流通全过程实行综合标准化管理。

（四）坚持协调发展战略，打造城乡高质量融合发展新范例。坚持规划先行，科学运用“多规合一”成果，全面推进县域国土空间规划，把营根、湾岭、长征三镇墟和海南湾岭农产品加工物流园作为一个城市主体统筹规划和建设管理，完善城乡协调联动的融合发展体制机制。规划布局全省农资农机交易中心、全省中部日常消费品总仓和批发市场。持续深化新型城镇化综合试点，高标准推进湾岭、黎母山等特色产业小镇建设，多措并举扩大县城人口规模，争创海南岛中部中心城市、全国文明城市。巩固好高水平全面建成小康社会成果。围绕“五个振兴”发力，推动公共服务向农村延伸、社会事业向农村覆盖，促进资金、人才等各类要素向乡村流动。全面实施“企业进村”战略，引进优质企业采取“村企共建”模式，推动乡村一二三产业高质量融合发展。持续推动市政道路、交通综合枢纽、旅游公路、“四好农村路”和物流网络建设，提高城乡交通通达深度。推进城乡供水一体化，构建均衡协调生态“水网”，保障饮水安全。加快新一轮电网改造升级，提升农村配网供电能力和供电质量。推动5G信号向农村延伸，实现5G网络全覆盖。推进城乡管道燃气一体化。

（五）坚持共享发展战略，着力增强人民群众获得感幸福感。坚持更加充分更高质量就业。完善创业扶持、灵活就业保障制度。健全劳务对接协作机制，建设统一规范、竞争有序的人力资源市场体系。深入推行终身职业技能培训制度。稳定重点群体就业，防范化解失业风险，确保就业局势总体稳定。办好人民满意的教育。推动“双减”政策全面落地。推进教育优质均衡发展。加快发展职业教育和特殊教育。到2025年，教育现代化取得重要进展，基本建成符合海南自贸港建设需要的高质量教育体系，教育服务能力与创新赋能水平进一步提升，教育事业主要指标达到全国中上水平。着力提升医疗卫生服务水平。毫不放松抓好常态化疫情防控工作，增强处置突发公共卫生事件能力。全面实施“健康琼中”战略，建立健全公共卫生体系。加快医疗资源扩容，争取将县人民医院建成三级医院。开展全域卫生创建，促进爱国卫生运动全面发展。繁荣发展文体事业。健全公共文化服务体系，加快公共文化场馆和全民健身场地等基础设施建设，优化公共文化服务供给。加强文物保护，促进优秀传统文化和非物质文化遗产保护传承。深入开展文明大行动，丰富开展文化惠民、全民健身等文化活动。健全完善多层次社会保障体系。完善城乡居民基本医疗和基本养老保险制度。落实好社会救助政策。加快发展长租房市场，推进保障性住房建设。推动新的生育政策落地见效，积极应对人口老龄化。支持妇女儿童权益保护等社会事业全面发展。健全退役军人服务体系。支持有意愿有能力的企业和社会群体积极参与公益慈善事业。推进治理体系和治理能力现代化。加强和创新社会治理，提高基层治理能力，形成共建共治共享的社会治理格局。按照稳定大局、统筹协调、分类施策、精准拆弹的方针，防范化解重大风险。健全应急管理体系，提升防灾减灾救灾能力，有效遏制各类安全事故。落实好安全生产和“菜篮子”“米袋子”责任制，确保社会大局持续安全稳定。

三、2022年主要工作安排

各位代表，2022年是新一届政府站在新起点、肩负新使命的开局之年。开局关系全盘，起步决定后势，做好今年工作意义重大、责任重大。我们将以习近平新时代中国特色社会主义思想为指导，坚持稳字当头、稳中求进工作总基调，完整、准确、全面贯彻新发展理念，围绕“一县三城五地”发展思路，统筹推进琼中经济社会高质量发展。

今年经济社会发展主要预期目标是：全县生产总值增长10%以上，一般公共财政预算收入增长10%以上，固定资产投资增长10%左右，社会消费品零售总额增长11%左右，城镇和农村居民人均可支配收入分别增长9.5%左右、10%左右，居民消费价格指数涨幅控制在3%左右，单位生产总值能耗控制在省下达指标内。

围绕上述目标，今年要突出抓好以下工作：

（一）坚定不移践行“两山”理论，高质量推进生态文明建设。一是持续开展重点领域专项整治。深入推进生态环境六大专项整治，巩固中央环保督察和省百日大督察成果。持续开展“六个严禁两个推进”行动，力争全年空气质量优良天数比例100%。严格落实河（湖）长制，坚决打好“六水共治”攻坚战，推进21个农村黑臭水体治理，确保全县主要河流湖库水质优良率达95%以上。全面铺开城乡生活垃圾分类试点，建设垃圾分类屋（亭）226个。加强土壤风险监测和管控，继续推动农药化肥减量工作。持续推进“两违”整治工作，确保存量图斑销号完成率100%、“两违”零增长。严格落实林长制，有序推进常规造林、老残林更新等生态保护修复工程。落实田长制，实现耕地和永久基本农田保护责任全覆盖。二是构建完善生态环境监测网络。实施全域河流河道综合整治。加快完善县、乡（镇）、村三级环境监管网格，推进17个饮用水源保护区规范化建设、2个重点流域监测站和高位监控平台项目、噪声自动监测系统建设。三是探索生态环境价值多元转化机制。扎实推进国家森林城市创建工作。配合做好热带雨林国家公园生态系统生产总值（GEP）核算，完成自然资源统一确权登记工作。探索出台绿色生态农业生产行为奖补办法。深入推进红岭水库生态补偿先行试点示范工作。启动国家级碳中和试点示范城市申报工作，探索林业碳汇交易及碳普惠机制，建设碳中和先行区。探索开发生态贷款、“两山”基金等绿色金融产品，助力绿色经济发展。巩固提升“禁塑”成果。大力推广清洁生产生活方式，确保完成省下达碳排放总量和强度“双控”目标。

（二）坚定不移践行创新发展理念，努力打造全省一流营商环境。一是深化重点领域改革。深化综合行政执法体制和事业单位改革。深化国资国企改革，提高三大平台公司运营能力。推进垦地六个方面一体化融合发展，打造一批垦地融合发展示范项目。推进财税金融体制机制改革，进一步释放减税降费等政策潜力。深化商事制度改革，健全多元商事纠纷解决机制。二是更大力度激发市场主体活力。细化落实海南自贸港法和跨境服务贸易负面清单、放宽市场准入22条特别措施等政策，巩固拓展“证照分离”“一枚印章管审批”等审批“瘦身”改革成效。进一步优化“不见面”审批流程，实现“零跑动”事项可办率达65%以上。做好行政审批权下放乡镇衔接工作。全面推行“承诺即准营”“清单制+告知承诺制”。全面实施市场准入负面清单管理制度。加快推动政府数字化转型。加强知识产权保护，严格落实公平竞争审查制度。三是全力优化服务水平。落实好县领导联系服务企业2小时问题解决机制和服务企业“三个清单”管理机制、“137”马上就办、“12345+N”等优化营商环境工作机制。规范运行公共资源交易服务。完善“政银担”工作机制，改善信贷和融资环境。用好“红黑榜”“民声+政务服务体验员”等监督机制，鼓励各社会主体参与营商环境监督考评。四是打好科技翻身仗。加快“琼中科技企业孵化器”等科技创新孵化平台建设，新增高新技术企业、科技中小企业各3家以上，新增投入年度科技经费1倍以上，争创省级“创新型县”。

（三）坚定不移践行绿色发展理念，加快构建现代化绿色产业体系。一是持续深化琼中女足体教融合产业发展。加快推进海南（琼中）体教融合发展示范区一期、二期项目、足球文化特色酒店、“一中心两基地”足球训练场地及配套设施、国际足球特色学校等项目建设。持续提升琼中女足俱乐部规范化管理专业水平，推动省县共建省女子足球队取得新成效。策划引进国内外足球赛事不少于3个。二是大力发展以森林康养为代表的全域旅游。用好“中国天然氧吧”金字招牌，谋划编制全域森林康养产业发展规划，加快推进百花岭热带雨林文化旅游区创建国家AAAAA级景区、白沙起义红色文化旅游区、黎母山抽水蓄能电站生态旅游区、琼中女足体育主题公园创建国家AAAA级景区、云湖乡村旅游度假区创建省级旅游度假区。启动智慧旅游项目、海南中部全域旅游集散中心等旅游配套设施项目建设，确保旅游业投资增速不低于12%。丰富开展“三月三”等文化节庆活动和热带雨林徒步露营等森林康养运动，促进文体康旅融合发展。力争实现年接待游客总人数突破150万人次，旅游总收入超7.4亿元。三是全力烧开海南湾岭农产品加工物流园“这壶水”。加快完善园区标准厂房、人才公寓等设施，加强用林、用地等要素保障，启动2000亩土地收储工作，实现园区提质扩容。探索“法定机构+市场化”运营模式，健全企业考评机制，加快淘汰落后产能，引导园内企业投产增效、转型升级。加大园区精准招商力度，研究设定入园投资强度红线，围绕“1+4+X”产业布局，力争引进3至5家“链主企业”，实现园区规上企业突破10家、投资增速不低于15%、营收突破20亿元、产值达3亿元、创造税收4000万元以上。推动原产地规则落地，利用自贸港优惠政策，积极谋划与巴西、智利等国家发展“飞地经济”，重点发展海鲜干货、热带水果等关税较高的农产品，争取设立中国拉美产业园海南分园，申报中国（海南自贸港）国际农产品加工产业园。四是做精做优热带特色高效农业。持续巩固提升橡胶、槟榔等大宗农作物单产效益，适度规模发展养蜂、茶叶、沉香、南药、兰花、蓝莓、无花果、燕窝果等特色优势产业。推进1万亩绿橙标准化示范基地、5000亩高标准农田等项目建设，推动海口海关热带农业种质资源成果转化基地建成投产。实施农药化肥减量增效和土壤改良试点示范工程，促进秸秆资源化利用，推进畜禽和淡水养殖业标准化发展。研发推广槟榔采摘机器人、割胶机器人等农业装备，提升农业装备水平。加强农业品牌建设，与叮咚买菜、盒马生鲜等电商平台合作，加大琼中绿橙、琼中茶叶、琼中咖啡和琼中五脚猪等农业品牌输出，力争新增“三品一标”3个。强化农产品质量安全监管，确保农残检测合格率99%以上。鼓励发展数字农业、智慧农业，争创“全国电商进农村示范县”。加大新型职业农民培育力度。

（四）坚定不移践行“项目为王”理念，全面夯实县域高质量发展基础。一是持续做好招商引资工作。加强招商专业化队伍建设，完善招商投资鼓励政策体系，为企业提供全程“保姆式”服务。坚持招大引强、招先引优，围绕琼中女足、森林康养等八大重点产业开展产业链招商，力争引进3个协议投资1亿元以上内外资企业。推动中国华电集团海南有限公司等3个重点企业加快签约，与上海复星高科技（集团）有限公司等6个企业合作取得实质性进展。二是靠前谋划要素保障。坚持“要素围着项目走”，落实政府项目联审联批制度，协调解决用林、用地等一批制约项目投资问题。盘活存量批而未供土地15%，完成闲置土地处置下降30%的年度目标。探索“标准地”招商，坚持净地出让。落实项目部门争取资金主体责任，积极争取新增债券资金和上级资金支持。三是全力加快项目建设进度。实行重大项目“首席服务制”，强化“周调度、月通报”机制，进一步形成“大抓项目、抓大项目”的氛围，持续扩大有效投资，增强发展内生动力。

（五）坚定不移践行协调发展理念，加快推动城乡高质量融合发展。一是科学编制城乡规划。以“多规合一”为引领，全面推进县域国土空间规划编制，启动县城新城区及湾岭镇墟控规修编工作，高质量完成全县实用性村庄规划编制。完成百花岭风景名胜区总体规划（2020—2035）、控规修编以及“一河两岸”景观规划编制，为全省风景名胜区规划编制探索科学范例。二是提升新型城镇化建设质量。完成富山村供电局住宅小区等5个老旧小区改造。加快推进302套安居房、120套人才安置房等项目建设。加快实施营根河段生态修复和景观提升改造工程。推进县城通过国家卫生县城复审，黎母山镇、和平镇创建国家卫生乡镇。三是持续深化农村改革。建立村集体“三资”管理平台，提高村级财务管理水平。落实好壮大农村集体经济十八条措施，盘活农村闲置土地、住宅等资源资产，吸引社会资本进农村。加快推进“房地一体”及集体建设用地统一确权登记工作，试点推进湾岭镇水央村、石头堀村和营根镇牛古湾等3个村庄集体建设用地入市。推进政经分离改革。四是全面推进乡村振兴。巩固拓展脱贫攻坚成果同乡村振兴有效衔接，防止规模性返贫致贫。开展美丽乡村提升和特色小镇创建，加快水央村共享农庄等“村企共建”示范点建设，力争每个乡镇至少打造1家共享农庄。深化“三清三改三化一建”，推动农村厕所粪污无害化处理和资源化利用全覆盖，实现农村污水处理设施投用率80%以上。融合推进自治、法治、德治相结合的乡村治理体系建设。五是统筹推进城乡“五网”建设。加快万泉河大道、玉锦大道南延长线、四季路延长线等市政道路建设。实施农村公路六大工程，完成10座农村危桥改造。加快完善停车场、客运站、充电桩等配套设施。新建1座110KV电压等级变电站，确保用户年均停电时间低于11小时/户。继续推动农村4G网络信号深覆盖和5G网络向乡镇延伸。稳步推进城乡管道燃气一体化建设。加快建设琼中县水源项目，推动供水管网向城乡覆盖延伸。推进小型水库样板县建设。

（六）坚定不移践行共享发展理念，让人民群众有更多获得感。一是坚持就业优先战略。加大高校毕业生等重点群体就业创业扶持力度，发挥劳务专班作用，持续开展“军训+技能”等培训，举办各类职业技能培训75期4500人次。力争分别新增城镇、农村就业700人、6000人，城镇登记失业率控制在4%以内。二是促进教育高质量发展。推进薄改与能力提升项目和办学条件标准化建设，新增学位700个。深化与华中师范大学、海南师范大学、海口滨海九小合作办学。加强乡村教师队伍建设，面向全国招聘基层优秀教育人才、特岗教师、骨干教师等100名。推进特殊教育学校建设。三是推进健康琼中建设。坚持“外防输入、内防反弹”，科学精准做好常态化疫情防控工作。加大基层医疗人才培养力度，深化与郑州大学医学院合作办医，引进医疗人才10名。加大县级公立医院综合改革力度，启动海南省中部区域（琼中）中医医疗中心等6个医疗卫生项目建设，构建紧密型县域医共体，全面提升医疗机构服务质量和救治能力。推动新的生育政策落地见效。四是推进文化事业发展。加强黎锦、苗绣等少数民族文化资源和非物质文化遗产保护研究利用，持续深化民歌民舞民服和武术进校园等特色文化课程，弘扬少数民族优秀文化。持续推进文化惠民工程，加快“四馆合一”、全民健身场地等设施建设。深入开展全国文明城市“九大专项行动”和“五大创建”工作，倡导全民阅读。五是兜住兜牢民生底线。加大全民参保力度，落实推进基本养老保险全国统筹和基本医疗保险各项政策措施。加快推进残疾人综合服务设施、康复托养机构建设和高龄长寿老人补贴“快办”服务。创建全国未成年人保护示范县。开展社会救助改革创新试点，加快推进乡镇社工站试点项目建设。推进绿色殡葬和婚俗改革。六是保障好初级产品供给。落实粮食安全和“菜篮子”责任制，巩固提升粮食、“菜篮子”产品等初级产品生产储备能力，做好粮油肉蛋奶果蔬菜等保供稳价工作。

（七）坚定不移践行底线思维方法，一以贯之防范化解重大安全风险。建立健全风险防控各项工作机制，全面推行“风险官”制度。常态化开展扫黑除恶斗争，继续开展新一轮禁毒三年大会战、交通安全整治三年攻坚战、安全生产专项整治三年行动等工作，建设平安琼中。深入推进信访示范县、示范乡镇创建，健全矛盾纠纷调解机制，推动信访积案化解。开展根治欠薪专项行动。加强公共卫生应急管理体系建设，防范化解重大传染病风险。加强对项目投资建设领域各环节风险防控。加强房地产风险防控，动态排查化解房地产领域风险矛盾。高压严打离岛免税“套代购”走私违法行为，夯实反走私工作基础。加强税收风险防控，构建以“信用+风险”为基础的新型监管机制。严控辖内金融机构风险，做好防范非法集资工作。做好防范打击“三非”外国人员和反偷渡工作。加强国家安全、数据流动等风险防控。

（八）坚定不移践行初心、担当使命，全面加强政府自身建设。一是加强法治政府建设。严格落实重大行政决策程序，规范公正文明执法。自觉接受人大、政协的监督，全面推行政务公开。扎实推进“八五”普法工作。全面加强依法行政能力建设。完善覆盖城乡的公共法律服务体系。二是加强政府系统干部队伍能力建设。推动政府系统各级领导干部加强经济、科技、历史知识学习，厚植文化底蕴、强化生态观念、增强系统思维，提高“政治三力”。三是加强政府系统作风建设。严格执行中央八项规定精神，纠治“四风”顽瘴痼疾。坚持过紧日子，“三公”经费保持零增长。坚持正确政绩观，坚持“三敬畏”“两慎重”“三严三实”，坚决防止简单化、乱作为，坚决反对不担当、不作为，旗帜鲜明为积极干事者撑腰鼓劲，对庸政懒政者严肃问责。

各位代表，蓝图已绘就，奋进正当时。让我们更加紧密地团结在以习近平为核心的党中央周围，高举习近平新时代中国特色社会主义思想伟大旗帜，在省委、省政府和县委的坚强领导下，紧紧依靠全县各族人民，凝心聚力、攻坚克难、勇往直前，加快“一县三城五地”建设，推动琼中实现高质量发展，以优异成绩迎接党的二十大和省第八次党代会胜利召开！

琼中黎族苗族自治县组织机构和领导成员名单（2021年）

县四套班子领导成员

琼中黎族苗族自治县委
书　记：徐　斌
副书记：王琼龙（任职至2021年6月）
　　　　蒋莉萍（2021年6月任职）
县委常委：吴攀龙
　　　　陈　明
　　　　王金玲
　　　　颜永豪
　　　　李国清
　　　　郭明海
　　　　张志强
　　　　邵正斌

琼中黎族苗族自治县人大常委会
主　任：王光业
副主任：王　翔
　　　　樊朝睿
　　　　吴国平
　　　　林子娥

琼中黎族苗族自治县人民政府
县　长：王琼龙（任职至6月）
　　　　蒋莉萍（6月任职）
常务副县长：王大周（任职至11月）
副县长：欧阳华（任职至8月）
　　　　吴钟良（任职至11月）
　　　　陈海滨（任职至11月）
　　　　余岳珠
　　　　高　旋（任职至11月）
　　　　王安涛（任职至8月）
　　　　刘云俊（任职至11月）
　　　　吴奇功
　　　　张志强（挂职，9月任职）
　　　　刘　洋（挂职，12月任职）

琼中黎族苗族自治县政协
主　席：王哲斌（任职至11月）
副主席：王川芳（任职至11月）
　　　　王开雄（任职至11月）

两院

琼中黎族苗族自治县人民法院
党组书记、院长：王　之
党组成员、副院长：邓雪玲
党组成员、副院长：王京洲
党组成员、执行局局长：陈　强

琼中黎族苗族自治县人民检察院
党组书记、检察长：傅剑平
党组成员、副检察长：吴春宏
党组成员、副检察长：陈应雄

县委工作部门

县委办公室
主　任：向　前（7月任职）
　　　　赵建光（任职至5月）
副主任：王小龙
　　　　陈冠良
　　　　叶大巧（7月任职）
　　　　杨　文（任职至7月）
　　　　林智学（任职至7月）

县委组织部
部　长：陈　明（县委常委兼）
常务副部长：倪海燕
副部长：陈泰冶
　　　　何雯雯
　　　　陈诗虹（6月任职，任职至8月）
　　　　符晓刚（8月任职）

县关心下一代工作委员会
县关工委主任：陈　明
县关工委常务副主任：盘明昌
　　　　　　　　　　许达钟

县委宣传部
部　长：李国清（兼）
常务副部长：叶兆承
　　　　（兼县委网信办主任）
副部长：秦海灵（任职至8月）
　　　　林璐飒（兼县文明办主任）
　　　　石　全

县委统战部
部　长：林　美（任职至11月）
　　　　邵正斌（11月任职）
常务副部长：卓泰雄
副部长：李吉昌（任职至8月）
　　　　钟进飘（9月任职）
副部长：邓小玲

县委政法委
政法委书记：栗太强（任职至10月）

李世荣（11月任职）
常务副书记：魏琼华（任职至8月）
苏　秦（11月任职）
副书记：王昌东（任职至3月）
叶世瑞（3月任职）
赵国锋（任职至7月）
王传旺（7月任职）

县委直属机关工作委员会
书　记：林先国
副书记：刘永富
陈　雅

县委党校
校　长：栗太强（任职至11月）
校　长：李世荣（11月任职）
常务副校长：王成美
副校长、行政学校校长：李　强

县委机构编制委员会办公室
主　任：朱灿辉（男，汉族，兼事业单位登记管理局局长）
副主任：陈超丽（女，汉族，兼事业单位登记管理局副局长）

县委党史县志研究室
主　任：张东安（任职至4月）
王雪英（8月任职）
副主任：林　波
吴淑勇

县人大工作部门

人大常委会办公室
主　任：郑忠辉（任职至12月）
覃海龙（12月任职）
副主任：王　卫

人大社会建设委员会
主任委员：王　翔
副主任委员：陆京学（任职至9月）

人大常委会农经工委
主　任：陈明华

人大常委会法工委
主　任：王应江（任职至9月）
魏琼华（9月任职）

人大常委会民族宗教与教科文委工委
主　任：陈荣（9月任职）

人大常委会代表选举任免联络工作室
主　任：邱天取

人大常委会研究室
主　任：王晓帆（1月任职）

县政府工作部门

县政府办公室
主　任：陈英顺
副主任：张贻龙
陈积攀（任职至4月）
陈树静（3月任职）
林旖旎（2月任职）

县政府督查室
主　任：陈英顺

县政府金融工作服务中心
主　任：蔡德宁

县政府网站管理中心
主　任：朱儒锋（任职至11月）
李秋玲（11月任职）

县信访服务中心
主　任：卓大浩

县信访局
局　长：陈英顺

县档案局
局　长：陈英顺

县机关事务服务中心
主　任：陈积攀（3月任职，任职至11月）
副主任：梁　秋（任职至9月）
副主任：王义岗（9月任职）
副主任：王　奋

县接待服务中心
主　任：朱德昌
副主任：郑作全（任职至9月）
副主任：王艳艳（9月任职）

县档案馆
馆　长：王君月
副馆长：朱鸿旭
副馆长：洪伟荣

县发展和改革委员会
主　任：覃海龙
副主任：陈荣
赵海强
吴坤湖

县商务局
局　长：陈　荣（任职至8月）
陈　孔（9月任职）
县农业农村局
党委书记、局长：梁海明
党组成员、副局长：陈　文
肖程文
李道胜（9月任职）

县财政局
局　长：叶世铭
副局长：梁伟梅
副局长：王　吉（8月任职）
副局长：王　君（8月任职）
财政国库支付中心主任：张晓燕

县人力资源和社会保障局
局　长：王承彬
副局长：符厚明
黄育堂
县社会保险服务中心
主　任：林　琼（任职至10月）
赵明慧（11月任职）
副主任：王兴雄
王光锋
柳梦菲

县就业服务中心
主　任：林旖旎

县教育局
局　长：傅永东（任职至7月）
　　　　敖　林（9月任职）
副局长：郭龙文
　　　　陈嗣怀（任职至6月）
　　　　黄　武（6月任职）
　　　　何彬文（6月任职）

县旅游和文化广电体育局
局　长：赵建光
副局长：陈　俊
　　　　文晶晶
　　　　王芳明（3月份任职）
　　　　黎兴强
　　　　（挂职、任职至11月份）

县卫生健康委员会
主　任：钟小辉（任职至7月）
　　　　姚传清（7月任职）
副主任：林天云
　　　　吴挺毅（9月任职）
　　　　符健业（11月任职）

县公安局
党委书记、局长：
　王伟章（任职至9月）
　赵　镭（9月任职）
党委副书记、政委：
　赵　镭（挂职，任职至9月）
副政委：王　敏
副局长：王　健
　　　　黎昌茂
　　　　陈世敏（任职至11月）

县司法局
局　长：黄　程
副局长：符良才
　　　　陈泰巧
　　　　王朝梅（5月任职）

县民政局
党组书记、局长：彭朱强
党组成员、副局长：
　王彩芸（5月任职，任职至11月）
党组成员、副局长：
　林维旺（9月任职，任职至12月）
副局长：陈　佩

县民族事务局
局　长：卓泰雄
副局长：邓小玲
　　　　徐世明

县宗教事务局
局　长：卓泰雄

县自然资源和规划局
党组书记、局长：方海鹏
党组成员、副局长：张惠涛
　　　　　　　　　王　燕
副局长：蔡奇志
党组成员、县总体规划副总督察：
　王爱萍

县生态环境局
局　长：向　前（任职至11月）
　　　　曾　冬（11月份任职）
副局长：曾　冬

县住房和城乡建设局
局　长：郑拥军
副局长：周凌云
　　　　郑杰文（任职至6月）
　　　　王建华（任职至8月）
　　　　程　锋（8月任职）
　　　　廖忠卫（8月任职）

县交通运输局
局　长：黄俊东（任职至3月）
　　　　邵正斌（3月任职）
副局长：黎明超
　　　　王　刚
　　　　王昌东（4月任职）
　　　　邢　杰（挂职）

县审计局
局　长：林声河(任职至6月）
　　　　林炳寿（7月任职）
副局长：谢周飞
　　　　何　莉（任职至2月份）
　　　　钟世晶（2月份任职）
　　　　陈李军（2月份任职）

县统计局
局　长：王丽梅（任职至6月）
　　　　管舒婧（6月任职）
副局长：许　旭
　　　　邢维平
　　　　林　芳

县乡村振兴局
主　任：吴坤俊（任职至8月）
副主任：许环益
　　　　张　超
　　　　罗井博

县医疗保障局
党组书记、局长：唐丽蓉
党组成员、副局长：
　陈尔训（任职至8月）
　陈　诚（9月任职）

县招商事务中心
主　任：梁　森（任职至2月）
　　　　王小龙（2月任职）
副主任：王　熹

县林业局
局　长：王家荣
副局长：黄章福（任职至3月）
　　　　马向松（任职至6月）
　　　　盘志强（6月任职）
　　　　李地雄（6月任职）

县水务局
党组书记：王业川
局　长：崔大伟
副局长：张康辉
　　　　许勋凯
　　　　陈　花
　　　　董　林（挂职）

县退役军人事务局
局　长：邓开扬
副局长：陈国超
　　　　李进科

县畜牧兽医服务中心
主　任：刘显就
副主任：林书靖
　　　　王　洪（9月任职）

县渔业服务中心
主　任：符智敏（任职到10月）
　　　　王　健（10月任职）
副主任：王国荣
　　　　王义岗（任职至9月）
　　　　梁　秋（9月任职）

县农业技术研究推广中心
主　任：陈李叶（4月任职）
副主任：林　培
　　　　项秋兰（8月任职）
　　　　王　曙（12月任职）
　　　　高　尚（12月任职）

县农业机械服务中心
主　任：王成华（任职至11月）
副主任：刘文雄

县科学技术和工业信息服务中心
主　任：
　王　建（4月任职，任职至10月）
副主任：王　毅（10月任职）
　　　　孙　睿

县行政审批服务局
党组书记、局长：符莹莹
党组成员、副局长：陈绍富
　　　　　　　　张　军
　　　　　　　　何洁贤

县综合行政执法局
局　长：王哲彪
副局长：王石福
　　　　羊健章（任职至7月）
　　　　邓　江（7月任职）
　　　　冯推和

海南湾岭农产品加工物流园管理委员会
党组书记、常务副主任：肖若山
党组成员、副主任：符运红
党组成员、副主任：郑定杰
党组成员、副主任：蔡永浩

县应急管理局
局　长：杨　斌
副局长：王文志
　　　　王祝佳
　　　　邱　权

县供销合作联社
主　任：黄　海
副主任：王显辽

县政协工作部门

办公室
主　任：卢传柏（任职至8月）
　　　　钟小辉（8月任职）

专委会
提案与法制委员会
主　任：王家韩（任职至3月）
　　　　张显勇（3月任职）

民族宗教与科教文卫委员会
主　任：陈　智（任职至12月）
　　　　王丽梅（12月任职）

环境资源与经济委员会
主　任：王大思

学习与文史委员会
主　任：王雪英（任职至8月）
　　　　卢传柏（8月任职）

农业和农村委员会
主　任：王丽梅（任职至12月）
　　　　林　杰（12月任职）

县纪委监委

中共琼中黎族苗族自治县纪律检查委员会
琼中黎族苗族自治县监察委员会
县委常委、县纪委书记、县监委主任：刘星福
县纪委副书记、县监委副主任：
　苏　秦（任职至11月份）

县纪委副书记、县监委副主任：
　王　植（12月份任职）

县纪委副书记、县监委副主任：
　黄春燕（12月份任职）

群众团体

县总工会
主　席：樊朝睿（任职至12月）
　　　　邓运周（12月任职）
常务副主席：袁以龙（任职至7月）
　　　　　　黄才雄（8月任职）
副主席：王国平
　　　　王朝花（任职至9月）
　　　　陈　娇（9月任职）

共青团琼中黎族苗族自治县委员会
书　记：林晖泽（任职至3月）
　　　　周永壮（3月任职）
副书记：叶文智
　　　　王琪琪

县工商业联合会（总商会）
党组书记、常务副主席：吴光德
专职副主席：王儒海（任职至8月）
　　　　　　陈正锡（11月任职）
　　　　　　黄郑州（11月任职）

县妇女联合会
主　席：林德影
副主席：许　静
　　　　胡丽花

县科协技术协会
主　席：吴坤俊
副主席：李　强
　　　　邓群青
县残疾人联合会
理事长：王德旺
副理事长：陈　颖
　　　　　黄志强

县归国华侨联合会
主　席：曾润光
副主席：何玉龙
中国农工民主党琼中支部委员会
主　委：王开雄（任职至7月）
　　　　崔大伟（7月任职）

副主委：曾润光（任职至7月）
尹福君（任职至7月）
林海琪（7月任职）
潘超莲（7月任职）
组织委员：林海琪（任职至7月）
曾海文（7月任职）

乡镇

营根镇
镇党委书记：吴德江
镇人大主席：吉茂海（任职至8月）
邢维平（12月任职）
镇党委副书记、镇长：
程　峰（任职至5月）
郑在丰（5月任职）
镇党委副书记、政法委员：
王德山（任职至8月）
唐天强（9月任职）
镇党委委员、纪委书记、县监委派出营根镇监察室主任：谢　雲
镇副镇长：李全钧（任职至11月）
镇党委委员、组织委员：
王　祥（任职至8月）
刘荣华（11月任职）
镇党委委员、宣传委员、统战委员：
钟进飘（任职至8月）
曾　术（9月任职）
镇党委委员、武装部长：
陈基石（任职至8月）
王世彬（9月任职，任职至10月）
薛玉龙（10月任镇党委委员，12月镇武装部长）
镇副镇长：盘志强(任职至6月）
镇副镇长：王美玲（12月任职）
镇副镇长：王业安（任职至8月）
镇副镇长：羊健章（12月任职）
镇副镇长：陆万伟（12月任职）
镇纪委副书记、县纪委派驻营根镇监察室副主任：王上昊（10月任职）
镇人大副主席：毛　俊（12月任职）

黎母山镇
镇党委书记：吴祝江
镇人大主席：陈崇杰
镇党委副书记、镇长：谢　涛
镇党委副书记：徐化鸿（1月挂职）
王华宁（7月任职）
镇党委委员、纪委书记：郭江海
张月林
镇党委委员、组织委员：张冠琦
镇党委委员、宣传委员：吴挺毅
镇党委委员、副镇长：符明镜
镇党委委员、武装部长：叶世瑞
副镇长：王华宁（任职至7月）

中平镇
镇党委书记：黄贻亮
镇人大主席：王国宁（任职至11月）
林盛武（12月任职）
镇党委副书记、镇长：
吴　越（任职至11月）
王学耀（12月任职）
镇委副书记：喻迪辉（挂职）
王积柳（8月任职）
镇党委委员、纪委书记：
唐学耀（任职至7月）
张月林（8月任职）
镇党委组织委员：
陈正锡（任职至7月）
王润鸿（8月任职）
镇党委宣传委员：
陈颖春（任职至7月）
陈怡聪（8月任职）
镇党委委员、常务副镇长：
高永川（任职至7月）
高荣壮（8月任职)
镇党委委员、武装部长：
周　隆（任职至7月）
李　萍（8月任职）
镇人民政府副镇长：
陈　娇（任职至11月）
廖　堃（12月任职）

和平镇
镇党委书记：钟祥宥
镇人大主席：钟小兵（任职至7月）
王业成（12月任职）
镇委副书记、镇长：
王承彬（任职至6月）
林　伟（12月任职）
镇委副书记、政法委员：
王业成（任职至8月）
周　喜（8月任职）
镇委委员、纪委书记、县纪委监委派出和平镇监察室主任：
李道强（任职至8月）
蔡新戬（8月任职）
镇委委员、副镇长：
陈　强（任职至8月）
王成旺（12月任职）
镇委委员、组织委员：
王儒慧（任职至1月）
叶身宏（1月任职）
镇委委员、宣传委员、统战委员：
李顺帆（8月任职）
镇委委员、武装部长：
王范海（任职至8月）
王　钧（10月任职）
副镇长：周　喜（任职至8月）
郑本芳（12月任职）

长征镇
镇委书记：邵正斌（任职至3月）
邓运周（3月任职）
镇人大主席团主席：
吉　明（任职至8月）
王德山（8月任职）
镇委副书记、镇长：
王传旺（任职至7月）
王晓彤（8月任职）
镇委副书记、委员：
林　伟（任职至6月）
万家顺（挂职任职至6月）
镇委副书记、委员：
彭建博（挂职任职至7月）
许环益（8月任职）
镇委委员、纪委书记：
王　维（任职至8月）
陈达春（8月任职）
镇委组织委员：
符晓刚（任职至8月）
李秀征（8月任职）
镇委宣传委员、统战委员：
王文萍（任职至8月）
黄启君（8月任职）
镇委委员、武装部长：
陈　清（任职至9月）

王世彬（10月任职）
镇委委员、副镇长：
符松森（任职至10月）
赖景阳（10月任职）
副镇长：赖景阳（任职至10月）
符在颖（10月任职）
镇纪委专职副书记、监察室主任：
钟　智（任职至8月）
林金海（8月任职）
红毛镇
镇党委书记：赵文旺
镇委副书记、镇长：陈诗虹
镇人大主席团主席：陈尔训
镇委副书记：林智学（7月任职）
镇委副书记：
刘忠福（5月挂职）
镇委委员、纪委书记：王文梁
镇委委员、副镇长：王丽文
镇党委宣传委员、统战委员：黄　骏
镇党委组织委员：符积铭
镇委委员、武装部长：符开献
副镇长：翁望政
纪委专职副书记：钟　智

什运乡
乡党委书记：邓运周（任职至3月）
王丽强（3月任职）
乡人大主席团主席：
陈泽元（任职至8月）
陈　清（8月任职）
乡党委副书记、乡长：
王丽强（任职至3月）
张　超（3月任职）
乡委副书记、政法委员：
陈　诚（任职至8月）
王世雅（8月任职）
乡党委委员、纪委书记、县监委派出什运乡监察室主任：
吴挺德（任职至8月）
陈英能（8月任职）
乡委组织委员：王文朝
乡委宣传委员、统战委员：
王世雅（任职至8月）
李　玲（8月任职）
乡委委员、副乡长：
陈　孔（任职至8月）
朱海全（11月任职）

乡委委员、武装部长：
庞天锦（任职至8月）
陈　静（11月任职）
副乡长：王　富（任职至8月）
王昌旭（8月任职）

上安乡
乡委书记：曾海丽（任职至7月）
符　琳（7月任职）
乡委副书记、乡长：
符　琳（任职至7月）
黄雪凤（7月任职）
乡人大主席团主席：
王大荣（任职至8月）
吉茂海（12月任职）
乡委副书记、政法委员：
邓　江（任职至6月）
王太璋（9月任职）
乡委委员、纪委书记：
陈　宇（任职至8月）
李培锋（8月任职）
乡组织委员：
王芳明（任职至2月）
李国焕（2月任职）
乡委宣传委员、统战委员：
吴聪轶（任职至5月）
陈绪梅（8月任职）
乡委委员、副乡长：
盘东斌（任职至7月）
郑重铭（9月任职）
副乡长：王太璋（任职至9月）
邱　霖（12月任职）

吊罗山乡
乡党委书记：黄有福（任职至8月）
谢　涛（9月任职）
乡人大主席团主席：
陈　飞（任职至8月）
余海强（9月任职）
乡党委副书记、乡长：
李振高（任职至10月）
林才婷（11月任职）
党委副书记、政法委员：
何宗霖（任职至8月）
吴挺德（9月任职）
乡党委委员、常务副乡长：
余海强（任职至8月）

陈待先（9月任职）
乡党委委员、纪委书记：
陈达春（任职至8月）
王　维（9月任职）
乡党委委员、组织委员：
王　洪（任职至8月）
许　煜（9月任职）
乡党委委员、宣传委员：
钟　江（任职至8月）
林　丹（9月任职）
乡党委委员、武装部部长：
蔡世权（任职至10月）
王　晶（11月任职）
副乡长：王丽文（任职至8月）
王业安（9月任职）

县属农场 林场

新市农场
新市农场负责人：卓大友

县松涛林场
场　长：赖真勇

县属企业

海南加钗投资控股发展有限责任公司
党委书记、董事长：
吴钟茂（任职至6月）
蓝惠文（7月任职）
党委副书记：杭发英
工会主席：郭　文（7月任职）
副总经理：曹玉丽

县自来水公司
经　理：陈　军
副经理：黄世海
王淑美

驻琼中单位

琼中县税务局
局　长：王井肄
副局长：刘　全

李琼雄
邱玉兰
杨国蔡
何　曼

县市场监督管理局
局　长：林　瑞（任职至12月）
郑忠辉（12月任职）
副局长：吴忠诚
吴淑辉
王　溯（6月任职）

中国邮政集团公司海南省琼中县分公司
总经理：韦世杰（任职至10月）
陈文雄（10月任职）
副总经理：王朝辉

琼中县烟草专卖局
局　长：李　勇
副局长：罗军生

海南省公路管理局琼中公路分局
局　长：黄　毅
副局长：林少安
陶世鹏（任职至3月）
蒙美俊（9月任职）

琼中县气象局
局　长：符修圣
副局长：王　文
副局长：黄在坤（8月任职）
副局长：梁宝龙（任职至3月
琼中住房公积金管理局
局　长：黄文嘉（任职至3月）
庞昌雄（4月任职）

国家统计局琼中调查队
队　长：蔡　铭
副队长：韩宝莹

琼中基准地震台
台　长：王赵清
副台长：周　玲

中国人民银行琼中县支行
行　长：洪民胜
副行长：闵大勤

中国农业发展银行琼中县支行
党支部书记、行长：李映伟
党支部委员、副行长：董光盛
杨　俊
副行长：黄海军

中国工商银行股份有限公司琼中支行
行　长：林玉宝（任职至3月）
王海峻（3月任职）
副行长：李宝辉

中国农业银行琼中县支行
党支部书记、行长：李映伟
党支部委员、副行长：董光盛
杨　俊
副行长：黄海军

中国建设银行股份有限公司琼中支行
行　长：谢　钧
副行长：林炽奋

中国邮政储蓄银行琼中县支行
行　长：陈作采
副行长：王德旺

海南银行股份有限公司琼中支行
行　长：陈　伟
副行长：龙子华
周玉婷（任职至11月）

琼中县农村信用合作联社股份有限公司
董事长：龙　武
主　任：严　鸿
监事长：柯　丰
副主任：袁　琴
党委委员：（拟任副主任）
财务总监：王　新

海南琼中长江村镇银行股份有限公司
董事长：张元平
行　长：张晋峰
副行长：王丽君

中国人寿保险股份有限公司琼中县支公司
总经理：张运君
副总经理：庄　斌

中国人民财产保险股份有限公司琼中县支公司
总经理：熊汗高
副总经理：黄昌恒

中国电信股份有限公司琼中分公司
总经理：杨楠楠
副总经理：韩兴光
吴永健
徐明义

中国移动通信集团海南有限公司琼中分公司
党支部书记、总经理：
黄祖兴（任职至10月）
党支部副书记兼纪检委员、副总经理：
李　崇(任职至10月）
张晓虹（11月任职）
党支部书记、副总经理：
蔡子飞（11月任职）
党支部副书记兼纪检委员、副总经理：
李铭学（11月任职）
党支部组织委员兼宣传委员、副总经理：
张晓虹（11月任职）

中国联合网络通信集团有限公司琼中支公司
党支部书记、总经理：陈雪景
副总经理：章家明
海南电网有限责任公司琼中供电局
党委书记、副总经理：
侯福春（任职至11月）
党委副书记、副总经理：
王广宇（主持行政工作）
副总经理、党委委员：王　雄
副总经理、党委委员、工会主席：
蔡亲新
纪委书记：郜　鹏（任职至11月）
王敏敏（12月任职）

海南海汽运输集团有限公司琼中分公司
总经理：蒲状保（任职至1月）
陈朝辉（2月任职）
副总经理：麦　涛
黄世胜（3月任职）

海南热带雨林国家公园管理局黎母山分局
副局长：方燕山
林场副场长：吴　军
　　　　　　孙　甫

海南省白马岭林场
场　长：林赐梁
副场长：周　丽

农垦

海南农垦乌石农场有限公司
党委书记、董事长：
　吴海彪（任职至4月）
总经理：欧阳剑（任职至4月）
党委委员、副总经理：
　唐和海（任职至7月）
党委副书记、工会主席：
　唐和海（7月任职）
副总经理：罗小军（任职至11月）
财务总监：宋娟娟（4月任职）
党委书记、董事长：
　吴海江（11月任职 ）
党委副书记、总经理：
　廖海龙（4月任职）
党委委员、常务副总经理：
　邱宏宁（4月任职）
党委委员、纪委书记：
　刘志刚（11月任职）
党委委员：王昌俊（4月任职）
党委委员：姚永文（4月任职）
党委委员：欧阳安民（4月任职，任职至11月）
副总经理：梁　锋（4月任职）
财务总监：陈丽霞（4月任职）

海南天然橡胶产业集团股份有限公司乌石分公司
党委书记、总经理：李英权
党委副书记、副总经理、工会主席：
　林明武
党委委员、副总经理：卢发章
　　　　　　　　　　谷明华

海南天然橡胶产业集团股份有限公司阳江分公司
党委书记、总经理：裴成明
党委副书记、副总经理、工会主席：
　周海斌
副总经理：谭振强
　　　　　陈　丹

海南天然橡胶产业集团股份有限公司长征分公司
党委书记、总经理：林之佩
党委副书记、工会主席：朱长雄
党委委员、副总经理：邱培承
　　　　　　　　　　董进全

海南天然橡胶产业集团股份有限公司加钗分公司
党委书记、总经理：陈海强
党委副书记、工会主席：黄云峰
党委委员、分公司总经理：吴大波
　　　　　　　　　　　　何玩喜

海南农垦烨运宏实业有限公司
党支部书记、总经理：陈友明
党支部副书记、工会主席、副总经理：王爱艳
副总经理：陈旭东

海南橡胶金橡公司金石橡胶加工分公司
总经理：范开荣
总工程师兼副总经理：施树和
副总经理：郭　毅
　　　　　王冠仕
　　　　　麦　凯

中共琼中县委重要文件目录

1.关于印发《县第十三届五次党代会报告》的通知

2.关于做好2021年春节慰问工作的通知

3.关于做好“七一勋章”提名和全国“两优一先”推荐工作的通知

4.关于进一步做好人民群众就地过年服务保障工作的通知

5.关于召开琼中黎族苗族自治县党史学习教育动员大会的通知

6.关于印发《县委、县政府2021年为民办实事事项》的通知

7.关于召开2021年全县组织工作和宣传思想工作会议的通知

8.关于召开2021年安全生产工作会议的通知

9.关于召开全县作风整顿建设年动员部署会的通知

10.关于做好优秀共产党员、优秀党务工作者、先进基层党组织推荐工作的通知

11.关于组织开展建党100周年“十个一”系列活动的通知

12.关于召开全县作风整顿建设年暨“查堵点、破难题、促发展”活动推进会的通知

13.关于召开中国共产党琼中黎族苗族自治县第十三届委员会第七次全体（扩大）会议的通知

14.关于建立县领导联系乡村振兴工作机制的通知

15.关于召开中国共产党琼中黎族苗族自治县第十三届委员会第八次全体会议的通知

16.关于征集2022年县委、县政府为民办实事事项的通知

17.关于印发《琼中黎族苗族自治县关于推广“国家反诈中心”APP工作方案》的通知

18.关于制定国民经济和社会发展第十四个五年规划和二0三五年远景目标的建议

19.关于印发《琼中黎族苗族自治县党史学习教育实施方案》的通知

20.关于认真学习宣传贯彻习近平总书记在庆祝中国共产党成立100周年大会上重要讲话精神的通知

21.关于印发《中共琼中黎族苗族自治县委全面深化改革委员会工作规则》的通知

22.转发《中共琼中黎族苗族自治县委宣传部、琼中黎族苗族自治县司法局关于开展法治宣传教育的第八个五年规划（2021—2025年）》的通知

23.关于印发《琼中黎族苗族自治县全面推行河长制湖长制工作方案》的通知

24.关于印发《琼中黎族苗族自治县2021年村（社区）“两委”换届工作方案》的通知

25.关于印发《关于深入开展“机关党建+五服务”工作的实施方案》的通知

26.印发《关于落实省纪委纪律检查建议的整改实施方案》的通知

27.印发《关于大力发展农村市场主体壮大农村集体经济的十八条措施落实方案》的通知

28.关于印发《琼中黎族苗族自治县2020年度科级领导班子及领导干部考核实施方案》的通知

29.关于印发《琼中黎族苗族自治县各级党委、政府及有关部门生态环境保护工作职责》的通知

30.关于印发《琼中黎族苗族自治县未成年人保护和预防犯罪工作五年规划（2021年—2025年）》的通知

31.关于印发《琼中黎族苗族自治县人大代表议案建议办理工作评估考核暂行办法》的通知

32.关于印发《琼中黎族苗族自治县急需紧缺人才需求目录》的通知

33.关于印发《琼中黎族苗族自治县产业工人队伍建设改革实施方案》的通知

34.关于印发《琼中黎族苗族自治县贯彻落实全面推进乡村振兴加快农业农村现代化的实施方案》的通知

35.关于调整琼中黎族苗族自治县新型冠状病毒肺炎疫情防控工作指挥部成员及工作职责的通知

36.关于印发《琼中黎族苗族自治县2021年创建全国文明城市工作实施方案》的通知

37.关于印发《2021年县委书记抓基层党建工作述职承诺事项任务分解表》的通知

38.关于印发《2021年海南黎族苗族传统节日“三月三”琼中分会场暨文化旅游节庆活动方案》的通知

39.关于开展《琼中年鉴》

（2021卷）征稿工作的通知

40.关于印发《2021年县委、县政府工作报告任务分解表》的通知

41.关于印发《中共琼中黎族苗族自治县委理论学习中心组2021年学习方案》的通知

42.关于印发《琼中黎族苗族自治县劳务服务专班工作方案》

43.关于印发《全县作风整顿建设年实施方案》的通知

44.关于印发《琼中黎族苗族自治县中长期青年发展规划试点实施工作方案》的通知

45.印发《关于贯彻落实〈琼中黎族苗族自治县常态化开展中央、省委和县委重大决策部署贯彻执行情况监督检查实施方案〉细则（试行）》的通知

46.关于印发《琼中黎族苗族自治县党员关爱基金管理办法（修订）》的通知

47.关于印发《琼中黎族苗族自治县“三线一单”生态环境分区管控实施意见》的通知

48.关于印发《关于开展“查堵点、破难题、促发展”活动实施计划》的通知

49.印发《关于贯彻落实〈琼中黎族苗族自治县常态化开展中央、省委和县委重大决策部署贯彻执行情况监督检查实施方案〉细则（试行）》补充规定的通知

50.关于印发《琼中县关爱激励驻村第一书记、乡村振兴工作队员十条措施（试行）》的通知

51.关于印发《琼中黎族苗族自治县公职人员工作日期间禁止饮酒的规定（暂行）》的通知

52.关于印发《中国共产党琼中黎族苗族自治县第十四次代表大会筹备工作方案》的通知

53.关于印发《琼中黎族苗族自治县创建全国文明城市工作规划（2021—2023年）》的通知

54.关于印发《琼中黎族苗族自治县深化应急管理综合行政执法改革实施方案》的通知

55.关于印发《琼中黎族苗族自治县关于贯彻落实〈中共海南省委关于坚持以党建引领自由贸易港建设的意见〉的实施方案》的通知

56.关于建立垦地融合发展联席会议制度的通知

57.关于印发《关于进一步加强琼中垦地融合发展三年行动计划（2021–2023）》的通知

58.关于印发《中共琼中黎族苗族自治县委理论学习中心组（党史学习教育）集中学习党的十九届六中全会精神方案》的通知

59.关于印发《琼中黎族苗族自治县党政领导干部安全生产重点工作清单》的通知

60.关于印发《琼中黎族苗族自治县改革完善社会救助制度实施方案》的通知

县政府重要文件目录

1.关于开展琼中黎族苗族自治县第一次全国自然灾害综合风险普查的通知

2.关于印发琼中黎族苗族自治县开展“一业一证”改革实施方案的通知

3.关于印发《2021年平价蔬菜保供惠民行动专班工作方案》的通知

4.关于印发琼中黎族苗族自治县乡镇社会工作服务站实施方案的通知

5.关于印发琼中黎族苗族自治县农村饮水安全应急预案的通知

6.关于印发琼中黎族苗族自治县博鳌亚洲论坛2021年城乡环境综合服务保障工作方案的通知

7.关于印发琼中黎族苗族自治县城市供水突发事件应急预案的通知

8.关于印发琼中黎族苗族自治县2021年粮食生产工作实施方案的通知

9.关于印发琼中黎族苗族自治县2020—2022年政府集中采购目录及标准的通知

10.关于印发琼中黎族苗族自治县开展“1+1”组合服务改革实施方案的通知

11.关于印发琼中黎族苗族自治县农村产权交易中心建设方案的通知

12.关于印发《琼中黎族苗族自治县全面推行证明事项告知承诺制实施方案》《琼中黎族苗族自治县全面推行涉企经营许可事项告知承诺制实施方案》的通知

13.关于印发琼中黎族苗族自治县农村产权交易中心建设方案的通知

14.关于印发琼中黎族苗族自治县打击假冒知名进口品牌专项整治行动方案的通知

15.关于印发琼中黎族苗族自治县2021年房地产市场专项整治工作方案的通知

16.关于印发琼中黎族苗族自治县福利中心养老院及分院、日间照料间托管实施方案的通知

17.关于印发琼中黎族苗族自治县乡镇行政处罚事项清单的通知

18.关于印发琼中黎族苗族自治县行政事业单位固定资产清查及债权债务清理工作实施方案的通知

19.关于公布琼中黎族苗族自治县建设工程规划许可证、乡村建设规划许可证“零审批”事项清单的通知

20.关于印发健康琼中行动实施方案的通知

21.关于印发《琼中黎族苗族自治县2021年主要经济指标“按季抓、月跟踪”工作方案》的通知

22.关于印发琼中黎族苗族自治县“民声+政务”服务体验馆工作方案的通知

23.关于进一步加强森林资源保护管理的通知

24.关于印发琼中黎族苗族自治县乡镇行政处罚事项清单的通知

25.关于公布琼中黎族苗族自治县建设工程规划许可证、乡村建设规划许可证“零审批”事项清单的通知

26.关于印发琼中黎族苗族自治县突发事件应急管理体系建设“十四五”规划及专项规划的通知

27.关于印发琼中黎族苗族自治县学前教育普及普惠发展和有关问题整改实施方案的通知

28.关于印发琼中黎族苗族自治县森林火灾应急预案的通知

29.关于印发琼中黎族苗族自治县2021年县重点项目投资计划的通知

30.关于印发琼中黎族苗族自治县综合防控儿童青少年近视实施方案的通知

31.关于印发琼中黎族苗族自治县普惠金融服务示范区建设总体方案的通知

32.关于印发琼中黎族苗族自治县2021年防贫综合保险实施方案的通知

33.关于印发琼中黎族苗族自治县市场监管“十四五”规划的通知

34.关于印发琼中黎族苗族自治县创建全国健康促进县实施方案的通知

35.关于印发琼中黎族苗族自治县落实公平竞争审查制度实施方案的通知

36.关于印发琼中黎族苗族自治县投资新政三年行动方案（2021——2023年）的通知

37.关于印发琼中黎族苗族自治县“十四五”旅游和文化广电体育发展规划的通知

38.关于印发琼中黎族苗族自治县数字人民币试点及农村致富环境建设工作实施方案的通知

39.关于印发琼中黎族苗族自治县耕地保护“田长制”工作实施方案的通知

40.关于印发琼中黎族苗族自治县地理标志运营促进工程三年行动方案（2021——2023年）的通知

41.关于印发琼中黎族苗族自治县2022年度城乡居民基本医疗保险征缴工作方案的通知

42.关于印发琼中黎族苗族自治县2021年度城乡居民基本养老保险征缴工作方案的通知

43.关于印发琼中黎族苗族自治县项目建设领域信用信息管理工作方案的通知

44.关于印发琼中黎族苗族自治县2021年旱改水项目实施方案的通知

45.关于印发《琼中黎族苗族自治县创建学前教育普及普惠县工作实施方案》的通知

46.关于印发《琼中黎族苗族自治县“十四五”教育事业发展规划》的通知

47.关于印发琼中黎族苗族自治县推进气象事业高质量发展实施方案的通知

索 引

说 明

一、本索引采用内容分析法编制，按索引款目首字的汉语拼音字母（同音字按声调）顺序排列，同音同调按第二字母的音序排列，依次类推。

二、索引款目后的数字表示内容所在的页码，数字后的a、b、c分别表示该页码的左、中、右栏。

三、分目作款目用黑体字标明，其余款目用宋体字标明。

四、专纪、大事记、特辑、附录、部门工作报告、统计资料、图表等未做索引。

D

E

F

P

Q

R

S

T